Christoph Schalast (Hg.)

Aktuelle Aspekte des M&A-Geschäftes

Jahrbuch 2009

Frankfurt School
Verlag

Banking & Finance aktuell – Band 38

Bibliografische Information Der Deutschen Nationalbibliothek

Die Deutsche Nationalbibliothek verzeichnet diese Publikation in der Deutschen Nationalbibliografie;
detaillierte bibliografische Daten sind im Internet über http://dnb.d-nb.de abrufbar.

Besuchen Sie uns im Internet: http://www.frankfurt-school-verlag.de

Printed in Germany

ISBN 978-3-937519-94-4

1. Auflage 2009   © Frankfurt School Verlag GmbH, Sonnemannstraße 3-5, 60314 Frankfurt am Main

Inhalt

II

Vorwort

Die Entwicklung von M&A und Private Equity war im letzten Jahr durch die Finanz-marktkrise geprägt. Das Geschäft mit Fusionen und Übernahmen ist seit Sommer 2007 weltweit unter Druck gekommen. Auch in Deutschland ging das Gesamtvolu-men der Deals deutlich zurück. Betroffen waren dabei vor allem die großen Trans-aktionen im Private Equity-Geschäft, aber es fiel auch der Gesamtwert der strate-gischen Übernahmen. Doch sind auch positive Effekte der aktuellen Entwicklung erkennbar: Übertreibungen bei Multiples und Vertragsbedingungen (Stichwort: „Co-venants Lite"), die noch im ersten Halbjahr 2007 üblich waren, sind weitgehend vom Markt verschwunden. Daneben steigt das von den Investoren geforderte Eigenkapital wieder an.

Eine wichtige Rolle spielte auch der regulatorische Rahmen für M&A und Private Equity, der 2008 stark ausgebaut wird: Neben dem Risikobegrenzungsgesetz und dem Gesetz zur Modernisierung der Rahmenbedingungen für Kapitalbeteiligungen („Private Equity-Gesetz") blickt die Branche vor allem auf die Regulierung von Staatsfonds im Rahmen der Novellierung des Außenwirtschaftsgesetzes, die Mitte 2009 beschlossen wurde.

In diesem Umfeld fand die zweite M&A Konferenz der Frankfurt School of Finance & Management am 24.09.2008 statt. An dem Konzept hat sich nichts geändert: Die besten Absolventen des seit 2005 bestehenden M&A Masterstudienganges haben die Ergebnisse ihrer Master-Thesen der Fachöffentlichkeit vorgestellt. Hinzu kamen ak-tuelle Vorträge von prominenten Mitgliedern unserer M&A Faculty, in der heute über 80 führende M&A Praktiker tätig sind.

Mein Dank gilt den Referenten, den Studierenden und allen Teilnehmern der Konfe-renz. Alle Beiträge wurden auf Grundlage der Diskussionen während der Konferenz noch einmal überarbeitet und sind dabei auf dem Stand 01.01.2009. Für den vorlie-genden Sammelband wurden die besten Master-Thesen der Class 2008 ausgewählt und um Beiträge der Faculty ergänzt. Jeder Autor ist dabei für seinen Beitrag allein verantwortlich.

Im November 2008 hat der vierte Durchgang unseres M&A Studiengangs den Lehrbetrieb aufgenommen und die Class 2009 steht unmittelbar vor dem Abschluss ihres Studiums – der Höhepunkt wird auch dieses Mal die Frankfurt School M&A Konferenz am 30.09.2009 sein.

Frankfurt am Main, Mai 2009

Christoph Schalast

Der M&A-Markt in der Finanzkrise

Christoph Schalast

1 2008: M&A in der Defensive

2008 war insgesamt ein eher schlechtes Jahr für M&A – national und international.[1] Dabei hat es zunächst verheißungsvoll angefangen – das zweite Quartal ließ zunächst sogar die Hoffnung keimen, dass die seit Mitte 2007 im M&A-Markt deutlich spürbare Finanzkrise langsam nachlässt.[2] Besonders bemerkenswert war, dass trotz eines Rückgangs bei dem Gesamtvolumen die Zahl angekündigter Transaktionen im Small- und MidCap-Bereich in Deutschland anstieg.[3] Doch im dritten Quartal, insbesondere nach der Insolvenz von Lehman Brothers im September 2008, kehrte sich der Trend um. Laut Zahlen von Thomson Reuters gingen die M&A-Aktivitäten weltweit in den ersten drei Quartalen 2008 gegenüber dem Vergleichszeitraum 2007 um 25 % zurück. In absoluten Zahlen sank das angekündigte Transaktionsvolumen von 3,35 Bio. US $ und 32.700 Deals auf unter 2,5 Bio. US $ und 28.800 Deals. Der Rückgang in Europa beträgt 29 %, und zwar von 1,26 Bio. US $ auf 0,89 Bio. US $ und auch die Zahl der Deals ging von 11.000 auf knapp 9.000 zurück. Die Zahlen für Deutschland sahen zunächst nicht ganz so dramatisch aus, wie das subjektive Empfinden der Marktteilnehmer vermuten ließ. Aber das vierte Quartal 2008 hat dann dazu geführt, dass das M&A-Volumen um fast 50 % zurückgegangen ist und damit auf das Niveau von 2005 zurückfällt. Bereits jetzt ist absehbar, dass der Rückgang 2009 weiter anhalten wird.

Diese negative Entwicklung der Transaktionsvolumina dokumentiert, dass die Zeit der Megadeals und LBOs mit wenig Eigenkapital für Finanzinvestoren vorbei ist. Nach Zahlen von Dialogic ist das Volumen von Private Equity-Transaktionen in der ersten Hälfte 2008 weltweit um ca. 77 % gesunken, und zwar von 572 Mrd. auf 124 Mrd. US $. Folgerichtig stieg der prozentuale Anteil von Transaktionen durch strategische Investoren rapide an – in der ersten Hälfte 2008 wurden bereits 88 % erreicht – die Zahl dürfte heute noch um einiges höher liegen. Spektakuläre Übernahmen können gegenwärtig nur noch finanzstarke Unternehmen mit ausreichenden Kapitalrücklagen (Cash is King) wagen. Doch die Entwicklung des Schaeffler/Continental-Deals zeigt, dass sich auch Champions an einer Transaktion verheben

---

[1] Siehe dazu nachfolgend Lucks, M&A im Sog der Krise.
[2] Vgl. Tschöke/Lackenbucher/Reiner, Der globale M&A-Markt im zweiten Quartal 2008, M&A Review 2008, 475 ff.
[3] Schaffrath/Sperl, Jahresrückblick 2008 sowie Ausblick für das Jahr 2009 im deutschen Small und MidCap-Markt, M&A Review 2009, 120 ff.

können.[4] Private Equity-Investoren müssen heute mit deutlich mehr Eigenkapital ihre Transaktionen finanzieren – und wir sehen zunehmend so genannte „All Equity Deals", wie etwa die Übernahme der Regensburger SGB Starkstrom-Gerätebau GmbH durch BC Partners im Oktober 2008.

Trotz dieser insgesamt ernüchternden Zahlen finden natürlich weiterhin Transaktionen statt – und strategische Investoren aber auch Private Equity-Häuser, die noch über ausreichend Eigenkapital verfügen, das sie auch abrufen können, wittern angesichts sinkender EBITDA-Multiples jetzt ihre Chance.

Das neue Marktumfeld führt zwangsläufig dazu, dass sich die Rahmenbedingungen für M&A Transaktionen anpassen. Herkömmliche Methoden der Unernehmensbewertung können eben nicht abbilden, dass bei einem Automobilzulieferer plötzlich 40 % Umsatz im vierten Quartal 2008 wegbricht. Ähnlich ist auch die Situation bei der Strukturierung von Finanzierungen. Die Verkäufer sind jetzt aufgerufen – wenn sie eine Transaktion planen –, dem Erwerber bereits im Vorfeld Unterstützung bei der Finanzierung anzubieten. Hinzu kommt, dass die rasant steigende Anzahl von Transaktionen aus der vorläufigen Insolvenz oder auch aus Restrukturierungs- und Sanierungssituationen heraus sehr viel sepzifisches Know-how beim Investor und seinen Beratern erfordert.

2 Regulierung

2.1 Einleitung

Parallel zu dem weltweiten Abschwung des M&A-Geschäfts hat in Deutschland – unabhängig vor der Finanzkrise – eine Regulierungswelle eingesetzt, die zukünftige Transaktionen verteuern und komplizieren wird.[5] Die wichtigsten Etappen, das Risikobegrenzungsgesetz, das MoRaKG, die AWG-Novelle und das Finanzmarktstabilisierungsgesetz werden nachfolgend im Überblick kurz dargestellt. Auch der künftige Regulierungsrahmen für den Finanzmarkt, dessen Konturen derzeit sichtbar werden,

---

[4] Dazu: Schalast/Schanz, Schaeffler KG/Continental AG im Lichte der CSX Corp.-Entscheidung des US District Court for the Southern District of New York Frankfurt School Working Paper Nr. 100/2008.

[5] Vgl. auch den Vortrag von A. Dibelius auf dem tax & law talk der Frankfurt School vom 04.03.2008 mit dem Titel: „Wie viel Regulierung verträgt Private Equity?".

wird für den M&A-Markt Auswirkungen haben und wir werden uns damit im Jahr 2009 intensiv auseinandersetzen müssen.

2.2 Risikobegrenzungsgesetz und MoRaKG

Nach einer mehrmonatigen, teilweise sehr kontrovers geführten, politischen und auch öffentlichen Debatte wurde das Risikobegrenzungsgesetz am 18.08.2008 im Bundesgesetzblatt verkündet.[6] Das Gesetz besteht dabei aus zwei inhaltlich nicht zusammenhängenden Teilen – nur der erste Teil enthält das ursprünglich geplante Gesetz zur Begrenzung der mit Private Equity-Inventionen verbunden Risiken (Artikel 1 bis 5).[7] Ausgelöst durch die Heuschreckendiskussion und die Aktivitäten von Hedge Fonds als Aktionäre der Deutschen Börse AG zielte das Gesetz darauf ab, neue Offenlegungsverpflichtungen, insbesondere bei der Übernahme von börsennotierten Gesellschaften, zu schaffen. „Unliebsame" Aktivitäten von Finanzinvestoren – insbesondere von Hedge Fonds – sollen durch die Erhöhung der Transparenz ihrer Tätigkeit erschwert werden. Zu diesem Zweck wurden neue Melde- und Offenlegungspflichten von Inhabern wesentlicher Beteiligungen in das WpHG und das WpÜG eingeführt und die Regelungen für abgestimmtes Verhalten (Acting in Concert) verschärft. Beispielhaft dafür sind etwa § 22 WpHG, wonach beim Überschreiten der 10 %-Grenze die Offenlegungspflicht erweitert wird und § 27a WpHG, § 67 AktG im Hinblick auf die Eintragung von Namensaktien. Hinzu kommen – in der Praxis oft übersehen – Informationspflichten im Betriebsverfassungsgesetz (§ 106 Abs. 2 und 3 und § 109a BetrVG) bei Übernahmen. Allerdings haben die Abläufe bei der Transaktion Schaeffler/Continental gezeigt, dass eine Umgehung von Meldepflichten sehr wohl möglich ist.[8] Das Risikobegrenzungsgesetz führt auch keine Begrenzungen für Cash Settled Swaps ein, wie sie bei Schaeffler/Conti – zulässigerweise, so zumindest die BaFin – zum Einsatz kamen.[9]

---

[6] BGBl.2008, Teil 1, 1666 ff.; Schalast, Das Risikobegrenzungsgesetz – Konsequenzen für die Kreditvergabe und für Kredittransaktionen, BB 2008, 2191 ff.

[7] Vgl. dazu den ursprünglichen Entwurf des Risikobegrenzungsgesetzes vom 07.12.2007, BT-Drucksache 16/7438.

[8] Schalast/Schanz, Schaeffler KG/Continental AG im Lichte der CSX Corp.-Entscheidung des US District Court for the Southern District of New York, Frankfurt School Working Paper Nr. 100/2008.

[9] Wichtig ist, dass in den Vereinbarungen mit der erwerbenden Bank kein Zugriff auf die Aktien oder Stimmrechte eingeräumt wird. Es darf auch keine Nebenabreden oder so genannte „Gentleman Agreements" geben – der Vorgang muss sich auf ein reines Cash Settlement beschränken.

Der zweite Teil des Risikobegrenzungsgesetzes (Artikel 6 bis 11) enthält dann umfassende Neuregelungen für Kreditverkäufe. Gerade dieser Bereich – der so genannte „Markt für notleidende Kredite – Non Performing Loans" – war seit Mitte 2007 Gegenstand einer intensiven und kritischen öffentlichen Diskussion.[10] Ausgangspunkt der Gesetzesinitiative war, dass Kreditnehmer – insbesondere Verbraucher – nicht ausreichend über die Möglichkeit eines Verkaufs sowie die Konsequenzen einer solchen Transaktion informiert sind. Auf dieser Grundlage gab es schnell einen breiten – parteiübergreifenden – Konsens dahingehend, dass die Informationspflichten hinsichtlich der Zulässigkeit von Transaktionen und ihres Ablaufes verbessert werden müssen. Hintergrund war dabei, dass man Finanzinvestoren, die notleidende Kredite aufkaufen, unterstellte, sie seien nicht an langfristigen Geschäftsbeziehungen interessiert und wollten die „günstig" erworbenen Forderungen nur so rasch wie möglich verwerten. In der Praxis führen die Änderungen von BGB, ZPO und HGB durch das Risikobegrenzungsgesetz dazu, dass es insbesondere bei Immobilienfinanzierungen zu Änderungsbedarf für Banken, Sparkassen, Kreditkäufern und Special Servicer kommt. Das Gesetz verlangt z. B. einen Hinweis auf die Abtretbarkeit und Informationen über eine spätere Abtretung sowie die Verpflichtung, – bei nicht notleidenden Krediten – die Information zur Unterbreitung eines Folgeangebotes, Erweiterungen des Kündigungsschutzes bei Immobilienfinanzierungen und Schutzmechanismen gegen den Missbrauch der Abstraktheit der Sicherungsgrundschuld. Vorrangig betrifft dies Darlehensvereinbarungen und Allgemeine Geschäftsbedingungen sowie die Abwicklung beziehungsweise Kündigung von Krediten. Doch auch für die späteren Erwerber haben sie Bedeutung: sie müssen ihre Due Diligence- und Bewertungsprozesse entsprechend anpassen.[11]

Im Ergebnis findet das Gesetz aber einen Ausgleich zwischen den Interessen der betroffenen Kreditnehmer und einem funktionierenden Markt für den Risikotransfer und den Handel mit Krediten – der gerade im heutigen Umfeld von Bedeutung ist. Der Gesetzgeber hat bei der Durchsetzung der neuen Pflichten vorrangig auf Schadensersatzansprüche abgestellt und auf die Anordnung von Nichtigkeitsfolgen verzichtet. Dies ist wichtig für die Rechtssicherheit der Investoren.

---

[10] Die Frankfurt School hat die Thematik im Rahmen des NPL Forums 2008 ausführlich diskutiert; vgl. Schalast/Bolder/Radünz/Siepmann/Weber, Transaktionen und Servicing in der Finanzkrise: Berichte und Referate des Frankfurt School NPL Forums 2008, Frankfurt School Working Paper 112/2009.

[11] Siehe dazu: Schalast, Das Risikobegrenzungsgesetz – Konsequenzen für die Kreditvergabe und für Kredittransaktionen, BB 2008, 2191 ff.

Bedauerlich ist, dass wegen der Diskussion über das Risikobegrenzungsgesetz das – bereits seit Jahren geplante – Gesetz zur Förderung von Private Equity und Venture Capital in Deutschland, das so genannte „MoRaKG", etwas untergegangen ist. Es enthält das (neue) Gesetz zur Förderung von Wagniskapitalbeteiligung (WKBG) und Änderungen des Gesetzes über Unternehmensbeteiligungsgesellschaften (UBG). Entgegen der ursprünglichen Forderung der Branche wird es aber nicht dazu führen, die Attraktivität von Deutschland als Fondsstandort zu steigern.[12]

2.3 AWG-Novelle

Ähnlich wie bei dem Risikobegrenzungsgesetz wurde auch die Regulierung von Staatsfondsaktivitäten in Deutschland durch eine intensive öffentliche Diskussion begleitet.[13] Im Februar und März 2009 haben Bundestag und Bundesrat den Gesetzesentwurf zur Novellierung des Außenwirtschaftsgesetzes (AWG) beschlossen.[14] Nach 50 Jahren guter Erfahrungen mit Staatsfonds – oftmals als Ankerinvestoren in börsennotierten Gesellschaften – wird damit eine Kontrolle von Auslandsinvestitionen für alle Branchen eingeführt, die für die öffentliche Sicherheit und Ordnung relevant sind. Hintergrund hierfür ist, dass zunehmend Staaten mit politischen Ambitionen, wie China und Russland, Staatsfonds gegründet haben.[15] Traditionell bestehen Staatsfonds vor allem in den Erdöl produzierenden Ländern, den USA, aber auch – immer wieder prominent bei Investitionen vertreten – Singapur. Das Grundkonzept des Gesetzentwurfs geht davon aus, dass Beteiligungen über 25 % – unabhängig von der Branche – untersagt werden können, soweit sie die öffentliche Sicherheit und Ordnung Deutschlands erheblich beeinträchtigen. Entgegen erster Überlegungen zu dem im August 2008 vom Bundeskabinett beschlossenen Gesetzesentwurf sind Investoren mit Sitz in der EU sowie den EFTA-Staaten ausgenommen, soweit nicht ein Umgehungstatbestand vorliegt.

---

[12] Siehe dazu nachfolgend Bichel, Ökonomische Auswirkungen des Private Equity Gesetzes (MoRaKG) auf deutsche Kapitalbeteiligungsgesellschaften.

[13] J. Asmussen hat den Entwurf am 31.01.2008 im Rahmen des tax & law talk: „Ausländische Staatsfonds: Ein altes Phänomen in einer neuen Dimension" der Frankfurt School vorgestellt.

[14] BT-Drucksache 16/11898, BT-Drucksache 16/10736, BR-Drucksache 683/08 und BR-Drucksache 683/01/08.

[15] Vgl. dazu Schalast/Tiemann/Tuppi, Staatsfonds – Neue Akteure auf den Finanzmärkten, Frankfurt School Working Paper Nr. 114/2009, sowie Weber/Schalast, Gesellschaftsrechtliche Einflussmöglichkeiten von Staatsfonds, DAI Schriftenreihe (im Erscheinen).

Nach dem Wortlaut von § 7 Abs. 2 Nr. 6 AWG (n. F.) werden von den Genehmigungspflichten aber nicht nur Staatsfonds erfasst, sondern alle gemeinschaftsfremde Erwerber. Im Ergebnis heißt dies, dass zukünftig Hedge Fonds, Private Equity Fonds sowie alle Unternehmen ohne Sitz in EU/EFTA, seien sie in Staatsbesitz, staatlich kontrolliert oder privat, der Investitionskontrolle unterliegen. Positiv ist dagegen, dass in den abschließenden Beratungen im Bundestag und Bundesrat nunmehr die Möglichkeit geschaffen wurde, im Vorfeld einer Akquisition eine Unbedenklichkeitsbescheinigung zu erhalten, § 35 Abs. 3 AWG (n. F.). Sie gilt automatisch als erteilt, wenn nicht innerhalb eines Monats nach Eingang des Antrags ein Prüfverfahren eröffnet wird. Es ist davon auszugehen, dass die betroffenen Unternehmen diese Möglichkeit intensiv nutzen werden. Im Ergebnis wird dies den Investitionsprozess zwar etwas verlangsamen, dürfte aber letztendlich kein schwerwiegendes Hindernis darstellen, soweit die Prüfbefugnisse durch das zuständige BMWi zurückhaltend genutzt werden.[16]

2.4 Finanzmarktstabilisierungsgesetz

Die vielleicht einschneidendste Änderung des deutschen Kapitalmarktrechts enthält das Finanzmarktstabilisierungsgesetz vom Oktober 2008 für den Fall der Rettungsteilübernahme einer Bank durch den Staat.[17] Das Gesetz sieht fünf Maßnahmen vor, die vor allem die aktuelle Vertrauenskrise im Finanzsektor abbauen sollen. Kernstücke sind das Gesetz zur Errichtung eines Finanzmarktstabilisierungsfonds sowie das Gesetz zur Beschleunigung und Vereinfachung des Erwerbs von Anteilen an sowie Risikopositionen von Unternehmen des Finanzsektors durch den Finanzmarktstabilisierungsfonds.[18] Das Gesetz schafft Sonderregelungen für die Übernahme von Aktien oder Wertpapieren durch den Fonds, daneben aber auch für die Kreditvergabe sowie Ausnahmen von dem gerade erst in Kraft getretenen Risikobegrenzungsgesetz. Ergänzend erhalten die Artikel 3, 4 und 5 zeitlich begrenzte Änderungen von KWG, VAG und InsO.

---

[16] Genau dies wird von den Zuständigen Beamten des BMWi immer wieder informell zugesichert, so zuletzt auf dem Handelsblatt M&A-Summit am 19.02.2009 in Frankfurt am Main.

[17] Das Gesetz wurde im Rahmen des tax & law talk der Frankfurt School vom 19.11.2008 mit dem Titel: „Das Finanzmarktstabilisierungsgesetz – Rettungsschirm, Systemwechsel im Aktien- und Insolvenzrecht?" in der Frankfurt School diskutiert.

[18] Brück/Schalast/Schanz, Das Finanzmarktstabilisierungsgesetz: Hilfe für die Banken – Systemwechsel im Aktien- und Insolvenzrecht?, BB 2008, 2526 ff.

Im Vergleich mit den Rettungsmaßnahmen in anderen Staaten, wie den USA, Frankreich oder Großbritannien, geht Deutschland einen Mittelweg. Die Errichtung der SoFFin orientiert sich an Vorbildern aus den USA, wo bereits bei der Savings and Loans-Krise eine Regierungsanstalt, die Resolution Trust Corporation, gegründet wurde. Im April 2009 ist dann das Ergänzungsgesetz zum Finanzmarktstabilisierungsgesetz in Kraft treten, das sogar Enteignungen unter bestimmten, sehr engen Voraussetzungen als Ultima Ratio zulässt. Es bleibt abzuwarten, welche Auswirkungen die auf das M&A-Klima in Deutschland haben wird. Auf der anderen Seite ist aber erkennbar, dass es sich um eine einmalige Ausnahmevorschrift handelt, die der aktuellen Krise geschuldet ist. Der deutsche Staat beabsichtigt nicht, den Finanzsektor im Sinne von Art. 15 GG zu sozialisieren, vielmehr hat er glaubhaft versichert, dass er sich von seinen Beteiligungen so schnell wie irgend möglich wieder trennen wird.

3   Private Equity und Finanzkrise: Herausforderungen und Chancen

Bereits eingangs wurde angesprochen, dass die Private Equity-Branche von der Finanzkrise besonders heftig getroffen wurde. Auf der anderen Seite bleibt sie weiterhin ein wichtiger Akteur im M&A-Markt, allerdings gehen die Transaktionsvolumina zurück, doch sollte man nicht vergessen, dass die Investoren immer noch über große Kapitalmittel verfügen.[19] Hinzu kommt, dass sie auf die Krise kreativ reagieren. Zunehmend sehen wir All Equity Deals, die mit dem Ziel durchgeführt werden, später – wenn der Markt sich wieder beruhigt hat – eine Refinanzierung durchzuführen. Viel interessanter ist aber, dass sich die Finanzierungsstrukturen für Transaktionen ändern.[20] Beispielhaft hierfür sind Verkäuferdarlehen (Vendor Loans oder Seller Notes) als Ersatz für Fremdfinanzierungen. Dadurch wird ein Teil des Kaufpreises in ein Darlehen umgewandelt, das erst bei Fälligkeit an den Verkäufer gezahlt werden muss – vergleichbar einer Teilzahlung oder Stundung. Damit werden der Liquiditätsbedarf und auch der Fremdkapitalbedarf von Investoren geschont. Andere Instrumente – die wieder zurückkehren – sind Besserungsscheine oder Earn Outs.

---

[19] FAZ 29.08.2008: 400 Mrd. $ wollen investiert werden.

[20] Die Frankfurt School hat sich bei ihren Forschungsaktivitäten in den letzten Monaten intensiv mit den Veränderungen des Private Equity-Marktes beschäftigt. Vgl. Bannier/Münch, Die Auswirkungen der Sub Prime Krise auf den deutschen LBO Markt für Small- und Mid Caps, Frankfurt School Working Paper 103/2008 sowie nachfolgend Diehl, Leveraged Buy Out Strukturen, und Platt, Auswirkungen der Sub Prime Krise auf die Unternehmensbewertung im Private Equity.

Hier einigen sich die Parteien zunächst auf einen niedrigeren Kaufpreis und vereinbaren weiter, dass im Falle einer positiven Entwicklung des Investments der Verkäufer an diesem Erfolg in einem vorab definierten Rahmen beteiligt wird.

Eine weitere spannende Alternative für Private Equity Fonds ist der Rückkauf ihrer eigenen Darlehen,[21] denn diese werden derzeit mit erheblichen Abschlägen gehandelt. Auf der anderen Seite müssen aber zahlreiche Private Equity-finanzierte Unternehmen insbesondere LBO-Finanzierungen, die in der Hausse 2006/erste Hälfte 2007 mit einem hohen Fremdkapitalanteil und entsprechenden Zahlungsverpflichtungen für das Zielunternehmen strukturiert wurden, jetzt leiden. Eindringlich zeigt sich dies bei der Automobilzuliefererbranche. Diese Branche war in der Vergangenheit bei Private Equity-Investoren beliebt, denn Akteure, wie etwa Siemens, ITT, Motorola oder Thyssen Krupp, haben sich aus diesem Bereich verabschiedet, weil sie es nicht mehr als Kernbusiness sahen. Zahlreiche Automobilzulieferer im Eigentum von Finanzinvestoren müssen nunmehr restrukturiert werden, um eine Insolvenz (wie bei FMD Frictions oder Edscha) abzuwenden. Oftmals ist nur durch eine Erhöhung des Eigenkapitalanteils möglich, die Belastung durch Zinszahlungen auf ein für das Unternehmen erträgliches Maß zurückzuführen. Auf der anderen Seite zeigen Beispiele, wie SaarGummi (Odewald) oder Neumayer-Tekfor (Barclays), dass auch in der Krise eine Rekapitalisierung möglich ist.

Offen ist dagegen, ob die aktuelle Krise und der damit verbundene Kapitalbedarf – gerade bei mittelständischen Unternehmen in Deutschland – nicht auch eine Chance für mehr Private Equity-Beteiligungen im Mittelstand darstellt.[22] Dabei kann man feststellen, dass sich die Einstellung von mittelständischen Unternehmen gegenüber Private Equity grundsätzlich ändert, sie werden zunehmend als denkbare Finanzierungsalternative gesehen. Besonders gilt dies angesichts der zunehmenden Kreditklemme.[23] Auch wenn dies von der Bundesbank, den Geschäftsbanken oder der EZB immer wieder bestritten wird, nach aktuellen Recherchen der Zeitschrift „Finance" vom Februar 2009 ist festzustellen, dass selbst bei langjährigen Hausbankbeziehungen Kredite teurer geworden sind. Besonders problematisch ist dies für Unterneh-

---

[21] Siehe Handelsblatt 10.02.2009: An Schulden verdienen.
[22] Diese Überlegung steht im Mittelpunkt der Studie Schalast/Barten, Private Equity in Familienunternehmen, Frankfurt School Working Paper Nr. 107/2008. Siehe dazu auch nachfolgend Kazmierowski, Private Equity im Mittelstand sowie Grote, Private Equity im Mittelstand – Mythos und Realität, in: Steffens (Hrsg.), Die Zukunft der Finanzleistungsindustrie in Deutschland, sowie Bannier/Grote, Equity Cap? – Which Equity Cap? On the Financing Structure of Germany's Mittelstand, Frankfurt School Working Paper 106/2008.
[23] Schalast/Barten, a.a.O.

men, bei denen sich die Bonität verschlechtert, das Kreditvolumen ansteigt oder Refinanzierungsprobleme vorliegen. Parallel verknappen und verteuern sich alternative Refinanzierungsinstrumente, wie Leasing und Factoring. Überhaupt nicht finanziert werden können Verluste. Genau diese aber entstehen bei vielen Mittelständlern angesichts der aktuellen Umsatzeinbrüche, solange keine Restrukturierungsmaßnahmen greifen. Finanzinvestoren reagieren mit dem Angebot von Minderheitsbeteiligungen, was ihre Attraktivität für den Mittelstand erhöht.[24] Es bleibt abzuwarten, wohin die Entwicklung führt.

4 Ausblick

Vor dem deutschen M&A-Markt stehen große Herausforderungen. Sie sind geprägt durch die Finanz- und Wirtschaftskrise und eine seit dem Zweiten Weltkrieg einmalige Rezession. Auf der anderen Seite zeigt aber die Krise auch die Flexibilität des M&A-Marktes: neue Finanzierungsstrukturen wurden entwickelt, strategische Investoren, die über ausreichende Liquidität verfügen, haben die Chance, in ihren Märkten wichtige Konsolidierungsprozesse einzuleiten und eines ist ganz sicher: so wie die 6. M&A-Welle die Jahre 2004 bis 2007 geprägt hat, so sicher wird es eine 7. M&A-Welle geben.[25] Die Frage ist nur, wann sie beginnt.

5 Literaturverzeichnis (Schrifttum)

Bannier/Grote, Equity Cap? – Which Equity Cap? On the Financing Structure of Germany's Mittelstand, Frankfurt School Working Paper 106/2008.

Bannier/Münch, Die Auswirkungen der Sub Prime-Krise auf den deutschen LBO-Markt für Small- und Mid Caps, Frankfurt School Working Paper 103/2008.

Brück/Schanz/Schalast, Das Finanzmarktstabilisierungsgesetz: Hilfe für die Banken – Systemwechsel im Aktien- und Insolvenzrecht?, BB 2008, 2526 ff.

Grote, Private Equity im Mittelstand – Mythos und Realität, in: Steffens (Hrsg.), Die Zukunft der Finanzleistungsindustrie in Deutschland.

---

[24] Vgl. Schalast, M&A-Markt 2008: Chancen und Risiken für Familienunternehmen in der Finanzkrise, unternehmermagazin 7-8/2008.
[25] Schalast, Die siebte Welle kommt bestimmt, FAZ 15./16.11.2008, S. 36–37.

Schaffrath/Sperl, Jahresrückblick 2008 sowie Ausblick für das Jahr 2009 im deutschen Small und MidCap-Markt, M&A Review 2009, 120 ff.

Schalast, Das Risikobegrenzungsgesetz – Konsequenzen für die Kreditvergabe und für Kredittransaktionen, BB 2008, 2191 ff.

Schalast, M&A-Markt 2008: Chancen und Risiken für Familienunternehmen in der Finanzkrise, unternehmermagazin 7-8/2008.

Schalast/Barten, Private Equity in Familienunternehmen, Frankfurt School Working Paper Nr. 107/2008. Siehe dazu auch nachfolgend Kazmierowski, Private Equity im Mittelstand.

Schalast/Bolder/Radünz/Siepmann/Weber, Transaktionen und Servicing in der Finanzkrise: Berichte und Referate des Frankfurt School NPL Forums 2008, Frankfurt School Working Paper 112/2009.

Schalast/Schanz, Schaeffler KG/Continental AG im Lichte der CSX Corp.-Entscheidung des US District Court for the Southern District of New York, Frankfurt School Working Paper Nr. 100/2008.

Schalast/Tiemann/Tuppi, Staatsfonds – Neue Akteure auf den Finanzmärkten, Frankfurt School Working Paper Nr. 114/2009, sowie Weber/Schalast, Gesellschaftsrechtliche Einflussmöglichkeiten von Staatsfonds, DAI Schriftenreihe (im Erscheinen).

Tschöke/Lackenbucher/Reiner, Der globale M&A-Markt im zweiten Quartal 2008, M&A Review 2008, 475 ff.

Weber/Schalast, Gesellschaftsrechtliche Einflussmöglichkeiten von Staatsfonds, DAI Schriftenreihe (im Erscheinen).

M&A im Sog der Krise

Prof. Dr. Kai Lucks[1]

[1] Prof. Dr. Kai Lucks ist Vice President Groups Strategies M&A-Integration bei der Siemens AG und Vorstandsvorsitzender des BM&A.

Nach dem Boom kam der Einbruch

Die Zeit der Megadeals und der fetten Renditen ist vorerst vorbei. Doch wie viele magere Jahre liegen vor uns? Und welche Hebel helfen dem Markt aus der Krise?

Der M&A-Markt ist ein sensibler Gradmesser für die allgemeine wirtschaftliche Entwicklung. Der größte Teil aller Übernahmen ist strategischer Natur und wachstumsgetrieben. In der kurzen Periode von 2006 bis Mitte 2007 konnten wir in Deutschland einen M&A-Boom beobachten getrieben von der Erwartung auf eine ungebremst wachsende Konjunktur und langfristige Geschäftsperspektiven durch die anhaltende Globalisierung, technischen Fortschritt und neue Branchen wie die regenerativen Energietechniken. Neben einer Serie von Megadeals boomte auch der mittelständische M&A-Markt und die Finanzinvestoren konkurrierten mit den Strategen um interessante Targets. Eine Übernahme in einer Branche führte zu einer Kettenreaktion, da die Konkurrenten im Konsolidierungswettbewerb mithalten mussten. Diese Stimmung schlug auf andere Märkte über – niemand wollte sich sagen lassen, dass er die Zeichen der Zeit nicht verstanden hätte. Manche „glänzenden Augen" wurden angesichts steigender Multiples und explodierender Kaufpreise zugedrückt. Doch selbst wenn die Konjunktur keinen Rückwärtsgang eingelegt hätte, wäre dieser M&A-Boom zu Ende gegangen. Einer derartigen Ballung von Übernahmen folgen stets das Abarbeiten der Integrationsprogramme und die Realisierung der sogenannten Stretched Goals.

M&A hat immer schon sehr sensibel auf konjunkturelle Änderungen reagiert. Der Einbruch des M&A-Marktes nach der Weltwirtschaftskrise 1929 lag bei 85 % innerhalb eines Jahres, gemessen an der Anzahl der Deals. Nach der „Bubble Economy" von 2000 fiel der Markt 2002 anzahl- und wertmäßig um 35 %. Im Vergleich dazu hält sich der M&A-Markt bisher verhältnismäßig gut. Über das Jahr gerechnet ging die Zahl der weltweit angekündigten Deals von 2007 auf 2008 (nur) um ein Viertel zurück. Die Anzahl der abgeschlossenen Deals sank um ein Drittel. Die Vorzeichen sind zunächst allerdings weiter negativ. Der Rückgang der US-Konjunktur schlägt sich in der Wirtschaft Chinas nieder, so dass auch der chinesische M&A-Markt Bremsspuren zeigt. Der Außenhandel als Treiber des chinesischen Wirtschaftswunders ging seit Mitte 2008 um rund 20 % zurück.

Wertmäßig hatten große Megadeals den Markt Mitte 2007 auf die Spitze getrieben. Zu den Hauptsegmenten gehörten Bankenwerte und Rohstoffe, etwa die breit angelegte Einkaufstour der Chinesen, um ihren Rohstoff- und Energiebedarf für die Zukunft abzusichern. Doch diese Phase ist vorbei. China hat jüngst den Auslandsinvestitionen einen Riegel durch besondere Genehmigungsprozesse vorgeschoben, um sich gegen Verluste aus neuen Engagements abzusichern. Dies gilt sowohl für staatliches als auch für privates „Outbound-M&A". China ist demnach bei internationalem M&A genauso auf dem Rückzug wie etwa die USA. Das M&A der sogenannten „BRIC"-Länder Brasilien, Russland, China und Indien hat deutlich nachgelassen und wird in den kommenden 12 Monaten nicht wieder steigen. Die Erwartung, diese Länder könnten die Rolle der USA übernehmen, geht fehl. Der transatlantische Deal Flow wird auch auf lange Sicht den Weltmarkt dominieren. Mehr als ein Viertel des weltweiten M&A-Marktes läuft zwischen Europa und den USA. Russland, China und Indien haben sich langsam nach vorn gearbeitet und repräsentierten in 2007 Größenordnungen von jeweils um die drei bis fünf Prozent vom Weltmarkt.

Den trafen zuletzt die Absagen großer Transaktionen, etwa BHP Billiton's Rückzug bei Rio Tinto. So, wie in Boomzeiten typischerweise ein Deal den anderen nach sich zieht, sei es zum Gegenhalten in der Phase einer Marktkonsolidierung, sei es aus psychologischer Sicht, weil es andere Branchen vormachen, fokussiert sich der Unternehmer in schwierigen wirtschaftlichen Zeiten auf sein Kerngeschäft und geht Wachstumsstrategien auf moderateren Wegen an, statt die inhärenten Risiken einer Firmenübernahme einzugehen. In den Vordergrund treten dann organischer Ausbau, Partnering und strategische Allianzen.

Deutschland war in der Boomphase 2006/2007 durch eine Reihe von Megadeals mit von der Partie. Die Siemens Medizinsparte hatte etwa 15 Milliarden für Beteiligungen ausgegeben, allen voran durch Erwerb von Bayer Diagnostic und Dade Behring aus den USA. Wir erlebten hierzulande das allbekannte Phänomen, dass viele Megadeals vor allem emotional und von „charismatischen" Führern (oder solchen, die sich ein Denkmal setzen wollen) getrieben waren – statt dass erfahrungsbasierte Arbeitsprogramme zur Grundlage unternehmerischen Handelns wurden. Als besonders spannend entpuppte sich die Autozulieferbranche. Zur Finanzierung von Zukäufen hatte Siemens seine KFZ-Elektronik für 10 Mrd. EUR an Conti verkauft. Conti gilt in der Fachwelt als ein konsequent durchgreifender Restrukturierer. Dennoch wirken sich Synergien in dieser Branche typischerweise erst nach vier bis fünf Jahren voll aus – und werden dann schnell wieder durch Gegenmaßnahmen der OEMs thesauriert. Unglücklicherweise fiel das erste Jahr nach der Übernahme in die Autokrise. Schäffler ergriff nun die Chance zur feindlichen Übernahme, unter der Annahme, dass ein von den Unbillen der Börse nicht belastetes Unternehmen dies mit seinen Banken stemmen kann. Doch auch Schäffler fiel in die Absatzkrise und so entpuppt sich dieser Deal zurzeit als Desaster – das Ego eines Vorstands treibt einen der großen deutschen Mittelständler an den Rand des Abgrunds.

Angesichts dieser Entwicklungen fragt man sich, wann der M&A-Markt seinen Boden findet und welche Strategien ihn stützen können. In der Krise liegt natürlich auch immer eine Chance: Sinkende Multiples und niedrige Kaufpreise bieten Gelegenheiten für Schnäppchenjäger. Doch Vorsicht ist geboten, denn die Geschäftsperspektiven sind besonders in der exportorientierten Autobranche, im Maschinen- und Anlagenbau stärker zurückgegangen als die Preise im jeweiligen M&A-Markt. Insofern ist ein Euro für ein „billiges" Unternehmen heute schlechter angelegt als in einer stabilen, aber „teuren" Marktphase.

Wie sieht es bei den großen Konzernen aus? Nach den Zukäufen der letzten Boomphase wartet bei manchem Unternehmen eine ganze Halde darauf, abgearbeitet zu werden. Bei anderen führt der aktuelle Kapitalbedarf zu einer radikalen Durchsicht des Portfolios. Die größten Desinvestitionsprogramme deutscher Konzerne kamen im letzten Jahr jedoch nur schleppend voran, da der Wertverfall im Zuge von Verkäufen große Abschreibungen erfordert hätte. Je länger das konjunkturelle Tal andauert, desto eher wird man sich zu Befreiungsschlägen bewegen – wenn denn die Perspektiven für bessere Preise nicht steigen und die Risiken für Wertverfall und durch Bindung von Management-Ressourcen größer werden. Intelligente Käufer dürften sich bei günstigen Kaufpreisen und solider Bankenfinanzierung finden lassen.

Dies wäre eigentlich eine Chance für Mittelständler. Zurückgehende Umsätze und Erträge lenken die Aufmerksamkeit strategischer Käufer jedoch auf die Stabilisierung des angestammten Geschäftes. Unter den Mittelständlern gibt es zwar noch viele kapitalstarke Unternehmen, doch Marktlage und Preisentwicklung führen derzeit zu einer Spirale von Verzögerungen auch in ihrem Kaufsegment. Im M&A-Geschäft zeigen sich bereits jetzt deflationäre Tendenzen: Man wartet ab, weil morgen die Unternehmenspreise noch niedriger liegen könnten. Man verhandelt neu, weil Wertansätze nach neuen Hiobsbotschaften korrekturbedürftig scheinen.

Somit bleiben noch die Private Equitiy-Häuser als potenzielle Käufer. Im Spitzenjahr 2007 tätigten sie rund 15 % der weltweiten Akquisitionen, 2008 brach ihr Anteil um die Hälfte ein. Die Ausgangslage der Finanzinvestoren für das weitere M&A-Geschäft ist deutlich schlechter als die der Strategen, denn die meisten haben ihre Käufe zu Boomzeiten mit hohem Leverage finanziert. Nur wenige PE-Fonds sind heute ganz frei von Problembeteiligungen. Marktkenner sprechen davon, dass nur noch zwei Frankfurter Private Equity-Häuser frei von Problembeteiligungen sind. Bevor neue Engagements eingegangen werden, sind Private Equities vor allem mit der Refinanzierung ihres bestehenden Portfolios beschäftigt und mit der Frage, ob das niedrige Preisniveau überhaupt den notwendigen Dealflow durch Abverkäufe zulässt. Hinsichtlich neuer Engagements wird man sich tunlichst zurückhalten, denn niemand kauft sich in eine Abwärtsspirale des Marktes hinein. Private Equity wird den M&A-Markt auf Sicht nicht voranbringen. In Krisenzeiten bleiben jedoch andere Optionen, vor allem solche, die auf stabile Märkte ausgerichtet sind oder langfristig orientierte Engagements, deren Zeithorizont jenseits des Tals liegen. Hier sind Strategen und Private Equity gleichermaßen gefordert.

Zu den stabileren Branchen gehört das Segment des Gesundheits- und Sozialwesens. Hinzu kommen die Gruppe von Technologiebeteiligungen und der Energiebereich. Diese dürften in der vor uns liegenden Marktphase gute Aussichten auf gleichmäßigen Dealflow haben, wobei die Technologie und Energie vor allem vom anhaltenden globalen Konsolidierungsbedarf profitieren dürften. Ein weiteres Segment dieser „3rd Tier"-Marktteilnehmer (Target Volumen in 2008 von jeweils Größenordnung 200 Mrd. US$) ist die Telekombranche. Hier treffen Konsolidierungsbedarf und Produktivitätssteigerungen zusammen. Folglich könnten Einzeldeals im Schnitt kleiner und billiger werden, zahlenmäßig aber zunehmen. Im „Second Tier" des M&A-Weltmarktes, mit einem Transaktionsvolumen 2008 von jeweils etwa 500 Mrd. US$ bewegen sich die bereits genannten Grundstoffe, Konsumgüter, Industrie und Konsumenten-Dienstleistungen. Diese werden in den kommenden 12 Monaten von sehr unterschiedlichen Treibern bestimmt. Nach jetziger Einschätzung haben Konsumenten-Dienstleistungen den günstigsten Hebel auf dem Welt-M&A-Markt, weil der Realmarkt gefestigt ist und sich die Einzeldeals im stabileren unteren Größenfeld bewegen, Die Industrie dürfte im Segment Anlagenbau am meisten von den weltweiten Konjunkturprogrammen profitieren, hat aber die Probleme ihrer Abnehmer zu verkraften („Dominoeffekt" zum Beispiel aus der Autoindustrie). Der Wettlauf um Rohstoffe ist durch sinkende Preise im Kundenmarkt angetrieben, wodurch die Targets billiger werden. Die Finanzwirtschaft als größtes Gewicht im M&A-Markt („First Tier") brachte 2008 weltweit ein Volumen von 2 Bio. US$ auf die Waage (alle Daten auf der Basis von Zephyr). Dieser Bereich dürfte die Folgen der Bankenkrise verarbeiten – wozu M&A als einer der wichtigsten Hebel zur Konsolidierung und zur Stabilisierung gehört, Verstaatlichungen eingeschlossen. Auch für Deutschland liegen hier die Erwartungen hoch, etwa mit der Perspektive, unseren überbesetzten Markt bereinigen zu können: die Hoffnung auf eine bundesweite vereinigte Landesbank als Zentralbank der Sparkassen eingeschlossen.

Der Unternehmenskauf aus Insolvenz und Krise wird im laufenden Jahr verstärkt ausländische Käufer anziehen, beispielsweise aus China. Es bleibt zu hoffen, dass dies in Zukunft zu besseren Ergebnissen beiträgt, denn in der Vergangenheit führten solche Übernahmen in der Regel nicht zum Erhalt von Unternehmen und Arbeitsplätzen. Der M&A-Markt wird sich erst dann wieder erholen, wenn sich der Konjunkturhimmel aufhellt. M&A ist auf langfristige Perspektiven angelegt. Die Net-present-Value-Bewertungsansätze verkraften nur wenige Jahre mit negativen Erträgen. In der Regel fallen die ersten Jahre, in denen der strukturelle Umbau zu bezahlen ist, schwach aus. Entsprechend höher sind die Erwartungen an die Folgejahre, um die Kaufpreise und Risiken aus dem Geschäft zu rechtfertigen.

Wir leben in einer Phase, die nicht nur durch Finanzkrise und weltwirtschaftliche Probleme gekennzeichnet ist, sondern in der sich ein tiefgreifender historischer Wandel vollzieht. Die Grenzen unseres Wachstums sind wieder sichtbar – der Club of Rome lässt grüßen. Die Umwelt- und Energiewirtschaft steht am Anfang einer gewaltigen Umwälzung. Deutschland hat den Vorteil, in diesem Segment über Unternehmen mit führender Position auf dem Weltmarkt zu verfügen. Fast zehntausend Unternehmen sind hierzulande bei Umwelt- und Energietechnik in einschlägigen Verbänden registriert. Diese Branche hat das Potenzial, große etablierte Industrien in ihrer Führungsrolle abzulösen. M&A wird bei ihrer Konsolidierung und Internationalisierung eine führende Rolle spielen und die Wirtschaftsbereiche Energieübertragung und -automatisierung neu beleben. Deutschland ist das wichtigste Transitland Europas. Straßen und Schiene sehen dem totalen Verkehrskollaps entgegen, wenn wir die Infrastruktur für Personen- und Güterverkehr nicht massiv ausbauen. Wir beheimaten die weltweit bedeutendsten Bahnhersteller, die führenden LKW-Bauer, im deutschen Sprachraum sind die globalen Technologieführer für Tunnelbau zuhause. Unser Maschinen- und Anlagenbau ist dazu der Hauptausrüster für den Weltmarkt. Auf mittlere Sicht braucht uns nicht bang zu sein. Wir müssen nur das Tal der Tränen, das noch nicht zu Ende ist, tapfer durchstehen.

M&A und Private Equity 2008

Dr. Wolfgang Kazmierowski

1 Private Equity im Mittelstand

Der weltweite Finanzmarkt wird durch die amerikanische Wirtschaft in seinen Fundamenten erschüttert. Innerhalb eines Monats wird der halbe Markt für amerikanische Hypotheken verstaatlicht, die drittgrößte unabhängige Investmentbank Lehman Brothers meldet Konkurs an, die zweitgrößte unabhängige Investmentbank Merrill Lynch sucht Schutz bei der Bank of America. Die Quasi-Verstaatlichung des größten amerikanischen Versicherers AIG wendet zumindest kurzfristig weitere Konkurse amerikanischer Hypotheken- und Investmentbanken ab. Die amerikanische Regierung ist gezwungen, faule Kredite und illiquide Wertpapiere in Höhe von bis zu 700 Mrd. US$ von Finanzinstituten zu übernehmen. Die amerikanische Notenbank Fed pumpt gemeinsam mit der EZB Milliarden an Liquidität in den Markt, damit der Interbankenmarkt nicht vollständig austrocknet. Da dieses Geld aber nur den Banken zur Verfügung gestellt wird, die Sicherheiten bieten können, steigt der Risikoaufschlag für unbesichertes Interbankengeld. Dieser Risikoaufschlag kann auch als Gradmesser für den Vertrauensverlust der Banken untereinander angesehen werden. Und das Leerverkaufen oder auch „Short-Selling" wird in den USA, Großbritannien und Deutschland für ausgewählte Aktien kurzfristig untersagt.

Die Konsequenzen dieser Entwicklung für Private Equity, und zwar insbesondere für den deutschen Mittelstand, sind derzeit nicht einzuschätzen. Daher werden drei gegenwärtige Entwicklungen im mittelständischen Private Equity in Deutschland skizziert: die Entwicklungen des M&A-Marktes, des Wettbewerbumfeldes und der Rendite:

2 Entwicklung des Marktes

Sowohl nach Transaktionswert als auch nach Anzahl der Transaktionen ist der mittelständische M&A-Markt in Deutschland im ersten Halbjahr 2008 um mehr als 50 % eingebrochen.

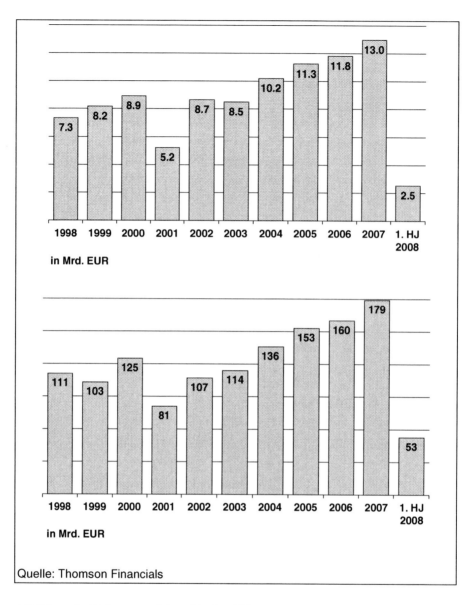

Quelle: Thomson Financials

Abbildung 1: Volumen und Anzahl aller M&A Transaktionen in Deutschland von 1998–2008 pro Jahr (EUR 10m–250m Transaktionswert)

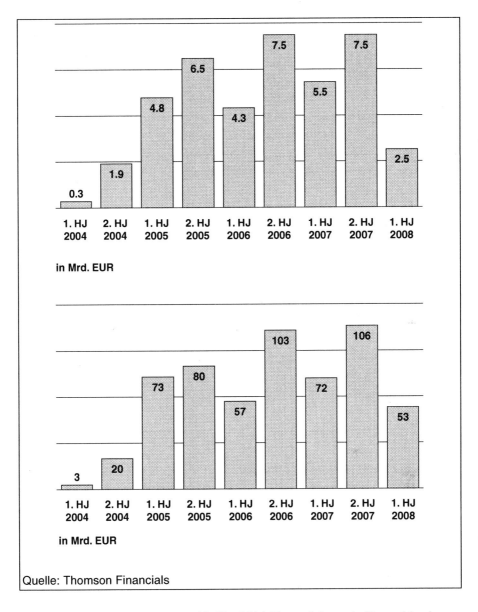

Abbildung 2: Volumen und Anzahl aller M&A Transaktionen in Deutschland von 2004–2008 pro Halbjahr (EUR 10m–50m Transaktionswert)

Betrug das Volumen im Jahr 2007 noch EUR 13,0 Mrd., so beträgt dieses im 1. Halbjahr 2008 nur noch EUR 2,5 Mrd. (nach EUR 5,5 Mrd. im 1. Halbjahr 2007). Diese Aussage bezieht sich auf 179 Transaktionen im Jahr 2007 und 53 Transaktionen im ersten Halbjahr 2008 (nach 72 Transaktionen im 1. Halbjahr 2007). Bei dieser Analyse ist das extrem starke M&A-Jahr 2007 als Basiseffekt zu berücksichtigen. Vielmehr sehen wir die Jahre 2004 und 2005 derzeit als Referenzjahre für den deutschen mittelständischen M&A-Markt an, somit ein Marktvolumen von rund EUR 10 Mrd.

Derzeit sind erhöhte Aktivitäten im dritten Quartal 2008 und des Auftragseinganges festzustellen. Wir rechnen mit einem Marktvolumen von bis zu EUR 8 Mrd. für das laufende Jahr, also einem Rückgang auf das Volumen der Jahre 2002 bzw. 2003. Für 2009 sehen wir eher einen stagnierenden M&A-Markt voraus, eine nachhaltige Belebung wird nicht vor dem 3. Quartal 2009 erwartet.

Der Rückgang des Marktes im 1. Halbjahr 2008 ist entgegen weitläufiger Meinungen nicht auf nicht vorhandene Akquisitionsfinanzierungen zurückzuführen. Diesen Liquiditätsengpass stellen wir erst ab einem Transaktionsvolumen von ca. EUR 750 Mio. fest. Vielmehr lassen sich als Gründe für den Rückgang feststellen, dass

- Verkäufer noch nicht die fallenden Bewertungen im Gegensatz zu den Käufern antizipiert haben

- Management ist unsicher über die Zielerreichung ihres Budgets

- Marktwachstum wird zunehmend zurückgenommen (z.B. im Maschinenbau)

Wer kauft im deutschen mittelständischen Markt?

Strategische Investoren, die rund 75 % des Marktes repräsentieren, erweisen sich in diesem Marktumfeld als robuste Käufer. Die als Käufer auftretenden Unternehmen haben nach 2001 ihre internen Hausaufgaben gemacht, die nachhaltig zu erzielende Profitabilität und Cash-Flow-Generierung gesteigert, Finanzverbindlichkeiten zurückgeführt und die Eigenkapitalquote erhöht. Diese Investoren sind auch im derzeitigen Marktumfeld in der Lage, Übernahmen per Kredit zu finanzieren und somit offensichtliche Opportunitäten zu nutzen. Insbesondere haben die strategischen Investoren Private Equity als Verkäufer im M&A-Markt akzeptiert.

Der Marktanteil für Private Equity-Unternehmen ist im 1. Halbjahr 2008 leicht auf 26 % von 19 % im Jahr 2007 gestiegen und erreicht damit die Vorjahreswerte 2004 bis 2006.

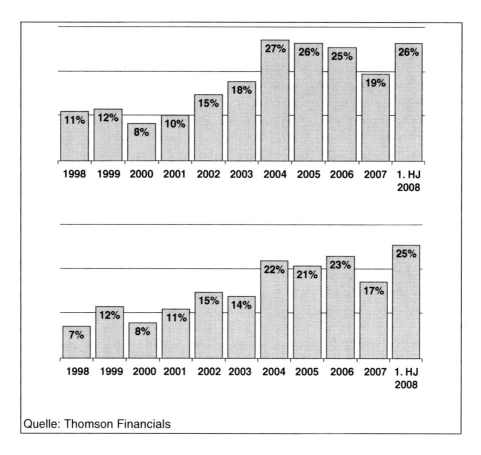

Abbildung 3: Anteil aller Transaktionen mit Private Equity Beteiligung (Käufer oder Verkäufer) am Gesamtvolumen und Gesamtanzahl (in %)

Bei Transaktionen von Private Equity an Private Equity ist ein vermindertes Interesse seitens der Käufer festzustellen. Es wird unterstellt, dass ein Großteil der Wertsteigerungspotentiale bereits „gehoben" wurde und die eigenen Möglichkeiten zur Profitabilitätssteigerung begrenzt sind. Diesem Dilemma kann nur mit einer überzeugenden Equity-Story begegnet werden.

Der Marktanteil ausländischer Käufer liegt nahezu unverändert zwischen 50 % bis 60 %, also vergleichbar wie in dem Zeitraum seit 2002.

25

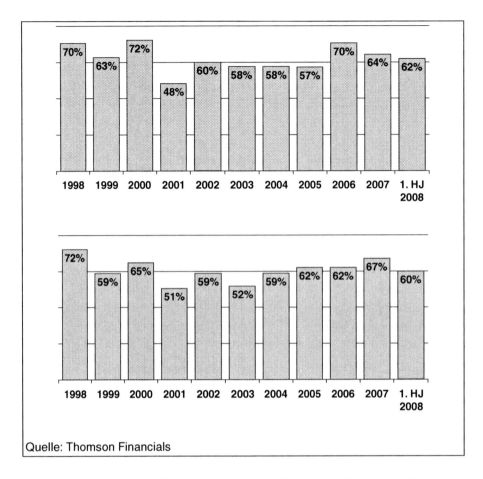

Abbildung 4: Anteil aller Transaktionen mit ausländischen Käufern am Gesamtvolumen und Gesamtanzahl (in %)

3 Entwicklung des Wettbewerbumfeldes

Die Anzahl der relevanten Private Equity-Häuser im deutschen mittelständischen M&A-Markt ist mit 30 bis 40 Teilnehmern stabil. Diese Häuser sind in der Regel seit dem letzten Jahrtausend im Markt aktiv, wenn auch gegebenenfalls unter einem anderen Namen. Sie haben eine relevante Anzahl von Transaktionen – sowohl kaufs- und verkaufsseitig – abgeschlossen, waren bereits mehrfach erfolgreich im Fundraising und verfügen über erfahrene Investment-Manager.

Auch wenn derzeitig das Fundraising schwieriger ist als noch vor 18 Monaten, so erwarten wir keine ernsthafte und nachhaltige Verknappung von zu investierenden Geldern, auch wenn dies die Zahlen des 1. Halbjahres 2008 nicht bestätigen. Nach wie vor schieben viele Investoren viel Geld vor sich her, das darauf wartet, investiert zu werden.

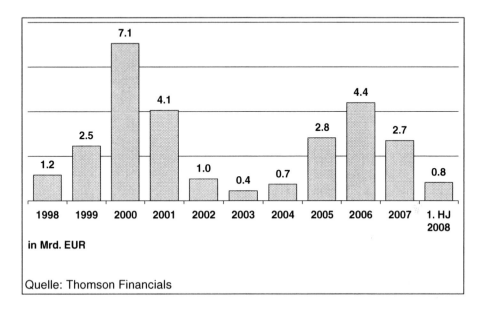

Abbildung 5: PE fundraising für Fonds bis zu EUR 1 Milliarde in Deutschland (1998–2008)

Die Anzahl der „New Entries" war in der Vergangenheit begrenzt und wird aufgrund des derzeitigen Finanzmarktumfeldes kurzfristig überschaubar bleiben. Derzeit sehen wir kein ausländisches Private-Equity-Haus, das neu in den deutschen mittelständischen Private-Equity-Markt eintreten wird.

Vielmehr treten seit etwa zwei Jahren verstärkt Family Offices in den Wettbewerb zu Private Equity-Häusern. Dabei positioniert sich das Family-Office als bodenständiges, auf Nachhaltigkeit bedachtes „Familienunternehmen", das primär dem Mitarbeiterwohl verpflichtet ist. Damit versucht sich das Family Office vom Private Equity-Haus als nicht kurzfristig orientierter, allein zur Renditemaximierung fokussierter Investor, abzugrenzen. Implizit ist das Family Office somit der bessere Investor.

Der vermeintliche Vorteil, den Family Offices gegenüber Private Equity-Häusern besitzen, ist die geringere Berechenbarkeit für Wettbewerber aufgrund geringerer Publizitätspflichten und Corporate Governance-Regeln. Aufgrund der fehlenden Transparenz sinkt jedoch im Allgemeinen der Performancedruck in den erworbenen Unternehmen und damit die für den Fortbestand eines Unternehmens notwendige zu erwirtschaftende Rendite.

Daher ist es nicht überraschend, dass das Management eines Unternehmens oft die oben genannte Sichtweise teilt und dazu neigt, Family Offices als Best-Owner durchzusetzen. Daher besitzen Family-Offices das Potenzial, sich neben Private Equity-Häusern auf dem mittelständischen deutschen M&A-Markt zu etablieren.

Darüber hinaus ist festzuhalten, dass aufgrund der de-facto Nichtrelevanz von M&A-Transaktionen jenseits der EUR 1 Mrd.-Grenze große Private-Equity-Häuser derzeit auch Interesse für Mittelstandstransaktionen zeigen. Wir gehen davon aus, dass dieses Interesse bei Wiederkehr des M&A-Marktes jenseits der EUR 1 Mrd. nachlassen und daher nur von kurzer Dauer sein wird.

Staatsfonds sehen wir derzeit und mittelfristig nicht im deutschen Mittelstand, da das Transaktionsvolumen für diese Investoren zu klein ist.

Entwicklung der Rendite:

Zunächst hat die Finanzkrise geringere Auswirkungen auf die Liquidität des Marktes für mittelgroße Transaktionen, da die Abhängigkeit von kapitalmarkt-refinanzierten Nichtbank-Kreditgebern geringer ist. Liquidität ist somit für mittelgroße Transaktionen in ausreichendem Maße vorhanden.

Jedoch werden die Kreditprozesse innerhalb der Banken komplexer. Insbesondere klagt das Kreditrisikomanagement eine stärkere Mitsprache ein. Dabei wird die Syndizierungsfähigkeit nahezu eine notwendige Voraussetzung einer Kreditvergabe. Dies führt dazu, dass Investoren Kreditentscheidungen schwieriger antizipieren können.

Für Private Equity-Investoren bedeutet dies, dass eine Finanzierungssicherheit häufig nur durch parallele Verhandlungen von Kreditpaketen und/oder Club Deals erreichbar erscheint.

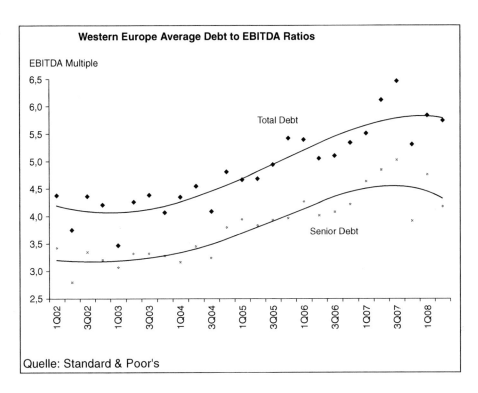

Quelle: Standard & Poor's

Abbildung 6: Trends am europäischen Leveraged Finance Markt

Die höheren Refinanzierungskosten der Banken und deren verbesserte Verhandlungsposition führen dazu, dass die Margen und Abschlussgebühren bei erstrangigen Finanzierungen um 25–75 Bps gestiegen sind. Insbesondere sind die Mezzanine-Kosten deutlich angezogen. Daher gibt es derzeit eine Tendenz zu All-Senior-Finanzierungen.

Die Anforderungen an die Eigenkapitalstrukturen sind deutlich gestiegen. Derzeit setzen Banken 45–55 % Eigenkapitalquoten durch. Damit geht ein deutlich niedrigeres Leverage (Verschuldung/EBITDA) einher. Market Flex Vereinbarungen – sowohl in der Struktur als auch im Pricing – sind kaum noch vermeidbar.

Zusammenfassend ist festzuhalten, dass die höheren Eigenkapitalquoten bei einer geringeren Kreditfinanzierung die Renditen der Fonds sinken lassen. Unterstellt man nun noch verlängerte Haltedauern, sollte eine Incentivierung der Private Equity-Häuser zunehmend auf Money-Multiple erfolgen.

Leverage Buyout Strukturen

Oliver Diehl[1]

---

[1] Der Beitrag ist der auf der M&A Fachkonferenz 2008 der Frankfurt School of Management gehaltene Vortrag.

1 Einleitung

Unter einem Leverage Buyout („LBO") versteht man die Übernahme eines Unternehmens durch einen Finanzinvestor, dessen Ziel es ist, das gekaufte Unternehmen nach einer Zeitspanne von typischerweise drei bis fünf Jahren gewinnbringend zu veräußern. Gewinnbringend bedeutet in diesem Zusammenhang die Realisierung eines IRR („internal rate of return") von mehr als 20–25 %. Der IRR ist derjenige interne Zinsfuß, bei dem der Kapitalwert eines Projektes gleich Null ist.

2 Einführung in LBOs

2.1 Funktionsweise eines typischen LBOs

Bei einem LBO wird die Akquisition zu einem signifikanten Anteil mit hochgradig strukturierten Fremdkapitalinstrumenten finanziert. Der Anteil des Eigenkapitals beträgt hierbei nur etwa 25 % bis maximal 35 % des Transaktionsvolumens. Der verbleibende Rest besteht zumeist aus vorrangigen, nachrangigen, mezzaninen oder hoch verzinsten Verbindlichkeiten, sogenannten High-Yield Verbindlichkeiten.

Einen wichtigen Bestandteil des gesamten Modells bilden Annahmen bzgl. der Geschäftsentwicklung, der Verkaufsstrategie und der Zeit zwischen dem Kauf und dem Verkauf. Diese Annahmen sind essentiell für die Bestimmung der Kapitalstruktur sowie für die mögliche Eigenkapitalrendite.

Ein Beispiel zur Veranschaulichung der Funktionsweise eines LBOs: Ein Unternehmen wird im Jahr 2005 für EUR 100 gekauft. Hierfür wird ein special purpose vehicle („SPV") gegründet, das als Käufer des Unternehmens auftritt und die Interessen des Investors, des Managements des zu kaufenden Unternehmens sowie der Fremdkapitalgeber vereinigt. Die Kapitalstruktur ist EUR 30 Eigenkapital und EUR 70 Fremdkapital. EUR 27 des Eigenkapitals werden vom Finanzinvestor gestellt, die verbleibenden EUR 3 stellt das Management des Unternehmens. Die kompletten EUR 70 Fremkapital werden von verschiedenen Fremdkapitalgebern zusammengetragen. Im Jahr 2008 soll das Unternehmen wieder verkauft werden. In der Zeit, in der der Finanzinvestor das Unternehmen hält, wird das Unternehmen restrukturiert. Der Verkaufspreis beträgt EUR 105. Das Unternehmen hat in den drei Jahren seit dem Kauf durch generierte Cash Flows bereits einen Teil der Verbindlichkeiten zurückgezahlt; übrig bleiben EUR 40. Somit beträgt der Wert des Eigenkapitals zum Zeitpunkt des Verkaufs EUR 65. Nun wird der Rest des Fremdkapitals zurückbezahlt. Die verbleibenden EUR 65 werden anschliessend entsprechend dem ursprünglichen Anteil am Eigenkapital aufgeteilt. Da das Management beim Kauf 10 %, i.e. EUR 3, zur Verfügung gestellt hat, erhält es nun 10 % des Eigenkapitals: EUR 6,5. Die verbleibenden 90 %, EUR 58,5, stehen dem Finanzinvestor zu, der zu Beginn EUR 27 bereitgestellt hat. Der Investor hat bei dieser Transaktion einen IRR von 29,4 % realisiert.

Die nachfolgende Grafik zeigt die Funktionsweise eines typischen LBOs:

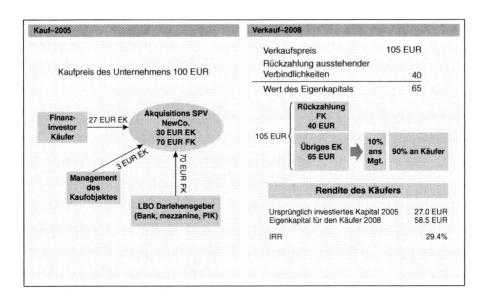

Abbildung 1: Funktionsweise eines LBOs

2.2 Wie verdienen Finanzinvestoren Geld an derartigen Transaktionen?

Grundsätzlich suchen sich Finanzinvestoren Kaufobjekte aus, mit denen sich ein IRR von mindestens 20 % erwirtschaften lässt und die eine gute Verkaufsgelegenheit nach drei bis fünf Jahren bieten. Der Wert des Unternehmens kann durch (i) Steigerung des EBITDA, (ii) durch Rückzahlung der Verschuldung und/ oder (iii) durch einen höheren Exit-Multiple geschaffen werden.

Zu (i): Nach einem Kauf verfolgen Finanzinvestoren prinzipiell eine Strategie, die auf Effizienzsteigerung und Wachstum getrimmt ist. Dies beinhaltet im Allgemeinen eine bessere Resourcenallokation sowie organisches Wachstum. Die EBITDA Marge wird größer, indem die Umsätze steigen und die Kosten für Herstellung und Personal im Vergleich zum Umsatz weniger stark steigen. Durch ein gesteigertes EBITDA erhöht sich der verfügbare Cash Flow, der wiederum zur Rückzahlung von Verbindlichkeiten genutzt werden kann. Durch diese Maßnahme erhöht sich der relative Anteil des Eigenkapitals, da sich die Bilanzsumme aufgrund der Rückzahlungen verringert.

Zu (ii): Selbstverständlich kann auch nur durch Rückzahlung der Verbindlichkeiten Wert generiert werden – analog zu (i).

Zu (iii): Entsprechend der Marktlage und der Positionierung des Unternehmens im Markt kann auch dadurch ein Mehrwert generiert werden. Angenommen ein Unternehmen wird zu einem Multiple von 5x EBITDA gekauft und aufgrund der positiven Marktlage und des sehr guten strategischen Integrationspotentials wird das Unternehmen mit einem Multiple von 7x EBITDA wieder verkauft.

Selbstverständlich können diese Möglichkeiten auch gemeinsam auftreten, was einen positiven Einfluss auf das Wertsteigerungspotential des Unternehmens haben kann.

Folgende Grafik zeigt die Wertsteigerung unter (ii):

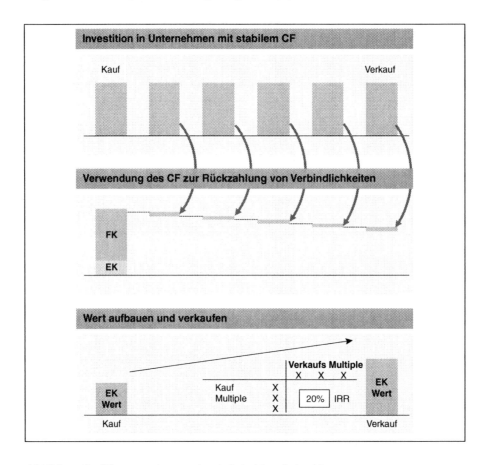

Abbildung 2: Wertgenerierung durch Schuldenrückzahlung

2.3 Kriterien eines erfolgreichen LBOs

Ein Finanzinvestor basiert seine Entscheidung, ein Unternehmen zu kaufen, auf eine Vielzahl von Kriterien. Diese können in zwei Kategorien eingeteilt werden: operative und nicht-operative Kriterien.

Diese nicht-operativen Kriterien lassen sich folgendermaßen untergliedern:

- Anforderungen an den IRR

  - 20–30 %, abhängig vom Risikoprofil und von der Struktur des Fonds

- Zeithorizont des Investments

  - Drei bis fünf Jahre, abhängig von der Dynamik des Geschäfts und des Zeitbedarfs, um Wert zu generieren

- Verschuldungsfähigkeit des Geschäfts

  - Regelmäßige Cash Flows

  - Aktuelle Fremdkapitalmarktkonditionen für unterschiedliche Fremdkapitalinstrumente

  - Vorangegangene Finanzierungen (Struktur, Leverage)

  - Positionierung des Unternehmens im Vergleich zu Konkurrenten

- Ausstiegsmöglichkeiten

  - IPO oder Verkauf an einen Konkurrenten

  - Potential das Unternehmen später zu einem höheren Multiplikator zu verkaufen („multiple expansion")

Die operativen Kriterien stellen sich wie folgt dar:

- Business Plan

  - Umsatzwachstum

  - Verbesserung der EBITDA Marge (ideal ist ein höherer Anteil an variablen als an fixen Kosten)

  - Investitionen (vorzugsweise eine geringe Investitionsintensität)

  - Verfügbarer Cash Flow

- Management (ideal sind vorangegangene Erfolge bei der Implementierung einer bestimmten Strategie bzw. von Sparprogrammen)

- Marktführerschaft – bewiesener Bedarf für die Produkte

- Portfolio an bekannten Marken (wenn anwendbar)

- Enge Beziehung zu Kunden und Lieferanten

- Ausprägung der Industrie

  - Bei einer „buy & build" Strategie wird ein fragmentierter Markt bevorzugt

- Modernste Produktionsstätten

- Potentielle Plattform für Erweiterungs-Akquisitionen

3 LBO Strukturierung und Produkte

Zunächst wird das Potential für weitere Verschuldung analyisiert. Dies passiert in mehreren Schritten:

1. Basierend auf einer Finanz- (i.e. Bilanz, GuV, Cash Flow), Unternehmens- und Industrieanalyse wird ein integriertes Finanzmodell erstellt, welches das EBITDA und die verfügbaren Cash Flows über die Dauer der Rückzahlungen der Verschuldung prognostiziert. Diese Periode ist üblicherweise fünf oder zehn Jahre lang

2. In einem nächsten Schritt wird eine realistische Transaktions- und Kapitalstruktur auf Basis der vorher ermittelten Cash Flows erstellt. Der Investor bestimmt die Kapitalstruktur in einem iterativen Prozess, der sich wie folgt darstellt:

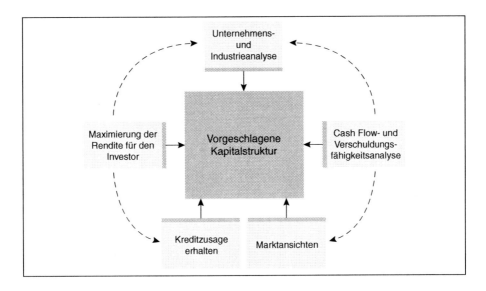

Abbildung 3: Iterativer Prozess zur Bestimmung der Kapitalstruktur

3. Auf Basis der zu erwartenden Unternehmensbewertung zum Zeitpunkt des Ausstiegs (Exit) wird die IRR errechnet

4. Im vierten Schritt werden Anpassungen an das Finanzmodell durchgeführt, um ein harmonisches Zusammenspiel zwischen IRR, dem Leverage und der Bewertung herzustellen

5. Der letzte Schritt befasst sich mit der Marktfähigkeit des Modells, indem geprüft wird, ob die verwendeten Finanzinstrumente zu den aktuellen Marktkonditionen an Investoren verkauft werden könnten

Sofern man dann eine geeignete Finanzierungsstruktur ermittelt hat, stehen dem Investor verschiedene Finanzierungsinstrumente zur Verfügung. Eine Übersicht zeigt die folgende Grafik:

Übersicht der Finanzalternativen | **Traditionelle Bereitsteller**

Vorrangige Verbindlichkeiten

- Revolver
- Darlehen

- 30 – 60% der kompletten Kapitalisierung
- LIBOR + 225 – 400 bps
- 5 – 9 Jahre

Investment Bank
Geschäftsbank

Nachrangige Verbindlichkeiten

- Anleihen

- Discount notes

- Traditionelles Mezzanine

- 10 – 25% der kompletten Kapitalisierung
- LIBOR + 350 – 650 bps
- 7 – 10 Jahre
- Minimum 75.0 Millionen EUR
- Maximum 550 Millionen EUR
- Neun – zehn Jahre

Investment Bank
Geschäftsbank
Mezzanine Fond

Vorzugsaktien/Mezzanine Wertpapiere

- Nachr. Verbindlk.
- Vorzugsaktien
- PIK
- Optionsscheine

- 0 – 35% der kompletten Kapitalisierung
- 13 – 17%
- 7 – 10+ Jahre
- 150 Millionen £/250 Millionen EUR

Investment Bank
Geschäftsbank
Mezzanine Fond

Eigenkapital

- Verkäuferdarlehen

- Eigenkapital

- Zutiefst nachrangig
- 10 – 12 Jahre Laufzeit (als letztes fällig)
- 25 – 40% der kompletten Kapitalisierung
- 25%+
- 3 – 7 Jahre
- Bis zu 300 Millionen £/500 Millionen EUR pro Investor

Verkäufer
Finanzinvestor

Kapitaltranchen | **Investitionskriterien**

Vorrangige Verbindlichkeiten

- Üblicherweise besichert
- Restriktivste Kreditvereinbarungen
- Amortisierung nach 5 – 9 Jahren Laufzeit
- Erste Bedienung bei Liquidation/Insolvenz
- Geringster Coupon, aktuell ~ LIBOR + 225 – 400 bp
- Vierteljährliche Überprüfung der Kreditvereinbarungen

Nachrangige Verbindlichkeiten

	Mezzanine	High yield
Sicherheit	Nachrangig zu vorr. Verbindlichk.	Nachrangig zu vorr. Verbindlichk.
Rückzahlung	Typischerweise 10 Jahres Bullet	Typischerweise 10 Jahres Bullet
Kündigung	Strafe von 1 – 3% in den ersten 3 Jahren	Keine Kündigung in den ersten 5 Jahren
Größe	Bis zu 550 Millionen EUR	Minimum 75 Millionen EUR
Zielrendite	16 – 18% beinhaltet Cash, PIK und Optionsscheine	8 – 12% in Cash
Kreditvereinbarung	Leicht lockerer als bei vorrangigen Verbindlichkeiten	Selbstverantwortlichkeit. Während der Transaktion getestet
Markt	Privat	Öffentlich
Kosten	2.75%	2.5% – 4%

Vorzugsaktien Mezzanine Wertpapiere

- Wandeldarlehen, austauschbare Darlehen, Wandelaktien, PIK Wertpapiere und Optionsscheine
- Erwartete IRRs im Bereich von 15 – 20%
- Kosten 3.5 – 4.5%

Eigenkapital

- Kapital mit dem höchsten Risiko bzw. Kosten
- Minimum Rendite > 20 – 25%

Abbildung 4: Übersicht der Finanzierungsalternativen

Ein wichtiger Bestandteil einer jeden Finanzierungsstruktur sind die dem Risikoprofil entsprechenden Kreditvereinbarungen, i.e. „covenants", die Investoren zur Überprüfung der Leistungsfähigkeit des Unternehmens verlangen.

Diese Art von Vereinbarungen kann man wiederum in (i) Verschuldungsgrad-Quotienten und (ii) Zinsdeckungs-Quotienten unterteilen. Die Verschuldungsgrad-Quotienten messen die Verschuldung in einem Unternehmen, wohingegen die Zinsdeckungs-Quotienten messen, ob das Unternehmen in der Lage ist, vorgeschriebene Zinszahlungen zu leisten. EBITDA wird in der ersten Kategorie häufig als Nenner verwendet, in der zweiten Kategorie häufig als Zähler.

Die am meisten verwendete Kennzahl der ersten Kategorie ist „vorrangige Verschuldung/EBITDA". Oft verwendete Kennzahlen der zweiten Kategorie sind zum Beispiel „EBITDA/Zinsaufwendungen" oder „(EBITDA-Investitionen)/Zinsaufwendungen". Neben den eben erwähnten Kenngrößen gibt es einige andere wie zum Beispiel „vorrangige Verschuldung/Kapitalisierung" oder „Fremdkapital/Kapitalisierung."

4 Aktuelle Marktsituation

4.1 Kapitalmarktumfeld

In den letzten Monaten haben die internationalen Kapitalmärkte eine ihrer volatilsten und ereignisreichsten Perioden erlebt. Angefangen hat es mit der Insolvenz der US Investment Bank Lehman Brothers am 14. September 2008. Zur gleichen Zeit wurde die drittgrößte Investment Bank, Merrill Lynch, durch Bank of America übernommen und der Versicherungskonzern AIG erhielt USD 85 Mrd. von dem amerikanischen Staat, um nicht ebenfalls Insolvenz beantragen zu müssen. Seit der Lehman Insolvenz funktioniert der Interbankenmarkt sehr eingeschränkt, da großes Misstrauen zwischen den Banken herrscht.

Die staatlichen amerikanischen Behörden Federal Reserve und das Treasury Department mussten stark in die Wirtschaft eingreifen, um eine drohende Abwärtsspirale abzuwenden. Hierzu wurde ein Rettungspaket von rund USD 700 Mrd. geschnürt, um das fehlende Vertrauen wieder herzustellen. An den Börsen wurde ein Verbot von Leerverkäufen eingeführt, um Spekulationen zu verhindern. Weitere Länder, wie England, Deutschland und Russland bildeten ähnlich große Rettungsfonds, um den angeschlagenen Finanzinstituten im eigenen Land zu helfen, eine Pleite abzuwenden, um somit Schlimmeres zu verhindern.

Die aktuell vorherrschende Finanzkrise hat einen erheblichen Einfluss auf die internationalen Kapitalmärkte; die Liquidität ist beschränkt und die Kosten für Finanzierungen schnellen nach oben. Für eine Vielzahl von Unternehmen ist es schwierig – fast unmöglich – geworden, sich zu refinanzieren. An einige Finanzierungsalternativen wie zum Beispiel Anleihen im High-Yield-Bereich und mezzanines Kapital ist vorübergehend – bis auf ein paar wenige Ausnahmen – gar nicht zu denken.

Ein weiteres Phänomen, das die Krise hervorgebracht hat, ist die Veränderung der Investorenstruktur. In der Vergangenheit bildeten collaterized loan obligations („CLO")/collaterized debt obligations („CDO)" die Basis für Akquisitionsfinanzierungen. Durch die aktuelle Krise hat diese Art der Investoren viel Geld verloren – die Liquiditätsbasis wurde stark geschwächt. Da die typischen Investoren weitgehend vom Markt verschwunden sind, stoßen nun Banken, die vorher vom Markt verdrängt wurden, wieder in den Markt. Diese, allerdings risikoaverser und fordern eine striktere Überwachung der Entwicklung ihres Kapitals.

Grafisch lässt sich die Verschiebung der Investoren wie folgt darstellen:

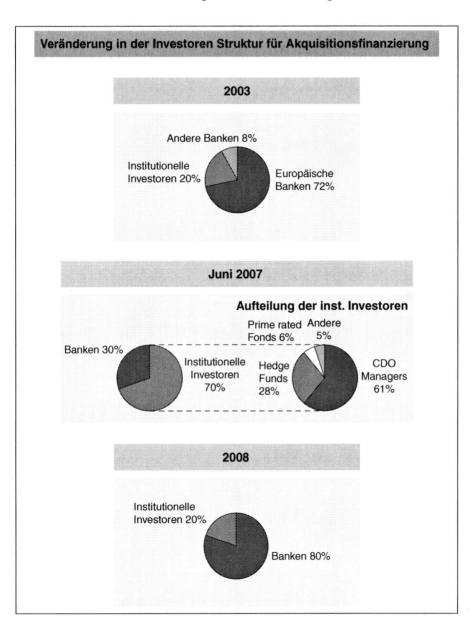

Abbildung 5: Veränderung der Investorenstruktur

4.2 Trends im europäischen Markt für Akquisitionsfinanzierung

In diesem Kapitel gilt zu beachten, dass die historische Marktentwicklung keinesfalls als Indikator für zukünftige Entwicklungen dient.

Die folgende Grafik zeigt die durchschnittliche Zusammensetzung des Verschuldungsgrades bei Akquisitionsfinanzierungen als Relation zum EBITDA auf.

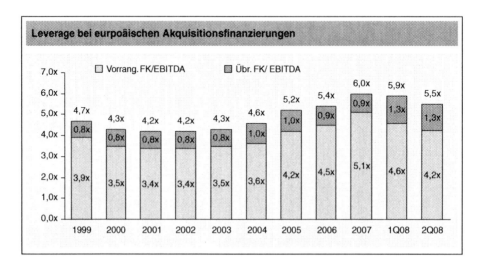

Abbildung 6: Entwicklung des Verschuldungsgrades bei Akquisitionsfinanzierungen[2]

Die Grafik lässt erkennen, dass der Verschuldungsgrad, der 2007 seinen Höhepunkt erreicht hat, in den ersten beiden Quartalen 2008 wieder rückläufig ist. Weiterhin ist zu erkennen, dass der Anteil der vorrangigen Verschuldung ebenfalls zurückgeht und somit der Anteil des übrigen Fremdkapitals zunimmt. Das übrige Fremdkapital besteht typischerweise aus nachrangigen Verbindlichkeiten, Vorzugsaktien und mezzaninem Kapital, wie in Kapitel 3 dargestellt. Dieser Trend liegt darin begründet, dass die Bereitsteller der Akquisitionsfinanzierung wie Geschäftsbanken und Investment Banken weniger Risiko eingehen als vor der Krise.

---

[2] Standard & Poor's LCD European Leveraged Loan Review 2Q 2008.

Die nächste Grafik unterstreicht diesen Trend zusätzlich. Hier wird der prozentuale Anteil des Eigenkapitals bei Akquisitionsfinanzierungen dargestellt:

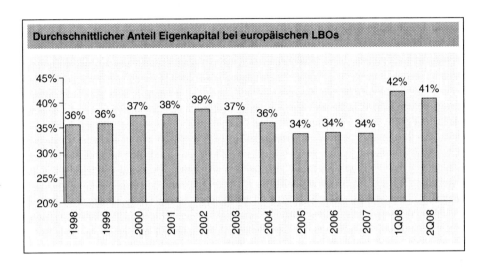

Abbildung 7: Anteil Eigenkapital bei LBO Finanzierungen[3]

Die Graphik zeigt einen signifikanten Anstieg des prozentualen Anteils des Eigenkapitals. In der LBO Hochkonjunktur, in den Jahren 2005 bis 2007, wurde der, in dieser Zeitreihe dargestellte Verlauf mit durchschnittlich 34 %, geringste Eigenkapitalanteil verzeichnet. In den ersten beiden Quartalen 2008 wird ein deutlicher Anstieg ersichtlich; der prozentuale Anteil steigt auf 42 % bzw. 41 %.

Die beiden Grafiken zusammen genommen, zeigen eine deutliche Reduzierung des Risikos in den Kapitalstrukturen bei Akquisitionsfinanzierungen auf, da sowohl der Anteil des Kapitals mit der tiefsten Subordinierung, Eigenkapital, als auch der Anteil der anderen nachrangigen Finanzierungsalternativen, nachrangiges Fremdkapital, mezzanines Kapital, im Vergleich zum vorrangigen Fremdkapital angestiegen ist.

Die nächste Grafik zeigt eine Übersicht der bezahlten Kaufpreise als EBITDA Multiplikator bei LBO Transaktionen der letzten zehn Jahre. Dabei werden nicht nur der gesamte Preis, sondern auch die entsprechenden Preise für den Eigen- und den Fremdkapitalanteil betrachtet. Die Grafik lässt erkennen, dass in den ersten beiden Quartalen 2008 ein annähernd gleicher Preis – in Bezug auf EBITDA – gezahlt wur-

---

[3] Standard & Poor's LCD European Leveraged Buyout Review 2Q 2008.

de. Zu beachten ist aber der sinkende Verschuldungsgrad. Wohingegen im ersten Quartal der Verschuldungsgrad noch 6,2x EBITDA betrug, lag er im zweiten Quartal bei 6,0x EBITDA. Für die zukünftige Entwicklung kann man zum einen sagen, dass die Multiplikatoren konstant bleiben könnten; allerdings nur bei einem noch geringeren Verschuldungsgrad und einem daraus resultierenden größeren Anteil Eigenkapital.

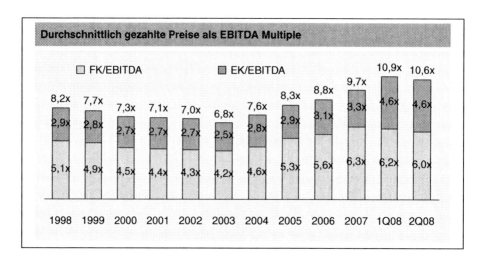

Abbildung 8:   Mittelherkunft als EBITDA Multiple[4]

Ein weiterer aktueller „Trend" ist das Zurückgehen der Volumina bei Akquisitionsfinanzierungen. Wohingegen im Jahr 2007 ca. EUR 100 Mrd. für Akquisitionen bereitgestellt wurden, zeigt das Jahr 2008 eine sehr schwache Bilanz. Der Ausblick für die zweite Jahreshälfte sowie die ersten Monate in 2009 lässt eine noch schwächere Bilanz vermuten. Laut der Grafik sind zwar noch viele Transaktionen in der Pipeline, aber die täglich schlechter werdenden Nachrichten bezüglich des Finanzsektors deuten darauf hin, dass viele dieser Transaktionen nicht stattfinden werden oder stattfinden können.

---

[4]   Standard & Poor's LCD European Leveraged Buyout Review 2Q 2008.

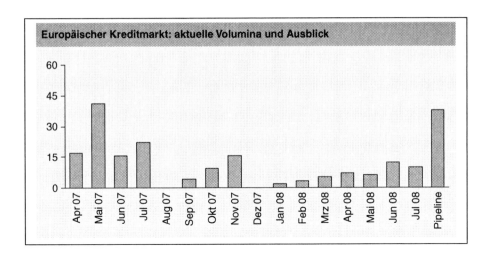

Abbildung 9: Aktuelle Kreditvolumina und Ausblick[5]

5 Fallstudie von Manchester United

Im Juli 2005 legte Malcom Glazer, ein amerikanischer Investor, dem englischen Fuß-
ballklub, Manchester United, ein Kaufangebot vor. Sein Angebot beinhaltete einen
Preis pro Aktie von GBP 0,300.

---

[5] Standard & Poor's LCD European Weekly Forward Calendar, 14th August 2008.

Die Kapitalstruktur seines Angebots zeigt die folgende Grafik:

Kapitalstruktur @ 300p pro Aktie	
Verwendung	**Betrag**
Kaufpreis	797,8m £
Stempelgebühr	2,8m £
Gebühren und Auslagen	11,8m £
Total	**812,4m £**
Herkunft	**Betrag**
Term Loan A	55,0m £
Term Loan B	62,5m £
Term Loan C	62,5m £
Nachrangiges Fremdkapital	85,0m £
Vorzugskapital	275,0m £
Eigenkapital	272,4m £
Total	**812,4m £**

Abbildung 10: Kapitalstruktur LBO

Wie aus obiger Grafik ersichtlich wird, ist die Struktur ausgeglichen zwischen vor-
rangigem, nachrangigem Fremdkapital und Eigenkapital; die Verhältnisse liegen bei
33:34:33.

Die nachfolgende Grafik zeigt die Ausprägungen der einzelnen Finanzierungs-bestandteile:

	% der Kap,	2005 Adj, EBITDA (NETTO)	2005 Adj, EBITDA (BRUTTO)	Indikative Ausgestaltung
Ausgestaltung der einzelnen Finanzierungsbestandteile				
Term loan A	7%	0,4x	1,3x	• Laufzeit 7 Jahre • LIBOR + 2,75% • Amortisierung – 5 Jahre
Term loan B	8%	1,9x	2,7x	• Laufzeit 8 Jahre • LIBOR + 3,25% • Bullet
Term loan C	8%	3,3x	4,2x	• Laufzeit 9 Jahre • LIBOR + 3,75% • Bullet
2nd Lien	10%	5,3x	6,2x	• Laufzeit 10 Jahre • Umgebung LIBOR + 6,50%
Total Fremdkapital	**33%**	**5,3x**	**6,2x**	
Vorzugskapital	34%			• Rückzahlbar nach 15 Jahren • 18% PIK
Eigenkapital der Glazer Familie	33%			• Familienkapital
Total Kapital	**100%**			

Abbildung 11: Ausprägungen der einzelnen Tranchen

Beim Betrachten der Preise der einzelnen Tranchen ist zu beachten, dass dieser LBO im Jahr 2005 stattgefunden hat. Seitdem ist der Risikoaufschlag auf den LIBOR signifikant gestiegen. Ebenso ist bei aktuellen Transaktionen der Eigenkapitalanteil höher als 33 %; analog zu Abbildung 8b.

Die derzeitige Finanzkrise hat aktuelle Akquisitionsprojekte stark beeinflusst. Zum einen ist die Durchführung schwieriger geworden und zum anderen hat sich die Struktur grundlegend geändert. Die Strukturen tragen nun weniger Risiko, vor allem in Form eines hohen Verschuldungsgrades. Wir gehen davon aus, dass dieser Trend im aktuellen Marktumfeld anhalten wird.

Auswirkung der Subprime-Krise auf die Unternehmensbewertung im Private Equity

Bastian T. Platt

1 Einleitung

„Ende des Übernahmerauschs"[1] titelte die Frankfurter Allgemeine Zeitung am 12. November 2007 und führte weiter aus: „Jahrelang haben Beteiligungsfonds immer größere Konzerne gekauft und hohe Schuldenberge aufgetürmt. Nun müssen die Finanzinvestoren wieder kleinere Brötchen backen."

Der Grund hierfür ist die sog. Subprime Krise, die von den USA aus die Finanzbranche weltweit erfasst hat und die für das Private Equity-Geschäft sehr wichtigen Kredit- und Kreditverbriefungsmärkte – zumindest kurzfristig – praktisch zum Erliegen gebracht hat (sog. Credit Crunch).

Ziel dieser Arbeit ist es, zu zeigen, wie sich die Kreditkrise auf die Unternehmensbewertung im Private Equity-Bereich auswirkt. Somit ist zunächst der Begriff Private Equity sowie das diesem Geschäftsmodell zugrunde liegende Konzept zu erläutern.

Heute wird Private Equity als „Oberbegriff für alle Eigenkapital-Anlageformen"[2] verwendet. Für die weitere Betrachtung soll diese Definition auf die Übernahme vorwiegend nicht börsennotierter Gesellschaften unter Aufnahme eines hohen Maßes an Fremdkapital eingeschränkt werden.

Um über die benötigten Mittel für die Übernahme zu verfügen, sammelt die Private Equity-Gesellschaft zunächst Kapital von Anlegern im Rahmen eines Fonds ein (sog. Fundraising). Dieses wird anschließend als Eigenkapital im Rahmen der Übernahme der Zielgesellschaft eingebracht und entspricht i.d.R. 20–40 % des Unternehmenswerts.[3] Das verbleibende benötigte Kapital wird im Rahmen einer Fremdfinanzierung von einer bzw. mehreren Banken zur Verfügung gestellt.

Die hinter diesen sog. Leveraged Buy Outs (LBO) stehende Logik ist die Steigerung der Eigenkapitalrendite des Investors durch den Einsatz von Fremdkapital – der sog. Leverage Effekt. Dieser besagt, dass die Rendite des Eigenkapitals so lange durch Aufnahme von zusätzlichem Fremdkapital gesteigert werden kann, wie die Rendite

---

[1] Daniel Schäfer: Das Ende des Übernahmerauschs, 2007, S. 23.
[2] Bundesverband Deutscher Kapitalbeteiligungsgesellschaften – German Private Equity and Venture Capital Association e.V. (BVK): Glossar, 2008, ohne Seite.
[3] Vgl. hierzu Wilfried Stadler: Venture Capital und Private Equity, 2001, S. 152.

des Gesamtkapitals die Kosten des Fremdkapitals (entspricht der Renditeforderung der Fremdkapitalgeber) übersteigt.[4]

Um die Wirkung der Subprime-Krise auf die Unternehmensbewertung zu zeigen, wird nachfolgend zuerst ein Überblick über die verschiedenen, für den Private Equity-Bereich maßgeblichen, Bewertungsverfahren gegeben. Anschließend wird die Struktur einer Private Equity-Transaktion erläutert, um die einzelnen Faktoren der Unternehmensbewertung, die hierbei eine besondere Bedeutung im Bezug auf die Subprime Krise haben, aufzuzeigen. Hierauf folgt eine Erläuterung der Subprime-Krise sowie des „Credit Crunchs", um deren Auswirkungen auf die vorher definierten Faktoren anhand verschiedener Szenarien eines Bewertungsmodells zu verdeutlichen und zu analysieren.

Schließlich wird ein Ausblick auf zukünftige Entwicklungen und die Auswirkungen für das Private Equity-Geschäft gegeben.

2 Unternehmensbewertung

In diesem Kapitel wird ein Überblick über die verschiedenen Verfahren der Unternehmensbewertung gegeben. Ein besonderer Schwerpunkt wird auf die Bewertung mit Hilfe von sog. Multiplikatoren (Multiples) gelegt. Weiterhin werden die den Wert des Unternehmens beeinflussenden Faktoren, die im Rahmen dieser Arbeit genauer betrachtet werden, sowie ihre Auswirkung auf den Unternehmenswert erläutert.

2.1 Überblick über die verschiedenen Bewertungsverfahren

Zunächst ist zu klären, welche Faktoren den Wert eines Unternehmens determinieren und wie diese zu bewerten sind, um den Wert des Unternehmens als Ganzes zu bestimmen. Ballwieser führt hierzu aus: „Richtige Unternehmenswerte sind zweckgerechte Werte. Unternehmen haben keinen Wert an sich, unabhängig von einem Bewertungszweck."[5] Aus dieser Aussage lässt sich ein weiterer für die Ermittlung des Unternehmenswertes wichtiger Grundsatz ableiten: „Bewerten heißt vergleichen."[6]

---

[4] Vgl. hierzu Wilfried Stadler: Venture Capital und Private Equity, 2001, S. 148.
[5] Wolfgang Ballwieser: Unternehmensbewertung Prozess, Methoden und Probleme, 2004. S. 1.
[6] Moxter: Grundsätze ordnungsmäßiger Unternehmensbewertung, 1983. S. 123.

Der Wert eines Unternehmens kann somit nicht aus sich selbst heraus ermittelt werden, sondern muss unter Berücksichtigung der Interessen der Investoren ermittelt werden. Für einen Private Equity-Investor ist im Wesentlichen die Rendite entscheidend, die er auf sein eingesetztes Kapital während der Haltedauer der Beteiligung und durch den anschließenden Verkauf realisieren kann.

Da diese Betrachtung primär auf die Rendite während der Laufzeit abstellt, können grundsätzlich die aus der Investitionstheorie bekannten Renditeberechnungen herangezogen werden.[7] Hierbei wird der Kauf des Unternehmens mit einer Investition in einen Vermögensgegenstand gleichgesetzt. Zu Beginn erfolgt beim Investor ein Liquiditätsabfluss (Kaufpreiszahlung, entspricht Investition), der durch Liquiditätszuflüsse während der Laufzeit des Investments (z.B. in Form von Gewinnausschüttungen) bzw. am Ende (bei Verkauf) barwertig überkompensiert werden muss, um am Ende der Investitionsperiode eine positive Rendite zu erreichen.

In Theorie und Praxis sind eine Vielzahl unterschiedlicher Verfahren zur Bewertung von Investitionen entwickelt worden, die schematisch in folgender Abbildung dargestellt sind.

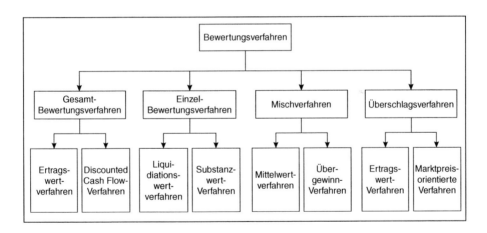

Abbildung 1: Übersicht der Unternehmensbewertungsverfahren[8]

---

[7] Vgl. beispielhaft: Reinhard H. Schmidt und Eva Terberger: Grundzüge der Investitions- und Finanzierungstheorie, 1997. Zum WACC-Ansatz S. 238 ff.
[8] Vgl. Wolfgang Ballwieser: Unternehmensbewertung Prozess, Methoden und Probleme, 2004. S. 8.

Da derartige Verfahren, wie bereits erläutert, dem jeweiligen Zweck der Bewertung angepasst werden (müssen), stellt obige Abbildung lediglich ein grobes Raster zur Einordnung dar. Einzelne Bewertungsverfahren können je nach Zweck und Ziel der Bewertung abgeändert oder miteinander kombiniert werden, um das für den jeweiligen Bewertungszweck passende Verfahren zu erhalten.

Da in der späteren Modellierung von einem Multiplikatormodell ausgegangen wird, soll im Weiteren nur dieses erläutert werden. Für eine ausführliche Diskussion der verschiedenen Ansätze vgl. u.a. Drukarczyk/Müller.[9]

2.2 Multiplikator-Verfahren

In der wissenschaftlichen Diskussion ist der Multiplikator (Multiple)-Ansatz lange Zeit als ergänzende, vereinfachte Methode zur Unternehmenswertermittlung gesehen worden. Wie Relles/Rojahn/Berner[10] zeigen konnten, hat sich dieses Verfahren jedoch inzwischen von einem rein unterstützenden Verfahren zu einem eigenständigen Analyseansatz weiterentwickelt. Hinzu kommt, dass speziell bei Private Equity-Transaktionen i.d.R. anfangs nur eine begrenzte Anzahl an Finanzinformationen des zu bewertenden Unternehmens vorliegt und somit eine DCF-Bewertung vielen hypothetischen Annahmen unterliegt. Überdies sind die Berechnungen und Annahmen deutlich schwerer zu vermitteln als die des Multiplikatoransatzes. Hierzu stellen Nestler und Kraus fest:

„Der Multiplikatoransatz ist in der Praxis vor allem im Rahmen der Verhandlungen von Transaktionen weit verbreitet."[11]

Im Gegensatz zu den zukunftserfolgsorientierten Bewertungsverfahren wird beim häufig angewandten Multiple-Verfahren der Unternehmenswert durch den Vergleich mit anderen Unternehmen ermittelt. Es handelt sich damit um eine marktorientierte Unternehmensbewertung, die eine bessere Näherung zur Ermittlung eines realitätsnahen Unternehmenswertes darstellt.

---

[9] Jochen Drukarczyk, Andreas Müller: Unternehmensbewertung, 2007.
[10] Michael Nelles, Joachim Rojahn, Christian Berner: Unternehmensbewertungsverfahren im Rahmen von Börsengängen am Neuen Markt, 2001, S. 323.
[11] Anke Nestler und Peter Kraus: Die Bewertung von Unternehmen anhand der Multiplikatormethode, 2003, S. 252.

Der Wert des Unternehmens ergibt sich dabei aus dem Produkt des gewählten und aus den Vergleichsunternehmen abgeleiteten Multiplikators mit der entsprechenden Kennzahl des Bewertungsobjekts. Hierbei wird, je nach Quelle der Vergleichsgrößen zwischen transaktionsbezogenen bzw. unternehmensbezogenen Multiples unterschieden.

Bei den sog. transaktionsbezogenen Multiplikatoren wird versucht, anhand jüngerer historischer Transaktionen den relevanten Multiplikator (z. B. EBITDA) zu ermitteln und anschließend über diesen den Unternehmenswert zu bestimmen. Da es jedoch i. d. R. sehr schwierig ist, vergleichbare Transaktionen zu finden und für diese selten alle zur Ermittlung des Unternehmenswertes notwendigen Informationen verfügbar sind, wird nicht weiter auf diese Variante der Unternehmenswertermittlung über Multiplikatoren eingegangen.[12]

Das Vorgehen bei der Bewertung anhand einer Vergleichsgröße (bei Rückgriff auf die sog. unternehmensbezogenen Multiplikatoren) lässt sich schematisch wie folgt darstellen:

1. Analyse des Bewertungsobjekts

2. Multiplikatorauswahl

3. Auswahl der Vergleichsgruppe (Peer Group)

4. Bewertung

Zunächst wird das zu bewertende Unternehmen hinsichtlich der für seinen wirtschaftlichen Erfolg relevanten Faktoren untersucht. Speziell vor dem Hintergrund der später zu wählenden Vergleichsgruppe ist diesem ersten Schritt besondere Aufmerksamkeit zu widmen. Nur durch ein sehr gutes Verständnis des Geschäftsmodells des zu bewerteten Unternehmens sowie der wesentlichen Einflussfaktoren auf dieses Geschäftsmodell ist es später möglich, eine geeignete Vergleichsgruppe zu ermitteln.

Anschließend ist ein geeigneter Multiplikator zu bestimmen. Hierbei ist es wichtig, bei der Näherung auf eine angemessene Beziehung der Größen in Zähler und Nenner

---

[12] Vgl. Dietmar Ernst, Sonja Schneider und Bjoern Thielen: Unternehmensbewertungen erstellen und verstehen, 2006, S. 167. Hier werden auch weitere Argumente angeführt warum dieses Variante nur sehr eingeschränkt nutzbar ist.

zu achten. Wird die verwendete Unternehmensgröße durch das Eigenkapital bzw. das Gesamtkapital erwirtschaftet, ist der Equity Value bzw. der Enterprise Value als Bezugsgröße zu wählen. Bei den sog. Equity-Multiples wird der Wert des Eigenkapitals direkt ermittelt, wohingegen bei den sog. Enterprise Value Multiples zunächst der Unternehmensgesamtwert und anschließend durch Subtraktion der zinstragenden Verbindlichkeiten der Wert des Eigenkapitals ermittelt wird. In der Literatur gibt es zahlreiche Ausführungen hinsichtlich der Faktoren sowie der Vor- und Nachteile, die hierbei berücksichtigt werden müssen. Eine gute Darstellung findet sich unter anderem bei Nestler/Kraus.[13]

Da i. d. R. die meisten Multiplikatoren auf Größen der Gewinn- und Verlustrechnung basieren[14] und somit auf das wirtschaftliche Gesamtkapital abstellen, wird nachfolgend der in der Praxis am häufigsten verwendeten Multiple, der sog. EBITDA-Multiple, weiter erläutert.

Nach der Auswahl des passenden Multiplikators müssen im nächsten Schritt vergleichbare Unternehmen gefunden werden. Hierbei ist zu beachten, dass die Vergleichbarkeit nicht nur hinsichtlich der Unternehmenstätigkeit gegeben sein muss, sondern ebenso der Bewertungsanlass sowie die Bewertungssituation möglichst ähnlich sind. Die Vergleichbarkeit der Unternehmenstätigkeit ist häufig bei Unternehmen der gleichen Branche gegeben. Da dieses Kriterium alleine jedoch zu allgemein erscheint, müssen weitere Kriterien herangezogen werden. Peemöller/Meister/Beckmann[15] nennen in den von ihnen definierten Kriterien u. a. eine vergleichbare Reifephase sowie eine vergleichbare Managementstruktur.

Ist die Vergleichsgruppe bestimmt und die Multiplikatoren der in ihr enthaltenen Unternehmen berechnet, müssen diese weiter verdichtet werden. Grundsätzlich bietet sich hierfür das arithmetische Mittel an, jedoch kann dieses durch einzelne Ausreißer in seiner Aussagekraft deutlich eingeschränkt werden. Somit empfiehlt es sich, eine Verdichtung über den Median vorzunehmen, da dieser das Zentrum der Verteilung der Werte der Vergleichsunternehmen deutlich besser darstellt. Überdies werden aufgrund der Minimumeigenschaft des Medians die Absolutbeträge der Abstände zwischen den einzelnen Beobachtungswerten minimiert.

---

[13] Anke Nestler und Peter Kraus: Die Bewertung von Unternehmen anhand der Multiplikatormethode, 2003, S. 250.
[14] Vgl. Dietmar Ernst, Sonja Schneider und Bjoern Thielen: Unternehmensbewertungen erstellen und verstehen, 2006, S. 170.
[15] Vgl. Volker Peemöller, Jan Meister und Christoph Beckmann: Der Multiplikatoransatz als eigenständiges Verfahren in der Unternehmensbewertung, 2002, S. 204 ff.

Ist der Multiple bestimmt, kann der Unternehmensgesamtwert durch Multiplikation mit der entsprechenden Kennzahl des Zielunternehmens ermittelt werden.

Häufig wird in der Literatur vorgeschlagen, den Unternehmenswert, der mit Hilfe des Multiplikators errechnet wurde, durch Zu- bzw. Abschläge an die spezifischen Besonderheiten des zu bewertenden Unternehmens anzupassen. Beispielhaft seien hier Kontrollprämien für börsennotierte Unternehmen, Abschläge für Informationsasymmetrien und ähnliche Faktoren genannt.[16] Da mit der Einbeziehung von Zu- und Abschlägen in die Berechnung des Unternehmenswertes immer ein Verlust an Objektivität einhergeht, wird in den weiteren Ausführungen von einer Einbeziehung derartiger Zu- und Abschläge abgesehen.

Zusammenfassend lässt sich festhalten, dass unabhängig von der Wahl des Verfahrens die gleichen Einflussfaktoren zu untersuchen sind. Speziell für das später verwendete Multiple- Modell sind dies:

1. Die Auswirkungen auf die Aktienmärkte, da hierdurch der Eigenkapitalwert der Vergleichsunternehmen und damit der Multiple maßgeblich beeinflusst werden.

2. Die Auswirkungen auf die Kreditmärkte, da hierdurch die Höhe und die Kosten des Fremdkapitals determiniert werden.

3 Private Equity

Zu Beginn der Arbeit wurde der Begriff Private Equity definiert, anschließend wurde auf die wesentlichen im Private Equity angewandten Unternehmensbewertungsverfahren eingegangen. In diesem Kapitel wird ein Überblick über das Geschäftsmodell der Private Equity-Investoren gegeben. Hierzu wird zunächst die Übernahmestruktur im Rahmen eines Unternehmenskaufs durch einen Private Equity-Investor erläutert. Anschließend werden die verschiedenen Finanzierungsformen dargestellt, um deren Bedeutung im Rahmen einer Private Equity-Transaktion zu verdeutlichen und die Grundlagen für die spätere Betrachtung der Auswirkungen der Subprime-Krise zu vertiefen. Zuletzt werden die Investitionsziele und Möglichkeiten zu deren Erreichung aufgezeigt, wobei hierbei – vor dem Hintergrund der Subprime Krise – insbesondere die Bedeutung der Fremdfinanzierung im Vordergrund steht.

---

[16] Peter Seppelfricke: Handbuch Aktien- und Unternehmensbewertung, 2007, S. 143 f.

3.1 Typische Transaktionsstruktur und Finanzierung

Aufgrund der erheblichen Komplexität jedes einzelnen Leveraged Buy-Outs (LBO) gibt es kein Standard-Schema, das zur Anwendung kommt. In der Praxis haben sich dennoch Grundstrukturen herausgebildet, die trotz der vorhanden Komplexität der Einzeltransaktionen vergleichsweise einfach zu veranschaulichen sind. Im Folgenden wird beispielhaft eine solche vereinfachte Struktur aufgezeigt und darauf aufbauend die wesentlichen Faktoren der Fremdfinanzierungsanteile erläutert.

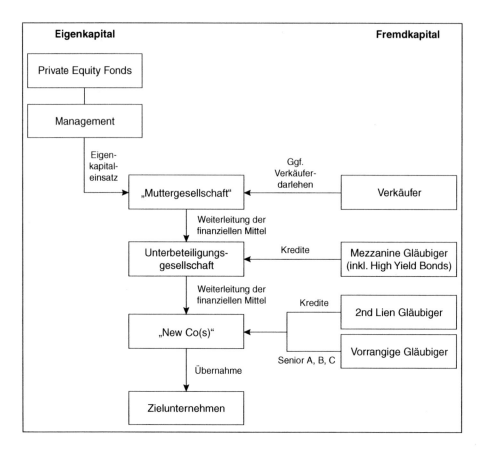

Abbildung 2: Typisierte Übernahmestruktur[17]

---

[17] In Anlehnung an Bundesbank (Hrsg.): Monatsbericht, 2007, S. 16.

Hierbei bringen der Finanzinvestor und das Management, dessen Beteiligung i.d.R. zwischen 5 %–20 % liegt[18], sowie ggf. der Alteigentümer die jeweiligen Eigenkapitalanteile in die neu gegründete Muttergesellschaft ein. Diese gründet anschließend weitere Tochtergesellschaften (sog. NewCo's), die z.B. über Darlehen der Mutter zur Verfügung stehende Mittel nutzen. Weiterhin nehmen die NewCo's im Rahmen der Finanzierung der Transaktion verschiedene Formen des Fremdkapitals (Tranchen oder sog. Facilities) auf, um gemeinsam mit dem von der Muttergesellschaft erhaltenen Kapital den Kaufpreis zu bezahlen. Da sowohl die Mutter- als auch die Tochtergesellschaften über keinerlei operatives Geschäft bzw. Sicherheiten verfügen, wird nach Abschluss der Transaktion die NewCo mit der Zielgesellschaft im Rahmen des sog. Debt Push Downs[19] verschmolzen. Hierdurch wird erreicht, dass die Zielgesellschaft zur Bedienung des Fremdkapitals herangezogen werden kann. Nachfolgend werden die einzelnen Fremdfinanzierungsinstrumente in Kürze dargestellt sowie ihre Bedeutung im Rahmen der anschließenden Untersuchung herausgearbeitet.[20] Abbildung 3 gibt einen Überblick über die wichtigsten Merkmale der jeweiligen Finanzierungsinstrumente.

	Laufzeit (in Jahren)	Zins	Tilgung
Senior A	7	Euribor + Spread (225bp)	Anuitätisch
Senior B	8	Euribor + Spread (250bp)	endfällig
Senior C	9	Euribor + Spread (325bp)	endfällig
Mezzanine	8–11	Euribor + Spread (1000–1100bp)	endfällig
		Cash Zinsen: Euribor + Spread (450–550bp)	
		PIK Zinsen: Euribor + Spread (550–650bp)	
Second Lien	8–10	Euribor + Spread (450–600bp)	endfällig
High Yield	8–12	Euribor + Spread (400–800bp)	endfällig
PIK Notes	10	Euribor + Spread (850–900bp)	endfällig

Abbildung 3: Überblick über typische Finanzierungsinstrumente[21]

---

[18] Dirk Oberbracht und Regina Engelstädter: Management-Beteiligungen: Gestaltung im Rahmen von LBO Transaktionen, 2006, S. 71 ff.

[19] Die ausführliche Analyse dieses Vorgangs ist nicht Gegenstand dieser Arbeit und soll daher nicht weiter erläutert werden. Für eine anschauliche Darstellung findet sich in Roland Mittendorfer: Praxishandbuch Akquisitionsfinanzierung, 2007, S. 92 ff.

[20] Für eine vollständige und ausführliche Darstellung der hierfür vorhandenen Möglichkeiten siehe z.B. Roland Mittendorfer: Praxishandbuch Akquisitionsfinanzierung, 2007, S. 146 ff.

[21] In Anlehnung an: Roland Mittendorfer: Praxishandbuch Akquisitionsfinanzierung, 2007, S. 146, 147.

Die Anzahl und Höhe der jeweils verwendeten Finanzierungsinstrumente wird maßgeblich von der Höhe des Kaufpreises bestimmt. Die Senior-Tranchen sowie eine sog. Mezzaninefinanzierung sind hierbei bei jeder Transaktion in der Praxis zu finden. Mit steigendem Kaufpreis kommen darüber hinaus Second Lien, High Yield Bonds sowie PIK Notes zum Einsatz. In dem später zugrunde gelegten Modell wird eine Finanzierung durch Senior Tranchen (A, B, C) sowie eine Mezzanine-Tranche unterstellt.[22]

Als Marktstandard für die Höhe des maximal zur Verfügung gestellten Volumens hat sich das Verhältnis Kreditvolumen zu EBITDA etabliert.[23] Im Rahmen der Transaktion stellt normalerweise eine Bank – der Konsortialführer (sog. Lead Arranger), im ersten Schritt – das gesamte Finanzierungsvolumen zur Verfügung. Da dies jedoch für die arrangierende Bank ein sehr hohes Einzelrisiko bedeutet, werden die Kredite, sofern nicht ohnehin bereits aufgrund der Struktur am Kapitalmarkt platziert, an andere Banken syndiziert. In diesem Prozess bietet der Lead Arranger anderen interessierten Banken eine Beteiligung am Finanzierungsvolumen bzw. an den Darlehen an.[24] Um sicherzustellen, dass es tatsächlich zum Verkauf der Kredite kommt, behält sich die arrangierende Bank i.d.R. das Recht vor, die Kreditkonditionen – soweit notwendig – im Nachhinein anzupassen (sog. Rachets).

Wie bereits in Kapitel 2 dargestellt, hat die Höhe des zur Finanzierung zur Verfügung stehenden Fremdkapitals aufgrund des Leverage-Effekts einen erheblichen Einfluss auf den Unternehmenswert für den Investor.[25] In Verbindung mit der erläuterten Struktur der Finanzierung und deren Elementen muss bei dieser Betrachtung nach folgenden Punkten differenziert werden:

1. Die Verfügbarkeit des jeweiligen Finanzierungsinstruments

2. Die Höhe des zur Verfügung stehenden Volumens

3. Die Kosten des jeweiligen Finanzierungsinstruments

---

[22] Für eine vollständige Darstellung vgl. u.a. Roland Mittendorfer: Praxishandbuch Akquisitionsfinanzierung, 2007, S. 140 ff., bzw. Vassil Tcherveniachki: Kapitalgesellschaften und Private Equity Fonds, 2007, S. 197 ff. Auf eine Darstellung der Besicherungsstrukturen wird hier verzichtet.

[23] Wilfred Stadler: Die neue Unternehmensfinanzierung, 2004, S. 244 ff., hier werden auch Kritikpunkte aufgezeigt.

[24] Für eine ausführliche Darstellung hierzu vgl. Roland Mittendorfer: Praxishandbuch Akquisitionsfinanzierung, 2007, S. 205 ff.

[25] Wilfried Stadler: Venture Capital und Private Equity, 2001, S. 155.

Es ist zwischen direktem und indirektem Einfluss zu unterschieden. Die Höhe des verfügbaren Volumens sowie die Finanzierungskosten determinieren den Wert des Unternehmens direkt. Ein Kaufpreis, dessen Finanzierung für den Finanzinvestor lediglich unter unadäquat hohem Einsatz von Eigenkapital bezahlbar ist, wird nicht bezahlt; somit müsste in einem derartigen Fall eine Anpassung des Unternehmenswerts nach unten erfolgen.[26]

Die Verfügbarkeit des jeweiligen Instruments übt indirekten Einfluss auf den Kaufpreis über die im Markt verfügbare Liquidität aus. Ist ein Finanzinstrument nicht verfügbar oder syndizierbar, kann es nicht zur Übernahme verwendet werden. Sofern die zur Verfügung stehenden Instrumente nicht zur Finanzierung ausreichen, müssen die Konditionen der anderen Instrumente solange angepasst werden, bis sie verfügbar bzw. syndizierbar sind. Dies wirkt sich wiederum direkt auf den Unternehmenswert und somit den Kaufpreis aus.[27]

Folglich sind die oben genannten Punkte im Rahmen der weiteren Betrachtung zu untersuchen, um eine Analyse der Auswirkungen der Subprime-Krise auf den Unternehmenswert zu ermöglichen.

3.2 Ertragsziele und Messgrößen von Private Equity-Investoren

Um die für die Analysen wichtigen Ertragsziele und Messgrößen eines Private Equity-Investors zu betrachten, muss zunächst geklärt werden, welche Erträge ein Investor zu welchem Zeitpunkt realisiert. Hierbei ist zwischen Erträgen während der Haltedauer des Investments sowie Erträgen bei Verkauf des Unternehmens (sog. Exit) zu unterscheiden.

Anhand der aufgezeigten Unternehmensbewertungsmethoden sowie der typisierten Übernahmestruktur lassen sich drei Hauptquellen der Wertsteigerung beim Exit identifizieren:[28]

---

[26] Peter Köhler: Banken bremsen große Deals, 2007, S. 25.
[27] Ohne Autor: Beteiligungsfonds im Dilemma, 2008, S. 21.
[28] Roland Mittendorfer: Praxishandbuch Akquisitionsfinanzierung, 2007, S. 30 ff.

1. Ergebnisverbesserung (EBITDA)

2. Kaufpreis-Multiple-Verbesserungen

3. Entschuldung

Unterstellt man eine Multiple Bewertung auf EBITDA- Basis, erklärt sich die Wertsteigerung intuitiv. Ein steigendes EBITDA ergibt c.p. einen höheren Unternehmenswert.

Ebenso leicht verständlich ist die Unternehmenswertsteigerung aufgrund eines höheren Kaufpreis-Multiples. Gründe für einen höheren Multiple können Margenverbesserungen, Marktstellungsverbesserungen oder andere Faktoren sein.

Selbst bei einem konstanten EBITDA und Kaufpreis-Multiple kann der Unternehmensgesamtwert gesteigert werden. Dies erfolgt über den Abbau der bei Übernahme aufgenommenen Verbindlichkeiten. Der Wert des vom Private Equity-Investor gehaltenen Eigenkapitals erhöht sich bei gleichem Unternehmensgesamtwert um den Anteil der getilgten Verbindlichkeiten, da der Abzugsposten bei der Ermittlung des Equity Values (sowohl im Multiple als auch in DCF-Verfahren) entsprechend kleiner wird.

Während der Haltedauer des Investments bzw. direkt nach Übernahme des Zielunternehmens (Target) stehen der Private Equity-Gesellschaft verschiedene Ertragsquellen offen[29], die hier nicht weiter besprochen werden, da der größte Teil der Rendite i.d.R. über den Exit realisiert wird.[30] Als Ausnahme hiervon soll die sog. Rekapitalisierung (Recap) erläutert werden. Darunter wird die teilweise oder vollständige Rückzahlung der vom Investor eingesetzten Eigenmittel unter Aufrechterhaltung seines Anteilsbesitzes verstanden.[31] Da dies eine weitere Verschuldung des Zielunternehmens bedeutet, müssen für diese Kredite die gleichen Untersuchungskriterien wie für Akquisitionsfinanzierungsinstrumente (Senior-Tranchen, Mezzanine-Kredite, etc.) betrachtet werden. Gerade diese Variante der Gewinnschöpfung wurde in den letzten Jahren in der Praxis deutlich häufiger angewendet und hat zwischenzeitlich gar als Klausel in die ursprünglichen Kreditverträge bei Akquisition Einzug gefun-

---

[29] Roland Mittendorfer: Praxishandbuch Akquisitionsfinanzierung, 2007, S. 166 ff.
[30] Wilfried Stadler: Venture Capital und Private Equity, 2001, S. 303.
[31] Vassil Tcherveniachki: Kapitalgesellschaften und Private Equity Fonds, 2007, S. 298.

den.[32] Speziell auf diese Komponente sind Auswirkungen der Subprime-Krise zu erwarten, da schon Mittendorfer feststellt, dass „die Einräumung derartiger oder ähnlicher Klauseln […] nur vor dem Hintergrund einer extremen Marktliquidität für Akquisitionsfinanzierungen zu erklären"[33] ist und folglich bei Veränderung der Marktgegebenheiten wieder verschwinden dürfte.

Vorhergehend wurden die Ertragsquellen diskutiert, im nächsten Schritt wird die Gewinnverteilung eines Private Equity-Fonds erläutert, um deren Einfluss auf die Investitionsentscheidung und damit die Unternehmensbewertung zu zeigen.

Die Fonds werden i.d.R. aufgrund der angelsächsischen Prägung dieses Geschäfts in Form von sog. Limited Partnerships (ähnlich der Deutschen Kommanditgesellschaft) gegründet. Hierbei bringen die Kapitalgeber i.d.R. einen großen Anteil von bspw. 99 % des Kapitals ein. Die Private Equity-Gesellschaft beteiligt sich bspw. lediglich mit 1 % des Kapitals und übernimmt die Rolle des General Partners. Hierfür erhält sie eine jährliche Verwaltungsgebühr in Höhe von 1–2 % des verwalteten Vermögens. Beim Verkauf eines Unternehmens werden die hieraus resultierenden Erträge zwischen den Investoren und der Private Equity-Gesellschaft i.d.R. im Verhältnis 80:20 aufgeteilt (sog. Carried Interest). Bei der Verteilung des Ertrags ist weiterhin eine sog. Hurdle-Rate zu berücksichtigen. Diese sichert den Investoren eine Mindestrendite auf ihr eingebrachtes Kapital (meist ca. 6–10 %) zu. Erst wenn die Erträge diese Grenze überschreiten, darf mit der Gewinnverteilung im o.g. Verhältnis begonnen werden.[34]

Somit ergeben sich für die Investoren zwei Möglichkeiten, Rückzahlungen auf das von Ihnen eingebrachte Kapital zu erhalten; beim Verkauf des Unternehmens oder im Rahmen der oben beschriebenen Rekapitalisierung, wobei die hierbei neu aufgenommenen Schulden an die Investoren z.B. in Form einer Sonderausschüttung weitergegeben werden.

Aufgrund dieser Zahlungsstruktur ergeben sich verschiedene Messgrößen für den Erfolg eines Investments. Im Folgenden werden zwei Messgrößen besonders herausgearbeitet, da diese in der Praxis am häufigsten verwendet werden:

---

[32] Roland Mittendorfer: Praxishandbuch Akquisitionsfinanzierung, 2007, S. 117.
[33] Roland Mittendorfer: Praxishandbuch Akquisitionsfinanzierung, 2007, S. 118.
[34] Für eine Ausführliche Darstellung der Strukturen vgl. Vassil Tcherveniachki: Kapitalgesellschaften und Private Equity Fonds, 2007, S. 26 ff.

1. Die Rendite des realisierten Investments (IRR)

2. Das Verhältnis von eingesetztem zu erhaltenem Kapital (TME)[35]

Der Wert eines Unternehmens für einen Private Equity-Investor ergibt sich somit aus der für ihn erzielbaren Rendite. Nur wenn der zu bezahlende Kaufpreis bei planmäßiger Entwicklung des Unternehmens eine Rendite im angestrebten Bereich[36] ermöglicht, wird er bezahlt werden. Aufgrund des Leverage-Effekts ist die Höhe des verfügbaren Fremdkapitals hierfür wiederum maßgeblich entscheidend.

4 Subprime-Krise

Ziel dieses Kapitels ist es, den Ursprung und den Verlauf der Subprime Krise zu beschreiben sowie Mechanismen zu erläutern, die zu einer Transmission auf den Markt für strukturierte Finanzierungen bzw. insbesondere den sog. Leveraged Finance Bereich führten. Im Zuge dieser Beschreibung werden weiterhin die relevanten Auswirkungen auf die Kredit- und Aktienmärkte erläutert.

4.1 Ursprung der Krise – Überschussliquidität

Ein wesentlicher Grund für die Subprime-Krise ist primär in der bewussten, wachstumsstimulierenden und übermäßigen Liquiditätsbereitstellung der amerikanische Zentralbank FED zu suchen.

In Abbildung 4 wird die Entwicklung des durch die FED festgesetzten Leitzinses, das Preisniveau für kurzfristige Liquidität im Vergleich zum Realzins (Zinsniveaus einer 10-jährigen US-Staatsanleihe abzüglich der Inflation in Form der Konsumentenpreisindizes der USA) dargestellt. Hierbei wird deutlich, dass aus den aggressiven Leitzinssenkungen im Jahre 2001 erstmalig die Realverzinsung längerfristig bei unter zwei Prozent notierte und im Jahre 2005 sogar negativ war.

---

[35] Times Money Earned. Vgl. European Private Equity and Venture Capital Association (EVCA): Glossar, 2008.
[36] Vgl. Wilfried Stadler: Venture Capital und Private Equity, 2001, S. 154.

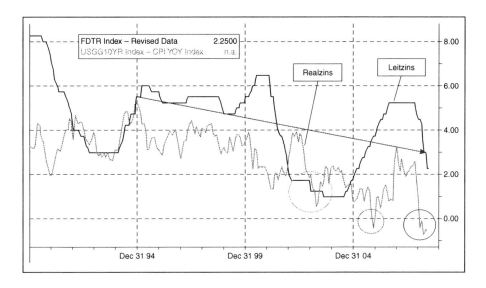

Abbildung 4: Entwicklung des Realzinses[37]

Dies bedeutet, dass Kredite sehr günstig waren und somit die Nachfrage in allen zinsabhängigen Märkten aufgrund der übermäßigen Liquiditätsbereitstellung stieg. Die günstigen Finanzierungsmöglichkeiten wiederum führten zu einer höheren Nachfrage nach Immobilien, was deren Preise seit 2001 stetig steigen ließ.

Weiterhin resultierte die verhältnismäßig einfache und billige Verfügbarkeit von Fremdkapital in fallenden Risikoaufschlägen für Anleihen mit niederer Bonität und somit im Ergebnis zur Akzeptanz höherer Risiken bei relativ geringeren Risikoaufschlägen durch Investoren. Dies bedeutet umgekehrt, dass in diesen Jahren Investoren für das übernommene Kreditrisiko mit stetig sinkenden Prämien gegenüber bspw. US-Staatsanleihen (US-Treasuries) mit höchster Bonität entlohnt wurden.

Diese gestiegene Risikobereitschaft eröffnete Marktteilnehmern, insbesondere Investmentbanken, die Möglichkeit, neue, meist mit großer Hebelwirkung strukturierte Kreditprodukte auf dem Kapitalmarkt zu platzieren. Diese Hebeleffekte ermöglichten es, die Renditen auf die gewünschten Zielgrößen hin zu strukturieren. Hierbei konnte mit relativ wenig Kapital ein relativ großes Risiko eingegangen werden. Im Umkehrschluss bedingt dies, dass sich bei ungünstiger Marktentwicklung diese He-

---

[37] Bloomberg 4/2008, Ticker: FDTR Index und Spread aus GT10Y Govt – CPI Index.

beleffekte überproportional negativ auf die Preisentwicklung der zugrunde liegenden Produkte auswirken.

4.2   Transmission auf die Kapitalmärkte

Zum besseren Verständnis der Auswirkungen der Subprime-Krise sind zunächst die Zusammenhänge zwischen den ursprünglich betroffenen Forderungen (US-Immobilienkredite mit Schuldnern schlechter Bonität) und deren Transmission auf den Kapitalmarkt zu erläutern.

Das Wachstum dieses Segments basiert insbesondere auf dem stetigen Preisanstieg von US-Immobilien, sowie der Möglichkeit hoch riskante, strukturierte Produkte auf die hierauf aufgenommenen Finanzierungen am Kapitalmarkt zu platzieren.

In den letzten Jahren vor Beginn der Krise begannen die Hypothekenbanken, US-Immobilienkredite verstärkt an sog. Subprime-Schuldner, Kreditnehmer ohne festes Einkommen oder Nachweise für die Bedienung des Schuldendienstes zu vergeben, da durch den angenommenen Preisanstieg der jeweiligen Immobilie die Immobilie selbst als Sicherheit ausreichte. Mit dem Ende des US-Immobilienmarktbooms und damit stabilen bzw. seit Mitte 2006 fallenden Preisen kam es plötzlich zu hohen Ausfallraten in diesem Segment, die schließlich die bis heute andauernde Krise auslösten. Die ursprüngliche Besicherung über den Wertzuwachs der Immobilien war plötzlich nicht mehr gegeben.

Abbildung 5 zeigt, wie die Ausfallraten während des US-Immobilienbooms bis etwa Mitte 2005 zurückgingen und sich seit den Tiefständen bis Ende 2007 sehr schnell um das 1.6-fache erhöhten. Da bei der Mehrheit der auf die Immobilienkredite gerichteten strukturierten Produkte deutlich geringere Ausfallraten im Subprime-Segment bei der Risikoberechnung zugrunde gelegt worden waren, kam es bei diesen stark immobiliengebundenen Kapitalmarktprodukten zu einem deutlichen Korrekturbedarf.

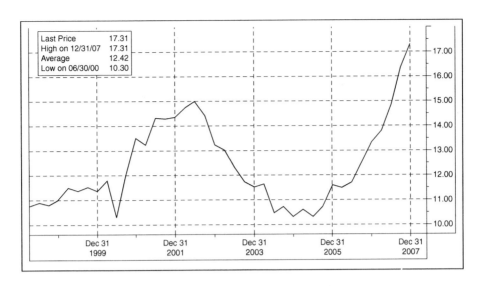

Last Price	17.31
High on 12/31/07	17.31
Average	12.42
Low on 06/30/00	10.30

Abbildung 5: Ausfallraten im Subprime Segment[38]

Ein weiterer Grund für die dramatische Ausbreitung dieses Korrekturbedarfs war die sog. Verbriefung der Produkte. Im Rahmen der Verbriefung kauft ein sog. Special Purpose Vehicle die Kredite an, bündelt sie und verkauft diese über die Begabe von Schuldverschreibungen am Kapitalmarkt. Diese Methodik führte zu einer Diversifikation der Risiken der einzelnen Kredite. Durch die Zusammenfassung einer Vielzahl von Einzelrisiken und die Strukturierung der begebenen Schuldverschreibungen (sog. Risk-Pooling) wurde eine Verbesserung der Bonität erreicht.[39] Die auf diese Weise geschaffenen, lang laufenden Wertpapiere (z.B. in Form sog. Asset Backed Securities, ABS) wurden wiederum in großen Mengen von sog. Structured Investment Vehicles (SIV) angekauft. Diese kauften derartige ABS-Wertpapiere an und finanzierten sich wiederum durch die Begabe von kurzfristigen Wertpapieren, sog. Commercial Papers (CP). Da diese eine kurze Laufzeit haben (i.d.R. 1–12 Monate) müssen sie im Unterschied zu diesen ABS-Strukturen immer wieder neu begeben werden (sog. Roll-Over), um eine Laufzeitkongruenz zu erreichen. Um eventuellen Liquiditätsengpässen bei der Refinanzierung zu begegnen, wurden die SIVs in der Regel von einer Bank mit einer Liquiditätslinie ausgestattet.

---

[38] Bloomberg 4/2008: Ticker DLQTSUBP, Index Subprime Loan Delinquencies As % Of Total Subprime Loans.
[39] Jochen Felsenheimer und Philip Gisdakis: Credit Crisis, 2008, S. 103 ff.

Bedingt durch den oben gezeigten Verfall der Immobilienpreise in den USA erreichten die Zahlungsausfälle der Subprime Kredite im Frühjahr des Jahres 2007 alarmierende Ausmaße. Dies hatte zur Folge, dass die begebenen ABS Papiere deutlich mehr an Wert einbüßten als bei der Strukturierung anhand von Modellen für einen Worst Case Szenario errechnet wurde. In Folge dessen reduzierte sich die Bonität der durch SIVs begebenen Commercial Papers ebenfalls überproportional stark, da diese keine andere Quelle zur Besicherung der von ihnen begebenen CPs haben. Die plötzlich allgemein wieder steigende Risikoaversion der CP-Investoren in Verbindung mit dem Bonitätsverlust der zugrundeliegenden ABS-Papiere führte zu massiven Refinanzierungsproblemen für die SIVs und einer überdurchschnittlich starken Inanspruchnahme der bankseitig bereitgestellten Liquiditätslinien.

Dies führte somit zu einer gravierenden Beschleunigung der Finanzkrise mit der Folge einer temporären Kreditklemme.

Die Gründe sind hauptsächlich unangemessene Risikomodelle mit zu optimistischen Annahmen für die zugrunde liegenden ökonomischen Variablen, angenommenen Ausfallraten der Kredite und zu große Hebel auf verbriefte Hypothekenkredite. Besonders problematisch erscheint dabei, dass nicht nur die strukturierenden Banken, sondern auch die Rating-Agenturen ähnliche Bewertungen vornahmen, demnach die Risikoeinschätzung auf allen Ebenen des Kapitalmarktes nicht hinreichend funktionierte.[40]

4.3   Auswirkungen auf die Kredit- und Equity Märkte

Die beschriebenen, sog. Primäreffekte zogen weitere Auswirkungen nach sich, u.a. hatten viele Banken aufgrund der zu diesem Zeitpunkt notwendigen Bereitstellung von Liquidität für ihre SIVs einen deutlich erhöhten Refinanzierungsbedarf. Besonders deutlich zeigte sich dies in den Preisen für die kurzfristige Liquidität.

---

[40] Felsenheimer und Philip Gisdakis: Credit Crisis, 2008, S. 18 ff.

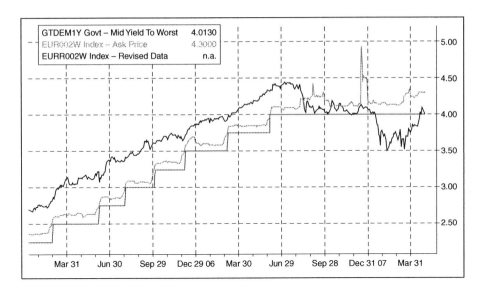

GTDEM1Y Govt – Mid Yield To Worst	4.0130
EUR002W Index – Ask Price	4.3000
EURR002W Index – Revised Data	n.a.

Abbildung 6: Bloomberg: Verlauf der 10-jährigen Bundesanleihen, des 2-wöchigen EURIBORs und des Europäischen Leitzinses[41]

Bis Juni notierte der Zehnjahreszins für deutsche Bundesanleihen deutlich über den kurzfristigen Geldmarktzinsen in Form der zweiwöchigen EURIBOR-Sätze. Seit Juni fielen die langfristigen Zinsen, während sich kurzfristige Liquidität schnell verteuerte. Die Spitze der Kreditklemme ist anhand der Dezember-Bewegung des 2-wöchigen EURIBORs erkennbar und zeigt deutlich, dass der Preis für eine zweiwöchige Kreditaufnahme im Interbankenmarkt Rekordaufschläge gegenüber dem Leitzinsniveau erreichte. Dies bedingte sich u. a. aus der Unsicherheit über die Bonität im Interbankenmarkt in Verbindung mit der gestiegenen Nachfrage, da viele Banken in dieser Phase Liquidität benötigten.

Diese Entwicklung zwang viele Marktteilnehmer, andere Anlagen zu verkaufen, um den Liquiditätserfordernissen gerecht zu werden. Diese Verkaufswelle führte teilweise zum Aussetzen des Handels in vielen anderen Segmenten, wie Anleihen, Pfandbriefen und sogar bei diversen europäischen Staatsanleihen. Hiervon war ebenso der Markt für den Verkauf von Krediten zur Übernahmefinanzierung betroffen. Bis August des Jahres 2007 hatten sich alleine in Europa Kredite zur Finanzierung von Übernahmen mit einem Volumen von US$ 208 Mrd. aufgestaut.[42]

---

[41] Bloomberg 4/2008: Ticker GTDBM1Y Govt, EUR002W Index, EURR002W Index.
[42] Ohne Autor, Übernahmefinanzierungen geraten ins Stocken, 2007, S. 19.

Dieses Phänomen wird allgemein als Kreditklemme oder Credit Crunch bezeichnet und gipfelte im Dezember 2007 in großen Aktienausverkäufen und weiteren Ausweitungen der Risikoaufschläge. Die erheblichen Konsequenzen für die Finanzmarktteilnehmer wurden durch Liquiditätsbereitstellungen[43] der Zentralbanken gemildert, sind aber dennoch aufgrund der Änderung des absoluten Niveaus relativ schwerwiegend.

Es kann festgehalten werden, dass die Subprime-Krise und der hierdurch ausgelöste Credit Crunch erheblichen Einfluss auf die Aktien- und Kreditmärkte hatte. Hierdurch ist auch die Unternehmensbewertung betroffen, da diese, wie in Kapitel 2 gezeigt, von beiden Märkten bzw. den dort festgelegten Preisen, beeinflusst wird. Im Weiteren werden daher die hier beschriebenen Auswirkungen, nämlich

1. Die Kurseinbrüche auf den Aktienmärkten und

2. Die Reduktion der Verfügbarkeit von Fremdfinanzierungen bei gleichzeitiger Verteuerung dieser

und deren Auswirkungen auf die Unternehmensbewertung untersucht.

5 Auswirkungen der Subprime Krise auf die Unternehmensbewertung im Private Equity

In diesem Kapitel werden die Ergebnisse der vorhergehenden Überlegungen zusammengeführt und deren Auswirkungen auf die Unternehmensbewertung im Rahmen einer typisierten Private Equity-Transaktion, wie sie in Kapitel 3.1. beschrieben wurde, erläutert. Hierzu werden zunächst die allgemeinen Auswirkungen auf Ebene des Leveraged Buy-Out Marktes betrachtet. Anschließend wird eine (exemplarische) Multiple-Bewertung dargestellt und die betroffenen, bewertungsrelevanten Faktoren herausgearbeitet. Im letzten Schritt werden die in den obigen Abschnitten herausgearbeiteten Faktoren einzeln untersucht. Der Abschnitt schließt mit einer Zusammenfassung und Bewertung des Gesamteffekts der beschriebenen Einzeleffekte.

---

[43] Vgl. u. a. Doris Grass, EZB stellt großzügig Geld bereit, 2007, S. 21.

Bevor die Auswirkungen der Subprime-Krise weiter diskutiert werden, muss auf die Aussagekraft der verwendeten Daten bzw. ihre einschränkenden Faktoren hingewiesen werden:

1. Die Daten sind in der Regel nur auf aggregierter Ebene verfügbar

2. Die Daten verschiedener Anbieter sind nicht vergleichbar

3. Die Qualität der einzelnen Daten ist nicht überprüfbar

Eine statistische Auswertung im eigentlichen Sinn ist somit nicht möglich. Dies begründet sich zum Einen aus der unterschiedlichen Struktur jeder einzelnen Transaktion, zum Anderen aus der Sensibilität der Informationen. Zwar unterliegen Leveraged Buy-Out-Transaktionen einheitlichen Mustern, jedoch unterscheidet sich jede Transaktion in ihrer Struktur. Weiterhin erlaubt die exakte Offenlegung der Finanzierungsdaten einen Rückschluss auf die Bewertung des Unternehmens bzw. die Renditerechnung des Investors, da aus dem Fremdfinanzierungsvolumen und dem Kaufpreis das seitens des Investors eingesetzte Eigenkapital ermittelt werden kann. Dies ist in den meisten Fällen nicht gewollt. Überdies findet die überwiegende Anzahl der Transaktionen bei nicht-notierten Gesellschaften statt, sodass hierfür auch keine Veröffentlichungspflichten bestehen.

Unabhängig von den gemachten Einschränkungen wurde für jede einzelne Analyse ein Datensatz zugrunde gelegt, der aufgrund der Anzahl der enthaltenen Einzeldaten groß genug ist, um eine allgemeine Trendaussage plausibel zu begründen.

5.1 Einfluss der Subprime Krise auf den Unternehmenswert

5.1.1 Multiple-Bewertung und Einflussfaktoren

Zur Darstellung der im Folgenden untersuchten Auswirkungen wurde ein vereinfachtes EBITDA-Multiple-Bewertungsmodell aufgebaut. In diesem werden die Gewinn- und Verlustrechnung sowie die Bilanz der XY-GmbH ab dem Jahre 2005 simuliert. Die Entwicklung der Gewinn- und Verlustrechnung erfolgt auf Umsatzbasis[44], wobei alle anderen Positionen mit dem gleichen Faktor wachsen. Durch diese

---

[44] Für die hier verwendeten Szenarien wurde ein Umsatzwachstum von 7 % p.a. unterstellt.

Vorgehensweise wird ein konstantes, absolutes EBITDA-Wachstum um den vorgegeben Faktor erreicht. Die Bilanz wird entsprechend der Umsatzentwicklung weiterentwickelt, wobei für die nicht umsatzabhängigen Positionen (z.B. Sachanlagen) Annahmen getroffen wurden, die keine wesentlichen Auswirkungen auf den Unternehmenswert haben. Durch dieses Vorgehen wird sichergestellt, dass der erzielte Cash Flow jederzeit zur Schuldentilgung ausreicht.

Die Übernahme des Zielunternehmens wird für den Stichtag 31.12.2007 simuliert. Hierbei wird das im Geschäftsjahr 2007 erzielte EBITDA mit dem vorgegebenen Faktor (Multiple) multipliziert, um den Enterprise Value zu ermitteln. Anschließend werden die langfristigen Finanzverbindlichkeiten sowie die Pensionsverpflichtungen abgezogen und die Kasse hinzuaddiert, um den Equity Value abzuleiten. Zur Berechnung des Transaktionsvolumens werden EUR 1,0 Mio. Transaktionsnebenkosten sowie ein Bankgebühr von 2,25 % auf das Finanzierungsvolumen unterstellt. Das zur Verfügung stehende Fremdfinanzierungsvolumen wird auf Basis eines Multiplikators (Debt-Multiple) auf das EBITDA 2007 ermittelt. Das hieraus retrograd ermittelte Eigenkapital wird zu 95 % von der kaufenden Private Equity-Gesellschaft sowie zu 5 % vom Management des Unternehmens[45] eingebracht. Bei der Fremdfinanzierung wird ein Anteil der Senior Finanzierung von 70 % unterstellt, wobei 36 % der Senior Finanzierung als Senior A Facility (Tilgungstranche) und je 32 % als Senior B bzw. Senior C Facility zur Verfügung stehen. Die verbleibenden 30 % der Finanzierung werden durch eine Mezzaninefinanzierung abgedeckt, die keine sog. Equity Kicker-Komponente[46] enthält. Die Hälfte des Zinsspreads dieser Tranche zzgl. des zugrunde liegenden Referenzzinsatzes werden am Jahresende aus dem Gewinn der Gesellschaft bezahlt (Cash Zins), die verbleibende Hälfte des Zinsspreads wird thesauriert (PIK).

Der Verkauf (Exit) wird zum 31.12.2012 simuliert, was einer Haltedauer von fünf Jahren entspricht.

Die Berechnung des Equity Values erfolgt analog der Berechnung bei Kauf; gerechnet auf den 95 %igen Anteil des Private Equity-Investors. Es werden keine zwischenzeitlichen Ausschüttungen an den Investor unterstellt, sodass sich die IRR aus dem

---

[45] Für eine Ausführliche Darstellung der Managementbeteiligungen in Private Equity Transaktionen siehe Wilfried Stadler: Venture Capital und Private Equity, 2001, S. 176 ff.
[46] Hierbei erhält der Kapitalgeber nicht nur Zinsen, sondern auch einen Anteil an der Unternehmenswertsteigerung, vgl. Roland Mittendorfer: Praxishandbuch Akquisitionsfinanzierung, 2007, S. 146, 147.

eingebrachten Eigenkapital bei Kauf und dem erhaltenen Kapital bei Verkauf ermittelt. Weiterhin wird unterstellt, dass der EBITDA-Multiple sich zwischen Kauf und Verkauf nicht verändert (Ausschluss von Multiple-Arbitrage).

Um die Auswirkung der im Folgenden untersuchten Faktoren simulieren zu können, wird sowohl für den EBITDA-Multiple, als auch für den Debt-Multiple eine Unter- und Obergrenze sowie Schrittgröße zwischen diesen Werten vorgegeben. Hieraus wird eine Matrix ermittelt, die die IRR des Private Equity-Investors für jedes einzelne, sich aus den Vorgaben ergebende Szenario darstellt. Hierbei wird unterstellt, dass eine Fremdfinanzierung von mehr als 80 % des Transaktionsvolumens nicht möglich ist. Die Zielrendite der Private Equity-Gesellschaft liegt bei > 30 % auf das eingesetzte Kapital.

In einem zweiten Schritt werden für die Zins-Spreads jeder Finanzierungstranche Minimal- und Maximalwerte sowie die zwischen diesen Werten liegenden Intervalle vorgegeben. Für alle Fälle, für die die Zielrendite erreicht wurde, werden Szenarien entwickelt, die die Auswirkungen der Zinsspread-Änderungen auf die Rendite des Private Equity-Investors zeigen.

Im Folgenden soll die Entwicklung der in diesem Modell entscheidenden Faktoren (EBITDA-Multiple, Debt-Multiple und Zinsspread-Entwicklung) aufgezeigt werden und somit die Grundlage für die in das Modell einfließenden Faktoren definiert werden.

5.1.2   Auswirkungen auf die Multiples

In Kapitel 2.2 wurde erläutert, dass sich die Entwicklung der Börsenkurse der Vergleichsunternehmen über den Multiplikator für das Zielunternehmen auf dessen Wert auswirken. In Kapitel 4.2 wurde gezeigt, dass die Subprime-Krise deutliche Auswirkungen auf die Börsenkurse hatte. Im Folgenden werden diese beiden Erkenntnisse kombiniert und hieraus eine Aussage über den Einfluss auf die Unternehmensbewertung abgeleitet. Hierauf aufbauend werden die Prämissen hinsichtlich der Multiples für die anschließende Modellbetrachtung festgelegt.

Wie bereits erläutert, erfordert die Auswahl der richtigen Vergleichsunternehmen eine detaillierte Analyse, weshalb die Ableitung der Effekte anhand eines bzw. mehrerer Indizes, die aus einer Vielzahl verschiedener Unternehmen bestehen, die nicht vergleichbar sind, zunächst wenig zielführend erscheinen mag. Zieht man jedoch die

Tatsache in Betracht, dass die Indexentwicklung die Entwicklung der größten bzw. wichtigsten Unternehmen beschreibt und unterstellt man weiterhin, dass diese Entwicklung von allen Unternehmen der gleichen Branche in geringerem oder stärkerem Ausmaß nachvollzogen werden, eignet sich die Indexbetrachtung sehr wohl für die Ableitung allgemeiner Tendenzen.

Es zeigt sich, dass nach dem ersten Auftreten der Subprime-Krise in Juli des Jahres 2007 die Kurse aller wichtigen Indizes deutlich nachgaben, sich bis Jahresende wieder erholten, um im ersten Quartal 2008 wieder deutlich zu fallen. Wie exakt sich diese Entwicklung auf die Vergleichsmultiples auswirkt, hängt von der Wahl der Ermittlung des Marktwerts des Eigenkapitals ab. Bei einer stichtagsbezogenen Ermittlung der Vergleichsmultiples (d.h. zum Jahresende 2007) wird sich keine signifikante Verschlechterung der Multiples ergeben, da die Kurse hier wieder etwa auf Jahreshöchststand notierten. Zieht man jedoch für die Ermittlung des Wertes des Eigenkapitals Durchschnittskurse (i.d.R. finden hierbei LTM-Betrachtungen Anwendung) heran, kann festgehalten werden, dass aufgrund des Einbruchs nach Auftritt der Subprime-Krise niedrigere Eigenkapitalwerte und damit letztlich (bei gleichem EBITDA) niedrigere Multiples errechnet werden. Je nach Wahl des Zeitraums fallen diese höher bzw. niedriger aus. Am deutlichsten wird sich dies bei der Wahl des Betrachtungszeitraums vom 31. März 2007 bis zum 31. März 2008 niederschlagen, da hier die beiden wesentlichen Kurseinbrüche einfließen. Diese Grundtendenz wird sich je nach Branche unterschiedlich stark bemerkbar machen.

Überdies kann je nach Unternehmen eine Anomalie der Multiple-Bewertung zum Tragen kommen. Ein Unternehmen, das in einem schlechten Marktumfeld ein sehr gutes EBITDA erwirtschaftet, wird, da sein Kurs nicht entsprechend der Ergebnisentwicklung steigt, doppelt „bestraft". Da sich der Kurs nicht, wie aus dem Ergebnis zu erwarten, erhöht, das EBITDA jedoch steigt, wird aufgrund der – der Multipleberechnung zugrunde liegenden – Berechungsmethodik der Multiple deutlich kleiner.

Zusammenfassend kann festgehalten werden, dass es im Bereich der Multiples aufgrund des kursbedingten Rückgangs der Vergleichs-Multiples der Peer-Gruppen zu einem Rückgang gekommen sein wird. Auf den Versuch einer Quantifizierung soll hier aber verzichtet werden, da diese nicht seriös durchführbar ist. Hierbei ist entscheidend, dass sich die Effekte in jeder Branche unterschiedlich stark ausgewirkt haben und weitere unabhängig von der Subprime Krise vorhandene, kursbeeinflussende Effekte eliminiert werden müssten.

Nachstehende Abbildung zeigt die Entwicklung der Kaufpreis-Multiples auf Basis von EBITDA-Multiplikatoren bis Ende des Jahres 2006. Wie zu erkennen ist, zeigt sich seit dem Jahre 2003 ein stetig steigender Trend von knapp unter 7,0x EBITDA bis über 9,0x EBITDA. Aufgrund der vorangegangenen Überlegung kann unterstellt werden, dass diese noch bis etwa Mitte 2007 weiter gestiegen sind, da aufgrund des Liquiditätsüberschusses immer höhere Finanzierungen zur Verfügung standen.

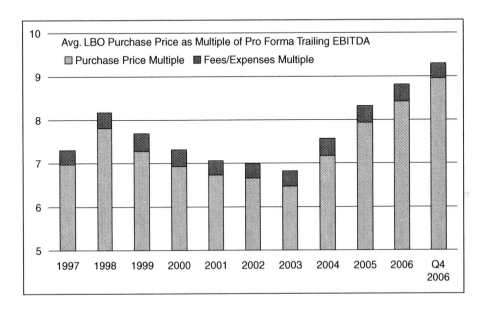

Abbildung 7: Entwicklung der Kaufpreise als EBITDA-Multiplikator[47]

Um eine möglichst große Bandbreite an Szenarien abzudecken, werden für das Modell EBITDA-Multiplikatoren von 5x EBITDA – 10 x EBITDA verwendet.

5.1.3 Auswirkungen auf die Finanzierung

In Kapitel 2 wurde dargestellt, dass sich über den Leverage-Effekt die Finanzierung direkt auf den Wert des Unternehmens auswirkt. Diese Erkenntnis wurde in Kapitel 3 um die Dimensionen Höhe und Kosten erweitert. In Kapitel 4 wurden die grundsätzlichen Auswirkungen der Subprime-Krise (Verringerung der Höhe bis hin zum kurzfristigen Stillstand, Erhöhung der Kosten) auf diese Kriterien dargestellt. Nachfolgend werden diese Erkenntnisse kombiniert und Aussagen über die Auswirkungen

---

[47] Jochen Felsenheimer und Philip Gisdakis: Credit Crisis, 2008, S. 150.

auf die Unternehmensbewertung abgeleitet. Ebenso wie in Kapitel 5.1.2 werden hierauf basierend die Prämissen für die Szenarien im Bewertungsmodell definiert.

5.1.3.1 Auswirkungen auf die Schuldenhöhe (Debt-Multiples)

Wie bereits in Kapitel 3 erläutert, spielt der Leverage-Effekt eine entscheidende Rolle für die Rendite der Private Equity-Investoren. Somit ist die Höhe der für die Übernahme zur Verfügung stehenden Fremdfinanzierung ein wichtiges Kriterium. In der Praxis wird diese regelmäßig als Faktor des EBITDA des Zielunternehmens dargestellt.

Um die Entwicklung dieses „Financing-Multiples" darzustellen, wurden für den Zeitraum vom 1. Januar 2005 bis zum 29. Februar 2008 die Daten zu 381 LBO Transaktionen aus der S&P's Leveraged Commentary & Data (S&P LCD) Datenbank[48] für den europäischen Raum analysiert. Hierbei ist LBO definiert als: „Any transaction in which the issuer is owned by a private equity firm (sponsor). It includes a buyout of a company by a sponsor, a follow-on acquisition, a dividend to the sponsor, refinancing, etc".[49] Abbildung 8 zeigt die Entwicklung des rollierenden 3-Monats-Durchschnitts für die Senior A, B und C-Kredite.

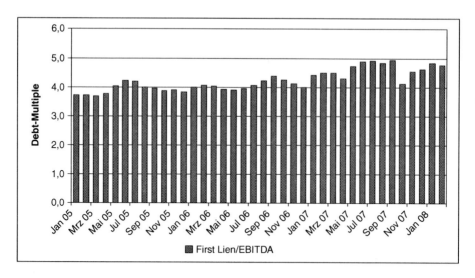

Abbildung 8: Entwicklung Senior Debt Multiples[50]

---

[48] Vgl. http://www.lcdcomps.com.
[49] Vgl. http://www.lcdcomps.com/press/Glossary.pdf, S. 25.
[50] Vgl. http://www.lcdcomps.com.

Wie zu erkennen ist, stieg das zur Übernahmefinanzierung erhältliche Fremdfinanzierungsvolumen bis September 2007 kontinuierlich an. Im Oktober 2007 ist ein starker Abfall – um etwa 1x EBITDA – zu verzeichnen. Da es sich bei den dargestellten Daten um einen 3-Monats-Durchschnitt handelt, ist der tatsächliche Abfall im Oktober deutlich größer als die Graphik zeigt.

Ein abweichendes Bild zeigt sich bei den weiteren Finanzierungsbestandteilen. Hierbei handelt es sich nach Angaben von S&P hauptsächlich um Mezzaninefinanzierungen. Eine Aufschlüsselung nach Art der jeweiligen Finanzierung (Mezzanine, PIK, High Yield Bonds) ist nicht verfügbar. Abbildung 9 zeigt die Entwicklung dieser Instrumente als rollierenden 3-Monats-Durchschnitt.

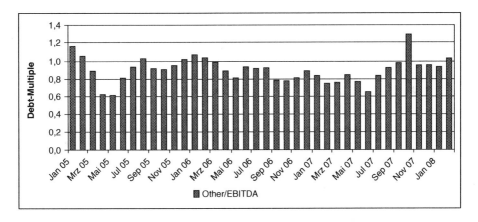

Abbildung 9: Entwicklung der sonstigen Finanzierungen[51]

Da sich entgegen der Entwicklung bei der Senior Finanzierung bis zum Beginn des Credit Crunchs ein kontinuierlicher Rückgang sowie ab Beginn der Krise ein Anstieg zeigt, ist zu vermuten, dass diese Arten der Finanzierung die gestiegene Risikoaversität widerspiegeln. Hierbei werden die risikoärmeren, billigeren Senior Tranchen gegen risikoreichere andere Finanzierungsarten getauscht, um durch die hiermit verbundenen höheren Zinsspreads das höhere Risiko abzubilden.

Insgesamt ist der Anstieg jedoch nicht hoch genug (ca. 0,2x EBITDA), um den Abfall im Senior Bereich vollständig zu kompensieren. Insgesamt ergibt sich eine Reduk-

---

[51] Vgl. http://www.lcdcomps.com.

tion der verfügbaren Fremdfinanzierungsmittel, wobei das absolute Ausmaß branchen- und transaktionsabhängig ist.

Da die Bewertung, wie bereits Kapitel 3 erläutert, eine Funktion der Finanzierbarkeit ist, bedingt die sinkende Möglichkeit zur Finanzierung c.p. einen sinkenden Kaufpreis.

Für die spätere Modellierung werden Debt Multiples zwischen 3x EBITDA und 7x EBITDA verwendet.

5.1.3.2 Auswirkungen auf die Zinsbelastung

In Kapitel 2 wurde erläutert, dass sich sowohl die Höhe als auch die Kosten der Finanzierung auf die Unternehmensbewertung auswirken. Nachdem im vorgehenden Abschnitt die Auswirkungen einer Änderung der Höhe der Finanzierung dargestellt wurden, wird im Folgenden die zweite Dimension – die Kosten – beleuchtet.

Für die Darstellung der Entwicklung der Zinsspreads wurde ebenfalls auf die im oberen Abschnitt bereits erläuterten Daten von S&P LCD zurückgegriffen. Hierbei werden die Zinsspreads auf den zugrunde liegenden Basiszinssatz (EURIBOR) dargestellt.

Nachfolgende Tabelle zeigt die Entwicklung der Zinsspreads für die Senior A sowie, als kapitalgewichteter Durchschnitt, für die Senior B und C-Tranchen als rollierenden 3-Monats-Durchschnitt.

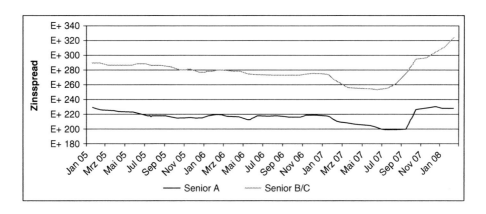

Abbildung 10: Entwicklung der Zinsspreads bei den Seniro Tranchen[52]

Wie zu erkennen ist, zeigen die Zinsspreads seit Januar des Jahres 2005 einen sinkenden Trend, der mit Beginn der Subprime Krise gebrochen wird. So fiel der Zinsspread für die Senior A Tranchen von 230 im Januar 2005 auf 200 Basispunkte im August 2007. Von dort stieg er bis Februar 2008 wieder auf 228 Basispunkte an. Ähnliches zeigt sich bei der Betrachtung der Zinsspreads der Senior B und C Tranchen. Diese fielen von Januar 2005 von 291 Basispunkten auf 253 Basispunkte und stiegen anschließend wieder auf 326 Basispunkte im Februar 2008 an. Der deutlich stärke Anstieg der Zinsspreads bei den Senior B und C Tranchen ist strukturell begründet. Während die Senior A Tranche während der Laufzeit getilgt wird, werden bei den B und C Tranchen lediglich die Zinsen bezahlt. Die Tilgung erfolgt i.d.R. endfällig. Somit ergibt sich für diese Tranchen ein höheres Rückzahlungs- bzw. Ausfallrisiko, das durch höhere Zinsen bezahlt werden muss.

Aufgrund der höheren Zinsbelastung muss folglich mehr Kapital für den Zinsdienst aufgewendet werden. Somit steht weniger Kapital zur Entschuldung zur Verfügung, was c.p. zu einem niedrigeren Unternehmenswert führt.

Für die spätere Simulation wird für die Senior A Tranche ein Minimumwert von 200 Basispunkten und ein Maximumwert von 228 Basispunkten verwendet.

Für die Senior B und C Tranchen wird ein Minimumwert von 229 Basispunkten für die Senior B und von 279 Basispunkten für die Senior C Tranche unterstellt. Der Unterschied resultiert aus der Annahme, dass beide Tranchen gleich gewichtet sind und

---

[52] Vgl. http://www.lcdcomps.com.

für die Senior C Tranche i.d.R. ein um 50 Basispunkte höherer Zinsspread bezahlt werden muss als für die Senior B Tranchen. Als Maximumwerte werden für die Senior B Tranche 301 Basispunkte und für die Senior C Tranche 351 Basispunkte angenommen.

Bei der Mezzanine Tranche zeigt sich ein ähnliches Bild, wie bei den Senior-Tranchen. Da aufgrund der Nachrangigkeit des Mezzanine-Kapitals nach den Senior Facilities für den Insolvenzfall das Risiko deutlich höher ist, ist der hierauf zu bezahlende Zinsspread ebenfalls deutlich höher und reagiert deutlich stärker auf einen Risikoanstieg. Der Zinsspread für Mezzanine-Kapital fiel von 981 Basispunkten im Januar 2005 auf 781 Basispunkte im September 2007 und stieg anschließend mit 963 Basispunkten fast wieder auf das Niveau von Januar 2005 an.[53]

Für die spätere Berechung werden entsprechend der oben dargestellten Entwicklung ein Minimumwert von 781 Basispunkten und ein Maximumwert von 963 Basispunkten angenommen.

5.1.3.3 Zusammenfassung und Gesamtwirkung der Effekte

Nachdem alle Prämissen für das aufgebaute Modell in den oberen Abschnitten gesetzt wurden, sollen im Folgenden die Auswirkungen dieser Prämissen auf die Rendite eines Private Equity-Investors dargestellt werden. Hierzu werden im ersten Schritt die Szenarien für die Entry Multiples von 5,0x EBITDA bis 10,0x EBITDA (in Schritten von 0,25x EBITDA) und die Debt Multiples von 3,0x EBITDA bis 7,0x EBITDA (ebenfalls in Schritten von 0,25x EBITDA) generiert.

Als zu erreichende Zielrendite wurde eine IRR > 30 % definiert und weiterhin unterstellt, dass eine Fremdfinanzierung > 80 % nicht möglich ist.

---

[53] Vgl. http://www.lcdcomps.com.

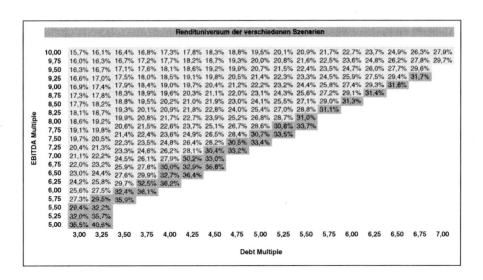

Abbildung 11: Renditen der verschiedenen Kaufpreise und Finanzierungsszenarien

Es ist deutlich zu erkennen, dass ein direkter Zusammenhang in Bezug auf die IRR der Private Equity-Gesellschaft zwischen EBITDA und DEBT-Multiple besteht. Mit steigendem Kaufpreis – ausgedrückt als EBITDA-Multiple – muss das zur Übernahme eingesetzte Fremdkapital steigen, um die Zielrenditevorgabe zu erreichen. Im Umkehrschluss bedeutet dies, dass bei sinkender Möglichkeit zur Fremdfinanzierung der Kaufpreis des Zielunternehmens sinken muss, sofern die Renditeforderung aufrechterhalten werden soll. Somit lässt sich eindeutig zeigen, dass die durch die Subprime-Krise bedingte Reduzierung der Möglichkeit zur Fremdfinanzierung c.p. zu sinkenden Unternehmenswerten führen muss, da die Private Equity-Gesellschaften sonst die von ihnen angestrebte Zielrendite nicht erreichen können.

Die oben aufgezeigten Renditen wurden mit den in Kapitel 5.1.3.2 definierten Minimumwerten für die Zinsspreads errechnet. Um die Auswirkung des Anstiegs der Zinsspreads auf die IRR zu analysieren, wurden für alle Szenarien, die die Renditeforderung erfüllen, die Zinsspreads in drei Schritten auf die Maximumwerte angehoben. Abbildung 12 zeigt die Auswirkungen dieser Erhöhung auf die IRR.

| Multiple-Szenario | Zinsänderungsszenarien | | | |
	Szenario 0	Szenario 1	Szenario 2	Szenario 3
EBITDA 9,25 / DEBT 6,75	31,727%	31,427%	31,123%	30,814%
EBITDA 9 / DEBT 6,5	31,582%	31,292%	30,997%	30,697%
EBITDA 8,75 / DEBT 6,25	31,437%	31,155%	30,869%	30,578%
EBITDA 8,5 / DEBT 6	31,289%	31,017%	30,740%	30,459%
EBITDA 8,25 / DEBT 5,75	31,140%	30,877%	30,610%	30,338%
EBITDA 8 / DEBT 5,5	30,989%	30,735%	30,478%	30,217%
EBITDA 7,75 / DEBT 5,25	30,836%	30,592%	30,345%	30,093%
EBITDA 7,75 / DEBT 5,5	33,679%	33,404%	33,125%	32,841%
EBITDA 7,5 / DEBT 5	30,682%	30,448%	30,210%	29,969%
EBITDA 7,5 / DEBT 5,25	33,524%	33,259%	32,990%	32,717%
EBITDA 7,25 / DEBT 4,75	30,526%	30,301%	30,074%	29,843%
EBITDA 7,25 / DEBT 5	33,367%	33,112%	32,854%	32,592%
EBITDA 7 / DEBT 4,5	30,367%	30,153%	29,936%	29,716%
EBITDA 7 / DEBT 4,75	33,207%	32,964%	32,716%	32,465%
EBITDA 6,75 / DEBT 4,25	30,208%	30,004%	29,797%	29,587%
EBITDA 6,75 / DEBT 4,5	33,046%	32,813%	32,577%	32,337%
EBITDA 6,5 / DEBT 4	30,046%	29,852%	29,656%	29,457%
EBITDA 6,5 / DEBT 4,25	32,882%	32,660%	32,435%	32,207%
EBITDA 6,5 / DEBT 4,5	36,554%	36,298%	36,038%	35,774%
EBITDA 6,25 / DEBT 4	32,717%	32,506%	32,292%	32,076%
EBITDA 6,25 / DEBT 4,25	36,390%	36,146%	35,899%	35,648%
EBITDA 6 / DEBT 3,75	32,549%	32,350%	32,147%	31,943%
EBITDA 6 / DEBT 4	36,225%	35,993%	35,758%	35,519%
EBITDA 5,75 / DEBT 3,5	32,379%	32,191%	32,001%	31,808%
EBITDA 5,75 / DEBT 3,75	36,057%	35,837%	35,615%	35,389%
EBITDA 5,5 / DEBT 3,25	32,206%	32,030%	31,852%	31,672%
EBITDA 5,5 / DEBT 3,5	35,886%	35,679%	35,470%	35,257%
EBITDA 5,25 / DEBT 3	32,032%	31,868%	31,702%	31,534%
EBITDA 5,25 / DEBT 3,25	35,713%	35,519%	35,322%	35,123%
EBITDA 5 / DEBT 3	35,537%	35,356%	35,173%	34,987%
EBITDA 5 / DEBT 3,25	40,602%	40,385%	40,165%	39,942%

Abbildung 12: Auswirkungen einer Zinsänderung auf die Rendite der in Abbildung 11 gezeigten Szenarien

Es wird deutlich, dass die Spreadveränderung nur geringe Auswirkungen hat. Ledig-lich in 5 von 31 Szenarien führt die Erhöhung zu einer Unterschreitung der geforder-ten Mindestrendite von 30 %. Ebenfalls ist zu erkennen, dass die Auswirkung insge-samt eher niedrig ist. Die maximale negative Entwicklung beträgt –0,913 %. Somit kann festgehalten werden, dass die Subprime Krise auch hier auf die Unternehmens-bewertung wirkt. Mit steigenden Zinsen sinkt die Rendite der Private Equity-Inves-toren, wodurch der Unternehmenswert sinken muss, um die Zielrendite zu erreichen.

Allerdings zeigt sich, dass die Höhe der Finanzierung einen weitaus höheren Einfluss auf den Korrekturbedarf hat als die Kosten (Zinsen).

5.2 Weitere Überlegungen – Ergänzende Anmerkungen

Die hier gezeigten Auswirkungen unterliegen verschiedenen Prämissen, die das gezeigte Ergebnis beeinflussen. Daher sollen im Weiteren verschiedene Faktoren aufgezeigt und deren Auswirkungen auf die bisher getroffenen Analysen dargestellt werden.

5.2.1 Multiple-Arbitrage

Im Modell wurde unterstellt, dass das Unternehmen mit demselben EBITDA Multiple verkauft wird, das bei Kauf zugrunde gelegt wurde. Private Equity-Investoren zielen jedoch regelmäßig darauf ab, die Unternehmen mit einem höheren Multiple zu verkaufen, als sie selbst bei Kauf bezahlt haben. Dieser Effekt ist z.B. in Branchen, die einen starken Trend zur Konsolidierung aufweisen, regelmäßig zu beobachten. Hierbei werden viele kleine, leicht zu integrierende Unternehmen zu niedrigen Preisen erworben, unter einer Holding konsolidiert und anschließend mit einem teils deutlich höheren Multiple verkauft. In diesem Fall kann auch mit einer niedrigeren Verschuldung im Verhältnis zum Kaufpreis die gewünschte Rendite erzielt werden.

5.2.2 Wachstumsannahmen

Wie bereits beschrieben, wird unterstellt, dass das EBITDA des Unternehmens aufgrund einer konstanten EBITDA-Marge entsprechend dem Umsatz wächst. Im Rahmen eines LBOs wird jedoch regelmäßig unterstellt, die EBITDA Marge zu erhöhen. Hieraus resultiert c.p. eine Steigerung des Unternehmenswertes über das gezeigte Maß hinaus. Somit würde, sofern die Umsetzung gelingt, eine niedrigere Verschuldung ausreichen, um die Renditevorgaben zu erreichen.

Weiterhin sind Konjunktur- bzw. Geschäftszyklen zu berücksichtigen. Wird z.B. ein Unternehmen in einer Boomphase des entsprechenden Marktes gekauft und das zu diesem Zeitpunkt vorliegende Wachstum linear in die Zukunft extrapoliert, wirken sich die gezeigten Effekte deutlich negativer aus. Sobald der Boom abbricht, werden die Umsatz- und EBITDA-Ziele nicht mehr erreicht, was c.p. zu einem niedrigeren Unternehmenswert führt. In diesem Fall muss eine Verschuldung gewählt werden, die oberhalb der gezeigten Niveaus liegt, um die Renditevorgaben zu erreichen.

5.2.3 Schuldendienst

Im gezeigten Fall ist das Unternehmen in der Lage, jeden Schuldendienst (bis zur gesetzten Grenze von 80 % Fremdkapitalanteil) zu erfüllen. Speziell bei sehr kapitalintensiven Gesellschaften ist diese Annahme jedoch zu hinterfragen. In diesem Fall stellt nicht die Höhe des verfügbaren Fremdkapitals die Grenze dar, sondern der für den Schuldendienst verfügbare Cash Flow. Ebenso wie bei den Wachstumsannahmen sind auch hier Konjunktur- bzw. Geschäftszyklen zu berücksichtigen. Sofern das Unternehmen nicht in der Lage ist, den Schuldendienst auch in einem Down-Side Szenario zu erbringen, muss die Gesamtverschuldung reduziert werden, um zu vermeiden, dass aufgrund „eines schlechten Jahres" die Gesellschaft insolvent wird. Hierbei dürfte sich auch das gezeigte Verhältnis der Auswirkungen zwischen Höhe der Finanzierung und Kosten verschieben. Dies wird durch die Fähigkeit der Gesellschaft zur Erbringung des Zins- und Tilgungsdienst determiniert. Die Fremdfinanzierung kann nicht bis zur rechnerisch aus dem Debt Multiple bestimmten Höhe durchgeführt werden, sondern nur bis zu der Höhe, die eine Erbringung des Schuldendiensts erlaubt. Somit bewirkt eine Erhöhung der Zinsen gleichzeitig eine Verringerung der maximal möglichen Verschuldung und senkt hierdurch den Unternehmenswert.

6 Fazit und Ausblick

Wie bereits zu Anfang skizziert, zeigt sich, dass Unternehmen keinen inhärenten Wert haben, sondern sich der Wert aus dem jeweiligen zugrunde liegenden Zweck der Bewertung ergibt. Aus den in Kapitel 4 gezeigten und in Kapitel 5 analysierten Auswirkungen lässt sich eindeutig ableiten, dass die Subprime-Krise unter der Prämisse, dass die Private Equity-Investoren ihre Renditeerwartungen nicht anpassen, ein Fallen der Unternehmenswerte bewirken muss, da diese eine Funktion der Finanzierbarkeit sind.

Dass dies zumindest teilweise zutrifft, kann anhand der Volumina der durchgeführten Transaktionen belegt werden. Wie aus Abbildung 13 zu erkennen ist, gab es seit dem Beginn der Krise einen deutlichen Rückgang der Transaktionen im Bereich über US$ 500 Mio., speziell die sehr großen Transaktionen mit Volumina von über US$ 5 Mrd. sind sehr stark zurückgegangen, was vor allem an der mangelnden Verfügbarkeit genügend großer Finanzierungspakete liegen dürfte. Da, wie gezeigt, mit steigendem Unternehmenswert auch die Fremdfinanzierungsvolumina steigen müssen, um die angestrebte Rendite zu erwirtschaften, können Transaktionen, sofern der angestrebte Finanzierungsrahmen nicht realisierbar ist, nicht durchgeführt werden.

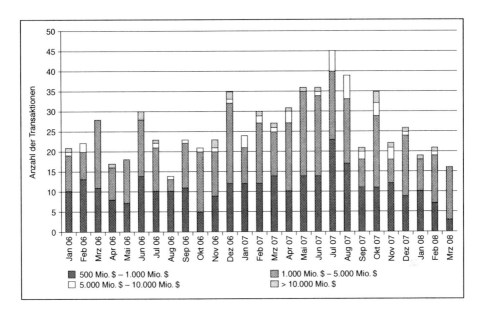

Abbildung 13: Anzahl der Transaktionen nach Größe von Januar 2006 bis März 2008[54]

Allerdings zeigt sich bereits für Februar und März 2008 eine deutliche Zunahme der Transaktionen im Bereich von US$ 1 Mrd. bis US$ 5 Mrd. Unabhängig von den gesetzten Prämissen im Bewertungsmodell muss für Transaktionen dieser Größenordnung ein zumindest absolut gesehen hohes Maß an Fremdkapital verfügbar sein.

Somit ergeben sich drei Interpretationsmöglichkeiten:

1. Private Equity-Investoren sind von ihren ursprünglichen Renditeforderungen abgerückt und bereit, mehr Eigenkapital zu investieren. Ein Grund hierfür könnte die Tatsache sein, dass die Gesellschaften die ihnen zu Verfügung gestellten Gelder investieren müssen.[55]

---

[54] Thomson Financial.
[55] Vgl. Vassil Tcherveniachki: Kapitalgesellschaften und Private Equity Fonds, 2007, S. 21, 22.

2. Es lassen sich nach wie vor attraktive Finanzierungspakete erreichen, allerdings sind die Anforderungen für deren Vergabe deutlich gestiegen und werden nur noch von wenigen Transaktionen erfüllt.

3. Private Equity-Investoren sind derzeit bereit, ein hohes Maß an Eigenkapital pro Transaktion zu investieren, rechnen aber mit einer schnellen Wende am Kreditmarkt und spekulieren auf eine frühzeitige Nachfinanzierung, um ihren Eigenkapitalanteil zu reduzieren und somit ihre Rendite wieder zu erhöhen.

Nichtsdestotrotz bleibt abzuwarten, wie sich die Auswirkungen der Subprime-Krise in Zukunft auf das Private Equity-Geschäft auswirkt und ob es, neben den in dieser Arbeit vorrangig beschriebenen, kurzfristigen Effekten in der Folgezeit zu langfristigen Auswirkungen kommt. Es bleibt abzuwarten und ist schwer prognostizierbar, welche langfristigen Wirkungen es geben kann. Beispielsweise ist zu erwarten, dass die Banken ihr Risikomanagementsystem aufgrund der bis heute gemachten Erfahrungen weiterentwickeln werden. Hierbei ist unklar, wie sich dies auf die Finanzierung von Leveraged Buy-Outs sowie die Finanzierung der Unternehmen selbst und damit auch auf deren Attraktivität als Zielunternehmen auswirkt. Ein Unternehmen, das kein zusätzliches Verschuldungspotential mehr bietet, ist i.d.R. für einen Leveraged Buy Out denkbar ungeeignet. Weiterhin bleibt die in Kapitel 4.2. bereits angedeutete Transmission der Subprime Krise in die Realwirtschaft und die hieraus für die Unternehmen entstehenden Folgen abzuwarten. Auch die Veränderung der Kreditüberwachung und der Sicherheitenstellung wird ihre Spuren im Private Equity hinterlassen. Ebenso interessant wird die Entwicklung bei der Ausgestaltung der Mezzanine-Tranchen sein, da die hier bis zur Subprime Krise herrschende Margenerosion aufgrund der zumindest zeitweisen Nichtverfügbarkeit anderer Instrumente sich deutlich verändern dürfte.

Weiterhin werden sicherlich transaktionsgrössenspezifische Unterschiede zu erkennen sein. Kleinere Transaktionen (bis US$ 500 Mio.) werden durch die Auswirkungen schon alleine aufgrund der einfacheren Strukturierung mit nur wenigen Tranchen (i.d.R. nur Senior Tranchen und Mezzanine) deutlich weniger hart getroffen werden als große Transaktionen, die bisher das volle Potential der verschiedenen Finanzierungsinstrumente nutzen konnten und mussten.

Zusammenfassend lässt sich sagen, dass die erste große Welle der negativen Auswirkungen durchlaufen ist; es bleibt jedoch abzuwarten, welche weiteren Folgen und wie die beteiligten Parteien (insbesondere die Private Equity-Investoren sowie die finanzierenden Banken) mit diesen umgehen werden. Insgesamt ist die Risikoaversion im Private Equity-Markt sowie insbesondere im Bereich der strukturierten Finanzierungen weiter gestiegen, und darauf aufbauend lässt sich die allgemeine Aussagen treffen, dass es grundsätzlich schwerer geworden ist, Transaktionen umzusetzen, die nicht über ein überdurchschnittliches Risiko-Ertragsverhältnis verfügen. Historisch gesehen hat man in der Vergangenheit in anderen Segmenten ähnliche strukturelle Fehler begangen (bspw. Boom-Phase des neuen Marktes) und es bleiben Zweifel, ob in der Zukunft ähnliche Entwicklungen in bestimmten Märkten frühzeitiger erkannt werden können. Insgesamt wurde deutlich, dass insbesondere das Private Equity-Geschäft in seiner Rolle in der Finanzwirtschaft vergleichsweise unabhängig agiert, wenngleich insbesondere die Finanzierungskomponente in den heutigen Private Equity-Geschäftsmodellen durch die Finanzierungsmärkte bestimmt werden.

7 Literaturverzeichnis

Beteiligungsfonds im Dilemma, 2008.

Bloomberg 4/2008: Ticker DLQTSUBP, Index Subprime Loan Delinquencies As % Of Total Subprime Loans.

Bloomberg 4/2008, Ticker: FDTR Index und Spread aus GT10Y Govt – CPI Index.

Bloomberg 4/2008: Ticker GTDBM1Y Govt, EUR002W Index, EURR002W Index.

Ballwieser, Wolfgang: Unternehmensbewertung Prozess, Methoden und Probleme, 2004.

Bundesbank (Hrsg.): Monatsbericht, 2007.

Bundesverband Deutscher Kapitalbeteiligungsgesellschaften – German Private Equity and Venture Capital Association e. V. (BVK): Glossar, 2008.

Drukarczyk, Jochen/Müller, Andreas: Unternehmensbewertung, 2007.

Ernst, Dietmar/Schneider, Sonja/Thielen, Bjoern: Unternehmensbewertungen erstellen und verstehen, 2006.

Felsenheimer, Jochen/Gisdakis, Philip: Credit Crisis, 2008.

Grass, Doris (u. a.), EZB stellt großzügig Geld bereit, 2007.

Köhler, Peter: Banken bremsen große Deals, 2007.

Mittendorfer, Roland: Praxishandbuch Akquisitionsfinanzierung, 2007.

Moxter: Grundsätze ordnungsmäßiger Unternehmensbewertung, 1983.

Nelles, Michael/Rojahn, Joachim/Berner, Christian: Unternehmensbewertungsverfahren im Rahmen von Börsengängen am Neuen Markt, 2001.

Nestler, Anke/Kraus, Peter: Die Bewertung von Unternehmen anhand der Multiplikatormethode, 2003.

Oberbracht, Dirk/Engelstädter, Regina: Management-Beteiligungen: Gestaltung im Rahmen von LBO Transaktionen, 2006.

Peemöller, Volker/Meister, Jan/Beckmann, Christoph: Der Multiplikatoransatz als eigenständiges Verfahren in der Unternehmensbewertung, 2002.

Schäfer, Daniel: Das Ende des Übernahmerauschs, 2007.

Schmidt, Reinhard H./Terberger, Eva: Grundzüge der Investitions- und Finanzierungstheorie, 1997.

Seppelfricke, Peter: Handbuch Aktien- und Unternehmensbewertung, 2007.

Stadler, Wilfred: Venture Capital und Private Equity, 2001.

Stadler, Wilfred: Die neue Unternehmensfinanzierung, 2004.

Tcherveniachki, Vassil: Kapitalgesellschaften und Private Equity Fonds, 2007.

Times Money Earned. Vgl. European Private Equity and Venture Capital Association (EVCA): Glossar, 2008.

Übernahmefinanzierungen geraten ins Stocken, 2007.

Private Equity und M&A Transaktionen mit Investoren aus dem Nahen Osten

Hassan Sohbi

1 Einleitung

Der vorliegende Beitrag beruht auf einem Vortrag des Autors im Rahmen der Konferenz „M&A und Private Equity 2008" an der Frankfurt School of Finance & Management am 24. September 2008. Der Zweck des damaligen Vortrags sowie des vorliegenden Beitrags ist es, einen Eindruck von den M&A und Private Equity Aktivitäten der auch in Deutschland zunehmend wahrgenommenen und zunehmend aktiven Investoren aus dem Nahen Osten zu vermitteln. Einen vollständigen Überblick über nahöstliche Investoren und deren Aktivitäten in Deutschland zu geben, ist im Rahmen eines solchen Beitrags nicht zu leisten. Der Beitrag beruht daher zum Teil auf öffentlich zugängliche Quellen, zu wesentlichen Teilen ist er aber anekdotisch geprägt. Die Dynamik, mit der sowohl deutsche Unternehmen als auch nahöstliche Investoren den Kontakt zueinander suchen, lässt jedoch erwarten, dass dieser Beitrag nicht die letzte Untersuchung zu diesem Thema sein wird.

2 Wachstumsregion „Middle East"

Das Bild arabischer Investoren war sicherlich eine zeitlang geprägt von Staatsfonds, die substantielle Minderheitsanteile an börsennotierten Blue Chips hielten und als besonders loyale und langfristige Investoren galten. Bereits Ende 1974 hatte der Staat Kuwait über die Deutsche Bank 13 % an der damaligen Daimler-Benz AG erworben. Noch heute hält die Kuwait Investment Authority 7,6 % an der Daimler AG.[1] Bekannt waren auch die Beteiligung des Iran an Thyssen Krupp, die auf Druck der USA infolge des Irak-Konflikts abgebaut wurde, sowie die Beteiligung von Kuwait an der damaligen Hoechst AG. Die Sehnsucht deutscher Blue Chips nach stabilen und loyalen Ankerinvestoren erstarkte in den Jahren seit 2000 zunehmend.[2] So scheiterte eine Beteiligung von Abu Dhabi an der Volkswagen AG in 2004 aus nicht ganz nachzuvollziehenden Gründen.[3] In 2006 fand eine veritable Pilgerfahrt an den Arabischen Golf, bei der die CFOs acht DAX-30 Unternehmen in Dubai präsentierten, darunter Daimler-Chrysler, Siemens, SAP und Lufthansa.[4]

---

[1] http://www.swfinstitute.org/fund/kuwait.php.

[2] Einer der Gründe hierfür war wohl der Abbau der « Deutschland AG » einerseits und das durch die Kreditblase begünstigte Erstarken spekulativ eingestellter und als aggressiv geltender Hedgefonds.

[3] Vgl. http://www.focus.de/finanzen/news/daempfer-fuer-vw_aid_86584.html.

[4] http://www.faz.net/ (vom 12. November 2006).

Der Hintergrund für dieses gerade in den letzten Jahren ansteigenden Interesses zwischen deutschen Unternehmen und nahöstlichen Investoren war der öl- und rohstoffpreisgetriebene wirtschaftliche Boom in den Emerging Markets dieser Welt, zu denen auch der Nahe Osten zählt. Dieser Ölpreisboom führte nicht nur zu fast unvorstellbaren Handelsbilanz- und Zentralbanküberschüssen in den erdölexportierenden Staaten, sondern auch zu einem erstarkten Wirtschaftswachstum im gesamten Nahen Osten. Zum besseren Verständnis der Aktivitäten nahöstlicher Investoren ist es unerlässlich, sich das volkswirtschaftliche Umfeld vor Augen zu führen, in denen diese Investoren beheimatet sind und agieren.

2.1 Volkswirtschaftliches Umfeld: MENA, GCC, MENASA

Die sog. MENA Region umfasst die Länder Nordafrikas und des Nahen Ostens.[5] Diese durch eine gemeinsame[6] Sprache, Kultur und Religion gekennzeichnete Region hat über 300 Millionen Bewohner und somit eine der Europäischen Union vergleichbare Einwohnerzahl. In der MENA-Region befinden sich 70 % der Welterdölreserven und deutlich über 40 % der Welterdgasreserven.[7] Die MENA Region hat in den vergangenen Jahren ein hohes wirtschaftliches Wachstum sowie die Schaffung von Arbeitsplätzen in der Privatwirtschaft erfahren. Das durchschnittlich jährliche Wachstum des Bruttosozialprodukts betrug 6,3 % seit 2006.[8] In einigen Mitgliedstaaten des Golfkooperationsrates (GCC)[9], wie Qatar und den Vereinigten Arabischen Emiraten, betrug das durchschnittliche Wachstum des Bruttosozialproduktes zeitweise deutlich darüber.[10]

Treiber dieser Entwicklung waren sicherlich die steigenden Ölpreise und die wirtschaftliche Erholung in Europa, aber auch die Implementierung notwendiger innerer

---

[5] Die Weltbank Liste der der MENA (Middle East and North Africa) zugerechneten Länder umfasst Iran und Israel, aber nicht die Türkei. Vgl. http://web.worldbank.org/WBSITE/ EXTERNAL/COUNTRIES/MENAEXT/
0,,menuPK:247619~pagePK:146748~piPK:146812~theSitePK:256299,00.html.

[6] Mit Ausnahme von Israel und Iran.

[7] Vgl. Oil and Gas Journal, 1. Januar 2008, zitiert aus http://www.eia.doe.gov/emeu/international/reserves.html.

[8] Vgl. http://web.worldbank.org/WBSITE/EXTERNAL/COUNTRIES/MENAEXT/0 ,,menuPK:247606~pagePK:146732~piPK:146828~theSitePK:256299,00.html.

[9] Länder des Golfkooperationsrates sind: Kuwait, Qatar, Bahrain, Saudi Arabien, Vereinigte Arabische Emirate und Oman.

[10] Vgl. International Monetary Fund, The GCC Monetary Union – Choice of Exchange Rate Regime, August 28, 2008, S. 37, App. I, abrufbar unter http://www.imf.org/external/np/pp/ eng/2008/082808a.pdf.

Reformen in diesen Ländern.[11] Auffällig ist zudem die zunehmende Modernisierung des Alltagslebens in der MENA Region, in der eine dynamisch wachsende, junge und konsumfreudige Bevölkerung moderne Medien und Informationstechnologien ebenso selbstverständlich nutzt, wie es vergleichbare Bevölkerungsschichten in den USA und Europa tun.[12]

Der Ölpreisboom seit 2002 hat allein in der GCC zu aggregierten Zahlungsbilanzüberschüssen von über USD 750 Mrd. geführt.[13] Insbesondere diese Staaten haben es sich zum Ziel gesetzt, die Abhängigkeit vom Öl- und Gasexport zu reduzieren und die Diversifizierung ihrer Volkswirtschaften voranzutreiben.[14] Bislang konzentrierten sich die Anstrengungen vornehmlich auf den Ausbau der erdöl- und erdgasbezogenen Schwerindustrie, des Finanzwesens sowie der Touristik und der Luftfahrtindustrie. Die GCC Staaten entwickeln sich derzeit zum globalen „Hub" der petrochemischen Industrie, insbesondere aufgrund der starken Nachfrage aus den süd- und südostasiatischen Ländern. Überhaupt wird in Europa noch nicht deutlich genug wahrgenommen, welche Bedeutung die Staaten Pakistan und Indien bereits heute und in Zukunft für die Entwicklung der GCC Staaten und für die MENA Region insgesamt haben.[15] Diese, auch als MENASA bezeichnete Region, verfügt über 1,8 Mrd. Einwohner, in der die GCC Staaten geographisch das Zentrum bilden. Hinzu kommt die wahrnehmbare Entwicklung in den wirtschaftlichen Beziehungen zu China.

2.2   Auswirkungen der globalen Rezession?

Es ist bereits erwähnt worden, dass das enorme Wachstum in der MENA-Region auch maßgeblich mit dem Ölpreisboom zusammenhing. In den letzten 6 Monaten haben sich die Ölpreise mehr als halbiert. Der weitere gesamtwirtschaftliche Ausblick für die nächsten Jahre ist daher eher verhalten. Auch die ölreichen GCC Staaten sind

---

[11] Vgl. http://web.worldbank.org/WBSITE/EXTERNAL/COUNTRIES/MENAEXT/0 „menuPK:247605~pagePK:146732~piPK:64003010~theSitePK:256299,00.html

[12] Wer schon mal Gelegenheit hatte sich in einem internationalen Hotel durch die Fernsehkanäle zu „zappen", wird bei den arabischen Fernsehsendern viele ihm bekannt vorkommende Fernsehformate finden.

[13] vgl. Standard & Poors GCC Credit Survey 2008, S. 10, abrufbar unter http://www.gcc.standardandpoors.com.

[14] Zu den Hintergründen sowie im weiteren hierzu, vgl. Standard & Poors GCC Credit Survey 2008, S. 12 ff.

[15] Siehe dazu: Abraaj Capital, The Infrastructure Requirements of the MENASA Region (November 2006) http://www.abraaj.com/mediacenter/Files/MENASA%20Region%20 Infrastructure%20Investment%20Requirement%20Research%20Report.pdf.

entgegen ursprünglichen Erwartungen nicht von den aktuellen rezessiven Tendenzen verschont geblieben. Zwar sind derzeit etwa USD 2 Bio. überwiegend öffentlich finanzierter Projekte geplant oder in der Umsetzung befindlich, was jedoch nur auf den ersten Blick exzessiv wirkt, da das Bruttosozialprodukt der GCC Staaten sich in den letzten fünf Jahren auf insgesamt USD 1 Bio. verdreifacht hat.[16]

Die staatlichen Haushalte der GCC sind ursprünglich auf der Basis eines Ölpreises von USD 50/Barrel verabschiedet worden. Allerdings liegen die aktuellen Ölpreise eher bei USD 40/Barrel und es ist davon auszugehen, dass einige der GCC Staaten, bspw. Saudi Arabien und die Vereinigten Arabischen Emirate, in 2009 und 2010 erstmals seit längerem Haushaltsdefizite ausweisen werden.[17] Das Wachstum des Bruttosozialprodukts soll in den Vereinigten Arabischen Emiraten in 2009 auf 1,3 % sinken, bevor es in 2010 auf 4,9 % wieder ansteigt.[18] Insbesondere die Entwicklung in Dubai bereitet Sorge, die Grundstückspreise sind derzeit um 40 % seit Höchststand gefallen und die Regierung hat neulich bekanntgegeben, dass sie und die staatseigenen Unternehmen Verbindlichkeiten von 80 Mrd. haben. Dies entspricht 148 % des Bruttosozialprodukts.[19] Es ist jedoch zu erwarten, dass sich Dubai, ggfs. gestützt durch das ölreiche Abu Dhabi, erholen wird.[20] Mittelfristig ist wieder von anziehenden Ölpreisen auszugehen, so dass der gesamtwirtschaftliche Ausblick für die GCC Staaten und damit für die gesamte MENA Region positiv bleibt.

3 Wer sind die Investoren?

Es ist eingangs erwähnt worden, dass Aktivitäten nahöstlicher Investoren vor dem Hintergrund des gesamtwirtschaftlichen Umfelds, in dem diese ansässig sind, zu verstehen sind. Wer sind diese Investoren? Hier lassen sich sicherlich 4 Investorentypen unterscheiden, wobei die Unterschiede zum Teil fließend sind.

---

[16] Siehe http://www.economist.com/world/mideast-africa/displaystory.cfm?story_id=12573339&CFID=43940192&CFTOKEN=30741928.

[17] Vgl. http://www.economist.com/displayStory.cfm?story_id=12684897; http://www.economist.com/countries/UnitedArabEmirates/profile.cfm?folder=Profile-Forecast.

[18] http://www.economist.com/countries/UnitedArabEmirates/profile.cfm?folder=Profile-Forecast.

[19] http://www.economist.com/displayStory.cfm?story_id=12684897.

[20] http://www.economist.com/displayStory.cfm?story_id=12684897.

3.1 Klassische Staatsfonds

Erstens wären da zu erwähnen die klassischen Staatsfonds.[21] Staatsfonds werden herkömmlicherweise als Finanzvehikel im Besitz eines Staates definiert, welche öffentliche Mittel halten, verwalten und anlegen. Gespeist werden Staatsfonds aus überschüssiger Liquidität im öffentlichen Sektor, d.h. Haushaltsüberschüsse und Zentralbankreserven. Klassische Staatsfonds sind typischerweise entweder sog. Stabilisierungsfonds zur Abkoppelung der öffentliche Haushalte von kurzfristigen makroökonomischen Bewegungen oder sog. Generationenfonds, die Vermögen für künftige Generationen akkumulieren.[22] Staatsfonds, auch nahöstliche, sind in der Regel intransparente Gebilde, so dass ihre tatsächlichen Vermögenspositionen lediglich geschätzt werden können und die Angaben hierüber je nach Quelle signifikant schwanken können. Dies trifft insbesondere für die Einschätzung der von Staatsfonds infolge der aktuellen Finanzkrise erlittenen Verluste zu.

Studien aus dem Jahr 2007 gingen davon aus, dass Staatsfonds weltweit etwa USD 3 Bio. verwalteten und damit das doppelte Volumen aller Hedgefonds aufwiesen. Davon sollen sich etwa USD 1,5 Bio. in der MENA Region (ohne Iran) befinden.[23] Allein die Abu Dhabi Investment Authority (ADIA) soll damals und derzeit USD 875 Mrd. verwalten,[24] wobei das genaue Volumen und etwaige Verluste hieraus umstritten sind.[25] Der weltweit zweitgrößte Staatsfonds, die saudi-arabische SAMA Foreign Holdings hält etwa USD 433 Mrd.[26] Obwohl klassische Staatsfonds, anders als das Reservenmanagement der Zentralbanken, häufig keinen besonderen Anlagebeschränken unterliegen und insofern Hedgefonds vergleichbar sind, ist ihr Investmenthorizont typischerweise erheblich langfristiger ausgelegt und spekulative Elemente spielen bei der Anlagepolitik keine entscheidende Rolle. In der Praxis dürfte daher die Mittelallokation eher mit der von Pensionsfonds vergleichbar sein.[27] So sollen etwa 60 % der von ADIA verwalteten Mittel in passiven Indexfonds angelegt sein.[28]

---

[21] Eine aktuelle Rangliste von Staatsfonds sowie weitere Informationen über Staatsfonds ist unter http://www.swfinstitute.org/funds.php abrufbar.

[22] Deutsche Bank Research – Staatliche Auslandsinvestitionen im Aufwind, 18. Dezember 2007, S. 3.

[23] Vgl. http://www.swfinstitute.org/funds.php.

[24] http://www.swfinstitute.org/fund/adia.php.

[25] http://www.cfr.org/publication/15251.

[26] http://www.swfinstitute.org/fund/saudi.php.

[27] Deutsche Bank Research – Staatliche Auslandsinvestitionen im Aufwind, 18. Dezember 2007, S. 8.

[28] http://www.swfinstitute.org/fund/adia.php.

3.2 Staatliche Private Equity Fonds

Neben den klassischen Staatsfonds sind auch staatlich getragene oder staatsnahe Private Equity Fonds zu nennen. Diese sind oftmals in der Rechtsform einer juristischen Person des Privatrechts („Corporation") verfasst und verfolgen zwar einerseits volkswirtschaftlich strategische Investitionsvorhaben, zugleich verfolgen sie auch deutlich ambitionierte Renditeziele.

Ein Beispiel für einen solchen Staatsfonds ist die Mubadala Development Company.[29] Sie wurde im Oktober 2002 als Aktiengesellschaft in den Vereinigten Arabischen Emiraten von der Regierung von Abu Dhabi gegründet. Mubadala verwaltet etwa USD 10 Mrd., die sie insbesondere in den Sektoren, High Tech und Luftfahrtunternehmen, Energie und Industrie, Gesundheitswesen, Immobilien und Touristik sowie Infrastruktur investiert. Zu den bekanntesten Transaktionen von Mubadala zählen der Erwerb von 8,1 % am Halbleiterhersteller AMD für USD 622 Mio. und der Erwerb von 5 % an Ferrari.

Ein weiteres Beispiel sind die Private Equity Fonds des Emirates von Dubai.[30] So hat die Dubai International Capital[31] bspw. die Tussaud Gruppe für GBP 800 Mio. erworben. In Deutschland hat sie bspw. die Mauser AG für EUR 850 Mio. und zuletzt die in Frankfurt ansässige Almatis GmbH, ein Hersteller von Spezialaluminiumoxid, erworben. Istithmar World Capital und Istithmar World Ventures wiederum sind die unter einer anderen Holding, Dubai World[32], zusammengefassten Private Equity und Venture Capital Fonds des Emirates.[33]

3.3 Private Equity Fonds

Zu erwähnen sind auch die zunehmend wachsende und professioneller agierende nicht-staatliche Private Equity Industrie in den Golfstaaten.[34]

---

[29] Siehe http://www.mubadala.com für weitere Informationen.
[30] Siehe http://www.swfinstitute.org/fund/dubai.php für weitere Informationen.
[31] Siehe http://www.dubaiholdinginvestmentgroup.com/ für weitere Informationen.
[32] Siehe http://www.dubaiworld.ae/en/About%20Us/Index.html für weitere Informationen.
[33] Siehe http://www.istithmarworld.com/en/section/istithmar-world-1 für weitere Informationen.
[34] Einen Überblick über die nahöstliche Private Equity Industrie findet sich bei http://www.gulfvca.org.

Der Pionier in diesem Sektor ist sicherlich Investcorp.[35] Investcorp ist ein 1982 gegründetes und in London und Bahrain börsenotiertes Investmenthaus, welches neben anderen Formen der Vermögensverwaltung auch im Private Equity engagiert ist. Bekannt sind unter anderem die inzwischen veräußerten Beteiligungen in Deutschland an der APCOA GmbH und der Minimax GmbH. Im Unterschied zu typischen Private Equity Fonds syndiziert Investcorp die Beteiligungen nach Erwerb an andere Investoren auf einer „Deal-by-Deal"-Basis. Diese Investoren sind überwiegend Finanzinstitutionen und Family Offices von vermögenden Privatpersonen aus den GCC Staaten.

Zu den führenden nahöstlichen Private Equity Fonds zählt sicherlich die auf die MENASA Region fokussierte Abraaj Capital, mit etwa USD 7,5 Mrd. unter Verwaltung, davon etwa USD 3 Mrd. in liquiden Mitteln.[36]

3.4 Family Offices

Schließlich und sicherlich eine insbesondere für deutsche Mittelständler interessante Kategorie von Investoren sind die Family Offices von Familienunternehmen. Bemerkenswert ist, dass 90 % des nicht-erdölbezogenen Bruttosozialprodukts der GCC von etwa 5000 Familienunternehmen erzeugt wird. Diese verwalten Vermögenswerte von insgesamt über USD 500 Mrd.[37]

Es entspricht dem Selbstverständnis einer privaten Vermögensverwaltung, dass ihre Investmentstrategie nicht öffentlich gemacht wird, so dass es nicht überraschend ist, wenn über solche Investoren öffentlich wenig bekannt ist. Ein Beispiel für das Engagement solcher Investoren in Deutschland ist die Al-Jomaih Gruppe aus Saudi Arabien. Diese Gruppe beschäftigt über 6000 Arbeitnehmer und hat Beteiligungen im Getränke-, Automobil- und Bankensektor. Die Al-Jomaih Gruppe ist seit einigen Jahren bei der Crossgate AG, München, einem führenden Anbieter von Electronic Data Integration (EDI) engagiert. Weitere Gesellschafter der Crossgate AG sind Investmentvehikel der Familien Dietmar Hopp, Otto Wolf von Amerongen sowie die SAP AG.

---

[35] Siehe http://www.investcorp.com/Template1a.aspx?pageid=AI6.0.
[36] Siehe http://www.abraaj.com/english/index.aspx.
[37] GVCA Private Equity and Venture Capital Annual Report 2007, S. 20.

4 Welches sind die Potentiale für deutsche Unternehmen?

Es wurde zuvor erwähnt, dass einer bemerkenswertesten Entwicklungen in der MENA Region, insbesondere in den GCC Staaten, die Nutzung der Einnahmen aus dem Ölgeschäft zur Diversifizierung ihrer Volkswirtschaften ist. Diese zunehmende Industrialisierung, die mit einer Stärkung des privatwirtschaftlichen Sektors einhergeht, eröffnet deutschen Unternehmen interessante Chancen in diesen Märkten tätig zu werden. Dies gilt insbesondere für Unternehmen in den Gebieten, in den Deutschland traditionell zu den führenden Industrienationen gehört, wie etwa im Maschinen- und Anlagenbau, in der Elektrotechnik und der Chemieindustrie, aber auch in neuen Industriebereichen wie der Mikro-, Nano- und Medizintechnik, der Wind-, Solar- und Bioenergietechnik und in der Softwareindustrie.

Es ist festzustellen, dass das Interesse nahöstlicher Investoren an „konventionellen", d.h. als Finanzanlagen konzipierten Übernahmen und Beteiligungen, derzeit abgekühlt ist. Dies hat sicherlich auch damit zu tun, dass solche Investoren ebenso zum Teil signifikante Verluste bei ihren Finanzanlagen erlitten haben, wie andere global agierende Investoren auch. Verstärkt hat sich jedoch der Trend, sich an Unternehmen zu beteiligen oder sie zu übernehmen bzw. mit ihnen eine Joint Venture Kooperation einzugehen, deren Geschäftsmodell für den Aufbau geschäftlicher Aktivitäten der MENA Region geeignet ist. Dies gilt nicht nur für Staatsfonds bzw. für staatliche Private Equity-Fonds, sondern in zunehmendem Maße auch für die Investitionsaktivitäten nahöstlicher Familienunternehmen. Wegen der zunehmenden Diversifizierung dieser Volkswirtschaften kommen grundsätzlich Unternehmen aus allen Branchen in Betracht, auch wenn derzeit das Thema Erneuerbare Energien eine zunehmende Bedeutung erlangt.[38]

Es ist eingangs erwähnt worden, dass das nicht-ölbezogene Bruttosozialprodukt in den GCC Staaten im Wesentlichen von Familienunternehmen erwirtschaftet wird. Auch das deutsche Unternehmertum mit seinen „Hidden Champions" ist von Familienunternehmen geprägt. Es ist daher nicht allein die technologische Exzellenz deutscher Unternehmen, sondern es sind auch die vergleichbaren unternehmerischen Grundwerte, die sie für nahöstliche Familieunternehmen zu „natürlichen" Partnern machen.

---

[38] Paradigmatisch sind die enormen Investitionen, die das Emirat Abu Dhabi unternimmt, um in Kürze eine führende Nation auf dem Gebiet der erneuerbaren Energien zu werden, vgl. http://www.masdaruae.com/en/home/index.aspx.

Die Funktion von Private Equity-Fonds als Finanzintermediäre und ihre Wirkung auf die Kapitalmarkteffizienz

Toralf Berger

1 Einleitung

Dem Thema Private Equity und den damit in Verbindung stehenden Private Equity-Fondsgesellschaften wurden spätestens seit der im Jahr 2005 öffentlich ausgetragenen Kapitalismusdebatte verschiedenste Publikationen gewidmet, die sich mit deren volkswirtschaftlicher Rolle und Bedeutung auseinander setzten. Die Sichtweise war dabei zumeist eindimensional. Entweder erfolgte die Betrachtung der Thematik aus Sicht des Investors und dabei insbesondere der mit dem Engagement verbundenen Rendite- und Risikoaspekte oder aus Sicht des mit Private Equity finanzierten Unternehmens und hierbei vornehmlich im Hinblick auf die damit verbundenen Beschäftigungseffekte. Das Bindeglied zwischen beiden, die Private Equity-Gesellschaften mit ihren Fondskonstrukten, wurde in der Regel nur in Verbindung mit speziellen von ihnen durchgeführten Transaktionen betrachtet. Eine Analyse der Wechselwirkungen zwischen diesen drei Gruppen unterblieb.

Um dies zu tun, muss nicht nur eine Betrachtung der Intentionen auf Kapitalgeber- und Kapitalnehmerseite erfolgen, sondern vielmehr eine Analyse des Wirkens der sich aus der volkwirtschaftlichen Notwendigkeit heraus ableitenden Private Equity-Gesellschaften. Die über sie als Fondsinstitution wahrgenommenen Funktionen sind vor dem kapitalmarkttheoretischen Hintergrund hinsichtlich ihrer allokationseffizienten Effekte zu prüfen.

Die Ergebnisse sind dann umso beweiskräftiger, wenn sie auch eine praxisbezogene Untermauerung erfahren. Die zunehmende Globalisierung stellt die unterschiedlichen nationalen Volkswirtschaften vor neue Herausforderungen. Insbesondere Deutschland steht vor strukturellen Problemen, wie unter anderem dem eigenkapitalschwachen Mittelstand verbunden mit dessen offener Nachfolgefrage und dem Zwang deutscher Konzerne sich im Zuge einer verstärkten Shareholder Value-Ausrichtung effizienter aufzustellen. Demgegenüber suchen institutionelle Investoren wie Versicherungen, Pensionskassen und Kreditinstitute im Rahmen ihrer Asset Allocation nach Möglichkeiten, den sich durch die Vernetzung der internationalen Finanzmärkte verschlechternden Rendite-Risikoverhältnissen entgegenzuwirken.

2 Markteffizienz

2.1 Portfolio- und Kapitalmarkttheorie

Das Management von Finanzinvestitionen basiert auf der Grundlage der Portfolio- und Kapitalmarkttheorie, deren Grundstein das Portfolio-Selection-Modell von Henry M. Markowitz bildet (Markowitz, 1991). Das von ihm entwickelte Konzept der Portfolioauswahl untersucht das Anlageverhalten von rational handelnden Investoren. Zur Quantifizierung der Entscheidungen werden Ertrag und Risiko einer Investition durch die zwei Parameter erwartete Rendite und Renditevarianz abgebildet. Über diese zweidimensionale Betrachtung lässt sich zeigen, dass die Bildung eines Portfolios eine Risikoreduktion im Vergleich zur Einzelanlage bewirkt (Steiner/Bruns, 1996, S. 3). Die Risikodiversifikation tritt immer dann ein, wenn die Renditen der einzelnen Investitionen nicht vollkommen positiv miteinander korreliert sind, d.h. keine vollkommen gleichgerichtete Performanceentwicklung aufweisen (Hillmer, 2002, S. 493). Auf diese Art können Portfolios ermittelt werden, die im Hinblick auf die beiden Dimensionen Rendite und Risiko effizient sind (Bruns/Meyer-Bullerdiek, 1996, S. 48 f.).

Das Modell der Portfolioauswahl nach Markowitz formuliert Handlungsempfehlungen für die Vermögensdisposition. Ob das individuelle Angebots- und Nachfrageverhalten insgesamt konsistent ist und zu einer Räumung des Marktes führt, kann jedoch nur über ein Gleichgewichtsmodell beantwortet werden.

Die Erweiterung der Portfoliotheorie um die gesamtmarktbezogene Perspektive stellt das Capital Asset Pricing Model (CAPM) dar. Das CAPM baut auf den Erkenntnissen der Portfoliotheorie auf und klärt die offen gebliebene Frage, welcher Teil des Risikos nicht mittels Diversifikation zu beseitigen ist und deshalb für den Investor Relevanz besitzt (Steiner/Bruns, 1996, S. 21 ff.). Dabei wird neben dem Streben der Investoren nach effizienten Portfolios unterstellt, dass sich der Markt im Gleichgewicht befindet und ein einheitlicher Marktpreis des Risikos existiert (Garz et al., 1997, S. 78). Das CAPM als Gleichgewichtsmodell für den Kapitalmarkt hilft somit dem Investor bei der Bestimmung der Rendite, die ein Asset aufgrund seines Risikos in der Zukunft erbringen muss. Damit ist die Rendite in Relation zum Markt fixiert (Bruns/Meyer-Bullerdiek, 1996, S. 52).

Die Erkenntnisse der Kapitalmarkttheorie haben eine weite Verbreitung gefunden und leisten einen bedeutenden Beitrag zur Risikobeurteilung von Kapitalanlagen (Steiner/Bruns, 1996, S. 35). Ganz allgemein haben die Erkenntnisse zu einer differenzierten Sicht von Investitions- und Finanzierungsrisiken geführt. Trotz des hohen Stellenwertes steht die Portfolio- bzw. Kapitalmarkttheorie hinsichtlich ihres auf dem normativen Teil aufbauenden Gleichgewichtsmodells mit seinen weitreichenden Implikationen erheblich in der Kritik. Dabei wird auf die realitätsfernen und zum Teil stark vereinfachten Annahmen des Modells abgestellt. Die Ausklammerung von Transaktionskosten und Informationskosten, Steuern, Liquiditätsaspekten, Zeithorizonten, psychologischen Faktoren sowie Marktineffizienzen führt zwar zu einer ausgeprägten Anschaulichkeit der Modelle, vernachlässigt aber stark die realen Gegebenheiten (Garz et al., 1997, S. 101 f.).

Die Beschränkung der Modelle der Kapitalmarkttheorie auf Wertpapiermärkte und dabei insbesondere auf Aktienmärkte macht deren Übertragung auf das gesamte Anlagespektrum schwierig. Als Grund hierfür ist die hohe Markteffizienz zu nennen, die diesen Märkten zugeschrieben wird (Steiner/Bruns, 1996, S. 35).

2.2 Vollkommener und unvollkommener Kapitalmarkt

Die maßgebliche Aufgabe eines Kapitalmarktes besteht in der Lenkungsfunktion. Die Marktpreise stellen Signalgeber dar, die den Investoren die relative Vorteilhaftigkeit von Kapitalverwendungsmöglichkeiten anzeigen. Der im Rahmen der vorstehend beschriebenen Portfoliotheorie und deren Weiterentwicklungen unterstellte vollkommene Kapitalmarkt erfüllt diese Funktion in idealer Art und Weise. Dessen Prämissen fußen auf dem neoklassischen Modell des vollkommenen Marktes (Garz et al., 1997, S. 101).

Bei diesem wird davon ausgegangen, dass rational handelnde Investoren mit nicht sicheren, aber doch gleichen Erwartungen sowie ohne persönliche Präferenzen bei einer Homogenität und beliebigen Teilbarkeit der Güter, dem Vorliegen vollständiger Markttransparenz, d.h. vollkommener und gleichverteilter Informationen in einer Welt ohne Transaktionskosten mit unendlich schnellen Reaktionszeiten ihre Entscheidungen treffen. Ergebnis ist ein Marktgleichgewicht mit Gleichgewichtspreis (Frankfurt School of Finance & Management, 2007, S. 2).

Die Annahmen der neoklassischen Modellwelt sind jedoch nicht mit dem realen Kapitalmarkt in Einklang zu bringen. Hier existiert eine Reihe von Marktunvollkommenheiten, welche den Marktmechanismus behindern und im Folgenden näher betrachtet werden.

Sachkapital ist nicht beliebig handelbar, da es zeitlich und örtlich determiniert sowie nicht homogen ist. Deshalb bildet das Finanzkapital, als komplexes Netzwerk aus Verpflichtungen und Ansprüchen das Realkapital verkörpernd, den Gegenstand des Handelns auf dem Kapitalmarkt (Tobin, 1992, S. 770). Doch auch Finanzkapital ist nicht homogen. Dies kommt darin zum Ausdruck, dass es den Kapitalmarkt nicht gibt, sondern vielmehr eine Reihe von Finanzmärkten, wie z.B. den Börsenmarkt mit Teilmärkten für Aktien und Renten, Geldmärkte der Banken oder Kreditmärkte mit Banken und Unternehmen, auf denen völlig unterschiedliche Rahmenbedingungen vorherrschen (Süchting, 1995, S. 391).

Die Volumina von Kapitalangebot und -nachfrage einzelner Marktteilnehmer sind auf den unterschiedlichen Märkten in der Regel sehr different. Stückelungen zur Lösung dieses Problems verursachen Transaktionskosten. Dieser Sachverhalt fällt unter den Begriff des „Losgrößenproblems" (Sauermann, 2000, S. 9).

Demzufolge ist auch der im Rahmen des neoklassischen Kapitalmarktmodells unterstellte vollkommene Sekundärmarkt in der Realität so nicht vorhanden, was wiederum zu dem Problem der Fristentransformation führt.

Weiterhin existieren unterschiedliche Risikoneigungen bzw. Risikovorstellungen im Hinblick auf das beabsichtigte Geschäft bei den einzelnen Marktteilnehmern. In der Regel ist die Risikotoleranz auf der Kapitalgeberseite weniger stark ausgeprägt als auf der Kapitalnehmerseite, was zur Problemstellung der Risikotransformation führt.

Eine Markttransparenz und damit ein gleicher Informationsstand ist wesentliche Voraussetzung für die Bildung eines Gleichgewichtspreises. Statt eines einheitlichen (Gleichgewichts-) Preises sind in der Praxis aber eine Vielzahl von unterschiedlichen Preisen zu beobachten, die nicht zuletzt auf einen mehr oder weniger guten Informationsstand der einzelnen Marktteilnehmer zurückzuführen sind (Süchting, 1995, S. 392).

Diese Informationsasymmetrien können durch eine adverse Auswahl oder verdeckte Informationen, bei denen nur ein Marktteilnehmer die wahre Information z.B. hinsichtlich der tatsächlichen Qualität eines Gutes kennt, sowie mit dem als Moral Hazard bezeichneten opportunistischen Verhalten von Vertragsparteien entstehen.

Letzteres ist die gezielte Beeinflussung der Wahrscheinlichkeit von Zufallsereignissen, welche durch den Kontrahenten und Dritte nicht beobachtet werden können (Loistl, 1994, S. 316).

Persönliche Präferenzen können im Falle der Börse zwar noch abstrahiert werden, in die Kreditbeziehungen zwischen Banken als Kapitalgeber und Unternehmen als Kapitalnehmer spielen diese jedoch definitiv hinein. Dies wird daran deutlich, dass Unternehmen für bei mehreren Kreditinstituten blanko eingeräumten Kontokorrentkrediten in selber Höhe unterschiedliche Zinssätze zahlen. Da im Kreditmarkt keine Orientierungspunkte wie Börsenkurse existieren, geht neben dem unterschiedlichen Informationsstand insbesondere die subjektive Einschätzung der Bonität des um den Kredit Verhandelnden in die Konditionenfindung ein (Loistl, 1994, S. 316).

Die Preisbildung auf den Märkten hängt zudem auch davon ab, ob ein freier Zugang für Kapitalanbieter und -nachfrager besteht oder ob dieser durch Gesetze, Satzungsvorschriften etc. beeinträchtigt ist (Süchting, 1993, S. 395).

2.3 Kapitalmarkteffizienz

Um eine Differenzierbarkeit unvollkommener Märkte im Hinblick auf ihre Aufgabenerfüllung zu ermöglichen, wurde das Konzept vollkommen/unvollkommen durch graduelle Effizienzkonzepte ersetzt. Diese knüpfen unmittelbar an die wesentlichen Konstruktionsmerkmale des vollkommenen Marktes an.

Vollkommener versus effizienter Markt		
Vollkommener Markt	→	Allokationseffizienz
• Friktionsloser Handelsprozess (insbesondere keine Steuern und Transaktionskosten)	→	• Operationale Effizienz (Minimierung der Transaktionskosten)
• Homogene Information aller Marktteilnehmer, insbesondere keine Informationsvorsprünge einzelner	→	• Informationseffizienz (Signalfunktion der Preise; faire Preise als Voraussetzung für die Bereitstellung von Kapital)

Abbildung 1: Vom vollkommenen zum effizienten Markt (Garz et al, 1997, S. 103)

Die aus volkswirtschaftlicher Sicht wichtigste Funktion eines realen Kapitalmarktes ist die bereits angesprochene Lenkungsfunktion. Diese Fähigkeit wird unter dem Begriff Allokationseffizienz subsummiert und kennzeichnet, inwieweit über den Markt eine gesamtwirtschaftlich optimale Kapitalallokation erreicht wird. Dieser umfassendsten Form der Effizienz untergeordnet sind die operationale Effizienz sowie die Informationseffizienz. Beide Effizienzkategorien stellen notwendige aber keine hinreichenden Bedingungen für einen allokationseffizienten Markt dar.

Die operationale Effizienz eines Kapitalmarktes kommt in der Marktorganisation und den durch sie verursachten Transaktionshemmnissen zum Ausdruck. Damit die Kapitalmarktpreise die geforderte Qualität aufweisen, muss ein realer Markt eine jederzeitige Liquidität in den gehandelten Gütern aufweisen. Dies ermöglicht in sehr guter Weise der Börsenmarkt, welcher mit seiner Treffpunktfunktion von Angebot und Nachfrage schon an sich für eine gewisse Liquidität sorgt. In seiner organisierten Form trägt er weiterhin zur Verringerung der für die Aufbringung (Primärmarktfunktion) und die Übertragung (Sekundärmarktfunktion) von Nutzungs- und Verfügungsrechten entstehenden Transaktionskosten bei. Transaktionskosten fallen durch die Marktorganisation bedingt dennoch an, was die Handelsbereitschaft der Marktteilnehmer tendenziell hemmt und somit zu einem Qualitätsverlust der Kapitalmarktpreise führt. Insofern ist die operationale Effizienz eines Börsenmarktes abhängig von den durch die Börsenorganisation verursachten Transaktionskosten. Die operationale Effizienz eines Kapitalmarktes bestimmt sich somit zu einem Großteil aus der Marktstruktur. Ein völlig unorganisierter Markt ist aus wohlfahrtökonomischer Sicht stets unvorteilhafter als ein organisierter. Im weiteren Sinne gehören zur Frage der operationalen Effizienz aber auch die gesetzlichen Rahmenbedingungen, welche Handelsbereitschaft und somit auch Liquidität fördern (Garz et al., 1997, S. 102 ff.).

Neben der operationalen Effizienz stellt die Informationseffizienz eine weitere notwendige Bedingung für einen allokationseffizienten Markt dar. Informationen sind die Basis für Entscheidungen und deshalb von hoher Bedeutung für die Marktfunktion. Ein Markt wird dann als informationseffizient bezeichnet, wenn sich zu jeder Zeit alle relevanten Informationen vollständig in den Preisen widerspiegeln (Malkiel, 1992, S. 739).

Dies hätte zur Folge, dass die Marktteilnehmer keinerlei Anreize mehr besitzen, Informationen zu sammeln und auszuwerten, da ja bereits alle Informationen im Marktpreis enthalten sind. Wenn aber kein Marktteilnehmer mehr Informationen sammelt und auswertet, wie kann der Preis dann sämtliche Informationen beinhalten? Dieser

Zusammenhang wird auch als Informationsparadoxon bezeichnet (Bruns/Meyer-Bullerdiek, 1996, S. 62).

Zur Vermeidung dieser logischen Inkonsistenz bietet sich die Modellierung eines informationsökonomischen Gleichgewichtes an. Dabei wird die preisorientierte Definition von Markteffizienz um den Kostenaspekt erweitert. Demnach ist ein Markt informationseffizient, wenn auf der Basis verfügbarer Informationen kein ökonomischer Gewinn erzielbar ist. Hierzu wird zwischen informierten und uninformierten Marktteilnehmern unterschieden. Im Marktgleichgewicht werden die informierten Investoren mit einer Prämie honoriert, welche den Grenzkosten der Informationsbeschaffung und -auswertung entspricht (Steiner/Bruns, 1996, S. 43). Per Saldo erzielen Investoren somit die gleiche Nettorendite.

Zusammenfassend kann festgehalten werden, dass mit dem Begriff Allokationseffizienz die strengste und umfassendste Definition eines effizienten Kapitalmarktes verbunden ist. Ihr entsprechend werden Marktpreise immer die Vorteilhaftigkeit von Kapitalverwendungsmöglichkeiten signalisieren und damit den Kapitalstrom lenken. Notwendige Bedingungen hierfür sind die operationale Effizienz, welche das Auffinden der kostenminimalen Marktorganisation und somit eine möglichst geringe Beeinflussung der Transaktionsbereitschaft der Marktteilnehmer erfordert, sowie die Informationseffizienz, welche eine unverzügliche und vollständige Berücksichtigung abgestufter Informationsmenge in den Marktpreisen verlangt (Garz et al., 1997, S. 116). Dabei wirkt die operationale Effizienz auch indirekt auf die Informationseffizienz. Durch hohe Transaktionskosten wird die Anpassung der Marktpreise an neue Informationen beeinträchtigt, da Marktteilnehmer nur dann einen Informationsvorsprung nutzen können, wenn eine Preiswirkung in Höhe der entstehenden Kosten zu erwarten ist. Die Wahl zweckmäßiger Markt- und Organisationsformen liegt damit im Interesse des Einzelnen wie auch der Gesamtwirtschaft (Steiner/Bruns, 1996, S. 6).

Eine abschließende Beurteilung der Effizienz realer Kapitalmärkte gestaltet sich aufgrund der zahlreichen sich widersprechenden empirischen Ergebnisse schwierig. Deshalb bedarf es eines sehr differenzierten Vorgehens. Wie bereits beschrieben, gibt es nicht den Kapitalmarkt, sondern verschiedene Marktsegmente mit unterschiedlichen Effizienzgraden (Steiner/Bruns, 1996, S. 42 ff.).

3 Finanzintermediäre

In der Realität gibt es nicht einen Kapitalmarkt als Punktmarkt, wo Kapitalangebot und Kapitalnachfrage durch vollständige Markttransparenz, kostenfreie Tauschprozesse und Transaktionssicherheit direkt zusammengeführt werden (Büschgen, 1998, S. 35). Vielmehr existiert eine Vielzahl von Märkten, welche durch unterschiedlich hohe Effizienzgrade gekennzeichnet sind. Diese verschiedenen Effizienzgrade resultieren aus der Existenz von Ineffizienzen, welche operationaler oder informatorischer Natur sein können und deren Beseitigung, wie bereits dargelegt, ökonomische Vorteile mit sich bringt. Daraus resultiert der Anreiz für die Herausbildung von Institutionen, welche die Effizienz des Kapitalmarktes verbessern helfen (Sauermann, 2000, S. 6).

Die Effizienzverbesserung resultiert dabei aus zwei gedanklich zu trennenden Prozessen, an denen Finanzintermediäre durch ihre Einschaltung in den Marktprozess teilnehmen. Zum einen aus dem Transaktionsprozess, bei welchem diese die Transaktionskosten und die asymmetrische Informationsverteilungen der Marktteilnehmer reduzieren. Zum anderen aus dem Transformationsprozess, in dem Finanzintermediäre die Friktionen zwischen Finanzierungsmittelangebot und Finanzierungsmittelnachfrage ausgleichen (Büschgen, 1998, S. 35).

Im Transaktionsprozess reduziert der Finanzintermediär die asymmetrischen Informationsverteilung zwischen den Marktpartnern und die damit verbundenen Kosten in Form von

- Such- und Informationskosten als Anbahnungskosten,

- Verhandlungskosten,

- Vertragsabschluss- und Vertragserfüllungskosten als Vereinbarungskosten sowie

- Vertragsüberwachungskosten im Sinne von Kontroll- und Anpassungskosten.

Diese Kostenkategorien dokumentieren sich in den einzelnen Phasen des Transaktionsprozesses (Bank, 1998, S. 43 ff.).

Zunächst entstehen aufgrund der asymmetrischen Informationsverteilung Such- und Informationskosten bei der Beschaffung von Informationen über potentielle Marktpartner, deren Konditionen sowie den eigenen Nutzenzuwachs durch eine mögliche Transaktion. Bei Fehlen organisierter Kapitalmärkte bzw. ohne Finanzintermediäre wären die Marktteilnehmer gezwungen, sich den ihren Transaktionswünschen in Bezug auf die Rendite-/Risikokonstellation und Losgröße entsprechenden Kontraktpartner selbst zu suchen. Stehen sich im Erfolgsfall die potentiellen Vertragspartner gegenüber, entstehen weitere Kosten im Rahmen des Verhandlungsprozesses über die Kontraktspezifikationen und hierbei insbesondere über den Preis, die Vertragsformulierung sowie die Vertragserfüllung als eigentlichen Austauschvorgang (Büschgen, 1998, S. 35). Im Nachgang besteht zumeist bei langfristigen Verträgen bezüglich der Kontraktspezifikationen Anpassungsbedarf durch veränderte Rahmenbedingungen, die wegen einer fehlenden Prognosesicherheit nicht vollkommen bei Vertragsabschluss antizipiert werden konnten. Die bei dieser Phase anfallenden Überwachungskosten, auch Monitoring costs bezeichnet, sind besonders hervorzuheben, da ökonomische Aktivitäten zumeist mit Risiken verbunden sind, die ein Investor einschätzen und überwachen muss, will er eine risikogerechte Rendite erlangen und sich gegen negative Anreizeffekte aus Informationsasymmetrien schützen. Diese Kosten sind in der Regel hoch (Bank, 1998, S. 43 ff.).

Neben den Transaktionskosten ist die asymmetrische Informationsverteilung zwischen den Marktteilnehmern in Bezug auf die Eigenschaften des Gegenstandes der Transaktion ein weiterer Ansatzpunkt für die Intermediation. Existiert bereits vor Vertragsabschluss ein unterschiedlicher Informationsstand zwischen Kapitalgeber und Kapitalnehmer, handelt es sich um versteckte Informationen (hidden informations) oder versteckte Eigenschaften (hidden characteristics). Ist sich ein schlechter informierter Marktteilnehmer seines Informationsdefizits bewusst, muss er damit rechnen, dass sein Gegenpart die Situation zu seinem Vorteil nutzen wird. Im ungünstigsten Fall wird er nicht zu einem Vertragsabschluss bereit sein, so dass es zu der an sich für beide Seiten vorteilhaften Transaktion nicht kommt. Im Ergebnis einer solchen „Adverse Selection" handelt es sich um Marktversagen. Informationsasymmetrien können aber auch nach Vertragsabschluss vorliegen und bergen das Problem der versteckten Handlung (hidden action) des Kapitalnehmers. Hierbei handelt es sich um die Situation, dass der Kapitalgeber als principal bei der Kapitalüberlassung an den Kapitalnehmer, den agent, dessen Investitionshandlungen im Rahmen der Kapitalverwendung nur unzulänglich kontrollieren kann (Franke/Hax, 2004, S. 420 ff.). Dieses Phänomen des Moral Hazard wurde bereits im vorhergehenden Kapitel aufgezeigt.

Dem steht entgegen, dass durch die Einschaltung von Finanzintermediären, welche durch die Beschaffung, Verarbeitung und Weitergabe von Informationen Marktunvollkommenheiten reduzieren wollen, Kosten entstehen. Diese werden an die Marktpartner, soweit kostendeckend gewirtschaftet wird, weitergereicht. Wenngleich auch Transaktionskosten bei der Intermediation entstehen, führt die Einschaltung von Finanzintermediären im Transaktionsprozess gegenüber einer unmittelbaren Transaktionsbeziehung zwischen Kapitalanbieter und Kapitalnachfrager zu einer Transaktionskostenersparnis. Diese beruht auf Spezialisierungsvorteilen im Umgang mit Informationen und Leistungen (Büschgen, 1998, S. 38). Durch die massenhafte Ausführung gleichartiger Leistungen kommt es zu sinkenden Stückkosten und somit zu Economie of Scale. Die Transaktionskosten sind häufig auf Unteilbarkeiten zurückzuführen und fallen als fixe Vorbereitungskosten, um überhaupt eine Transaktion durchführen zu können, und fixe Ausführungskosten pro Transaktion an. Die Vorbereitungskosten verteilen sich mit steigender Transaktionszahl auf immer mehr Transaktionen und die durchschnittlichen Ausführungskosten sinken mit steigendem Transaktionsvolumen (Bank, 1998, S. 44). Ferner sind durch die Entwicklung von Routinen Erfahrungskurveneffekte zu konstatieren. Finanzintermediäre spezialisieren sich auf die Bewertung und laufende Beobachtung von Chancen und Risiken und haben aufgrund von Lernkurveneffekten erheblich niedrigere Kosten (Büschgen, 1998, S. 38 f.).

Die Reduzierung von Transaktionskosten und Informationsasymmetrien ermöglicht eine effizientere Allokation des Kapitals und trägt somit zu einer Steigerung der Markteffizienz bei. Die Finanzintermediation im Rahmen des Transaktionsprozesses gilt als Intermediation im weiten Begriffsverständnis. Im engeren Begriffsverständnis gleicht die Finanzintermediation über die Transaktion hinausgehende divergierende Bedürfnisstrukturen zwischen den Marktpartnern aus. Dies umfasst im Rahmen des Transformationsprozesses die Veränderung der Komponenten Losgröße, Frist und Risiko. Dabei schließt die Finanzintermediation im engeren Begriffsverständnis die Informationstransformation als immanenter Bestandteil der Transaktionsleistung ein (Büschgen, 1998, S. 38 f.).

Die Losgrößentransformationsfunktion stellt die Bündelungsfunktion des Finanzintermediärs dar, in dem dieser aus einer Vielzahl von Kapitalanlagen entsprechend große Kapitalnachfragen bedient und umgekehrt. Im Rahmen der Fristentransformationsfunktion werden formell kurzfristig angebotene Kapitalbeträge in langfristig nachgefragtes Kapital umgewandelt oder umgekehrt. Diese Art der Transformation kommt aufgrund von sogenannten Bodensätzen, Substitution und Prolongation zustande. Durch die Zwischenschaltung von Finanzintermediären werden durch deren Wahrnehmung der Risikotransformationsfunktion unterschiedliche Risikovorstellungen der Marktteilnehmer ausgeglichen, indem der Finanzintermediär das Kreditrisiko aus der Weiterleitung des Kapitals an die Kreditnehmer übernimmt. Dass durch seinen Eintritt das Ausfallrisiko verändert wird, hängt mit der Risikodiversifikation und der Risikoselektion durch den Finanzintermediär sowie der Intermediärshaftung durch Haftungsvermögen bzw. Einlagensicherung zusammen (Christians, 2003, S. 14).

Entsprechend der Begriffsbestimmung können Finanzintermediäre in zwei Kategorien aufgeteilt werden. Von Finanzintermediären im engeren Sinne spricht man, wenn diese in den Transaktionsprozess und den Transformationsprozess eintreten und damit das gesamte Spektrum der Intermediationsleistungen erfüllen. Mit unterschiedlicher Ausprägung zählen zu diesen insbesondere Universalbanken und Realkreditinstitute. Neben diesen agieren Institutionen als Finanzintermediäre im weiteren Sinne. Deren Intermediationsleistungen konzentrieren sich auf den Transaktionsprozess, wobei auch einzelne Transformationsleistungen erbracht werden können. Zumeist ist deren Geschäftstätigkeit auf den unmittelbaren Abschluss von Finanzkontrakten zwischen originären und/oder intermediären Kapitalgebern und -nehmern gerichtet (Büschgen, 1998, S. 39). Diese als Finanzintermediäre im weiteren Sinne bezeichneten Institutionen zielen im Rahmen von Vermittlungs-, Informations- und Risikoübernahmeleistungen darauf ab, den Abschluss einfacher und kostengünstiger herbeizuführen bzw. überhaupt erst zu ermöglichen (Christians, 2003, S. 17). Verallgemeinernd kann bei Finanzintermediären im engeren Sinne von Generalisten und bei Finanzintermediären im weiteren Sinne von Spezialisten gesprochen werden.

Im Hinblick auf die hier vorzunehmende Analyse wird für die Definition des Finanzintermediärs zunächst die weite Begriffsbestimmung gewählt. Diese weitgefasste Definition ist dem sich im Wirtschaftsgefüge herausgebildeten System untereinander vielfältig verflochtener Intermediäre geschuldet sowie den vorstehend aufgezeigten Spezialisierungsbestrebungen. Im Vordergrund steht die Wirkung hinsichtlich der im Kapitel 2.3 dargestellten Allokationseffizienz mit deren beiden Unterkategorien operationale Effizienz und Informationseffizienz. Zusammenfassend kann festgehalten werden, dass Ineffizienzen Ansatzpunkte für die Entstehung von Finanzintermediären sind, deren Funktion es ist, die Markteffizienz zu verbessern. Dies geschieht in der für diese Analyse vorgenommenen Definition durch die Verringerung von Transaktions- sowie Informationskosten. An dieser Stelle muss noch darauf hingewiesen werden, dass Spektrum und Volumen von Intermediationsleistungen aufgrund technologischer wie auch wettbewerblicher Entwicklungen einem stetigen Wandel unterworfen sind, dessen Tendenz eine immer stärkere Marktorientierung ist (Sauermann, 2000, S. 16).

Finanzintermediäre im					
Transaktionsprozess		Transformationsprozess			
Reduzierung von Transaktionskosten und asymmetrischer Informationsverteilung		Ausgleich von Friktionen zwischen Finanzierungsmittelangebot und -nachfrage			
Such- und Informationskosten	Abschluss- und Ausführungskosten	Informationstransformation	Losgrößentransformation	Fristentransformation	Risikotransformation
Verhandlungskosten	Vertragsüberwachungskosten				
Intermediation im weiten Begriffsverständnis					
Intermediation im engen Begriffsverständnis					

Abbildung 2: Finanzintermediationssystem (in Anlehnung an Büschgen, 1998, S. 36)

4 Private Equity-Markt

4.1 Definition von Private Equity

In wissenschaftlichen Abhandlungen findet sich eine Vielzahl von Definitionen für den Begriff Private Equity, wobei sich die begriffliche Ab- bzw. Eingrenzung schwierig gestaltet. In dieser Arbeit erfolgt die Definition von Privat Equity in Anlehnung an die der European Private Equity and Venture Capital Association (EVCA). Diese definiert Private Equity wie folgt: „Private Equity ist eine Finanzierungsart, welche nicht börsennotierten Unternehmen Eigenkapital zur Verfügung stellt. Private Equity wird im Allgemeinen dazu benutzt, neue Technologien zu entwickeln, das Betriebskapital zu erhöhen, Akquisitionen durchzuführen oder die Bilanz eines Unternehmens zu stärken. Darüber hinaus dient Private Equity aber auch dazu, Fragestellungen in Hinblick auf die Eigentümerstruktur oder das Management

114

zu lösen. Hierzu gehört beispielsweise die Nachfolge von familiengeführten Unternehmen durch ein erfahrenes Managementteam. Venture Capital ist eine spezielle Form und bezeichnet die Finanzierung junger Unternehmen in ihrer Frühphase (Early Stage)" (Weidig/Mathonet, 2004, S. 42).

Darauf aufbauend steht Private Equity für außerbörsliches Eigenkapital und dient im allgemeinen der Finanzierung von Unternehmen in Phasen, in denen diese aufgrund relativ hoher Risiken oder unsicherer Zukunftsaussichten von herkömmlichen Finanzierungsquellen über Banken oder den Kapitalmarkt ausgeschlossen sind (Bader, 1996, S. 9–15). Private Equity stellt somit den Oberbegriff für alle außerbörslichen Eigenkapital-Anlageformen dar und umfasst die für noch junge Unternehmen spezielle Finanzierungsart Venture Capital. Eine weitere Detaillierung wird im Rahmen der nachfolgend aufgezeigten Finanzierungsphasen vorgenommen. Generell werden Private Equity-Investitionen vom Investor als zeitlich begrenzt angesehen. Der Zeitraum der Investition wird dabei durch die erfolgreiche Überwindung einer Unternehmenssituation, welche Anlass der Finanzierung war, oder das Erreichen der Kapitalmarktfähigkeit bzw. dem Zugang zum Bankensystem determiniert. Dem Ausstieg aus dem Investment, dem so genannten Exit, kommt dabei eine elementare Bedeutung zu. Bereits von Beginn an sollten Konzepte über Zeitpunkt und Art des Ausstiegs vorliegen, entscheidet dieser doch über die Rentabilität der Investition (Krämer, 2005a, S. 7).

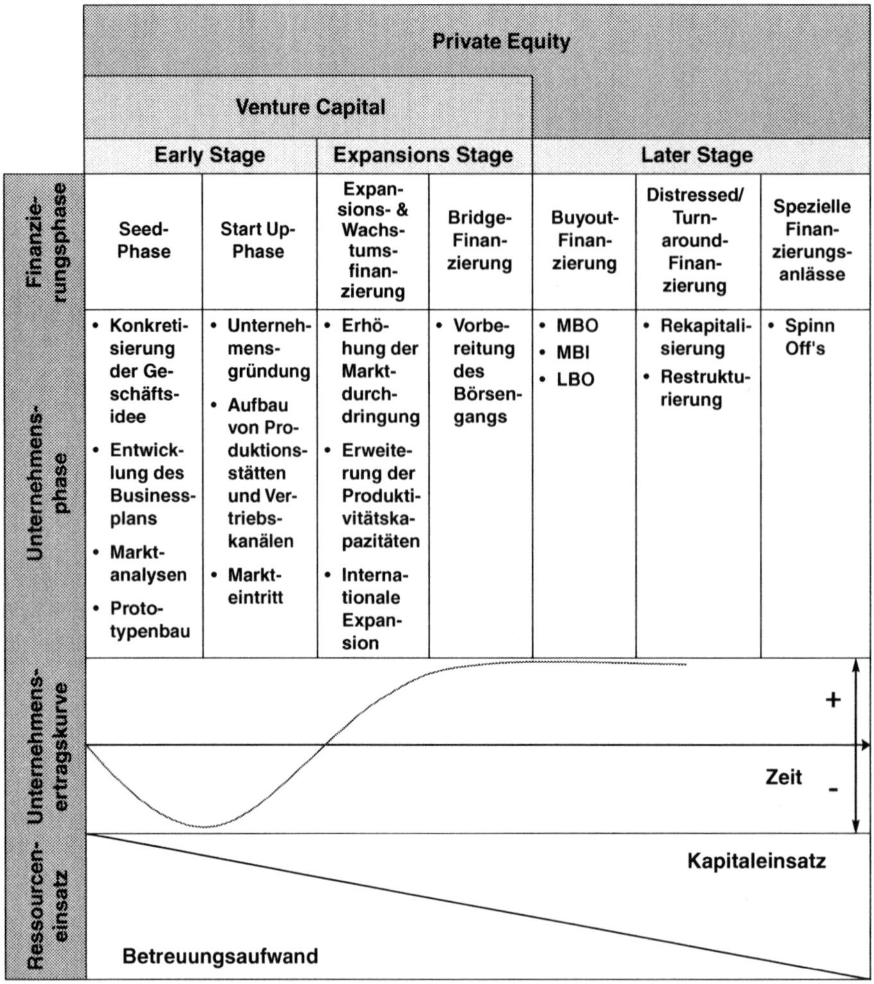
Private Equity
Venture Capital
Early Stage
Expansions Stage
Later Stage
Finanzierungsphase
Seed-Phase
Start Up-Phase
Expansions- & Wachstumsfinanzierung
Bridge-Finanzierung
Buyout-Finanzierung
Distressed/ Turnaround-Finanzierung
Spezielle Finanzierungsanlässe
Unternehmensphase
• Konkretisierung der Geschäftsidee
• Entwicklung des Businessplans
• Marktanalysen
• Prototypenbau
• Unternehmensgründung
• Aufbau von Produktionsstätten und Vertriebskanälen
• Markteintritt
• Erhöhung der Marktdurchdringung
• Erweiterung der Produktivitätskapazitäten
• Internationale Expansion
• Vorbereitung des Börsengangs
• MBO
• MBI
• LBO
• Rekapitalisierung
• Restrukturierung
• Spinn Off's
Unternehmensertragskurve
+
Zeit
-
Ressourceneinsatz
Kapitaleinsatz
Betreuungsaufwand

Abbildung 3: Finanzierungsphasen von Private Equity (in Anlehnung an Krämer, 2005b, S. 215)

Generell werden Private Equity-Finanzierungen in Anlehnung an den Lebenszyklus eines Unternehmens in die drei Gruppen Frühfinanzierungen (Early Stage), Expansionsfinanzierungen (Expansions Stage) und Spätfinanzierungen inklusive spezieller Finanzierungsanlässe (Later Stage) aufgeteilt (Krämer, 2005b, S. 215). Die Abbildung 3 gibt einen Überblick über die einzelnen Finanzierungsphasen, auf welche hier nicht weiter eingegangen werden soll.

4.2 Allgemeine Rahmenbedingungen am Private Equity-Markt

Grundsätzlich hat die fortwährende Liberalisierung der Kapital- und Finanzmärkte sowie deren weltweite Integration in den vergangenen Jahren zu einer Veränderung des europäischen wie auch des deutschen Finanzsystems hin zu einer stärkeren Marktorientierung geführt. In diesem Kontext spielten insbesondere für die europäischen Kapitalmärkte neben der Durchsetzung von grenzüberschreitenden Deregulierungen zur Weiterentwicklung des Binnenmarktes auch Verbesserungen der rechtlichen Rahmenbedingungen sowie eine Vereinheitlichung im Bereich der Finanzaufsicht eine entscheidende Rolle. Im Resultat entstanden größere und liquidiere Märkte, bei gleichzeitig stark zunehmender Wettbewerbsintensität (Burger-Calderon/Gusinde, 2003, S. 125 ff.).

Für Deutschland ergab sich in Folge der gestiegenen Bedeutung der Kapitalmärkte eine Verschiebung vom traditionell bankbasierten Finanzierungssystem, bei welchem die Unternehmensfinanzierung vor allem auf Bankkrediten beruht, hin zu einem stärker marktorientierten Finanzierungssystem, bei dem im Gegensatz zum bankbasierten Finanzierungssystem sowohl die Finanzierung des Unternehmens mittels Eigenkapital als auch dessen Kontrolle im Vordergrund stehen. Die zunehmende Eigenkapitalfinanzierung der Unternehmen unterstützend wirkt die im internationalen Vergleich unter Wettbewerbsgesichtspunkten niedrige Eigenkapitalrentabilität deutscher Banken, welche zur Steigerung ihrer Ertragskraft die ohnehin schon im Hinblick auf „Basel II" restriktive Kreditvergabe weiter zügeln und so den Zugang der Unternehmen zu klassischen Finanzierungsmitteln einschränken. Die stärkere Marktorientierung des Finanzsystems in Deutschland spiegelt sich in der zunehmenden Nutzung von privatem Beteiligungskapital durch Unternehmen und in der steigenden Bedeutung institutioneller Investoren wider (Sachverständigenrat, 2005, S. 455 f.). Letztere investieren vermehrt in die unter Rendite- als auch Portfoliodiversifikationsaspekten attraktive Asset-Klasse.

Dass der Markt für Private Equity in Deutschland und im gesamten westlichen Europa überdurchschnittlich stark an Gewicht gewinnen konnte, ist somit auf die Veränderung des regulatorischen Umfelds hin zu mehr Effizienz und Wettbewerb sowie der in Folge durch die Marktorientierung bedingten Zunahme eigenkapitalbasierter Unternehmensfinanzierungen, welche in Deutschland jahrzehntelang von Fremdkapital und Subventionen geprägt war, zurückzuführen (Burger-Calderon/Gusinde, 2003, S. 125 ff. und Frommann, 2003, S. IX).

Neben der der Europäisierung und Internationalisierung geschuldeten Entwicklung des deutschen Finanzsystems mit seinen positiven Effekten auf den deutschen Beteiligungsmarkt treten jedoch weitere zum Teil standortspezifische Impulsgeber, wie der deutsche Mittelstand. Nachfolgend werden die Intentionen und Interessenlagen der wesentlichen Akteure auf der Investitionsseite und auf der Investorenseite näher erläutert.

4.3 Intentionen der Unternehmen und Investoren am Private Equity-Markt

4.3.1 Innovationsunternehmen

Auch wenn die Early Stage-Investitionen im deutschen Beteiligungsmarkt derzeit eine untergeordnete Rolle spielen, stellt die Gründerszene aufgrund der weiter ausdifferenzierenden Technologien im von Hochtechnologie geprägten Deutschland eine feste Größe auf der Kapitalnachfrageseite dar (Frommann, 2003, S. IX). Da aufgrund des frühen Entwicklungsstadiums des Unternehmens noch keine Prognose für die zukünftige Unternehmensentwicklung abgeleitet werden kann und auch der Markterfolg des innovativen Produktes oder Konzeptes noch nicht absehbar ist, kommen typische Finanzierungen zumeist nicht in Betracht. Eine Innenfinanzierung ist, bedingt durch die mit den Anfangsinvestitionen verbundenen Verluste, nicht möglich. Die Bankfinanzierung scheidet wegen der für das Unternehmen regelmäßig zu erbringenden Zins- und Tilgungszahlungen sowie des für die finanzierende Bank hohen Risikos meist aus. Generell stehen Sachwerte, die zur Besicherung von Darlehen herangezogen werden könnten, nicht zur Verfügung (Kaserer/Diller, 2007, S. 34).

Aus diesen Gründen kommt nur haftendes Eigenkapital in Betracht. Problematisch erweist sich dabei das zeitliche Profil der mit der Venture Capital-Investition verbundenen Ertragserwartung sowie das außerordentliche Maß an Unsicherheit. Zu den Unwägbarkeiten zählen das Marktpotential des Forschungsprogramms oder des neuen Produktes, die Reaktionen der Konkurrenz, die Stabilität der Kundenpräferenz oder auch die unternehmerischen Qualitäten des Firmenmanagements. Gleichzeitig existieren beträchtliche Informationslücken auf Investorenseite. Das Problem bei der Finanzierung im Early Stage-Bereich liegt somit nicht nur in der absoluten Höhe des Risikos, sondern in der Kombination von hohem Risiko und ungleicher Informationsverteilung. Wie schon dargelegt wurde, können diese Informationsasymmetrien zu den Wirkungsmechanismen Adverse Selection und Moral Hazard führen (Deutsche Bundesbank, 2000, S. 18). Insbesondere im Bereich der Innovationsfinanzierung tritt durch die nur schwer zu beurteilenden technologisch anspruchsvollen Projekte Marktversagen auf (Sachverständigenrat, 2005, S. 483). Dieses besondere Ertrags- und Risikoprofil beschränkt den Kreis potentieller Kapitalgeber, da diese nicht nur mögliche Verluste tragen und auf längere Sicht auf Gewinnausschüttungen verzichten müssen, sondern auch, weil nur über spezifische vertragliche Regelungen und durch eigene Expertise eine Verringerung der Informationslücken erfolgen kann (Deutsche Bundesbank, 2000, S. 18 f.).

4.3.2 Mittelständische Unternehmen

Bei etablierten Unternehmen des deutschen Mittelstandes mit anerkannten Produkten stellt sich die Situation anders dar. Die Notwendigkeit einer externen Eigenkapital-finanzierung tritt hier meist im Zusammenhang mit einer Nachfolgeregelung oder einer Wachstumsstrategie auf (Kaserer/Diller, 2007, S. 36). Der deutsche Mittelstand ist mehr als in anderen großen europäischen Ländern die tragende Säule der Wirtschaft. Nach der allgemein verwendeten Definition waren im Jahr 2003 in Deutschland rund 3,4 Mio. Unternehmen, das sind 99,7 % aller umsatzsteuerpflichtigen Unternehmen, diesem Segment zuzurechnen. Bei diesem war wiederum der weit überwiegende Teil der abhängig Beschäftigten tätig (Deutsche Bundesbank, 2006, S. 38). Das Institut der deutschen Wirtschaft hat berechnet, dass in Deutschland in den kommenden zehn Jahren circa 700.000 mittelständische Unternehmen zur Übertragung oder Vererbung, also zur Unternehmensnachfolge, anstehen (Picot, 2005b, S. 233 ff.). Dabei gehört es zum Wesen von Familienunternehmen, dass sich unternehmerische Fragen mit persönlichen familiären Aspekten verbinden. Die oft vorzufindende Kombination als Geschäftsleiter, Gesellschafter und Familienmitglied kann gewisse Spannungsfelder zwischen ungenutzten Potentialen und eventuellen Konflikten mit sich bringen, welche durch den anstehenden Generationenwechsel in ihrer Komplexität verstärkt werden (PricewaterhouseCoopers, 2008, S. 23). Die Unternehmensnachfolge kann familienintern oder familienextern gelöst werden. Bei der familieninternen Unternehmensnachfolge geht der Betrieb an ein Familienmitglied, was zumeist der Abkömmling des Inhabers ist, über und bleibt somit in Familienbesitz. Bei der familienexternen Nachfolge hingegen werden die Unternehmensführung und die Inhaberschaft auf einen familienfremden Dritten, z. B. einen strategischen Investor übertragen. Bei der familieninternen Unternehmensnachfolge stellt sich das Problem, dass nur die wenigsten Familienunternehmen im eigenen Familienkreis einen Nachfolger haben, der sich den Herausforderungen des Unternehmens stellen will oder in der Lage ist, die Führungsverantwortung zu übernehmen. Doch auch bei der familienexternen Lösung muss zunächst ein Dritter gefunden werden, wobei die generelle Bereitschaft, die Zügel des Lebenswerkes aus der Hand zu geben, vorhanden sein muss (Picot, 2005b, S. 234). Erfolgt die Unternehmensnachfolge durch äußere Umstände, wie Krankheit oder Tod, ist das erbende Familienmitglied zumeist am Verkauf des gewonnenen Vermögens interessiert, um dieses anderweitig einzusetzen (Cullom/Stein, 2000, S. 127). Gleichzeitig stehen oft intern herangewachsene und vertrauenswürdige Manager und Mitarbeiter, welche jedoch nicht über das notwendige Kapital verfügen, für eine Firmenübernahme bereit (Afheldt et al., 2006, S. 12). Die Vielzahl an erb- und gesellschaftsrechtlichen Gestaltungsvarianten macht hierbei eine Ausrichtung an den individuellen Besonderheiten und Bedürfnissen des Unternehmens notwendig (Picot, 2005b, S. 237).

Die sich zumeist aufzwingende externe Lösung der Unternehmensnachfolge ist aber auch aus kapitalmarkttheoretischen Gründen erklärbar. Häufig zwingen externe Finanzierungsbeschränkungen und der nicht vorhandene Zugang zum Kapitalmarkt mittelständische Familienunternehmen ihr persönliches Vermögen im Unternehmen zu binden bzw. zu bündeln. Damit kommt es zu einer aus Marktunvollkommenheiten resultierenden Bildung von Klumpenrisiken, die oft nicht mit der Risikoeinstellung der Familienmitglieder im Einklang steht, jedoch toleriert wird. Eine unter Ertrags- und Risikogesichtspunkten notwendige Diversifikation des Vermögens ist nicht möglich. In der Regel erschöpft sich eine solche Risikotoleranz gegenüber Klumpenrisiken auf der Kapitalseite mit zunehmendem Alter des Unternehmens und im Rahmen des Generationenwechsels (Schäfer/Fisher, 2008, S. 25 f.).

Daneben sieht sich der Mittelstand noch einer weiteren Problematik ausgesetzt. So ist die Finanzierungsstruktur und das Finanzierungsverhalten deutscher Mittelständler generell durch eine hohe Abhängigkeit von Bankkrediten, eine im internationalen Vergleich niedrige Eigenkapitalausstattung und damit einem hohen Bedarf an intern generierten Finanzierungsmitteln charakterisiert. Dies stand lange Zeit im Einklang mit dem Finanzierungsumfeld. Die enge Bindung an die Hausbank, im internationalen Vergleich günstige Festzinskonditionen und die steuerliche Vorteilhaftigkeit sprachen für die Fremdkapitalaufnahme (Sachverständigenrat, 2005, S. 476 f.). Vor dem Hintergrund des bereits angesprochenen sich wandelnden Finanzierungsumfeldes und des gestiegenen Risikobewusstseins der Banken, wird die Eigenkapitalausstattung von zumeist weniger als 20 % der Bilanzsumme zum existentiellen Problem mittelständischer Unternehmen (Cullom/Stein, 2000, S. 126).

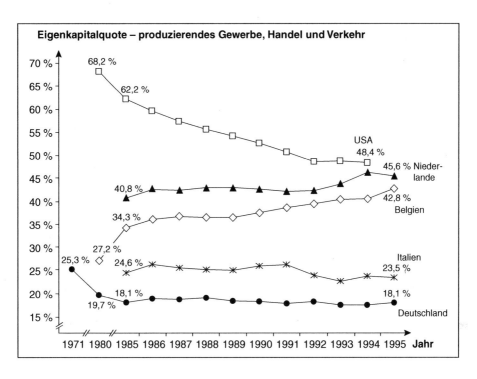

Abbildung 4: Eigenkapitalquote ausgewählter Industrienationen im Zeitablauf (Schefczyk, 2000, S. 15)

Der Verbesserung der Eigenkapitalausstattung kommt dabei in mehrfacher Hinsicht eine zentrale Bedeutung zu. Erstens ist es eine Alternative zur Finanzierung mittels Bankkredit und erhöht den Finanzierungsspielraum. Zweitens führt sie über eine Verbesserung der Bonität zu günstigeren Kreditkonditionen. Daneben führt der verschärfte Wettbewerb auf den internationalen Produktmärkten zu einem gestiegenen Eigenkapitalbedarf. Zunehmende Konkurrenz und verkürzte Produktlebenszyklen zwingen Unternehmen, sich schneller veränderten Anforderungen anzupassen. Dabei steigt zum einen die Bedeutung des Eigenkapitals als Risikopuffer und zum anderen eröffnet es mit steigendem Finanzierungsbedarf verbundene Investitionsmöglichkeiten. Der klassische Weg zur Verbesserung der Eigenkapitalausstattung mittels Innenfinanzierung durch Gewinnthesaurierung gestaltet sich aufgrund der Langfristigkeit schwierig (Sachverständigenrat, 2005, S. 476–482). Da der Mittelstand häufig keinen Zugang zum Kapitalmarkt hat, muss die Außenfinanzierung mittels privaten Beteiligungskapitals erfolgen.

Dabei erfordern Transaktionen im Mittelstand durch das Zusammenführen von Tradition und Innovation rechtliches, betriebswirtschaftliches, finanzielles und steuerliches Knowhow (Picot, 2005b, S. 237). Gleichzeitig haben Investoren auch bei der Finanzierung mittelständischer Unternehmen mit einer asymmetrischen Informationsverteilung in Form der hidden information und hidden action umzugehen. Je schwerer ein Unternehmen zu durchschauen ist und je geringer die Haftungsmasse ist, desto mehr werden die externen Finanzierungsmöglichkeiten eingeschränkt. Als besonders intransparent gelten vor allem mittelständische Unternehmen. Insofern muss die Finanzierung Anreizmechanismen zur Verringerung von Verhaltensrisiken umfassen und von einer fachlichen Expertise des Investors zum Abbau der Informationsasymmetrien und zur korrekten Einschätzung der Investitionsrisiken begleitet sein (Schäfer/Fisher, 2008, S. 28 f.).

4.3.3   Konzernunternehmen

Mit dem im Jahr 2000 von der damaligen Bundesregierung verabschiedeten Steuerreformgesetz, welches neben einer reduzierten Körperschaftssteuer insbesondere die steuerfreie Veräußerung von Anteilen an Kapitalgesellschaften beinhaltete, wurde die so genannte Entflechtung der Deutschland AG eingeleitet (Cullom/Stein, 2000, S. 126). Dies ermöglichte den deutschen Konglomeraten ihre über mehrere Jahre unter Diversifikationsgesichtspunkten verfolgte Strategie zu überdenken und sich von ihren zahlreichen, oftmals auch nur historisch erklärbaren Beteiligungen, zu trennen (Böttger, 2005, S. 26 ff.). Unabhängig von dieser speziellen steuerlich geprägten Gegebenheit führt das Streben der Manager nach einer nachhaltigen wertorientierten Unternehmensführung im Sinne des Shareholder Value zu einer weiteren Globalisierung auf weitgehend gleichen Produktmärkten, womit ein Abbau von Unternehmenskonglomeraten, die auf einer Vielzahl von Märkten tätig sind, einhergeht (Picot, 2005a, S. 3). Betrachtet man deutsche Unternehmen, dann ist festzustellen, dass im Rahmen strategischer Überlegungen, wie der Wettbewerbsfähigkeit im Kernmarkt, und den zunehmenden kritischeren Kapitalmarktanalysen hinsichtlich des Shareholder Value, erheblicher Restrukturierungsbedarf besteht (Cullom/Stein, 2000, S. 126). Vielfach sind deutsche Holdinggesellschaften neben einer starken Trennung von Eigentum und Kontrolle durch ein Nebeneinander zahlreicher Tochtergesellschaften unterschiedlichster Couleur charakterisiert. Neben einer möglichen Präferenz des Top-Managements für Größe sind die Hoffnungen auf die Schaffung interner Kapitalmärkte, auf Synergieeffekte und auf eine bessere Streuung des Absatzrisikos wesentliche Gründe bei der Etablierung divisionaler Holdingstrukturen. Nur selten erfüllen sich jedoch die Erwartungen. Bei zunehmendem Wettbewerb und dem Ausbleiben ökonomischer Vorteile ist es oft entgegen eigener Präferenzen für das Management sinnvoll, das Kerngeschäft wieder in den Mittelpunkt zu rücken. Für abseits liegende Konzerneinheiten bedeutet die strategische Neuausrichtung bei einem Verbleib im Konzernverbund eine Einschränkung des Zugangs zum internen Kapitalmarkt und in Folge ein vermindertes Entwicklungspotential. Aus solchem Grund oder der Bildung überlegener externer Kapitalmärkte entsteht für Mutter- wie Tochterunternehmen der Anreiz, sich zu trennen. Der veräußerte Unternehmensteil wird so der Gefahr mittelfristig drohender Finanzierungs- und Ressourcenbeschränkungen entzogen. Gleichzeitig eröffnet sich auf beiden Seiten die Möglichkeit zur Spezialisierung (Schäfer/Fisher, 2008, S. 26).

Die Initiative des Veräußerers beruht somit auf produkt- und marktbezogenen Überlegungen, welche wiederum von unternehmensspezifischen Stärken und Schwächen sowie marktseitig wahrgenommenen Chancen und Risiken beeinflusst werden. Die Desinvestition ist somit im Kern Ergebnis eines aus der Unternehmensportfolioanalyse resultierenden Anpassungsbedarfs. Unter Berücksichtigung des CAPM handelt es sich hierbei nicht um die selektive Elimination von Wertvernichtern, sondern vielmehr um eine dem Shareholder Value geschuldete Ausrichtung des Unternehmensportfolios nach Rendite/Risiko-Aspekten, denn der knappe Produktionsfaktor Eigenkapital wird effizient allokiert. Somit kann die Desinvestition unter portfoliotheoretischer Sicht zu einer Steigerung des Unternehmenswertes beitragen.

Gleichzeitig führt die Veräußerung zu einer Unternehmenswertsteigerung auf Seiten des Desinvestors, soweit sie mit der Senkung von Vertragsüberwachungskosten im Sinne von Kontroll- und Anpassungskosten (monitoring costs) verbunden ist, die für den veräußerten Bereich dann so nicht mehr anfallen. Die aus der Trennung von Eigentum und Kontrolle erwachsenden Wohlfahrtsverluste werden durch die Eliminierung der vormals aus dem konzerninternen Kontrakt resultierenden Kosten aus Informations- und Interessenasymmetrien reduziert und somit eine risikogerechtere Rendite erzielt (Bartsch, 2005).

Letztlich wird die mit der Internationalisierung notwendigerweise einhergehende Marktkonsolidierung zu erheblichen Konzernumbauten führen. Randbereiche aber auch ganze Geschäftsfelder werden dabei zur Disposition stehen (Cullom/Stein, 2000, S. 126). Für Unternehmen stellt ein funktionierender Beteiligungsmarkt eine entscheidende Erweiterung ihrer strategischen Optionen im Rahmen einer dem Shareholder Value verpflichteten Unternehmenspolitik dar. Dieser ermöglicht im Zuge der Fokussierung auf das Kerngeschäft das relativ problemlose Abstoßen von

Unternehmensbereichen, die nicht mehr in das strategische Konzept passen, ohne diese zeit- und kostenintensiv schließen zu müssen (Dibelius, 2005, S. 53).

4.3.4 Investoren

Die Turbulenzen an den internationalen Kapitalmärkten der letzten Jahre stellten die Versicherungs- wie auch die Bankenbranche vor neue Herausforderungen. Der deutliche Rückgang der Aktienmärkte belastete die Risikobudgets und die seit längerem anhaltende Niedrigzinsphase verschärfte die ohnehin schon existierende wettbewerbsbedingte Ertragsproblematik. Versicherern und Pensionskassen fiel es zunehmend schwerer, zugesagte Leistungen zu decken. Banken konnten ihre Eigenkapitalanforderungen nur noch schwerlich erfüllen (Mainert, 2005, S. 1). Dieses schwierige ökonomische Umfeld zwang zu einem noch effizienteren Einsatz der knappen Ressource Risikokapital und rückte die auf dem CAPM basierende strategische Asset Allocation wieder verstärkt in den Fokus der Investoren, mit dem Ziel, neue Renditequellen zu erschließen und Diversifikationspotentiale zu heben (Welp/ Krämer, 2002, 4 ff.).

Im Zuge der Aufstellung ihrer strategischen Asset Allocation erwies sich jedoch die ausschließliche Berücksichtigung traditioneller Asset-Klassen problematisch. Zu den traditionellen Assets zählen Aktien, Renten, Immobilien und Liquidität, welche sich durch einen weitestgehend informationseffizienten, arbitragefreien und organisierten Kapitalmarkt auszeichnen (Kaserer/Diller, 2006, S. 105). Bedingt durch die Globalisierung, in deren Folge die Grenzen nationaler Märkte immer weiter verschwimmen, hat sich das Diversifikationspotential der klassischen Assets Aktien und Renten deutlich verringert. Eine Risikoreduzierung innerhalb einer diesen Kategorien zugehörigen Asset-Klasse durch Länderdiversifikation wird aufgrund des schnell fortschreitenden Zusammenwachsens der Märkte zunehmend schwerer. Aber auch die Korrelation zwischen den traditionellen Asset-Klassen hat in Hinblick auf die Entwicklung der Finanzmärkte in den letzten Jahren zugenommen (Bretzler/Rudolph, 2004, S. 6 ff.).

In der Konsequenz suchen institutionelle Investoren, wie Versicherungen, Pensionskassen und Kreditinstitute, nach neuen Asset-Klassen, welche nicht nur eine höhere Performance erwarten lassen, sondern auch eine tiefe Korrelation mit bestehenden Portfoliorenditen aufweisen, um so eine Verbesserung des Rendite-Risikoverhältnisses ihrer Asset Allocation zu erreichen.

Im Ergebnis wandte man sich den alternativen Investments zu, da diesen die gewünschten Eigenschaften nachgesagt werden. Alternative Assets werden nach dem Ausschlussprinzip definiert. Alternativ sind demnach alle Assets, welche nicht in das traditionelle Anlageuniversum eingeordnet werden können (Krämer, 2005b, S. 201). Sie lassen einen Return im Sinne eines absoluten Returns erwarten, der über dem traditioneller Assets liegt. Ihre Korrelation mit klassischen Assets ist gering oder sogar negativ. Allerdings weisen sie auch eine geringe gesetzliche Regelungsdichte, geringe Liquidität und eine nicht zu unterschätzende Marktintransparenz auf (Krämer, 2005a, S. 4).

So gestaltet sich auch die Renditeermittlung bei Private Equity-Investitionen bedingt durch den nur teilweisen Zugang zum dafür erforderlichen Datenmaterial sowie den unterschiedlichen Methoden der Renditemessung schwierig. Die internationalen Verbände und hier insbesondere der EVCA und der NVCA haben sich bemüht, die Performancemessung von Private Equity-Investments transparenter zu machen, indem sie Standards zu Erhebung, Verarbeitung und Veröffentlichung der Daten entwickelt haben und diese ihren Mitgliedern empfehlen (Groh, 2004, S. 50). Deswegen wird für einen Überblick zu den mit der Anlage in Private Equity verbundenen Ertragspotentialen auf die Ergebnisse der EVCA-Datenbank zurückgegriffen. Dabei ist anzumerken, dass trotz der Standardisierungsbemühungen durch die EVCA Spielräume seitens der Private Equity- Fondsgesellschaften bei der Bewertung der Beteiligungen bestehen (Grünbichler et al., 2003, S. 587 f.). Weiterhin erfolgt eine Überzeichnung der Renditen bedingt durch die Reinvestitionshypothese. Demnach werden sämtliche Zahlungen des Projektes mit dem internen Zinssatz wieder angelegt, was gerade im Falle von Private Equity höchst unwahrscheinlich ist. Eine weitere Verzerrung der Renditen nach oben ergibt sich aus den Datenbanken selbst, da gescheiterte Fonds aus den historischen Zeitreihen eliminiert werden (Survivorship Bias) (Jesch, 2004, S. 170).

Der neoklassischen Kapitalmarkttheorie entsprechend ist eine Performancemessung ausschließlich anhand erzielter Renditen nicht sachgerecht. Erträge aus Portfolioinvestitionen sind immer in Relation zum Investitionsrisiko zu werten. Ist dieses bekannt, lässt sich die erzielte Rendite um das Investitionsrisiko adjustieren und es besteht ein vergleichbarer Maßstab (Groh, 2004, S. 2).

	1 Jahr	3 Jahre	5 Jahre	10 Jahre
All Venture Capital	17,2 %	5,0 %	– 2,0 %	4,1 %
All Buy Outs	29,6 %	15,3 %	8,3 %	14,3 %
All Private Equity	36,1 %	13,0 %	5,4 %	11,0 %

Tabelle 1: Jährliche Performance von europäischen Private Equity-Fonds rückwirkend per 31.12.2006 (EVCA, 2007, S. 4)

Birgt die Ermittlung der Rendite zur Bestimmung des optimalen Portfolioanteils bereits Schwierigkeiten, gilt dies für die Bestimmung des Risikos umso mehr. Risikoaspekte finden meist nur in undifferenzierter Form Berücksichtigung (Groh, 2004, S. 4). Private Equity-Gesellschaften arbeiten zumeist mit Verlust- und Ausfallquoten als Risikomaß, definiert als Anteil verlustbringender Beteiligungen im Portfolio. Dabei sind Fonds mit einer hohen Verlustquote bei vergleichbarem Gesamtergebnis als risikoreicher einzuschätzen (Kraft, 2004, S. 307 f.).

Die Risiko-Ertragsrelationen von Private Equity werden dabei maßgeblich vom gewählten Investitionsvehikel beeinflusst. Bei einer Direktinvestition geht der institutionelle Anleger, abgesehen von dem damit verbundenen Managementaufwand und der zumeist erforderlichen Einflussnahme auf die Geschäftspolitik, ein einzelinvestitionsspezifisches Risiko ein, welches nicht zu unterschätzen ist. Eine Ausfallwahrscheinlichkeit in Höhe von 42 % zeigt, dass bei fast der Hälfte aller Investitionen mit einem Verlust gerechnet werden muss (Weidig/Mathonet, 2004, S. 46 ff.). Allerdings ist aufgrund des Rendite-Risiko-Zusammenhangs auch mit entsprechenden Erträgen zu rechnen. So beträgt die Wahrscheinlichkeit einer Verfünffachung oder mehr der Ausgangsinvestition nahezu 25 % (Frommann/Dahmann, 2005, S. 63). Über eine Investition in Private Equity-Fonds lässt sich das unsystematische Risiko einer Direktbeteiligung bereits deutlich reduzieren. Ein aus einem Portfolio von 10 bis 20 Beteiligungen bestehender Fonds besitzt im Vergleich zu Direktinvestitionen deutliche Diversifikationsvorteile. Die Wahrscheinlichkeit, das eingesetzte Kapital nicht vollständig zurückzuerhalten, beträgt 30 %. Ein Totalausfall ist sehr unwahrscheinlich, im Gegensatz zu einer Wahrscheinlichkeit von etwa 30 % bei einer Direktinvestition (Weidig/Mathonet, 2004, S. 46).

Bezüglich der Korrelation von Private Equity mit anderen Assets wurden bereits verschiedene Untersuchungen angestellt mit unterschiedlichen Ergebnissen. Alle stellen jedoch fest, dass Private Equity einen Diversifikationsnutzen für das Portfolio stiftet (Jesch, 2004, S. 55).

So kann gemäß Berechnungen der EVCA von einer Korrelation zum Aktienmarkt in Höhe von ca. 0,57 bis 0,59 (Eisele, 2006b, S. 28) ausgegangen werden. Im Verhältnis zu Renten ist die Korrelation sogar negativ. Alle in der Literatur zu findenden Berechnungen zum optimalen Anteil von Private Equity in der strategischen Asset Allocation zeigen, dass unter Einbeziehung dieser Asset-Klasse eine deutliche Verbesserung der Rendite/Risikorelation für das Gesamtportfolio erreicht werden kann. Dabei dominieren alle Portfolios mit Private Equity-Anteil die aus Renten und/oder Aktien bestehenden traditionellen Portfolios im Rendite-Risiko-Diagramm (Rupprechter, 2003, S. 41).

Bei der Anlage in Private Equity unterliegen Versicherungen, Banken und Pensionskassen diversen Restriktionen. Für Versicherungsunternehmen gelten dabei die im Gesetz über die Beaufsichtigung der Versicherungsunternehmen (Versicherungsaufsichtsgesetz – VAG) und der Anlageverordnung (AnlV) geregelten Anlagerichtlinien (BAFIN, 2008). Diese schränken die Anlage in Private Equity auf insgesamt 10 % des Grundkapitals der jeweils gehaltenen Beteiligung ein. Dabei ist zu beachten, dass sich bei Anteilen an einem Unternehmen, dessen alleiniger Zweck das Halten von Anteilen an anderen Unternehmen ist, die 10 %-Grenze auf die durchgerechnet gehaltenen Anteile bei den anderen Unternehmen (§ 3 Abs. 4 Satz 3 AnlV) bezieht. So ist auch bei mehrstufigen Beteiligungsstrukturen, bei denen zwischen dem Versicherungs- und dem Zielunternehmen mehrere (Zwischen)-Holdinggesellschaften bestehen, die 10 %-Grenze auf das Zielunternehmen zu beziehen. Weiterhin darf unter Berücksichtigung der in § 3 Abs. 1 AnlV geregelten Streuungsgrenze der durchgerechnete Anteil an einem dieser Zielunternehmen 5 % des gebundenen Vermögens der Versicherungsgesellschaft und 10 % des Grundkapitals der Zielgesellschaft nicht überschreiten (BAFIN, 2007).

Mit dem Rundschreiben 15/2005 (VA) der Bundesanstalt für Finanzdienstleistungsaufsicht vom 20.08.2005 wurden neben den harten numerischen Vorgaben weitere qualitative Anforderung an die Anlage in Private Equity formuliert, in dem vom Versicherungsunternehmen eine eigene Expertise über das Unternehmensbeteiligungsgeschäft mit einem hinreichenden Wissen zum Zwecke eines versiertes Anlagemanagement abverlangt wird. Ist es nicht in der Lage, die Qualität der Anlage umfassend zu beurteilen, wird dem Versicherungsunternehmen ein adäquates Risikomanagement des Engagements abgesprochen (BAFIN, 2005). Für Pensionskassen gelten exakt dieselben Regelungen, da auch sie der Versicherungsaufsicht unterstehen (Hey, 2006, S. 83).

Kreditinstitute unterliegen bei Investitionen in Private Equity prinzipiell den Anforderungen des Gesetzes über das Kreditwesen (Kreditwesengesetz – KWG). Dabei ist vor allem die aus Basel I resultierende und in § 10 KWG geregelte Unterlegung der Risikoaktiva mit 8 % Prozent Eigenkapital maßgeblich. Diese ist jedoch mit der unter Basel II neu geregelten Mindestkapitalausstattung von Kreditinstituten nur noch begrenzt gültig. Die neuen Anforderungen sehen vor, dass sämtliche Portfoliorisiken mit dem auf das jeweilige Risiko abgestimmten Eigenkapital unterlegt werden müssen. Ziel ist eine risikoadjustierte Bepreisung der Engagements. Für die Ermittlung des Risikos bzw. der Bonität des Private Equity-Engagements, soll sich dann zukünftig eines abgestuften Ratingverfahrens bedient werden (Pütter, 2005, S. 34).

Nach einer Studie der auf Private Equity spezialisierten Beratungsgesellschaft Avida Advisers unter institutionellen Investoren im Jahr 2005 betrug deren Private Equity-Allokation 3,9 % des verwalteten Vermögens, allerdings mit dem Ziel, diese kontinuierlich auf 7,3 % zu steigern (Eisele, 2006a, S. 19). Somit dürfte die Nachfrage institutioneller Investoren nach Beteiligungsmöglichkeiten in Private Equity und in Anbetracht der bereits erläuterten Vorzüge letztlich in Private Equity-Fonds weiter anhalten.

5   Wirkung von Private Equity-Fonds-Aktivitäten auf die Kapitalmarkteffizienz

5.1   Ineffizienzen am Private Equity-Markt

Bevor Private Equity-Fonds im Hinblick auf ihre Funktion als Finanzintermediäre näher betrachtet werden, erfolgt zunächst eine Analyse des Private Equity-Marktes auf seine Effizienz hin. Dies geschieht auf Basis der in Kapital 2 aufgestellten Effizienzkriterien. In den meisten Veröffentlichung zum Thema Private Equity wird der Markt als illiquide und intransparent eingeschätzt (Meyer/Gschrei, 2005, S. 49). Diese pauschale Annahme kann insofern nachvollzogen werden, als dass sich in der Literatur auch verschiedene Belege dafür finden lassen, dass auch auf liquiden und organisierten Kapitalmärkten die Annahme effizienter Märkte in Frage zu stellen ist. Wenn bereits Befunde für organisierte Märkte gefunden wurden, die nicht im Einklang mit informationseffizienten und arbitragefreien Märkten stehen, liegt die Vermutung nahe, dass dies erst recht nicht für unorganisierte Märkte, zu denen zweifelsohne der Private Equity-Markt zählt, gilt (Kaserer/Diller, 2006, S. 106).

Die aus volkswirtschaftlicher Sicht wichtigste Funktion eines realen Kapitalmarktes ist die Allokationseffizienz, welcher die operationale Effizienz sowie die Informationseffizienz untergeordnet sind (Garz et al., 1997, S. 103).

Wie bereits dargestellt, kommt die operationale Effizienz eines Kapitalmarktes in der Marktorganisation und der durch sie verursachten Transaktionshemmnisse zum Ausdruck. Damit die Kapitalmarktpreise die geforderte Qualität aufweisen, muss ein realer Markt eine jederzeitige Liquidität in den gehandelten Gütern aufweisen (Garz et al., 1997, S. 103). Dies bedeutet, dass sich am Private Equity-Markt jederzeit Marktteilnehmer ausreichend Beteiligungskapital respektive Unternehmen anbieten und nachfragen, damit es zur Bildung effizienter Preise kommt (Dibelius, 2005, S. 54). Dies ist allein aufgrund der fehlenden Organisation und auch der fehlenden Standardisierung des Private Equity-Marktes zu verneinen, womit dieser als illiquide angesehen werden kann.

Dass der Private Equity-Markt unorganisiert ist, hat entsprechend der unter Punkt 2 vorgenommenen Definition zur Folge, dass die bei der Aufbringung (Primärmarktfunktion) von Nutzungs- und Verfügungsrechten entstehenden Transaktionskosten entsprechend hoch ausfallen und somit die Handelsbereitschaft der Marktteilnehmer tendenziell einschränken. Dies wird dadurch verstärkt, dass dem Private Equity-Markt die Übertragung von Nutzungs- und Verfügungsrechten, die Sekundärmarktfunktion, fehlt.

Da gemäß der vorstehenden Betrachtung der Markt für Private Equity illiquide ist und zusätzlich kein nennenswerter Sekundärmarkt existiert, wird das Problem von Marktungleichgewichten zwischen Angebot und Nachfrage verschärft, denn zusätzlich zufließendes Kapital kann sich nicht – wie in öffentlichen Märkten – in steigenden Marktpreisen reflektieren, sondern kann nur im Primärmarkt absorbiert werden. Investoren, die das Bewertungsniveau für überzogen halten, können mangels eines Sekundärmarktes keine gleichgewichtsstiftenden Verkäufe vornehmen. Da in der Regel die Anzahl attraktiver Investitionsmöglichkeiten konstant bleibt, führt eine Erhöhung des Angebots an Kapital nicht zu einer unendlichen Steigerung der Nachfrage, sondern zu einem Marktungleichgewicht. Das Überangebot an Kapital wirkt sich direkt auf die Primärmarktpreise aus. Dieser Sachverhalt stellt eine marktimmanente Ineffizienz dar (Kaserer/Diller, 2006, S. 150).

Zur Frage der operationalen Effizienz im weiteren Sinne gehören auch die gesetzlichen Rahmenbedingungen, welche Handelsbereitschaft und somit auch Liquidität fördern (Garz et al., 1997, S. 104). Wie bereits aufgezeigt, hat Deutschland keine dem Private Equity-Markt zuträgliche Gesetzesgebung. In einer von der EVCA im Jahr 2004 erstellten Benchmarkstudie, in welcher die mangelnde Harmonisierung der Rahmenbedingungen für Private Equity gegeißelt wurde, erhielt Deutschland ein besonders schlechtes Zeugnis ausgestellt (Krämer, 2005a, S. 5). Daneben sorgen die bereits bei der Betrachtung von Investoren aufgezeigten Vorschriften des VAG in Kombination mit der Anlageverordnung (AnlV) sowie des KWG für einen nur eingeschränkten Zugang zum Private Equity-Markt. Operational betrachtet handelt es sich somit um einen ineffizienten Markt.

Neben der operationalen Effizienz stellt die Informationseffizienz eine weitere notwendige Bedingung für einen allokationseffizienten Markt dar. Ein Markt wird dann als informationseffizient bezeichnet, wenn sich zu jeder Zeit alle relevanten Informationen vollständig in den Preisen widerspiegeln (Malkiel, 1992, S. 739). Da eine hohe operationale Effizienz Vorrausetzung für Informationseffizienz ist, kann geschlussfolgert werden, dass es sich beim Private Equity-Markt um einen informationsineffizienten Markt handelt (Sauermann, 2000, S. 5). Vergleicht man den Private Equity-Markt mit effizienten Kapitalmärkten, wie z.B. der Börse, bei welcher alle öffentlichen Informationen in den Marktkursen verarbeitet werden, sind die Informationen hier in der Regel nicht öffentlich zugänglich und zudem asymmetrisch verteilt. Aufgrund der nicht öffentlichen Informationen im Markt für Private Equity ist zum einen das Wissen über potenzielle Investitionsmöglichkeiten ungleich verteilt, was in der Deal Flow-Thematik, d.h. der Suche nach geeigneten Investitionsobjekten, zum Ausdruck kommt. Zum anderen wäre eine Due Diligence als bewusste, systematische, professionelle Untersuchung der mit dem Unternehmen verbundenen Chancen und Risiken erlässlich (Pack, 2005, S. 290 ff.), wenn sich alle bewertungsrelevanten Informationen im Preis widerspiegeln würden. Ferner dauert es aufgrund eines fehlenden Sekundärmarktes für Beteiligungen länger, bis sich die entsprechende Informationen verbreiten (Kaserer/Diller, 2006, S. 136).

Zusammenfassend kann festgehalten werden, dass schon die Infragestellung der Allokationseffizienz für organisierte und liquide Kapitalmärkte aufgrund von unterschiedlichen Preisphänomenen einen gewissen Grad an Ineffizienz für den Private

Equity-Markt nahe legt. Durch den Nachweis von operationaler Ineffizienz und Informationsineffizienz und somit einer fehlenden Allokationseffizienz wird nunmehr die ökonomische Existenzberechtigung für das Konstrukt Finanzintermediation gelegt (Büschgen, 1998, S. 35).

5.2 Private Equity-Fonds als Finanzintermediäre und ihr Wirken auf die Kapitalmarkteffizienz

Ziel der Intermediation ist es, die im Rahmen von Transaktionsprozessen auftretenden Transaktionskosten und die asymmetrische Informationsverteilung der Marktteilnehmer zu reduzieren sowie die im Zuge des Transformationsprozesses zwischen Finanzierungsmittelangebot und Finanzierungsmittelnachfrage bestehenden Friktionen auszugleichen, um somit zu einer Verbesserung der Kapitalmarkteffizienz beizutragen.

Nachfolgend sollen Private Equity-Fonds in Bezug auf die Wahrnehmung der in Kapitel 3 herausgearbeiteten Funktionen von Finanzintermediären untersucht werden. Dabei wird zuerst ihr Wirken im Rahmen des Transaktionsprozesses und somit ihre Eigenschaft als Finanzintermediäre im weiteren Sinne betrachtet. Daran anschließend wird das Auftreten von Private Equity-Fonds im Transformationsprozess beleuchtet, um darauf aufbauend den Grad der Finanzintermediation über das weite Begriffsverständnis hinaus zu ermitteln. Grundlage für diese Analyse bildet der Investitionsprozess von Private Equity-Fonds, welcher im Sinne einer spezielleren Betrachtung auf die komplexe Struktur eines Management Buy out (MBO) in Kombination mit einem Leverage Buy out (LBO) abzielt. Somit finden sich auch sämtliche im Rahmen einfach strukturierter Beteiligungen anfallenden Sachverhalte wieder. Die Wahl eines MBO kombiniert mit einem LBO als derzeit häufigste und typische Einsatzmöglichkeit von Private Equity-Fondskapital im Zuge der Ausgliederung von Unternehmensteilen sowie bei der Lösung von Unternehmensnachfolgen trägt somit auch der Bedeutung dieser Finanzierungsart für die deutsche Wirtschaft Rechnung. Dabei liegt der Anspruch nicht auf einer detaillierten Darstellung des Prozesses und der Struktur, sondern vielmehr im gezielten Beweis der Finanzintermediation von Private Equity-Fonds im Rahmen solcher Transaktionen.

Im Zuge des Transaktionsprozesses ist es Aufgabe des Finanzintermediäres die asymmetrische Informationsverteilung zwischen den Marktpartnern und die damit verbundenen Kosten in Form von

- Such- und Informationskosten als Anbahnungskosten,

- Verhandlungskosten,

- Vertragsabschluss- und Vertragserfüllungskosten als Vereinbarungskosten sowie

- Vertragsüberwachungskosten im Sinne von Kontroll- und Anpassungskosten

zu reduzieren (Bank, 1998, S. 43 ff.).

Bevor der Investmentprozess starten kann, werden im Rahmen des Fundrasing bei institutionellen Investoren Anlagegelder eingesammelt. Obwohl es einen hohen Anlagebedarf in dieser Asset-Klasse gibt, wird das Fundrasing von vielen Private Equity-Fondsgesellschaften als die schwierigste Phase bezeichnet, welche sich auf ein bis zwei Jahre erstrecken kann. Der Kapitalakquisition muss dabei die Erarbeitung einer Investmentstrategie mit spezifischen Anlagegrundsätzen vorausgehen, denn diese ist Voraussetzung für den Erfolg des Fundrasing (Jesch, 2004, S. 136). Hierfür bedarf es eines tiefen Verständnisses über Technologie- und Marktdynamik einzelner Branchen (Helmstädter/van Halem, 2003, S. 139). Die Unternehmensphase ist bereits per Definition „Buy Out-Fonds" vorgegeben. Der Zugang zu potentiellen Investoren steht jedoch nicht jedem offen. Hierfür bedarf es eines entsprechenden Netzwerkes, über welches zumeist nur die Private Equity-Fondsmanager verfügen (Jesch, 2004, S. 136).

Im Nachgang startet der Investmentprozess mit der Vorbereitungs- und Verhandlungsphase, welche im wesentlichen durch die Suche nach geeigneten Investitionsobjekten gekennzeichnet ist. Deal-Quellen sind neben Konzernausgliederungen Unternehmen mit offener Nachfolgeregelung. Der sogenannte Deal Flow kann mittels proaktiver Suche, durch systematische Analyse von Märkten und Branchen, reaktiver Kontaktaufnahme durch das Investitionsobjekt, durch eingehende Beteiligungsanträge, oder auch Vermittlung Dritter gebildet werden (Weber, 2006, S. 48). Aber auch in diesem Zusammenhang spielen Netzwerke des Fondsmanagements wiederum eine wesentliche Rolle.

Ist ein mögliches Investitionsobjekt, welches in das Beteiligungsportfolio passt, gefunden, erfolgt ein Short Screening, im Rahmen dessen eine Kurzbewertung des Geschäftsplanes hinsichtlich Produkt, Markt, Umsatz- und Ertragsaussichten sowie Management und Veräußerungsmöglichkeiten vorgenommen wird (Jesch, 2004, S. 61). Möglicherweise werden bereits erste Gespräche mit dem Management geführt, um weitere Detailangaben zu erhalten. Fällt die Entscheidung, das Projekt weiter zu verfolgen, wird ein detailliertes und begründetes Angebot für den Unternehmenskauf abgegeben, welches in der Regel die Käuferstrategie, die Kaufpreisfinanzierung, die Kaufpreisbedingungen, die noch durchzuführende Due Diligence, sowie einen Zeitplan enthält (Cullom/Stein, 2001, S. 133).

Die sich im Investmentprozess anschließende Due Diligence wird trotz ihrer Auswirkung auf die Vertragsverhandlungen hier noch zu den Such- und Informationskosten gezählt. Dabei umfasst diese die drei Stufen Informationssammlung, -verarbeitung und -analyse (Pack, 2005, S. 290 ff.) und ist letztlich die alles entscheidende Prüfung im Hinblick auf ein Zustandekommen der Transaktion. Die Due Diligence konzentriert sich auf die Bereiche Unternehmer-/ Managementqualität, Marktsituation, Produkttechnologie, finanzwirtschaftliche Entwicklung, rechtliche und steuerliche Verhältnisse, Auf- und Ablauforganisation sowie optional IT-Infrastruktur und gegebenenfalls Umwelt- und Altlasten. Zur Entscheidungsfindung werden neben externen Sachverständigen, wie Wirtschaftsprüfern, Steuerberatern und Rechtsanwälten, auch Kunden, Lieferanten, Zulieferer und Wettbewerber des MBO-Unternehmens einbezogen (Achleitner/Fingerle, 2003, S. 12). Darauf aufbauend erfolgt dann die Unternehmensbewertung, welche im Falle von MBOs zumeist mit Hilfe des Discounted-Cashflow-Verfahrens erfolgt.

Betrachtet man nun das Wirken von Private Equity-Fonds in Bezug auf die Anbahnungskosten, so ist eine Reduzierung dieser auf der Kapitalgeber- als auch Kapitalnehmerseite zu verzeichnen, denn die dargestellten Aktivitäten ließen sich ohne fachliche Expertise in Kombination mit Spezialisierung und ohne die erforderlichen Netzwerke weder vom Investor noch vom kapitalsuchenden respektive verkaufenden Unternehmen bewerkstelligen. Grundsätzlich ist festzuhalten, dass ohne die Einschaltung eines Private Equity-Fonds Kapitalangebot und -nachfrage schwerlich bzw. gar nicht aufeinandertreffen würden.

Bereits zu den Verhandlungskosten kann die rechtliche und finanzielle Strukturierung der Transaktion gezählt werden, da diese Grundlage der Vertragsverhandlungen ist und auch in Wechselwirkung mit dem Fortschritt dieser steht.

Der rechtlichen Strukturierung als Share Deal, dem Erwerb der Anteile, oder Asset Deal, dem Kauf einzelner Wirtschaftsgüter, bzw. einer Kombination aus beiden, kommt beim Kauf von Kapitalgesellschaften eine entscheidende Bedeutung zu, da mit der Wahl weitereichende steuerrechtliche Implikationen verbunden sind. Die steuerliche Auswirkung wiederum ist in Bezug auf die Optimierung des zur Kaufpreisfinanzierung einzusetzenden Finanzierungsmix bedeutsam, da der nachhaltig erzielbare Cashflow des zu erwerbenden Unternehmens die Realisierung der Kaufpreisfinanzierung entscheidend mit beeinflusst (Fanselow, 1993, S. 388).

Optimale Ergebnisse, welche sowohl die Kaufpreisvorstellungen der Alteigentümer als auch die Erfordernisse einer stabilen Finanzierungsstruktur erfüllen, werden durch eine Kombination mehrerer Finanzierungsinstrumente erfüllt. Neben das Beteiligungskapital treten der herkömmliche Bankkredit sowie hybride Zwischenformen. Dabei wird das Kapital nach Risiko geschichtet unterschiedlich verzinst, um so auf der einen Seite dem Private Equity-Investor risikoadäquate Renditen zu bieten und auf der anderen Seite die Finanzierungsstruktur der Ertragskraft des Unternehmens anzupassen (Bousek/Ehringer, 2001, S. 98). Die Finanzierungsstruktur ist dabei geprägt durch einen hohen Fremdkapitalanteil. Dies dient zum einen der Optimierung der Kapitalkosten, denn solange der Fremdkapitalzins unter der erwarteten Gesamtrendite des Buy-Outs liegt, steigert der höhere Verschuldungsgrad die Eigenkapitalrendite. Umgekehrt sinkt diese, wenn sich das Verhältnis beider Finanzierungsarten zugunsten des Eigenkapitals verschiebt. Der Private Equity-Fonds konstruiert somit über den Finanzierungsmix den optimalen Verschuldungsgrad des Unternehmens, bei dem der den Shareholdern zufallende Teil der Einzahlungsüberschüsse möglichst hoch ausfällt und damit den Shareholder Value maximiert (Dahmen/Jakobi, 1997, S. 77 ff.). Es wird hierbei auf die traditionelle These abgestellt, da die Modigliani/Miller-These einen vollkommenen Kapitalmarkt unterstellt, der hier bereits ausgeschlossen wurde. Gleichzeitig führen die Zinsen auf Fremdkapital zu einer Verminderung der Steuerschuld, was ebenfalls für die Substitution von Eigen- durch Fremdkapital spricht. Im Rahmen der Fremdfinanzierung des Buy-Outs kommt dem Privat Equity-Fonds bzw. dessen Management eine Schlüsselrolle zu, da ohne deren Beteiligung eine solche Transaktion nicht finanzierbar wäre (Mittendorfer, 2001, S. 153). Dies liegt daran, dass vorausgesetzt werden kann, dass der Mehrheitseigentümer, sprich die Private Equity-Gesellschaft, genügend wirtschaftliche Potenz besitzt, um gegebenenfalls Kapital nachzuschießen, denn sie besitzt einen hohen Anreiz, Insolvenzen zu verhindern, welche die eigene Investitionsrendite aufzehren oder negieren. Weiterhin stellt ein Buy-Out für die Private Equity-Gesellschaft eine permanent wiederkehrende Transaktion dar, für welche sie immer wieder von

neuem Fremdkapital vom Bankenmarkt beziehen muss. Sie ist folglich darauf ange-
wiesen, dass ihre Reputation als verlässlicher Vertragspartner der Banken keinen
Schaden nimmt. Dies entspricht auch der Beziehungsgetriebenheit von Transaktionen. Im Rahmen der Zusammenarbeit mit den Banken, hat sich die Private Equity-
Fondsbranche erhebliches Reputations- und Beziehungskapital aufgebaut, welches
in dieser Form bei Unternehmen nicht vorhanden ist (Schäfer/Fisher, 2008, S. 15/
S. 32).

Neben die komplementäre Finanzierung aus Eigen- und Fremdkapital gehört das finanzielle Commitment des Managements, welches üblicherweise in der Höhe des
ein- bis dreifachen Jahresgehaltes liegt. Unter Anreizgesichtspunkten wird das
Management trotz des eher geringen Beitrags zur Kaufpreisfinanzierung oft überproportional am Eigentum des Unternehmens beteiligt (Sweet Equity). Zusätzlich werden häufig noch Ex-Post-Anreize geschaffen, die an Planziele oder Exiterlöse gekop-
pelt sein können. Diese Thematik wird im weiteren Verlauf nochmals aufgegriffen
(Mittendorfer, 2001, S. 177 ff.).

Die Vertragsverhandlungen basieren auf den Ergebnissen der Due Diligence und des
in deren Folge ermittelten Unternehmenswertes. Der Kaufpreis wird durch das Eigenkapital der Investoren sowie durch die im Rahmen der Finanzierungsstrukturie-
rung herausgearbeiteten Fremdkapital- und Mezzaninekomponenten gestellt.

Entscheidend für das Zustandekommen der Transaktion ist der Preis. Die ebenfalls
zu vereinbarenden impliziten Preiskomponenten sind eng mit der Gestaltung des
Kaufvertrages verbunden. Der Veräußerer ist daran interessiert, keinen Verpflichtungen aus der ehemaligen Unternehmung mehr gegenüberzustehen und einen entsprechenden Veräußerungspreis zu erzielen. Für die erwerbende Private Equity-
Fondsgesellschaft besteht trotz umfangreicher Due Diligence Unsicherheit hinsichtlich der Beschaffenheit des Unternehmens. Aufgrund dieser Faktoren spielt die Vereinbarung von Adjustierungs- und Sicherungsklauseln eine gewichtige Rolle. Dabei
sind zwei Wirkungsrichtungen zu berücksichtigen.

Zum einen sind diese auf den ehemaligen Eigentümer hinsichtlich der Wirkung ver-
gangener unternehmerischer Maßnahmen auf die zukünftige Entwicklung des Buy-
Out-Objektes gerichtet. Hier sind Klauseln anzustreben, welche eine Identifizierung
der ehemaligen Konzernmutter mit dem von ihr eingespeisten Finanz- und Ge-
schäftsplan sowie die ausreichende Beschaffenheit des erworbenen Unternehmens
für die zukünftigen Stand-Alone-Anforderungen gewährleisten. Zum anderen richten

sich die Absprachen auf die zukünftige Eigentümerrolle des Private Equity-Investors und seine Beziehung zu Co-Investoren, wie dem ebenfalls investierenden Management. Um eine reibungslose Zusammenarbeit zu gewährleisten, sollten insbesondere Regeln für ein abgestimmtes Exit-Verhalten, auch hinsichtlich der flankierenden Kreditverträge mit fester Zins- und Tilgungsstruktur, formuliert werden (Weber, 2006, S. 54 ff.).

In diesem Zusammenhang ist darauf hinzuweisen, dass es gerade beim MBO zu einem inhärenten Interessenskonflikt des Managements kommen kann, welches auf der einen Seite Vertreter für die Interessen des Verkäufers ist und auf der anderen Seite mit dem Private Equity-Fonds als Käufer agiert. Bei Zurückhalten von Informationen führt dies zu einer Verstärkung der Informationsasymmetrien. Hierbei kann die Einbindung unabhängiger Berater erfolgen, welche eine MBO-Governance, ein Verhaltensmuster, als Beratungsansatz implementieren (Golland, 2003, S. 182).

Auch die Betrachtung des Wirkens von Private Equity-Fonds in dieser Phase lässt den Schluss zu, dass sie die Verhandlungskosten deutlich reduzieren. Dies kommt allein schon darin zum Ausdruck, dass derlei Transaktionen ohne das erhebliche Reputations- und Beziehungskapital oft nicht darstellbar wären. Hinzu kommen die Spezialisierungsvorteile, welche eine übersichtliche und kosteneffiziente Transaktionsgestaltung ermöglichen.

Der Abschluss besteht aus der Unterzeichnung des Vertrages. Zwischen dem Vertragsabschluss (Signing) und der Vertragserfüllung (Closing) vergehen zumeist einige Wochen. Der gesamte Zeitbedarf, um die Transaktion abzuschließen, liegt im Mittelwert bei ungefähr einem halben Jahr (Cullom/Stein, 2001, S. 34).

Hinsichtlich der Vertragsabschluss- und Vertragserfüllungskosten als Vereinbarungskosten kann keine unmittelbare Kostenreduzierung konstatiert werden. Jedoch ist es unter Berücksichtigung des Wirkens bei den vorhergehenden Phasen eine logische Konsequenz, dass es ohne Private Equity-Gesellschaften gar nicht erst zu einem Vertragsabschluss und seiner Erfüllung kommen könnte. Gleichsam werden nur dann Transaktionen abgeschlossen, wenn beide Parteien der Meinung sind, dass der Preis, den die Gegenseite zu akzeptieren bereits ist, den Wert des gehandelten Objektes wiedergibt (Dibelius, 2005, S. 59).

Hinsichtlich der Vertragsüberwachungskosten im Sinne von Kontroll- und Anpassungskosten haben Private Equity-Gesellschaften über die Beteiligung des Managements verbunden mit einem dafür weitgefassten Anreizmechanismus bereits einen Großteil der anfallenden Überwachungskosten, der Monitoring costs, ausgesteuert (Achleitner/Fingerle, 2003, S. 14). Über die Einbindung des Managements in die Eigentümerstruktur ist das von Alfred Rappaport als Ursache für die Fehlentwicklungen in der Unternehmenssteuerung identifizierte Problem divergierender Interessen zwischen Management und Eigentümer kaum gegeben, da beide Parteien an der Maximierung des Shareholder Value interessiert sind (Rappaport, 1999).

Dennoch können die Interessen zwischen Private Equity-Gesellschaft und Management hinsichtlich der Verwendung freier Mittel, welche nicht mehr in Projekte mit positivem Barwert investiert werden können, stark auseinanderdriften. Dabei wird unterstellt, dass das Management im Sinne eines empire building eine Reinvestition freier Mittel im Unternehmen anstrebt, auch wenn dies nicht die gewünschte Rendite erwarten lässt (Free-Cashflow-Hypothese) (Achleitner/Fingerle, 2003, S. 14). Dabei muss entsprechend der empire building-Theorie in die Managerialism-Hypothese und die Hybris-Hypothese differenziert werden. Im Rahmen der Managerialism-Hypothese wird davon ausgegangen, dass das Management bewusst eine Reinvestition, welche nicht der von den Eigentümern geforderten Rendite entspricht, vornimmt und somit eigene Ziele wie das Streben nach Macht, Einkommen und Prestige in den Vordergrund stellt. Dabei geht die Managerialism-Hypothese von einem rationalen Verhalten aus. Die Hybris-Hypothese hingegen unterstellt, dass obwohl das Management eine ausschließliche Maximierung des Shareholder Value anstrebt, es bedingt durch die Hybris eines Managers zu unvorteilhaften Investitionsentscheidungen kommt. Durch Bewertungsfehler, wie z.B. die Überschätzung des Marktpotentials (Umsatzsynergien) oder die Überschätzung der Einsparungspotentiale (Kostensynergien) kommt es zu Fehlallokationen. Die Hypothese basiert auf dem irrationalen Verhalten des Managements (Köppen, 2004, S. 21).

Dem aus der Managerialism-Hypothese erwachsenden Verhalten des Managements wird über den hohen Verschuldungsgrad begegnet, da dieser den Druck erhöht, unprofitable Projekte abzubrechen und so auf ein schlankeres, effizienteres und wettbewerbsfähigeres Unternehmen hinzuwirken (Achleitner/Fingerle, 2003, S. 15). Die Verschuldung wirkt insofern als Sanktionsmechanismus, da bei schlechten Investitionsentscheidungen und einer daraus resultierenden etwaigen Nichtbedienung des Fremdkapitals der Verlust der eigenen Position durch Insolvenz droht (Schäfer/Fisher, 2008, S. 30). Der Hybris-Hypothese entsprechendes Fehlverhalten des Managements beugt die Private Equity-Gesellschaft über die weitereichende Einräumung von Kontroll- und Vetorechten sowie einer dem Hands On entsprechenden aktiven und umfangreichen Art der Mitarbeit vor.

Die auf Eigentümerkonzentration und direkte Beteiligung des Managements am Unternehmenserfolg ausgerichteten Private Equity-Fonds-Investments dienen als Instrument zur Wiederherstellung der Einheit von Eigentum und Kontrolle sowie zur Verschränkung von Eigentümer- und Managerinteressen (Schäfer/Fisher, 2008, S. 27). Dies führt zu einer verstärkten Fokussierung des Unternehmens auf seine Kernkompetenzen im Sinne des Shareholder Value (Achleitner/Fingerle, 2003, S. 15). Durch die von Private Equity-Fondsgesellschaften implementierten Mechanismen sowie ihrer auf die Wertsteigerung der Beteiligung bzw. des Unternehmens ausgerichteten Mitarbeit ist die Reduzierung der Vertragsüberwachungskosten enorm.

Die bereits in den vorstehenden Kostenkategorien des Transaktionsprozesses von Private Equity-Fondsgesellschaften wahrgenommenen Funktionen und Aufgaben tragen letztlich auch zu einer deutlichen Reduzierung der Informationsasymmetrien bei. Das Problem der versteckten Informationen (hidden informations) oder versteckten Eigenschaften (hidden characteristics) vor Vertragsabschluss reduzieren Private Equity-Fondsgesellschaften dadurch stark, indem vor jeder Beteiligung eine umfassende Due Diligence mit Unternehmensbewertung erfolgt. Sie begegnet damit gleichzeitig dem Problem der Adverse Selection. Insofern kann geschlussfolgert werden, dass Private Equity-Fondsgesellschaften nicht nur der asymmetrischen Informationsverteilung der Marktteilnehmer vor Vertragsabschluss entgegenwirken bzw. diese reduzieren, sondern dass eine ihrer wesentlichsten Funktionen in der Verhinderung von Marktversagen im Sinne der Adverse Selection liegt. Den nach Vertragsabschluss existierenden Informationsasymmetrien in Form der versteckten Handlung (hidden action) des Kapitalnehmers wird über die bereits unter der Rubrik Vertragsüberwachungskosten aufgezeigten Maßnahmen sowie der teilweisen Identität von Eigentümern und Management und der damit verbundenen Lösung des Principial-Agent-Problems entgegengewirkt (Mittendorfer, 2001, S. 149).

Damit wurde in einem ersten Schritt der Beweis erbracht, dass Private Equity-Fondsgesellschaften Finanzintermediäre im weiteren Sinne darstellen, indem sie eine Reduzierung der Transaktionskosten und Informationsasymmetrien bewirken, was folglich zu einer effizienteren Allokation des Kapitals und zu einer Steigerung der Markteffizienz beiträgt.

In einem zweiten Schritt wird nunmehr der darüber hinausgehende Grad an Finanzintermediation durch Private Equity-Fondsgesellschaften bestimmt. Für die Beurteilung werden die in Kapitel 2 dargestellten Komponenten des Transformationsprozesses Losgrößentransformation, Fristentransformation und Risikotransformation herangezogen.

Die Stärke der übernommenen Losgrößentransformationsfunktion durch Private Equity-Fondsgesellschaften ist abhängig vom mit dem jeweiligen Fonds verfolgten Konzept. Grundsätzlich bündeln sie das im Zuge des Fundrasing von einer Vielzahl an Investoren bereitgestellte Kapital und investieren dieses in etwa 10 bis 20 Beteiligungsunternehmen (Weidig/Mathonet, 2004, S. 38). Die Mindestbeteiligung liegt für Investoren in Abhängigkeit von den Fondsgesellschaften und deren Fondskonzepten zwischen 3 und 20 Millionen Euro (Kreuter, 2003, S. 92). In Anbetracht der signifikanten Unterschiede zwischen dem je Investor eingezahlten und dem in das jeweilige Beteiligungsunternehmen investierten Betrag ergibt sich eine an der Losgröße ausgerichtete Transformationsleistung des Private Equity-Fonds. Sicherlich existieren auch Fonds, bei denen aufgrund der Relationen keine unmittelbare Übernahme der Losgrößentransformationsfunktion abgeleitet werden kann. Trotz der Vielschichtigkeit der Fondskonstrukte ist die verallgemeinernde Aussage möglich, dass Private Equity-Fonds durch eine Vielzahl von Kapitalanlagen entsprechend große Kapitalnachfragen bedienen und folglich eine Losgrößentransformation vornehmen, auch wenn diese von Fall zu Fall unterschiedlich stark ausgeprägt sein kann.

Die Fristentransformationsfunktion wird über einen Private Equity-Fonds, bedingt durch dessen bereits dargestellte Konstruktion, nicht wahrgenommen. Die Langfristigkeit der Unternehmensbeteiligung durch die Private Equity-Fondsgesellschaft bedingt einen äquivalenten Anlagehorizont auf Investorenseite.

Per Definition wird durch einen Finanzintermediär dann die Risikotransformationsfunktion wahrgenommen, wenn er unterschiedliche Risikovorstellungen der Marktteilnehmer ausgleicht. Durch die Zwischenschaltung von Private Equity-Fonds kann, wie bereits aufgezeigt, das Risiko eines Totalverlustes auf Seiten des Investors deutlich reduziert werden. Dass durch seinen Eintritt das Ausfallrisiko verändert wird, hängt mit der Risikodiversifikation und der Risikoselektion zusammen. Auf Basis der Portfoliotheorie führt die Zusammenstellung unterschiedlich risikobehafteter Engagements zu einem Risikominderungseffekt (v. Boehm-Bezing, 1998, S. 190). Dieser kann durch die Branchendiversifikation oder auch die Beteiligung in unterschiedlichen Unternehmensphasen erreicht werden. Die Übernahme der Risikotransformationsfunktion ist somit zu bejahen.

Im Ergebnis reicht der Grad der Finanzintermediation von Private Equity-Fonds über die weite Begriffsbestimmung hinaus. Zwar ist die Übernahme der Fristentransformationsfunktion zu verneinen, Losgrößentransformationsfunktion und Risikotransformationsfunktion, welche aus Investorensicht entscheidend für eine Anlage in Private Equity sind, konnten eindeutig belegt werden. Somit reduzieren Private Equity-Fondsgsellschaften im Rahmen des Transaktionsprozesses sämtliche darin gemäß Definition anfallenden Kosten und tragen über die dargestellten Mechanismen zu einem Abbau der Informationsasymmetrien bei, was letztlich wie bei den im Rahmen des Transformationsprozesses wahrgenommenen Losgrößen- und Risikotransformationsfunktionen erst eine Zusammenführung von Kapitalangebot und -nachfrage ermöglicht. Die dem gegenüberstehenden Kosten auf Fondsebene, welche an die Investoren weitergereicht werden, stehen in keinem Verhältnis zu den Transaktionskosten, die ohne Einschaltung eines Private Equity-Fonds entstehen würden.

Finanzintermediäre im				
Transaktionsprozess		Transformationsprozess		
Reduzierung von Transaktionskosten und asymmetrischer Informationsverteilung		Ausgleich von Friktionen zwischen Finanzierungsmittelangebot und -nachfrage		
Such- und Informationskosten / Abschluss- und Ausführungskosten / Verhandlungskosten / Vertragsüberwachungskosten / Intermediation im weiten Begriffsverständnis	Informationstransformation	Losgrößentransformation	Risikotransformation	Fristentransformation
Private Equity-Fonds-Intermediation				
Intermediation im engen Begriffsverständnis				

Abbildung 5: Finanzintermediationsfunktionen von Private Equity-Fonds (in Anlehnung an Büschgen, 1998, S. 36)

6 Fazit

Zusammenfassend kann festgehalten werden, dass Private Equity-Fondsgesellschaften mit ihren Fondskonstrukten als Finanzintermediäre im weiteren Sinne unter Wahrnehmung der über dieses Begriffsverständnis hinausgehenden Funktionen der Losgrößen- und Risikotransformation die am Private Equity-Markt existierenden Ineffizienzen reduzieren bzw. zu beseitigen helfen, indem sie die unterschiedlichen Interessen auf Kapitalgeber- und Kapitalnehmerseite ausbalancieren. Sie heben die Allokationseffizienz des Marktes und unterstützen somit die volkswirtschaftlich optimale Lenkung des Kapitalstromes. Die gesamtwirtschaftliche Bedeutung von Private Equity-Fonds ist darin zu sehen, dass hier eine neue Gruppe von Finanzintermediären entstanden ist, ohne deren Wirken im Rahmen des Transaktions- wie auch des Transformationsprozesses eine Lösung wirtschaftstruktureller Fragestellungen zum Teil unmöglich wäre. Sie ermöglichen Investoren den Zugang zum Private Equity-Markt und in dessen Folge eine Verbesserung ihrer strategischen Asset Allocation unter Risiko-und Ertragsgesichtspunkten. Ebenso geben sie Unternehmen durch ihre finanzielle wie fachliche Unterstützung die Möglichkeit, unternehmensnotwendige Strukturveränderungen herbeizuführen und durch eine dem Shareholder Value verpflichtete wertorientierte Unternehmenspolitik im internationalen Wettbewerb besser zu bestehen.

Hinsichtlich der zukünftigen Entwicklung des Private Equity-Marktes ist davon auszugehen, dass durch das Wirken von Private Equity-Fonds der Organisationsgrad des Marktes tendenziell weiter erhöht wird, was wiederum zu einer Kostenreduktion und in deren Folge zu weiteren Effizienzgewinnen führt. Aufgrund der Komplexität und Vielschichtigkeit des Private Equity-Marktes wird aus heutiger Sicht jedoch nie ein vollkommen effizienter Markt zu erreichen sein, welcher die Existenz von Private Equity-Fonds als Finanzintermediäre in Frage stellen könnte. Vielmehr ist davon auszugehen, dass sich der Stellenwert von Private Equity-Fonds weiter erhöht und diese sich als feste Größe im volkswirtschaftlichen Gefüge mit einer Bedeutung, die an die von Kreditinstituten heranreicht, etablieren.

7 Literatur

Achleitner, A.-K./Fingerle, C. H. (2003): Unternehmenswertsteigerung durch Management Buyout, München: Technische Universität München.

Afheldt, H./Föhr, H./Gerster, F./Jochum, G./Krajewski, C./Noack, H./Velten, C./ Welteke, E. (2006): Finanzinvestoren in Deutschland, http://library.fes.de/pdf-files/ stabsabteilung/03816.pdf [Zugriff: 26.01.2008].

Bader, H. (1996): Private Equity als Anlagekategorie - Theorie, Praxis und Portfoliomanagement für institutionelle Investoren, Bern und Stuttgart, Wien: Paul Haupt.

Bank, M. (1998): Gestaltung von Finanzierungsbeziehungen, Diversifikation und Liquidität als Aktionsparameter, Wiesbaden: Gabler Verlag.

Bartsch, D. (2005): Unternehmenswertsteigerung durch strategische Desinvestitionen, Eine Ereignisstudie am deutschen Kapitalmarkt, Wiesbaden: Deutscher Universitätsverlag.

Boehm-Bezing, P. von (1998): Eigenkapital für nicht börsennotierte Unternehmen durch Finanzintermediäre, in: von Stein, J. H. (Hrsg.): Eigenkapital für nicht börsennotierte Unternehmen durch Finanzintermediäre, Berlin: Verlag Wissenschaft und Praxis.

Böttger, C. (2005): Strukturen und Strategien von Finanzinvestoren, Düsseldorf: Hans Böckler Stiftung.

Bousek, H./Ehringer, G. (2001): Wertsteigerung durch Private Equity, in: Stadler, W. (Hrsg.): Venture Capital und Private Equity, Erfolgreich wachsen mit Beteiligungskapital, Köln: Deutscher Wirtschaftsdienst, S. 97–106.

Bretzler, M./Rudolph, D. (2004): Hedgefonds & Alternative Investments, Frankfurt am Main: Bankakademie-Verlag.

Bruns, C./Meyer-Bullerdiek F. (1996): Professionelles Portfoliomanagement, Stuttgart: Schäffer-Poeschel.

Büschgen, H. E. (1998): Bankbetriebslehre, Bankgeschäfte und Bankmanagement, 5. vollst. überarb. u. erw. Aufl., Wiesbaden: Gabler Verlag.

BAFIN Bundesanstalt für Finanzdienstleistungsaufsicht (2007): Anlageverordnung – Verordnung über die Anlage des gebundenen Vermögens von Versicherungsunternehmen(AnlV), http://www.bafin.de/cln_011/nn_722564/SharedDocs/Aufsichtsrecht/DE/Verordnungen/anlv.html [Zugriff: 18.03.2008].

BAFIN Bundesanstalt für Finanzdienstleistungsaufsicht (2005): Rundschreiben 15/ 2005 (VA), (Anlage des gebundenen Vermögens; Anlagemanagement und interne Kontrollverfahren), http://www.bafin.de/cln_006/nn_724174/SharedDocs/Veroeffentlichungen/DE/Service/Rundschreiben/2005/rs__0515__va.html [Zugriff: 18.03.2008].

BAFIN Bundesanstalt für Finanzdienstleistungsaufsicht (2008): Versicherungsaufsichtsgesetz – Gesetz über die Beaufsichtigung der Versicherungsunternehmen (in der ab 01.01.2008 gültigen Fassung) (VAG), http://www.bafin.de/cln_011/nn_722756/SharedDocs/Aufsichtsrecht/DE/Gesetze/vag__ab__080101.html#doc981644bodyText94 [Zugriff: 18.03.2008].

Burger-Calderon, M./Gusinde, P. (2003): Private Equity auf internationaler Ebene, in: Jugel, S. (Hrsg.): Private Equity Investments, Praxis des Beteiligungsmanagements, Wiesbaden: Gabler Verlag, S. 125–131.

Christians, U. (2003): Finanzmanagement und Finanzinstitutionen, http://www.f3.fhtw-berlin.de/Lehrmaterialien/Christians/Kap1_Finmanag+Intermedi %E4re.pdf [Zugriff: 05.01.2008].

Cullom, P./Stein, C. (2001): MBO/MBI, Private Equity als Chance für den Start ins Unternehmerleben, in: Stadler, W. (Hrsg.): Venture Capital und Private Equity, Erfolgreich wachsen mit Beteiligungskapital, Köln: Deutscher Wirtschaftsdienst, S. 123–140.

Dahmen, A./Jacobi, P. (1997): Firmenkundengeschäft der Kreditinstitute, 1. Aufl., Frankfurt am Main: Bankakademie-Verlag.

Deutsche Bundesbank (Hrsg.) (2000): Monatsbericht Oktober 2000, 52. Jg., Nr. 10, Frankfurt am Main: Deutsche Bundesbank.

Deutsche Bundesbank (Hrsg.) (2006): Monatsbericht Dezember 2006, 58. Jg., Nr. 12, Frankfurt am Main: Deutsche Bundesbank.

Dibelius, A. (2005): Mergers & Acquisitions: Schnittstelle zwischen Unternehmen und Kapitalmärkten, in: Picot, G. (Hrsg.): Handbuch Mergers & Acquisitions, Planung; Durchführung; Integration, 3. Aufl., Stuttgart: Schäffer-Poeschel, S. 41–67.

Eisele, P. (2006a): Markowitz für Private Equity, in: portfolio-institutionell; Juli 2006, Sonderausgabe Private Equity, S. 19.

Eisele, P. (2006b): Die Korrelation in der Diskussion, in: portfolio-institutionell; Juli 2006, Sonderausgabe Private Equity, S. 28–30.

EVCA European Private Equity and Venture Capital Assoziation (Hrsg.) (2007): European Private Equity performance and activity 2006, Zaventem: European Private Equity and Venture Capital Assoziation.

Fanselow, K.-H. (1993): Finanzierung besonderer Unternehmensphasen, Management-Buy-Out, Management-Buy-In, Spin-Off, Existenzgründung, Innovationsvorhaben, in: Gebhardt, G./Gerke, W./Steiner, M. (Hrsg.): Handbuch des Finanzmanagements, Instrumente und Märkte der Unternehmensfinanzierung, München: Verlag C. H. Beck, S. 383–400.

Franke, G./Hax, H. (2004): Finanzwirtschaft des Unternehmens und Kapitalmarkt, 5. Aufl., Berlin et al.: Springer.

Frankfurt School of Finance & Management (Hrsg.) (2007): Studienwerk Volkswirtschaft, Grundzüge der Mikroökonomik, Preisbildung auf den Gütermärkten, Frankfurt am Main: Frankfurt School Verlag.

Frommann, H. (2003): Geleitwort, in: Jugel, S. (Hrsg.): Private Equity Investments, Praxis des Beteiligungsmanagements, Wiesbaden: Gabler Verlag, S. V–X.

Frommann, H./Dahmann, A. (2005): Zur Rolle von Private Equity und Venture Capital in der Wirtschaft, Berlin: Bundesverband deutscher Kapitalbeteiligungsgesellschaften e. V.

Garz, H./Günther, S./Moriabadi, C. (1997): Portfolio-Management, Theorie und Anwendung, 1. Aufl., Frankfurt am Main: Bankakademie-Verlag.

Golland, F. (2003): Der optimierte Einstiegsprozess – Lösungsansätze für einen erfolgreichen Beteiligungserwerb unter erschwerten Marktbedingungen, in: Jugel, S. (Hrsg.): Private Equity Investments, Praxis des Beteiligungsmanagements, Wiesbaden: Gabler Verlag, S. 173–184.

Groh, A. (2004): Risikoadjustierte Performance von Private Equity-Investitionen, 1. Aufl. Wiesbaden: Deutscher Universitätsverlag.

Grünbichler, A./Graf, S./Wilde, C. (2003): Private Equity und Hedge Funds in der strategischen Asset Allocation, in: Dichtl, H./Kleeberg, J./Schlenger, C. (Hrsg.): Handbuch Asset Allocation, Bad Soden: Uhlenbruch, S. 571–600.

Helmstädter, S./van Halem, P. (2003): Ansätze zur Wertsteigerung von Technologieunternehmen in „Break-through"-Märkten durch ein lebenszyklusbasiertes Management, in: Jugel, S. (Hrsg.): Private Equity Investments, Praxis des Beteiligungsmanagements, Wiesbaden: Gabler Verlag, S. 133–146.

Hey, F. E. F. (2006): Strukturierung internationaler Private Equity-Fonds, in: Wiesbadener Private Equity Institut (Hrsg.): Private Equity; Case Studies, 1. Aufl., Wiesbaden: cometis, S. 83–95.

Hillmer, M. (2002): Strategische Asset Allocation und Umsetzung in Portfolio-/ Fondslösungen, in: Eller, R./Gruber, W./Reif, M. (Hrsg.): Risikomanagement und Risikocontrolling im modernen Treasury-Management, Stuttgart: Deutscher Sparkassen Verlag, S. 492–517.

Jesch, T. A. (2004): Private-Equity-Beteiligungen, Wirtschaftliche, rechtliche und steuerliche Rahmenbedingungen aus Investorensicht, Wiesbaden: Gabler Verlag.

Kaserer, C./Diller, C. (2006): Die Besonderheiten von Private-Equity-Anlagen als Ansatzpunkt zur Erklärung ihrer Renditen – Eine empirische Untersuchung von europäischen Private-Equity-Fonds, in: Die Unternehmung, Swiss Journal of Business Research and Practice, 60. Jg., Nr. 2, S. 105–124.

Kaserer, C./Diller, C. (2007): Investing in Private Equity – Fundamental Principles, Return and Risk Characteristics, Oberhaching: RWB.

Köppen, J. (2004): Synergieermittlung im Vorfeld von Unternehmenszusammen-schlüssen, Beurteilung der Vorgehensweise anhand eines Referenzmodells, in: Roland Berger Strategy Consultants – Academic Network (Hrsg.): Schriften zum europäischen Management, Wiesbaden: Deutscher Universitätsverlag.

Krämer, W. (2005a): Private Equity als Alternative Anlageklasse, Frankfurt am Main: Lazard Asset Management.

Krämer, W. (2005b): Traditionelle und nicht traditionelle Investments, in: Peetz, D. (Hrsg.): Praktiker-Handbuch Alternatives Investmentmanagement, Stuttgart: Schäffer-Poeschel, S. 156–241.

Kraft, V. (2004): Private Equity für Turnaround-Investitionen, Erfolgsfaktoren in der Managementpraxis, Frankfurt am Main: Campus Verlag.

Kreuter, B. (2003): Kriterien für die Fondsauswahl, in: Jugel, S. (Hrsg.): Private Equity Investments, Praxis des Beteiligungsmanagements, Wiesbaden: Gabler Verlag, S. 91–102.

Loistl, O. (1994): Kapitalmarkttheorie, 3. Aufl., München: R. Oldenbourg Verlag.

Mainert, K. E. (2005): Strategische Asset Allocation: Im Zinstal um so wichtiger!, in: Consulting Flash DZ Bank AG, Nr. 5, S. 1–4.

Malkiel, B. G. (1992): Efficient market hypothesis, in: Newman, P./Milgate, M./ Eatwell, J. (Hrsg.): The New palgrave dictionary of money and finance, Volume 1, London, S. 739–742.

Markowitz, H. M. (1991): Portfolio Selection, Oxford: Blackwell Publishers Ltd.

Meyer, T./Gschrei, M. J. (2005): The Management of Liquidity for Private Equity and Venture Capital Funds-of-Funds, Challenges and Approaches, Oberhaching: RWB.

Mittendorfer, R. (2001): Finanzierungsmodelle von Leveraged Buyouts, in: Stadler, W. (Hrsg.): Venture Capital und Private Equity, Erfolgreich wachsen mit Beteiligungskapital, Köln: Deutscher Wirtschaftsdienst, S. 141–184.

Pack, H. (2005): Due Diligence, in: Picot, G. (Hrsg.): Handbuch Mergers & Acquisitions, Planung; Durchführung; Integration, 3. Aufl., Stuttgart: Schäffer-Poeschel, S. 287–319.

Picot, G. (2005a): Wirtschaftliche und wirtschaftsrechtliche Aspekte bei der Planung der Mergers & Acquisitions, in: Picot, G. (Hrsg.): Handbuch Mergers & Acquisitions, Planung; Durchführung; Integration, 3. Aufl., Stuttgart: Schäffer-Poeschel, S. 3–39.

Picot, G. (2005b): Wirtschaftsrechtliche Aspekte der Durchführung von Mergers & Acquisitions, insbesondere der Gestaltung des Transaktionsvertrages, in: Picot, G. (Hrsg.): Handbuch Mergers & Acquisitions, Planung; Durchführung; Integration, 3. Aufl., Stuttgart: Schäffer-Poeschel, S. 221–286.

PricewaterhouseCoopers (Hrsg.) (2008): Familienunternehmen 2008, Frankfurt am Main: ohne Verlag.

Pütter, T. U. W. (2005): Finanzierungslösungen nach Maß: neue Chancen für den Mittelstand, in: Zeitschrift für das gesamte Kreditwesen, 58. Jg., Nr. 1, S. 36–38.

Rappaport, A. (1999): Shareholder Value – Ein Handbuch für Manager und Investoren, 2. Aufl., Stuttgart: Schäffer-Poeschel.

Rupprechter, R. (2003): Integration von nicht-traditionellen Anlagen, Bern und Stuttgart, Wien: Paul Haupt.

Sachverständigenrat zur Begutachtung der gesamtwirtschaftlichen Lage (2005): Jahresgutachten 2005/06, Die Chance nutzen – Reformen mutig voranbringen, Wiesbaden: Statistisches Bundesamt [CD-ROM].

Sauermann, H. (2000): Finanzintermediäre und Kapitalmarkteffizienz, http://www.sauermann-online.de/uni/financialintermediary.pdf Zugriff: 27.12.2007].

Schäfer, D./Fisher, A. (2008): Die Bedeutung von Buy-Outs für unternehmerische Effizienz, Effektivität und Corporate Governance, Berlin: Deutsches Institut für Wirtschaftsforschung.

Schefczyk, M. (2000): Finanzieren mit Venture Capital, Stuttgart: Schäffer-Poeschel.

Steiner, M./Bruns, C. (1996): Wertpapiermanagement, 5. Aufl., Stuttgart: Schäffer-Poeschel.

Süchting, J. (1995): Finanzmanagement, Theorie und Politik der Unternehmensfinanzierung, 6. vollst. überarb. u. erw. Aufl., Wiesbaden: Gabler Verlag.

Tobin, J. (1992): Financial Intermediaries, in: Newman, P. et al. (Hrsg.): The New Palgrave Dictionary of Money an Finance, Volume 2, Basingstoke: The Macmillian Press Ltd., S. 770–779.

Weber, N. (2006): Private-Equity-Investments in Buy Outs von Konzerneinheiten, eine theoretische und empirische Analyse, 1. Aufl., Frankfurt am Main: Bankakademie-Verlag.

Weidig, T./Mathonet, P.-Y. (2004): The Risk Profile of Private Equity, Oberhaching: RWB.

Welp, N./Krämer, W. (2002): Die Bedeutung der Risikotragfähigkeit. Frankfurt am Main: Lazard Asset Management.

Gesellschafts- und Kapitalmarktrecht einer transatlantischen Übernahme am Fall von Evotec AG und Renovis Inc.

Ass. iur. Stefanie Heins, LL.M.

1 Einleitung

Die Geschäftsführung der Frankfurter Wertpapierbörse hat im Jahr 2008 im Fall Evotec AG[1] erstmalig eine prospektfreie Zulassung neuer Aktien nach der Prospektbefreiungsvorschrift des § 4 Abs. 2 Nr. 3 Wertpapierprospektgesetz (WpPG) gestützt auf einen als gleichwertig angesehenen F-4 beschlossen. Der US-amerikanische Registrierungsantrag F-4 wurde im Zusammenhang mit der Übernahme des US-Unternehmens Renovis Inc.[2] im Wege eines reverse triangular mergers veröffentlicht.

Diese Arbeit beschäftigt sich mit ausgewählten gesellschafts- und kapitalmarktrechtlichen Fragestellungen einer transatlantischen Übernahme am Beispiel des Erwerbs der Renovis (USA, Delaware) durch Evotec (Deutschland). Dabei werden die Möglichkeiten und Anforderungen der Ausgestaltung einer solchen grenzüberschreitenden Transaktion sowohl nach deutschem als auch nach US-amerikanischem Gesellschaftsrecht geprüft und Lösungsmöglichkeiten für rechtliche Hindernisse nach den jeweiligen Rechtsordnungen aufgezeigt. Ferner werden die Anforderungen, die die jeweiligen Kapitalmarktgesetze an die vorliegende Transaktion stellen, dargestellt. Es wird insbesondere untersucht, unter welchen Voraussetzungen eine Vermeidung von sog. Doppelprospekten erreicht werden kann und inwieweit die Veröffentlichung eines F-4 für die Zulassung neuer Aktien in Deutschland ausreichen kann.

2 Ausgangslage

Evotec, ein Unternehmen der Wirkstoffforschung und -entwicklung, wurde 1993 in Deutschland gegründet und ist seit 1999 an der Frankfurter Wertpapierbörse als deutsche Aktiengesellschaft im Prime Standard gelistet. Sie verfügte vor Durchführung der hier beschriebenen Transaktion über ein Grundkapital von 73,87 Mio. EUR und ein genehmigtes Kapital von 36,85 Mio. EUR, das gemäß § 5 Abs. 4 lit. e) der Evotec-Satzung vollständig unter Ausschluss des Bezugsrechtes der Aktionäre für Akquisitionen genutzt werden konnte.

Renovis, ein biopharmazeutisches Unternehmen mit Verwaltungssitz in San Francisco, Kalifornien, wurde 2000 als Delaware Corporation gegründet und ist seit 2004 an der NASDAQ Global Market gelistet.

---

[1] Nachfolgend Evotec.
[2] Nachfolgend Renovis.

Am 18. September 2007 schlossen Evotec und Renovis ein Agreement and Plan of Merger mit dem Ziel, beide Unternehmen unter der Firma von Evotec als Muttergesellschaft zusammenzuführen.[3]

3 Gesellschaftsrechtliche Aspekte

Zunächst werden gesellschaftsrechtliche Aspekte der Transaktion auf deutscher und US-amerikanischer Seite dargestellt, die für deren Durchführung von besonderer Bedeutung sind. Dabei werden die typischen Transaktionsstrukturen nach den jeweiligen Rechtsordnungen und die Besonderheiten der vorliegenden Transaktion behandelt. Nachfolgend wird die letztlich gewählte Struktur beschrieben. Zuvor soll ein Überblick über die Finanzierungsoptionen gegeben werden.

3.1 Finanzierungsoptionen

Evotec standen verschiedene Finanzierungsoptionen zur Verfügung, die jeweils gegeneinander abzuwiegende Vor- und Nachteile für die an der Transaktion beteiligten Personen boten.

3.1.1 Geldleistung

Als Gegenleistung für das erworbene Unternehmen hätte zunächst Geld gewährt werden können. Evotec hätte allen Renovis-Aktionären das Angebot unterbreiten können, ihre Aktien gegen Zahlung von Bargeld zu erwerben. Die Renovis-Aktionäre hätten eine sofortige bare Gegenleistung erhalten. Indes hätten die Aktionäre der Renovis keine Möglichkeit gehabt, an einer Wertsteigerung des neu gebildeten Evotec/Renovis-Konzerns zu partizipieren (keine „Upside-Möglichkeit"). Darüber hinaus hätten die Renovis-Aktionäre den Veräußerungserlös sofort versteuern müssen. Eine Geldleistung hätte für Evotec den Vorteil eines flexiblen Transaktionsvolumens gehabt. Nachteilig für Evotec wären hingegen die Kosten dieser Finanzierungsoption gewesen. Evotec hätte vermutlich zusätzliches Fremdkapital für die Transaktion aufnehmen müssen, was voraussichtlich die Verschlechterung von Bilanzkennzahlen zur Folge gehabt hätte. Im Übrigen wäre praktisch ein Austausch von „cash gegen

---

[3] Vgl. Agreement and Plan of Merger zwischen Evotec AG und Renovis Inc. vom 18. September 2007, Annex 1 des Form F-4, abrufbar unter http://www.sec.gov. Nachfolgend: Merger Agreement.

cash" erfolgt, da Renovis im Wesentlichen aus hohen finanziellen Rücklagen bestand. Schließlich bestand das Risiko konkurrierender und damit preistreibender Angebote durch andere Erwerbsinteressenten.

3.1.2 Aktien

Eine weitere Alternative bestand in der Gewährung von Aktien als Akquisitionswährung. Die Notierung der Aktien des Erwerbers an einer in- oder ausländischen Börse eröffnet ihm die Möglichkeit, die Akquisition nicht – oder nicht in vollem Umfang – bar zu bezahlen, sondern ganz oder zum Teil mit eigenen Aktien[4] zu finanzieren. Im Gegensatz zum Erwerb einer Gesellschaft gegen Geld lässt sich die Übernahme mittels Anteilstausch liquiditätsschonend durchführen, weil hierzu weder auf vorhandene Reserven zugegriffen werden muss noch neue Finanzverbindlichkeiten begründet werden.[5] Die Ausgabe von Aktien ermöglicht den Aktionären der Renovis eine Beteiligung an einer möglichen Wertsteigerung des neu gebildeten Evotec/Renovis-Konzerns. Diese Möglichkeit ließe sich auf einer roadshow gut darstellen. Ein Anteilstausch mit gleichzeitiger Kapitalerhöhung ist jedoch komplex und zeitintensiv; die Dauer bis zum closing bzw. settlement wirkt sich daher negativ aus. Weitere Nachteile sind die Verwässerung der Anteile der Aktionäre der Evotec sowie hohe Transaktionskosten. Für die Renovis-Aktionäre wäre ein Anteilstausch nur akzeptabel, wenn in den USA börsennotierte Aktien angeboten werden. Das Erfordernis, die Evotec-Aktien in den USA an der Börse zuzulassen, erhöht die Komplexität des ohnehin vielschichtigen Anteilstausches. Ein weiteres Risiko bestand darin, dass – auch wenn das genehmigte Kapital bis zu seiner gesetzlich zulässigen Obergrenze vorhanden gewesen wäre – Kursschwankungen dazu hätten führen können, dass der Erwerb der Renovis nicht mehr allein aus dem genehmigten Kapital finanziert hätte werden können.

3.1.3 Kombination aus Geld und Aktien

Die übernehmende Gesellschaft könnte die Gegenleistung für die übertragenen Gesellschaftsanteile auch nur zum Teil in Form von Aktien und zum anderen Teil in Geld oder in sonstiger Weise erbringen.[6] Sofern bei der Kombination von Geld und Aktien nur eine Kapitalerhöhung in Höhe von bis zu 10 % des Grundkapitals der

---

[4]   von Schenk, in: Semler/Volhard, Arbeitshandbuch für Unternehmensübernahmen, Bd. 1, München 2001, § 8, Rdnr. 46.
[5]   Reiner/Geuter, JA 2006, 543, 549.
[6]   Reiner/Geuter, JA 2006, 543, 544.

Evotec und im Übrigen eine Barfinanzierung durchgeführt worden wäre, hätte auch über diese Option eine prospektfreie Zulassung der jungen Evotec-Aktien in Deutschland erreicht werden können. Nach US-amerikanischem Steuerrecht muss der Veräußerungsgewinn jedoch versteuert werden, wenn nicht mindestens 45 % der Gegenleistung in Aktien gewährt werden. Eine Kombination von Geld und Aktien hätte die Komplexität und Zeitintensität indes nicht verringert, sondern zusätzlich die Liquidität reduziert.

3.1.4 Angebotsgegenstand: American Depository Receipts

Schließlich kamen in der Form des Anteilstausches als Angebotsgegenstand American Depositary Receipts (ADRs)[7] in Betracht. An den US-amerikanischen Börsen können nur Namenspapiere, die auf den Namen des Aktionärs lauten, aber keine Inhaberwertpapiere zugelassen werden.[8] Um Inhaberpapiere, insbesondere europäische Wertpapiere, an US-Börsen handelbar zu machen, können solche Inhaberwertpapiere über stellvertretende Papiere, die ADRs, in den USA zum Börsenhandel zulassen werden[9], ohne Inhaberaktien in Namensaktien umwandeln zu müssen.[10] ADRs sind auf den Inhaber lautende Hinterlegungsscheine für bestimmte Wertpapiere.[11] Es handelt sich um auf Dollar lautende, von den Depotbanken ausgegebene Aktienzertifikate, die eine bestimmte Anzahl im Heimatland hinterlegter Aktien repräsentieren und im US-Markt wie amerikanische Wertpapiere gehandelt werden können.[12] Die ADRs werden von einer US-amerikanischen Depotbank (depositary) gegen Hinterlegung der Aktien bei einer deutschen Depotbank (custodian) ausgegeben[13], die häufig eine Tochtergesellschaft der Depotbank ist.[14] Als ADR wird dabei das gehandelte physische Zertifikat bezeichnet, das die Wertpapiere repräsentiert, die als American Depositary Shares (ADSs) wiederum die Rechte an den hinterlegten Aktien repräsen-

---

[7] Für die Auflage eines ADR-Programmes wird unterschieden zwischen unsponsored und sponsored ADR-Programmen, wobei die sponsored ADR-Programme noch in ADR-Levels 1-3 unterteilt werden. Vgl. hierzu Harrer/Fisher/Evans, RIW 2003, 81, 84; Zachert, ZIP 1993, 1426, 1428; Harrer/King, IStR 1999, 188 f.; Hutter, in: Semler/Volhard, a.a.O., Bd. 1, § 23, Rdnr. 218.

[8] Vgl. Gruson, AG 2004, 358, 359; vgl. hierzu auch Zachert, AG 1994, 207, 215.

[9] Vgl. Gruson, AG 2004, 358, 359; vgl. auch Harrer/King, IStR 1999,188.

[10] Hutter, in: Semler/Volhard, a.a.O., Bd. 1, § 23, Rdnr. 217.

[11] Vgl. Schiereck, AG 1993, 319, 322.

[12] von Rosen/Prechtel, Die Bank 1996, 388, 389; vgl. auch Hazen, The Law of Securities Regulation, United States of Amerika 2005, § 17.4[2].

[13] Gruson, AG 2004, 358, 359; von Rosen/Prechtel, Die Bank 1996, 388, 390; von Rosen, in: von Rosen/Seifert, Zugang zum Kapitalmarkt für deutsche Aktiengesellschaften, Schriften zum Kapitalmarkt, Band 1, Frankfurt 1998, S. 21.

[14] Harrer/Fisher/Evans, RIW 2003, 81, 83; Hutter, in: Semler/Volhard, a.a.O., Bd. 1, § 23, Rdnr. 224.

tieren.[15] Jedes ADR kann eine oder mehrere Aktien sowie Bruchteile von Aktien verkörpern.[16] Die ADRs entsprechen in ihrer Stückelung häufig nicht unmittelbar den durch sie repräsentierten deutschen Aktien; ein ADR vertritt vielfach nur den Bruchteil einer deutschen Aktie.[17] Der Grund dafür ist der Wunsch der Gesellschaft, durch die aus der Stückelung resultierende Preisfestsetzung (pricing) eine optimale Handelbarkeit der ADRs zu gewährleisten.[18]

ADRs bieten Vorteile, die es für die vorliegende Transaktion zu nutzen galt. ADRs sind eine kostengünstige, fungible Akquisitionswährung in den USA. Durch ADRs wird ein listing in den USA an der NYSE oder NASDAQ erreicht, wobei nicht die Aktien der Gesellschaft selbst, sondern die ADRs zum Handel zugelassen werden. Ferner findet ein compliance mit den Regeln der Securities Exchange Commission (SEC) statt, die u. a. sicherstellen sollen, dass sich das Unternehmen gesetzeskonform verhält und Verhaltensregeln erfüllt. Werden ADRs als Akquisitionswährung genutzt, findet keine Besteuerung des Veräußerungserlöses im Gegensatz zu einer Gegenleistung in Geld statt. Durch die Zwischenschaltung der ADRs können die Kosten im Gegensatz zu einer Direktnotierung der Aktien an der US-amerikanischen Börse verringert werden.[19]

3.2 Übliche Transaktionsstrukturen in Deutschland

Zunächst werden die für Deutschland üblichen Transaktionsstrukturen in Grundzügen dargestellt, um die Möglichkeiten der Gestaltung der vorliegenden Transaktion nach der nationalen Gesetzgebung aufzuzeigen und ihre Zulässigkeit und Praktikabilität feststellen zu können.

3.2.1 Sachkapitalerhöhung gegen Aktien aus genehmigtem Kapital

Eine übliche Transaktionsstruktur in Deutschland ist die Sachkapitalerhöhung aus genehmigtem Kapital gemäß den §§ 202 ff. Aktiengesetz (AktG). Soll der Kaufpreis für ein Unternehmen in Aktien gezahlt werden, so bietet sich die Einbringung an; die aufnehmende Gesellschaft erhöht ihr Grundkapital und emittiert als Gegenleistung für die Einbringung der Aktien der Zielgesellschaft neue Aktien an den Verkäufer der

---

[15] von Rosen/Prechtel, Die Bank 1996, 388, 390.
[16] von Rosen/Prechtel, Die Bank 1996, 388, 390; Harrer/King, IStR 1999, 188.
[17] Vgl. Wieneke, AG 2001, 504, 505.
[18] Vgl. Wieneke, AG 2001, 504, 505.
[19] Vgl. Bungert, WM 1995, 1, 10; Wieneke, AG 2001, 504, 505.

eingebrachten Gesellschaft.[20] Da die ordentliche Kapitalerhöhung zeitaufwendig ist und zahlreiche Anfechtungsrisiken birgt, werden Einbringungen bevorzugt unter Ausnutzung von genehmigtem Kapital vollzogen[21], denn ansonsten müsste eine Hauptversammlung einberufen, und es müsste der gesamte Betrag der Kapitalerhöhung alsbald vom Verkäufer unter Ausschluss des Bezugsrechts der Aktionäre gezeichnet werden.[22] Wie bei einer regulären Kapitalerhöhung müssen bei einer Kapitalerhöhung aus genehmigtem Kapital die Aktien gezeichnet, die Einlage geleistet, die Werthaltigkeit der Sacheinlage extern geprüft und die Durchführung der Kapitalerhöhung zum Handelsregister angemeldet werden.[23] Die Ausgabe der neuen Aktien erfolgt im Falle einer aus Aktien bestehenden Sacheinlage gegen Einbringung der Aktien der Zielgesellschaft.

3.2.2   Öffentliches (Tausch-) Angebot

Eine weitere typische Transaktionsstruktur ist das öffentliche (Tausch-) Angebot nach dem Wertpapierübernahmegesetz (WpÜG). Ist die Zielgesellschaft börsennotiert, kann die Erwerbergesellschaft nicht ohne weiteres einen Aktientausch im Rahmen einer Kapitalerhöhung aus genehmigtem Kapital durchführen. Vielmehr ist die Erwerbergesellschaft zunächst verpflichtet, den Aktionären ein öffentliches Angebot zum Erwerb ihrer Aktien nach dem Wertpapiererwerbs- und Übernahmegesetz (WpÜG) zu machen, wenn die Erwerbergesellschaft die Kontrolle im Sinne des § 29 Abs. 2 WpÜG erlangt. Möglich ist auch, den Aktionären der Zielgesellschaft ein freiwilliges Übernahmeangebot mit befreiender Wirkung gemäß § 35 Abs. 3 WpÜG zu unterbreiten.

Die im Falle des Übernahmeangebots zu erbringende Gegenleistung muss nach § 31 WpÜG angemessen sein. Der Bieter kann die Gegenleistung demnach nicht frei bestimmen; vielmehr sind der durchschnittliche Börsenkurs der Aktien der Zielgesellschaft und frühere Erwerbe solcher Aktien durch den Bieter zu berücksichtigen.[24] § 31 Abs. 2 WpÜG bestimmt, dass die Gegenleistung in Euro (Barangebot) oder in liquiden Aktien zu bestehen hat, die zum Handel an einem organisierten Markt im

---

[20] Vgl. Kirchner/Sailer, NZG 2002, 305.
[21] Vgl. Kirchner/Sailer, NZG 2002, 305.
[22] Vgl. Karsten Schmidt, Gesellschaftsrecht, Köln et. al., 2002, § 29 III 2 c.
[23] Volhard, in: Semler/Volhard, a.a.O., Bd. 1, § 2, Rdnr. 50.
[24] Picot, in: Picot, Unternehmenskauf und Restrukturierung, Handbuch zum Wirtschaftsrecht, München 2004, Rdnr. 171; vgl. auch Kalss, in: Semler/Volhard, Das neue Übernahmerecht, Bd. 2, München 2003, § 51, Rdnr. 95.

Sinne des § 2 Abs. 7 WpÜG zugelassen sind (Tauschangebot).[25] Sollen Aktien als Gegenleistung angeboten werden, müssen diese folglich gemäß § 31 Abs. 2 i.V.m. § 2 Abs. 7 WpÜG börsennotiert sein; der Bieter muss daher die Zulassung der Aktien zum Börsenhandel beantragen. Der Bieter wird zur Schaffung dieser Aktien in der Regel eine Sachkapitalerhöhung aus genehmigtem Kapital durchführen.

3.2.3 Verschmelzung

Eine weitere Möglichkeit der Unternehmensübernahme stellt die Verschmelzung nach § 2 Umwandlungsgesetz (UmwG) dar.[26] Hier ist der Anteilstausch nicht Mittel, sondern Folge der Unternehmensübernahme, weil die Anteile der übernommenen („übertragenden") Gesellschaft mit der Eintragung der Verschmelzung in das Handelsregister von Rechts wegen untergehen und durch Anteile der übernehmenden Gesellschaft ersetzt werden (vgl. § 20 Abs. 1 Nr. 2 und 3 UmwG).[27] Die Vorschrift des § 1 Abs. 1 Nr. 1 UmwG bestimmt, dass Unternehmen durch Verschmelzung umgewandelt werden können, wenn sich ihr Sitz im Inland befindet. Unter Verschmelzung wird grundsätzlich die Übertragung des gesamten Vermögens eines Rechtsträgers auf einen anderen, entweder schon bestehenden oder neu gegründeten Rechtsträger im Wege der Gesamtrechtsnachfolge verstanden.[28] Hierbei löst sich der übertragende Rechtsträger auf, ohne dass es zur Abwicklung kommt. Den Anteilsinhabern des übertragenden und erlöschenden Rechtsträgers wird im Wege des Anteilstausches eine Beteiligung an dem übernehmenden oder neu gegründeten Rechtsträger gewährt (vgl. §§ 5 Abs. 1 Nr. 2 und 3, 20 Abs. 1 Nr. 3 UmwG). Mit der Eintragung der Verschmelzung in das Register des Sitzes des übernehmenden Rechtsträgers wird die Verschmelzung wirksam. Es tritt Gesamtrechtsnachfolge ein: das Vermögen des oder der übertragenden Rechtsträger geht einschließlich der Verbindlichkeiten auf den übernehmenden Rechtsträger über (§ 20 Abs. 1 Ziff. 1 UmwG). Die Verschmelzung hat also den Vorteil, dass der Vermögensübergang ohne die Notwendigkeit der Zustimmung von Gläubigern zum Übergang von Verbindlichkeiten führt.[29] Ein wei-

---

[25] Vgl. hierzu Kalss, in: Semler/Volhard, a.a.O., Bd. 2; § 51, Rdnr. 93.

[26] Vgl. Reiner/Geuter, JA 2006, 543, 546; Volhard, in: Semler/Volhard, a.a.O., Bd. 1, § 2, Rdnr. 64. Jede Verschmelzung setzt den Entwurf eines Verschmelzungsvertrages, die Erstellung eines Verschmelzungsberichts, eine Verschmelzungsprüfung, die Zustimmung (Verschmelzungsbeschlüsse) der Anteilsinhaber der beteiligten Rechtsträger, die notarielle Protokollierung des Verschmelzungsvertrages und danach die Anmeldung und Eintragung der Verschmelzung in das Handelsregister voraus, womit sie wirksam wird, Volhard, in: Semler/Volhard, a.a.O., Bd. 1, § 2, Rdnr. 70.

[27] Reiner/Geuter, JA 2006, 543, 546.

[28] Müller-Eising, in: Picot, a.a.O., Rdnr. 223, S. 360.

[29] Vgl. Volhard, in: Semler/Volhard, a.a.O., Bd. 1, § 2, Rdnr. 72.

terer Vorteil der Verschmelzung besteht im deutschen Recht darin, dass eine Übernahme aller Aktien einschließlich derjenigen der nicht zustimmenden Aktionäre nur im Fall einer Verschmelzung vorgesehen ist.

3.3   Übliche Transaktionsstruktur in den USA

Nachfolgend wird die nach US-amerikanischem Recht übliche Transaktionsstruktur des reverse triangular merger dargestellt, um ihre Anwendung auf die vorliegende Transaktion beurteilen zu können.

3.3.1   Reverse triangular merger

Eine typische Transaktionsstruktur in den USA ist der Erwerb sämtlicher Aktien der Zielgesellschaft durch einen merger.[30] Da das Recht der Bundesstaaten dabei bestimmt, wie der merger rechtlich zu vollziehen ist[31], ist hier insbesondere das Recht von Delaware im Hinblick auf die vorliegende Transaktion von besonderer Bedeutung. Bei einem merger wird mittels einer Übernahmevereinbarung (merger agreement), die zwischen der Erwerber- und der Zielgesellschaft geschlossen wird, vereinbart, dass sämtliche Aktien der Zielgesellschaft gegen Zahlung der im merger agreement vereinbarten Gegenleistung an die Aktionäre der Zielgesellschaft auf den Bieter übergehen.[32] Das merger agreement regelt alle wesentlichen Aspekte des Zusammenschlusses und enthält Regelungen zur sog. surviving corporation, regelt also welcher der beteiligten Rechtsträger nach Vollzug des mergers fortbestehen soll. Das merger agreement enthält unter anderem einen Entwurf der für die surviving corporation nach dem merger geltenden articles of incorporation, d. h. ihre (evtl. neugefasste) Satzung, sowie detaillierte Angaben über das Umtauschverhältnis.[33] Darüber hinaus beinhaltet es Gewährleistungen (representations and warranties) beider Parteien und Verpflichtungen, wie die Beteiligten sich bis zum Vollzug zu verhalten haben (covenants) sowie Bestimmungen zum Schutz der Durchführung des Vertrages (deal

---

[30] Vgl. zu den Voraussetzungen etwa § 251 Delaware General Corporation Law (DGCL).
[31] Vgl. Junius, in: Semler/Volhard, a. a. O., Bd. 1, § 36, Rdnr. 39.
[32] Vgl. Helmis, RIW 2001, 825, 828.
[33] Vgl. Merkt/Göthel, US-amerikanisches Gesellschaftsrecht, Frankfurt am Main 2006, Rdnr. 1154.

protection). Durch solche deal protection clauses kann auch der Schutz vor konkurrierenden Angeboten erreicht werden.[34]

Der triangular merger, d.h. die Verschmelzung unter Zuhilfenahme von Tochtergesellschaften, ist die gebräuchlichste Gestaltungsform und zwar vor allem in zwei Formen: dem forward triangular merger und dem reverse triangular merger.[35] Der triangular merger ist in erster Linie dadurch gekennzeichnet, dass nicht zwei, sondern drei Gesellschaften beteiligt sind, nämlich die übernehmende Erwerbergesellschaft, die zu übernehmende Zielgesellschaft und eine Tochtergesellschaft der übernehmenden Erwerbergesellschaft.[36] Forward und reverse triangular merger unterscheiden sich darin, dass im ersten Fall die Zielgesellschaft auf die Tochter der Erwerbergesellschaft, im zweiten Fall eine Tochter der Erwerbergesellschaft auf die Zielgesellschaft verschmolzen wird.[37]

Der reverse triangular merger wird in der Praxis den anderen Formen aus den im Folgenden dargestellten Gründen häufig vorgezogen.[38] Zuvor soll jedoch die Grundstruktur des reverse triangular merger beschrieben werden. Ein reverse triangular merger dient der Übernahme einer Ziel- durch eine Erwerbergesellschaft.[39] Die Erwerbergesellschaft gründet dabei zunächst eine Tochtergesellschaft (merger sub) und stattet sie mit eigenen Aktien aus.[40] Anschließend wird die Tochtergesellschaft auf die Zielgesellschaft verschmolzen.[41] Die Aktionäre der Zielgesellschaft erhalten im Austausch gegen ihre Aktien die von der Tochtergesellschaft an ihrer Mutter (Erwerbergesellschaft) gehaltenen Anteile mit der Wirkung, dass nach vollzogener Verschmelzung die Tochtergesellschaft aufgelöst ist und die Zielgesellschaft zu 100 %

---

[34] Merkt/Göthel, a.a.O., Rdnr. 1154, Fn. 18. Die Vertragspartner können etwa vereinbaren, sich nicht aktiv nach anderen Partnern umzusehen (sog. no-shop-Klausel) oder keine für den beabsichtigten Zusammenschluss relevanten Informationen an Dritte weiterzugeben oder mit ihnen Verhandlungen zu führen (no-talk-Klauseln). Bekannt sind auch schlichte Stimmbindungsvereinbarungen (voting agreements) mit Großaktionären, in denen diese sich verpflichten, für die Durchführung des mergers zu stimmen und ihre Aktien nicht zuvor zu veräußern. Möglich sind auch Klauseln, in denen die Zielgesellschaft dem Bieter eine bestimmte Geldsumme verspricht, falls der geplante Zusammenschluss scheitern sollte (sog. termination fee), vgl. Merkt/Göthel, a.a.O., Rdnr. 1154, Fn. 18.

[35] Vgl. Baums, Verschmelzung mit Hilfe von Tochtergesellschaften, in: Festschrift f. Wolfgang Zöllner, Köln 1998, S. 65 ff.

[36] Vgl. Merkt/Göthel, a.a.O., Rdnr. 1165.

[37] Baums, in: Festschrift f. Zöllner, S. 70.

[38] Merkt/Göthel, a.a.O., Rdnr. 1169.

[39] Stöcker, Rechtsfragen grenzüberschreitender Unternehmenszusammenschlüsse, Frankfurt am Main, 2003., S. 47.

[40] Vgl. Merkt/Göthel, a.a.O., Rdnr. 1168.

[41] Vgl. hierzu Junius, in: Semler/Volhard, a.a.O., Bd. 1, § 36, Rdnr. 43; Stöcker, a.a.O., S. 47.

der Erwerbergesellschaft gehört, und die bisherigen Aktionäre der Zielgesellschaft nunmehr Aktionäre der Erwerbergesellschaft sind.[42]

Der reverse triangular merger wird dem forward triangular merger unter anderem dann vorgezogen, wenn es den Beteiligten darum geht, die Zielgesellschaft unter ihrer Firma als rechtlich selbstständige Einheit zu erhalten.[43] Der Fortbestand der Zielgesellschaft kann mit Blick auf bestimmte vertragliche Rechtspositionen (etwa Rechte aus Lizenz-, Leasing-, oder Franchiseverträgen), die bei einer Verschmelzung nach US-amerikanischen Recht auf eine andere Gesellschaft ohne Zustimmung des Vertragspartners nicht mit übergingen, von Bedeutung sein.[44] Ferner kann der Fortbestand der Zielgesellschaft aus steuerlichen Gründen von Interesse sein. Die Möglichkeit, Verluste der Zielgesellschaft nach der Übernahme buchungstechnisch zurückzutragen und steuerlich mit Gewinnen aus der Zeit vor der Übernahme zu verrechnen, ist nach US-amerikanischen Steuerrecht jedenfalls dann gegeben, wenn die Zielgesellschaft nach der Übernahme fortbesteht.[45] Im Übrigen hat der reverse triangular merger unter bestimmten Voraussetzungen im US-amerikanischen Steuerrecht Vorteile für die „veräußernden" Aktionäre.[46] Der reverse triangular merger zeichnet sich des Weiteren dadurch aus, dass ihn keine opponierende Aktionärsminderheit der zu übernehmenden Zielgesellschaft vereiteln kann.[47] Beim reverse triangular merger werden nämlich vor der eigentlichen Übernahme alle Gesellschafter der zu übernehmenden Zielgesellschaft zu Gesellschaftern der Erwerbergesellschaft, und die Erwerbergesellschaft wird zur Alleinaktionärin der zu übernehmenden Zielgesellschaft.[48] Die Aktionärsversammlung der Erwerbergesellschaft muss – abhängig vom Recht des Staates, in dem diese ihren Sitz hat – nicht zustimmen, da nicht die Erwerbergesellschaft mit der Zielgesellschaft verschmolzen wird, sondern ihre Tochtergesellschaft.[49] Der reverse triangular merger bietet den weiteren Vorteil, dass die Erwerbergesellschaft keiner Haftung für Verbindlichkeiten der übernommenen Zielgesellschaft ausgesetzt ist, da die übernommene Zielgesellschaft selbst als Tochter-

---

[42] Vgl. Baums, in: Festschrift f. Zöllner, S. 65, 70ff; Stöcker, a.a.O., S. 48, 234f; Merkt/Göthel, a.a.O., Rdnr. 1168; Stengler, in: Semler/Volhard, a.a.O., Bd. 1, § 17, Rdnr. 360.
[43] Vgl. Baums, in: Festschrift f. Zöllner, S 65 ff.
[44] Vgl. Stöcker, a.a.O., S. 240.
[45] Vgl. Stöcker, a.a.O., S. 240; Merkt/Göthel, a.a.O., Rdnr. 1170.
[46] § 368 Internal Revenue Code; Der reverse triangular merger wird unter bestimmten Voraussetzungen als steuerbefreite sog. reorganization im US-amerikanischen Steuerrecht behandelt, vgl. Merkt/Göthel, a.a.O., Rdnr. 1170.
[47] Vgl. Merkt/Göthel, a.a.O., Rdnr. 1169.
[48] Vgl. Merkt/Göthel, a.a.O., Rdnr. 1169.
[49] Vgl. Merkt/Göthel, a.a.O., Rdnr. 1170.

gesellschaft der Erwerbergesellschaft fortbesteht.[50] Im Unterschied zu einer Verschmelzung der Ziel- auf die Erwerbergesellschaft bleibt das Gesellschaftsvermögen der Zielgesellschaft beim triangular merger getrennt vom Gesellschaftsvermögen der Erwerbergesellschaft in einer Tochtergesellschaft der Erwerbergesellschaft.[51] Die Erwerbergesellschaft vermeidet auf diese Weise die Haftung für Verbindlichkeiten der Zielgesellschaft, wie sie bei einer Verschmelzung der Zielgesellschaft auf die Erwerbergesellschaft einträte.[52]

3.3.2   Shareholder resolution

Hat der plan of merger die beiden boards passiert, wird er grundsätzlich den beiden Aktionärsversammlungen zur Abstimmung vorgelegt.[53] Um den Aktionären ein Votum über die Transaktion zu ermöglichen, muss der Bieter ihnen ein umfassend informierendes sog. proxy statement zukommen lassen, welches zuvor durch die SEC zu prüfen ist.[54] Das proxy statement dient dazu, die Aktionäre der Zielgesellschaft ausreichend über Einzelheiten der geplanten Transaktion zu informieren, so dass diese darüber entscheiden können, ob sie dem Übernehmer ihre Stimmrechtsvollmachten (proxies) für die die Übernahme beschließende Hauptversammlung ausstellen.[55]

3.3.2.1   Einfache Mehrheit ausreichend

Der Vorteil des reverse triangular mergers gegenüber einem Umtauschangebot der Erwerbergesellschaft auf die Aktien liegt darin, dass die Gestaltung das vollständige Einsammeln aller Aktien der Zielgesellschaft gegen Gewährung von Aktien der Erwerbergesellschaft ermöglicht, ohne dass dazu die Zustimmung aller Aktionäre der Zielgesellschaft erforderlich wäre, die bei börsennotierten Gesellschaften praktisch nicht in Betracht kommt.[56] Vielmehr genügt nach dem Recht des Bundesstaates Delaware die Zustimmung der einfachen Mehrheit der Anteilseigner jeder beteiligten

---

[50] Vgl. Merkt/Göthel, a.a.O., Rdnr. 1170.
[51] Stöcker, a.a.O., S. 237.
[52] Stöcker, a.a.O., S. 237.
[53] Vgl. etwa § 251 (c) DGCL; Merkt/Göthel, a.a.O., Rdnr. 1154.
[54] Helmis, RIW 2001, 825, 828.
[55] Helmis, RIW 2001, 825, 828, Fn 30. In einigen Bundesstaaten ist es alternativ zum proxy statement möglich, dass der Bieter direkt die schriftliche Zustimmung der Zielgesellschaft einholt, so dass ein HV-Beschluss über die Übernahme nicht erforderlich ist, vgl. Helmis, RIW 2001, 825, 828, Fn. 31.
[56] Vgl. Stöcker, a.a.O., S. 239.

Gesellschaft.[57] Wird diese Zustimmung erteilt, kann die Erwerbergesellschaft davon ausgehen, tatsächlich alle Aktien der Zielgesellschaft einsammeln zu können, muss also nicht den Verbleib von Minderheitsaktionären in der Zielgesellschaft befürchten.[58] Minderheitsaktionäre können also gegen ihren Willen auf der Grundlage eines Hauptversammlungsbeschlusses mit einfacher Mehrheit aus der Gesellschaft hinausgedrängt werden.[59]

3.3.2.2 Keine appraisal rights

Zum Schutz der Minderheitsaktionäre bei einer Übernahme wird grundsätzlich u.a. das Recht zum Ausscheiden aus einer Gesellschaft bei gleichzeitiger Abfindung gewährt.[60] Mit diesem sog. appraisal[61] right soll dem einzelnen Aktionär, der mit dem Beschluss der Aktionärsmehrheit nicht einverstanden ist, ermöglicht werden, seine Investition zu einem angemessenen Kurs rückgängig zu machen.[62] Nach § 262 (b) (1), (2) b. Delaware General Corporation Law (DGCL) besteht allerdings kein appraisal right, wenn Aktien der fraglichen Gattung oder Klasse zu dem Zeitpunkt, zu dem die Aktionäre von einem merger in Kenntnis gesetzt wurden, entweder (i) an einer US-amerikanischen Börse zum Handel zugelassen waren oder (ii) nach den Unterlagen der corporation von mindestens 2.000 Aktionären gehalten wurden und Aktien einer dritten Gesellschaft, welche die Aktionäre im Zuge des mergers erhalten, bei Wirksamwerden des merger an einer nationalen Börse zum Handel zugelassen sein oder von mindestens 2.000 Aktionären gehalten werden.[63] Dieser sog. market-out exception liegt die Erwägung zugrunde, dass es eines Barabfindungsrechtes zugunsten dissentierter Aktionäre nicht bedarf, wenn und weil diese die ihnen zustehende Abfindung durch einfache Veräußerung ihrer Beteiligung zu einem angemessenen

---

[57] § 216 (1) DGCL; vgl. auch Junius, in: Semler/Volhard, a.a.O., § 36, Rdnr. 39; Decher, The Daimler-Chrysler Merger, in: Norbert Horn, Cross-Border Mergers and Acquisitions and the Law, The Hague 2001, S. 105, 110.

[58] Vgl. Stöcker, a.a.O., S. 239; Decher, in: Horn, a.a.O., S. 105, 110.

[59] Stöcker, a.a.O., S. 39.

[60] Vgl. Merkt/Göthel, a.a.O., Rdnr. 1207.

[61] Wörtlich übersetzt bedeutet appraisal Schätzung, Taxierung oder Bewertung. Bewertet wird der Anteil, den der dissentierende shareholder hält. Auf diese Weise ermittelt man die Höhe der Abfindung, die der shareholder beim Ausscheiden aus der corporation erhält; das appraisal right beinhaltet also einen Anspruch auf (gerichtliche) Schätzung, vgl. Merkt/Göthel, a.a.O., Rdnr. 1208, Fn. 121.

[62] Merkt/Göthel, a.a.O., Rdnr. 1208.

[63] Vgl. Stöcker, a.a.O., S. 50, Fn. 92; Merkt/Göthel, a.a.O., Rdnr. 1212; Decher, in: Horn, a.a.O., S. 105, 110.

Preis – an der Börse zum Börsenkurs oder an einem hinreichend großen over-the-counter market – erzielen können und ein appraisal right damit überflüssig wäre.[64]

3.3.3 Vollzug des merger

Die surviving corporation hat zum Wirksamwerden des mergers ein Zertifikat bei dem Secretary of State einzureichen, der dieses mit dem Vermerk „filed" versieht (filing des merger certificate). Die Vermögenswerte beider Gesellschaften werden mit Vollzug des mergers von der surviving corporation fortgeführt. Die Aktionäre der Zielgesellschaft erhalten die merger consideration als Gegenleistung für ihre Aktien an der Zielgesellschaft.

3.4 Besonderheiten im Fall Evotec und Renovis

Die vorliegende Ausgangslage weicht insofern von dem in den USA spielenden Normalfall ab, als Evotec kein US-Erwerber, sondern eine ausländische Erwerbergesellschaft ist. Ferner wurden anstatt US-Stocks ADRs angeboten. Im Ergebnis sollten die Renovis-Aktionäre junge Aktien der Evotec in Form von ADRs als Gegenleistung für ihre Renovis-Aktien erhalten. Hierfür war eine Sachkapitalerhöhung auf Ebene der Evotec erforderlich. Dabei darf die Ausgabe neuer Aktien nur gegen die Einbringung einer werthaltigen Sacheinlage erfolgen (vgl. § 183 Abs. 3 AktG).

Die mit dem reverse triangular merger verbundenen Gestaltungsmöglichkeiten sind nach deutschem Recht grundsätzlich nicht zu erreichen. Zu beachten sind die sich aus den Erwerbs- und Bestandsgrenzen gemäß §§ 71 ff. AktG ergebenden praktischen Schwierigkeiten bei der Ausstattung der Tochter mit den im Rahmen des reverse triangular merger als Akquisitionswährung benötigten Aktien der Erwerbergesellschaft (vgl. §§ 71d S. 2, 71 Abs. 1 Nr. 8 S. 1, Abs. 2 S. 1 AktG).[65] Sofern eigene Aktien nicht als Akquisitionswährung genutzt werden können, bleibt nur der Weg über eine Kapitalerhöhung bei der Erwerbergesellschaft. Eine Sachkapitalerhöhung ist jedoch nicht ohne weiteres möglich, denn die Einbringung der Zielgesellschaft in die Tochtergesellschaft ist keine Sacheinlage in die Muttergesellschaft i.S. des deutschen Aktiengesetzes (vgl. §§ 183, 27 Abs. 1 AktG).[66] Auch die Aktienverschaffungansprü-

---

[64] Vgl. Merkt/Göthel, a.a.O., Rdnr. 1212; Stöcker, a.a.O., S. 50, Fn. 92.

[65] Vgl. Stöcker, a.a.O., S. 249.

[66] Vgl. hierzu die Ausführungen zum forward triangular merger von Baums, in: Festschrift f. Zöllner, a.a.O., S. 71.

che der Aktionäre der Zielgesellschaft gegen die Erwerbergesellschaft, die nach US-amerikanischem Recht verschmelzungsvertraglich, d.h. ohne individuelle Zustimmung der berechtigten Aktionäre der Zielgesellschaft, vereinbart werden können, dürfen nach deutschem Recht nicht als Sacheinlage in die (inländische) Erwerbergesellschaft eingebracht werden.[67] Denn Forderungen gegen die Gesellschaft sind nur unter der allgemein für Sacheinlagen geltenden Voraussetzung einlagefähig, dass ihnen ein objektiv feststellbarer wirtschaftlicher Wert zukommt (vgl. 27 Abs. 2 AktG).[68] Hieran fehlt es bei einem Anspruch auf Lieferung eigener Aktien gegen die Gesellschaft.[69] Zu beachten ist ferner § 187 Abs. 2 AktG.[70]

Darüber hinaus darf gemäß § 56 Abs. 2 S. 1 AktG eine Tochtergesellschaft keine Aktien ihrer Muttergesellschaft zeichnen. Die Tochtergesellschaft der am Erwerb interessierten Gesellschaft kann keine Aktien an der Muttergesellschaft erwerben, um sie in die Zielgesellschaft einzubringen oder den Aktionären der Zielgesellschaft anzubieten.[71] Indes ist der Erwerb gestattet, wenn die Voraussetzungen für den Rückerwerb eigener Aktien bei der Mutter vorliegen, allerdings nur im Umfang von höchstens zehn Prozent des Grundkapitals der Mutter (§§ 71d S. 2, 71 Abs. 1, Abs. 2, S. 1 AktG). Diese Regelung gilt auch für ausländische Tochtergesellschaften.[72]

Nach dem Umwandlungsgesetz (vgl. § 2 UmwG) ist im Fall der Verschmelzung nicht vorgesehen, dass den Aktionären der aufnehmenden Gesellschaft Aktien an einer dritten Gesellschaft, u.U. zuzüglich einer Barzahlung angeboten werden.[73]

Die unter deutschem Recht üblichen Transaktionsstrukturen eignen sich nicht, um eine (börsennotierte) Gesellschaft mit Sitz in den USA zu übernehmen. Nach § 1 WpÜG ist der Geltungsbereich des Gesetzes festgelegt[74] auf Angebote zum Erwerb von Wertpapieren von Aktiengesellschaften oder Kommanditgesellschaften auf Aktien mit Sitz im Inland, sofern deren Wertpapiere zum Handel an einem organisierten Markt zugelassen sind.[75] Neben dem regulierten Markt an einer Börse im Inland ist

---

[67] Vgl. Stöcker, a.a.O., S. 76f.
[68] Vgl. Stöcker, a.a.O., S. 76f.
[69] Vgl. Stöcker, a.a.O., S. 77.
[70] Vgl. Stöcker, a.a.O., S. 77.
[71] Samson/Flindt, NZG 2006, 290, 294.
[72] Stöcker, a.a.O., S. 247.
[73] Vgl. Baums, in Festschrift f. Zöllner, S. 65, 72; Stöcker, a.a.O., S. 248f; Hoffmann, NZG 1999, 1077, 1082.
[74] Vgl. Kalss, a.a.O., in: Semler/Volhard, Bd. 2; § 51, Rdnr. 18.
[75] Vgl. Kalss, a.a.O., in: Semler/Volhard, Bd. 2; § 51, Rdnr. 18.

zwar auch der organisierte Markt i. S. d. Art. 1 Nr. 13 der Richtlinie 93/22/EWG des Rates vom 10.5.1993 in einem anderen Staat des Europäischen Wirtschaftsraumes einbezogen (§ 1 i. V. m. § 2 Abs. 7, Abs. 8 WpÜG).[76] Renovis ist als US-amerikanische Gesellschaft indes keine Zielgesellschaft im Inland i. S. d. WpÜG; mithin ist der Anwendungsbereich dieses Gesetzes nicht eröffnet.

Gemäß dem Wortlaut des § 1 Abs. 1 UmwG können nur „Rechtsträger mit Sitz im Inland" umgewandelt werden.[77] Ob es sich bei § 1 Abs. 1 UmwG um eine abschließende Regelung handelt, kann dahinstehen.[78] Zwar sind gemäß den §§ 122a bis 122l UmwG auch grenzüberschreitende Verschmelzungen innerhalb der Mitgliedstaaten der Europäischen Union möglich. Nach der Legaldefinition des § 122a Abs. 1 UmwG ist eine Verschmelzung dann grenzüberschreitend, wenn mindestens einer der beteiligten Rechtsträger dem Recht eines anderen Mitgliedstaates der EU oder des EWR unterliegt.[79] Es fehlt indes an besonderen Regelungen internationaler grenzüberschreitender Umwandlungen im deutschen Umwandlungsrecht.[80] Wegen der fehlenden Transaktionssicherheit grenzüberschreitender Verschmelzungen außerhalb der EU und des EWR nach dem Umwandlungsgesetz, kann von einer solchen Gestaltung jedenfalls kein Gebrauch gemacht werden.[81] Gerade für die wirtschaftlich bedeutsamen Vorgänge in großen Publikumsgesellschaften hat die unklare Rechtsla-

---

[76] Vgl. hierzu Richter, a. a. O., in: Semler/Volhard, Bd. 2, § 52, Rdnr. 7.

[77] Vgl. hierzu Kallmeyer, in: Kallmeyer, Umwandlungsgesetz, Kommentar, Köln 2006, § 1, Rz. 10; Ganske, WM 1993, 1117 ff.; Neye, ZIP 1994, 917 ff.; Picot/Land, DB 1998, 1601 ff.; Großfeld, AG 1996, 302 ff.

[78] Vgl. zu dem Streit: Kallmeyer, in: Kallmeyer, a. a. O., § 1, Rz. 10; Ganske, WM 1993, 1117 ff.; Neye, ZIP 1994, 917 ff.; Picot/Land, DB 1998, 1601 ff.; Großfeld, AG 1996, 302 ff.; Hoffmann, NZG 1999, 1077, 1078; Decher, in: Festschrift f. Lutter, S. 1209, 1212; Decher, in: Horn, a. a. O., S. 105, 109; Walter, JuS 2003, 206, 207. In der Literatur wird eine direkte Verschmelzung als möglich erachtet. Aufgrund eines völkerrechtlichen besonderen Vertrages zwischen Deutschland und den USA folge das Kollisionsrecht im Verhältnis zu US-Gesellschaften abweichenden Grundsätzen. Nach Art. XXV Abs. 5 des Freundschafts-, Handels- und Schifffahrtsvertrages vom 29.10.1954 (BGBl II 1956, 487) seien die Gesellschaften des anderen Vertragsteils schon anzuerkennen, wenn diese in dessen Gebiet errichtet sind. Daher sei eine Verschmelzung mit einer deutschen Körperschaft im Anschluss an eine Sitzverlegung anzuerkennen, vgl. Hoffmann, NZG 1999, 1077, 1083. In der Praxis ist dieser Weg indes ebenso mit Rechtsunsicherheit behaftet und daher unwahrscheinlich, vgl. hierzu Walter, JuS 2003, 206, 207.

[79] Marsch-Barner, in: Kallmeyer, a. a. O., § 122a, Rz. 3.

[80] Vgl. Stöcker, a. a. O., S. 69 f; siehe hierzu auch Hoffmann, NZG 1999, 1077, 1079; Baums, Globalisierung und deutsches Gesellschaftsrecht: Der Fall Daimler-Chrysler, abrufbar unter www.jura.uni-frankfurt.de/fb/fb01/ifawz1/baums/Bilder_und_Daten/Arbeitspapiere/paper.pdf.

[81] Vgl. auch Picot/Land, DB 1998, 1601, 1607; Hoffmann, NZG 1999, 1077; 1078; Samson/Flindt, NZG 2006, 290, 293.

ge denselben Effekt wie ein Verbot.[82] Darüber hinaus wird vielfach mangels eines einheitlichen internationalen Steuerrechts eine grenzüberschreitende Verschmelzung nicht in Betracht kommen.[83]

Eine weitere Besonderheit der vorliegenden Transaktion bestand darin, dass die deutschen Aktien der Erwerbergesellschaft in den USA als ADRs zum Börsenhandel zugelassen werden mussten. Den Renovis-Aktionären war eine attraktive Akquisitionswährung anzubieten. Zudem waren steuerliche Nachteile zu vermeiden. Appraisal rights sind bei einem merger nur gegen an einer US-Börse zugelassene Wertpapiere ausgeschlossen.[84]

Aufgrund des mangelnden Anwendungsbereiches und der Praktikabilität deutscher Transaktionsstrukturen bestand für Evotec ein Ziel darin, die o.g. Vorteile des reverse triangular merger, einschließlich der mit der Übernahme einhergehenden US listings, zu nutzen.

3.5 Transaktionsstruktur Evotec und Renovis

3.5.1 Merger zwischen Renovis und merger sub

Evotec, vertreten durch ihren Vorstand, und die Renovis, vertreten durch ihr board of directors, haben ein Merger Agreement[85] abgeschlossen, in dem alle wesentlichen Pflichten beider Gesellschaften festgehalten und die beabsichtigte Transaktion beschrieben wurde. Die Erwerbergesellschaft Evotec verpflichtete sich unter dem Merger Agreement unter dem General Corporation Law of the State of Delaware (DGCL) eine 100 %-ige Tochtergesellschaft (nachfolgend „merger sub") zu gründen.[86] Evotec bestellte einen Treuhänder, der in drei Funktionen handelte; er trat auf als contribution agent, als depositary und als exchange agent.[87] Der Treuhänder handelte in der

---

[82] Vgl. Hoffmann, NZG 1999, 1077, 1079.
[83] Vgl. Samson/Flindt, NZG 2006, 290, 293.
[84] Vgl. oben 3.3.2.2.
[85] Vgl. Agreement and Plan of Merger zwischen Evotec und Renovis vom 18. Sept. 2007, Annex 1 des Form F-4, abrufbar unter http://www.sec.gov.
[86] Vgl. Merger Agreement, Section 1.1.
[87] Vgl. Merger Agreement, Section 1.2.

Funktion des contribution agents nur in der Zeit vor der „Effective Time"[88] für Evotec.[89] Die Aktien der merger sub wurden unmittelbar vor der Transaktion („one day prior to the Effective Time") von dem Treuhänder in der Funktion des contribution agent übernommen.[90] Gemäß dem Merger Agreement entfaltete der merger beim Vollzug die darin geregelten sowie die in Sec. 259 DGCL aufgestellten Wirkungen.[91] Laut Merger Agreement wurde die Tochtergesellschaft auf die Renovis verschmolzen. Die merger sub erlosch („the separate corporate existence shall cease") und Renovis bestand weiter als die „surviving corporation".[92] Das Vermögen der merger sub ging auf die surviving corporation über. Es fand eine Umfirmierung der surviving corporation statt. Die Satzung wurde neu ausgestaltet. Das certificate of incorporation und die Satzung der merger sub wurden die der surviving corporation.[93] Zur Effective Time wurden sämtliche Aktien der Renovis in das Recht, 0,5271 Evotec-ADRs pro Renovis-Aktie und einen baren Ausgleichsbetrag für etwa entstehende Bruchteile (die sog. „Merger Consideration") zu erhalten, umgewandelt.[94] Zur Effective Time wurden sodann sämtliche Renovis-Aktien unwirksam („shall automatically be cancelled and shall cease to exist") und jeder Aktionär hatte keine Rechte mehr aus diesen Aktien außer das Recht, die Merger Consideration zu erhalten.[95] Gleichzeitig wurde jede bestehende Aktie der merger sub in eine Aktie der surviving corporation umgewandelt.[96] Diese neuen surviving corporation-Aktien, die ausschließlich von dem contribution agent als bisher alleinigem Aktionär der merger sub gehalten wurden, verkörperten wirtschaftlich weiterhin alle bisher bestehenden Renovis-Aktien. Der nun für die Renovis-Aktionäre als Treuhänder agierende contribution agent wurde folglich alleiniger Aktionär der surviving corporation. Zum Zeitpunkt des Vollzuges des Mergers musste Evotec aus steuerlichen Gründen die

---

[88] The „effective time"ist wie folgt definiert: Subject to the provisions of this Agreement, at the Closing, the Parties shall cause the Merger to become effective by the surviving Corporation to execute and file in accordance with the DGCL a certificate of merger with the Secretary of State of State of Delaware (the „Certificate of Merger"). The Merger shall become effective upon such filing, or at such later date and time as is agreed to by Parent and the Company and set forth in the Certificate of Merger.; vgl. Merger Agreement, Section 1.5.
[89] Vgl. Merger Agreement, Section 1.2.
[90] Vgl. Merger Agreement, Section 1.2.
[91] Vgl. Merger Agreement, Section 1.6.
[92] Vgl. Merger Agreement, Section 1.3.
[93] Vgl. Merger Agreement, Section 1.7.
[94] Vgl. Merger Agreement, Section 1.9 (a).
[95] Vgl. Merger Agreement, Section 1.9 (b).
[96] Vgl. Merger Agreement, Section 1.9 (c).

Kontrolle über die merger sub haben.[97] Nach dem Vollzug des mergers handelte der contribution agent jedoch als Treuhänder der Renovis-Aktionäre.[98]

3.5.2   Kapitalerhöhung bei Evotec

Unmittelbar nach Vollzug des mergers wurden die Aktien der surviving corporation durch den contribution agent in die Evotec als Sacheinlage eingebracht.[99] Hierzu führte Evotec eine Kapitalerhöhung aus genehmigten Kapital gem. § 202 AktG unter Ausschluss der Bezugsrechte der Aktionäre gem. §§ 186 Abs. 3 und 4, 203 Abs. 2 AktG durch, um neue Aktien als Gegenleistung für die Aktien der surviving corporation ausgeben zu können.[100] Der contribution agent zeichnete die Aktien entsprechend dem deutschen Aktiengesetz. Die Übertragung der Aktien der surviving corporation erfolgte durch Einbringungsvertrag (contribution agreement).[101] Anschließend war die Sachkapitalerhöhung zum Handelsregister anzumelden und wurde mit ihrer Eintragung wirksam. Aufgrund von § 56 AktG durfte der contribution agent zum Zeitpunkt der Unterzeichnung des Zeichnungsscheines und der Einbringung der Aktien der surviving corporation nicht von Evotec kontrolliert werden. Die Vorschrift enthält ein Verbot der Zeichnung eigener Aktien (§ 56 Abs. 1 AktG) und sichert nahe liegende Umgehungsformen wie die Zeichnung über Tochterunternehmen ab.[102] § 56 Abs. 3 AktG verbietet zwar nicht die Zeichnung von Aktien für Rechnung der Aktiengesellschaft oder ihres Tochterunternehmens; der Erwerber hat aber volle Pflichten und keine Rechte.[103] Davon umfasst wäre auch die Zeichnung durch ein Unternehmen, an dem die Emittentin zwar nicht selbst, aber als Treugeber über einen Treuhänder beteiligt ist.[104]

Um die Gestaltung des reverse triangular merger nach dem Recht des Bundesstaates Delaware für grenzüberschreitende Unternehmenszusammenschlüsse mit Beteiligung einer deutschen Erwerbergesellschaft nutzbar zu machen, bedurfte es der Modifizierung des Grundfalles des reverse triangular mergers durch Zwischenschaltung eines US-Treuhänders, der die Aktien der surviving corporation zur Effective Time

---

[97] Siehe unten 4.1.3; Merkt/Göthel, a.a.O., Rdnr. 1187; Kohl/Storum, M&A Lawyer 2002, 1 ff.; Abahoonie/Brenner, Tax Planning for Mergers and Acquisitions, in: Rock/Rock/ Sikora, The Mergers & Acquisition Handbook, New York 1994, S. 219, 222.
[98] Vgl. Merger Agreement, Section 1.2.
[99] Vgl. Merger Agreement, Section 1.14 (a) (i) (C).
[100] Vgl. Merger Agreement, Section 1.14.
[101] Vgl. Merger Agreement, Section 1.14 (a) (i) (C).
[102] Vgl. Hüffer, Aktiengesetz, München 2006, § 56, Rdnr 1.
[103] Vgl. Hüffer, a.a.O., AktG, § 56, Rdnr 1.
[104] Vgl. hierzu allgemein Hüffer, a.a.O., AktG, § 56, Rdnr 12.

erhielt und diese in die Erwerbergesellschaft einbringen sowie die neuen Aktien der Erwerbergesellschaft zeichnen konnte.[105] Nach der Eintragung der Sachkapitalerhöhung in das Handelsregister wurden die Aktien an den contribution agent ausgegeben.[106]

3.5.3 Schaffung der ADRs und Weiterleitung an die Renovis-Aktionäre

Der contribution agent hinterlegte die Evotec-Aktien beim depository.[107] Die ADRs wurden vertraglich zwischen der deutschen Gesellschaft und einer Auslandsbank als depositary geschaffen.[108] Grundlage war der zwischen Evotec und dem depository abgeschlossene Depotvertrag (depositary agreement).[109] Der depositary gab nunmehr ADRs an den exchange agent aus. Die ADRs repräsentieren die beim depositary hinterlegten Aktien. Unter dem Merger Agreement verpflichtete sich Evotec zum Abschluss eines Exchange Agent Agreements, worin die Verpflichtungen des exchange agents geregelt waren.[110] Der exchange agent hatte die ADRs an die Renovis-Aktionäre zu liefern.[111] Die Ausgabe der Merger Consideration (ADRs und Spitzenbeträge[112] in Cash) erfolgte gegen Erhalt der Renovis-Aktienzertifikate. Die bisherigen Renovis-Aktionäre erhielten Evotec American Depository Shares (ADSs), wobei für je eine Renovis-Aktie jeweils 0,5271 ADSs ausgegeben wurden. Ein ADS repräsentiert jeweils zwei Evotec-Aktien, somit erhielt ein Renovis Aktionär für jede Renovis-Aktie umgerechnet 1,0542 Evotec-Stammaktien. Die gegenwärtigen Evotec-Aktionäre besaßen infolgedessen nach der Kapitalerhöhung ungefähr 68,8 % des zusammengelegten Unternehmens, während Renovis-Aktionäre durch die Kapitalerhöhung insgesamt 31.2 % erhielten. Dieses Umtauschverhältnis legte den Schlusskurs der Evotec-Aktie von 3,25 Euro am 17. September 2007 zugrunde und entsprach einem Kaufpreis von 4,75 US-Dollar pro Renovis-Stammaktie, also einem Gesamtpreis von ungefähr 151,8 Mio. US-Dollar.

---

[105] Vgl. Stöcker, a.a.O., S. 75.

[106] Vgl. Merger Agreement, Section 1.14 (a) (F).

[107] Vgl. Merger Agreement, Section 1.6.

[108] Harrer/Fisher/Evans, RIW 2003, 81, 83.

[109] Vgl. Merger Agreement, Section 1.2.

[110] Vgl. Merger Agreement, Section 1.14.

[111] Vgl. Merger Agreement, Section 1.14.

[112] Die Renovis-Aktionäre erhalten zusätzlich Barzahlungen. Diese lassen sich nicht vermeiden, weil sich bei dem Umtausch der Anteile Spitzenbeträge ergeben können, die sich nicht in Aktien ausgleichen lassen, vgl. hierzu Marsch-Barner, in: Kallmeyer, a.a.O., UmwG, § 68, Rdnr. 17.

4 Kapitalmarktrechtliche Aspekte

Von besonderer Bedeutung sind weiterhin die Anforderungen, die das US-amerikanische und das deutsche Kapitalmarktrecht an die Durchführung der vorliegenden Transaktion stellen.

4.1 Erfordernis der Zulassung der Wertpapiere an US-Börse

4.1.1 Attraktive Akquisitionswährung

Damit Aktien der Evotec als merger consideration angeboten werden konnten, mussten diese in den USA börsennotiert sein, um den Aktionären der Renovis eine attraktive Akquisitionswährung bieten zu können. Die Attraktivität eines Angebots liegt aus der Sicht der Aktionäre gerade in der Möglichkeit des problemlosen Weiterverkaufs in einem liquiden Markt.[113] Ausländische Unternehmen nutzen im Rahmen eines Unternehmenskaufs oder Zusammenschlusses daher regelmäßig ein listing an US-Börsen, um den Aktionären der Zielgesellschaft liquide Aktien in einem für US-amerikanische Investoren vertrauten Markt anzubieten.[114] Aus den oben bereits dargestellten Gründen[115] nutzen ausländische Emittenten in den USA häufig ADRs als Finanzierungs- und Strukturierungsmittel bei Unternehmensverschmelzungen und -käufen.[116] An der NASDAQ gelistete ADRs sind für die Aktionäre der Renovis weitaus attraktiver als Aktien, die lediglich an der Frankfurter Wertpapierbörse gehandelt werden können.

4.1.2 Bewertung der Biotechnologie an US-Börsen

Ein weiterer Beweggrund für den Gang an die US-Börse stellt die Größe des US-amerikanischen Marktes dar, durch die es in den USA gegenüber Deutschland eine höhere Spezialisierung der Researchanalysten gibt und daher angenommen wird, dass das Potential junger Wachstumsunternehmen besser verstanden und fairer bewertet wird.[117] An der NASDAQ werden viele junge, innovative Technologieunternehmen aus der Informationstechnologie, Telekommunikation und eben auch der

---

[113] Vgl. Ekkenga/Maas, Das Recht der Wertpapieremissionen, Berlin 2006, Rdnr. 158.
[114] Vgl. Zarb, in: von Rosen/Seifert, a.a.O., S. 325, 331.
[115] Siehe hierzu oben unter 3.1.4.
[116] Vgl. Bungert/Paschos, DZWir 1995, 221, 222.
[117] Vgl. Hülsebeck, DStR 2000, 894.

Biotechnologie gehandelt.[118] Am NASDAQ-Markt sind etwa 300 Biotechnologie von insgesamt 1.300 Bio-Tech-Unternehmen in den USA börsennotiert, was diesen Markt für Unternehmen aus dieser Branche empfiehlt.[119] Denn die US-Firmen der Bio-Tech-Branche machen einen 7-mal größeren Umsatz als alle Bio-Tech-Firmen in der EU; sie treiben einen 4-mal so hohen Forschungs- und Entwicklungsaufwand wie alle EU-Firmen dieser Branche.[120] Der in den USA angesiedelte NASDAQ-Markt ist also mit den Werten der Biotechnologie vertraut.[121]

4.1.3 Vermeidung steuerlicher Nachteile hinsichtlich der Gegenleistung

Wenn ein Unternehmen bei einer Übernahme oder einem Zusammenschluss eine Gegenleistung anbietet, sollten bei der Durchführung der Transaktion für die Aktionäre der Zielgesellschaft keine steuerlichen Nachteile entstehen. Im Optimalfall ist die Transaktion steuerneutral, es fallen also keine Steuern für die Aktionäre der Zielgesellschaft an. Im US-amerikanischen Steuerrecht wird der merger als „reorganization" bezeichnet[122] und ist unter den Voraussetzungen des § 368 des Internal Revenue Code steuerbefreit. Auch der reverse triangular merger ist in den Kreis der steuerbefreiten reorganization einbezogen.[123] Dementsprechend wurde die vorliegende Transaktion als steuerbefreite reorganization ausgestaltet.[124]

---

[118] Vgl. Hülsebeck, DStR 2000, 894, 895.

[119] Vgl. Claussen, in: von Rosen/Seifert, a.a.O., S. 399.

[120] Vgl. Claussen, in: von Rosen/Seifert, a.a.O., S. 399.

[121] Vgl. Claussen, in: von Rosen/Seifert, a.a.O., S. 399.

[122] Section 368 I.R.C. definiert dabei eine steuerbefreite corporate reorganization: In transactions that fall within this definition, the transferor of stock or property does not recognise either gain or loss on the transaction if stock in another corporation is received in return. The rationale behind this rule is that the stock represents a continuation of the old investment and, therefore, any gain or loss on the investment should be deferred until the investment is sold, vgl. Abahoonie/Brenner, in: Rock/Rock/Sikora, a.a.O., S. 219, 220, vgl. auch Patton/Monette, Bulletin 2001, 440, 447.

[123] Vgl. Merkt/Göthel, a.a.O., Rdnr. 1189. In a reverse triangular merger, the first-tier subsidiary of the acquiring corporation is merged into the target and the target becomes the surviving entity. The target must restrain substantially all of the subsidiary's assets (if any) and substantially all of its own assets. The target's shareholders receive voting stock of the acquiring parent corporation in exchange for the parent's assumption of a controlling interest in the target. As in a „B" reorganization, control is defined as ownership of at least 80 percent of the voting power plus at least 80 percent of the total number of shares of all non-voting classes of stock, vgl. Abahoonie/Brenner, in: Rock/Rock/Sikora, a.a.O., S. 219, 222.

[124] Vgl. F-4, S. 191; Merger Agreement, Section 5.16.

4.2 Zulassung an der NASDAQ

Die Zulassung an der NASDAQ erfolgt u.a. unter den nachfolgenden Voraussetzungen.

4.2.1 Zulassungsverfahren als foreign private issuer

Die Voraussetzungen zur Notierung an der NASDAQ richten sich zum einen nach Marktstreuung und zum anderen nach der Größe des Emittenten.[125] Das Zulassungsverfahren besteht im Wesentlichen aus dem Zulassungsantrag sowie einem Vertrag mit der NASDAQ (listing agreement) und steht unter dem Vorbehalt der Wirksamkeit des entsprechenden Registrierungsantrags.[126] Unter das Zulassungsverfahren als foreign private issuer fällt jeder ausländische Emittent, der nicht die folgenden Voraussetzungen erfüllt: Mehr als 50 % der stimmberechtigten Anteile werden direkt oder indirekt von Einwohnern der USA gehalten, und die Mehrheit der Executive Officers oder Directors sind US-Bürger oder US-Einwohner, oder mehr als 50 % des Vermögens des Emittenten befinden sich in den USA, oder die Geschäftsführung des Emittenten wird hauptsächlich in den USA geführt.[127]

4.2.2 Billigung des F-4 durch die SEC

In den USA werden Neuemissionen durch den Securities Act von 1933 (SA) geregelt. Demnach muss ein Unternehmen, wenn es seine Aktien öffentlich zum Kauf anbietet, die Wertpapiere gemäß den Vorgaben des SA registriert haben.[128] Nach Sec. 5 SA dürfen nur dann Wertpapiere emittiert werden und mit Hilfe postalischer oder sonstiger Kommunikations- oder Transporteinrichtungen im zwischenstaatlichen Handel vertrieben werden, wenn sie zuvor bei der SEC registriert wurden[129] und die Käufer vor dem Erwerb der Papiere einen Prospekt erhalten haben. Der Prospekt ist

---

[125] Vgl. hierzu Werlen, in: Habersack/Mülbert/Schlitt, § 30, Rdnr. 123.

[126] Vgl. NASDAQ Manual, Rule 4320 (a) (1); (b); Rule 4350 (j); Hutter, in: Semler/Volhard, a.a.O., Bd. 1, § 23, Rdnr. 251.

[127] Siehe Rule 405 SA.

[128] Ferner ist die Erstellung eines Form F-6 erforderlich, das der Registrierung der ADRs dient. Bei der Frage, in welcher Form ADRs und die hinterlegten Wertpapiere bei der SEC zu registrieren sind, kommt es auf die Art und Weise der ADR-Emissionen sowie darauf an, ob gleichzeitig eine Platzierung der hinterlegten Wertpapiere stattfindet und in welchem Markt schließlich die ADRs gehandelt werden sollen. Vgl. hierzu Schuster, Die internationale Anwendung des Börsenrechts, Völkerrechtlicher Rahmen und kollisionsrechtliche Praxis in Deutschland, England und den USA, Berlin 1996, S. 397; von Dryander, in: von Rosen/Seifert, a.a.O., S. 81, 88.

[129] Vgl. Aha, AG 2002, 313, 315.

gesetzlich in dem SA als ein Pflichtteil der Registration Statements verankert.[130] Für deutsche Gesellschaften, wenn sie unter die Definition des foreign private issuer nach dem SA fallen, kommen die Anträge auf Form F-1, F-2, F-3, die jeweils im Zusammenhang mit dem öffentlichen Angebot von Wertpapieren eingesetzt werden, und für Unternehmenszusammenschlüsse bzw. bei Umtauschangeboten der F-4 zur Registrierung der in den USA anzubietenden Wertpapiere, in Betracht.[131] Die Formulare, die zur Registrierung von Neuemissionen ausländischer Unternehmen unter dem SA der SEC einzureichen sind, unterscheiden sich nicht durch ihren Aufbau und Inhalt, sondern vielmehr durch ihre Informationsbreite und -tiefe.[132] Die Antragsformulare verlangen im Grundsatz die gleichen Informationen entweder durch Darstellung im Prospekt, durch Einreichung zusätzlicher Offenlegungsdokumente bei der SEC oder durch einen Verweis auf nach dem Securities Exchange Act von 1934 (SEA) bereits bei der SEC eingereichten Unterlagen (sog. incorporation by reference).[133] Die Formulare stellen keine auszufüllenden Blanko-Vordrucke, sondern eine Anleitung zur Erstellung der SEC Registrierungserklärungen dar.[134] Der erste Teil enthält die Informationen, die später auch im Verkaufsprospekt wiedergegeben werden, so dass dieser Teil als klassischer Prospekt bezeichnet werden kann.[135] Der Antragsteller muss detaillierte Informationen über Geschäftslage, Geschäftstätigkeit sowie Produktpalette und die allgemeine Geschäftsentwicklung während der letzten fünf Jahre einschließlich Unternehmenskäufe und -verkäufe darlegen.[136] Form F-4 ist an Unternehmen gerichtet, die eine Emission mittels Unternehmenszusammenschluss anstreben sowie Verschmelzungen oder Umwandlungen, die Umtauschangebote von Wertpapieren enthalten und enthält diesbezügliche Sonderregelungen.[137] Während die Anforderungen an die Offenlegung von Informationen für Registrierungsanträge auf Form F-4 generell denen der Form F-1, F-2 und F-3 entsprechen, verlangt Form F-4 für Unternehmenszusammenschlüsse darüber hinaus im Prospekt

---

[130] Hülsebeck, DStR 2000, 894, 899.

[131] Vgl. Rule 405 SA und SEC Rule 145; Hutter, in: Semler/Volhard, a.a.O., Bd. 1, § 37, Rz. 167; ders., in: Semler/Volhard, a.a.O., Bd. 1, § 23, Rdnr. 194.

[132] Zachert, ZIP 1993, 1426, 1426.

[133] Hutter, in: Semler/Volhard, a.a.O., Bd. 1, § 23, Rdnr. 194.

[134] Das Formular F-4 ist auf der Internetseite der SEC abrufbar unter www. sec/gov/forms/ formf-4.pdf.; vgl. auch Zachert, ZIP 1993, 1426, 1426; Hutter, in: Semler/Volhard, a.a.O., Bd. 1, § 37, Rz. 169; ders., in: von Rosen/Seifert, a.a.O., S. 115, 120; Wilhelm, Die Registrierungs- und Publizitätspflichten bei der Emission und dem Handel von Wertpapieren auf dem US-amerikanischen Kapitalmarkt, Lohmar, Köln 1997, S. 47.

[135] Vgl. Küting/Hayn, WPg 1993, 401, 406.

[136] Küting/Hayn, WPg 1993, 401, 406; Hutter, in: Semler/Volhard, a.a.O., Bd. 1, § 23, Rdnr. 197 ff.

[137] Vgl. Küting/Hayn, WPg 1993, 401, 409; Hazen, a.a.O., § 3.4[4][F]; Zachert, ZIP 1993, 1426, 1427; Schuster, a.a.O., S. 367; Hutter, in: Semler/Volhard, a.a.O., Bd. 1, § 23, Rdnr. 205; ders., in: von Rosen/Seifert, a.a.O., S. 115, 137.

Informationen betreffend das Übernahmeangebot, einschließlich pro-forma Finanzinformationen, ausgewählte Finanzdaten des Emittenten und der erworbenen Gesellschaft für einen Zeitraum von fünf Jahren, Informationen zu behördlichen Genehmigungen, wesentliche Verträge zwischen den beteiligten Gesellschaften und Angaben zu den Weiterverkäufen der betroffenen Wertpapiere.[138] Der Registrierungsantrag Schedule A umfasst demnach zwei Teile, den sog. Prospekt, der nach der Genehmigung des Registrierungsantrags als Verkaufs- bzw. Angebotsprospekt genutzt wird, und andererseits die zusätzlichen Informationen, die ausschließlich der SEC eingereicht werden und somit nicht für die Öffentlichkeit bestimmt sind, aber bei der SEC zur öffentlichen Einsichtnahme verbleiben.[139] Den Inhalt des Registrierungsantrages schreibt Sec. 7 SA vor. Der Inhalt des Prospekts ist in Sec. 10 SA spezifiziert. Über das elektronische Datensystem der SEC, Electronic Data Gathering Analysis and Retrieval System (EDGAR), sind die Registrierungsdokumente, Prospekte, periodische Berichte und andere Dokumente im Rahmen des SA, des SEA, bei der SEC einreichen.[140] Das F-4 wird durch die SEC geprüft und gebilligt (vgl. Sec. 5 SA). Grundlage für die Bestimmung des Zeitpunkts, an dem der Registrierungsbericht wirksam wird, sowie für die Vorgehensweise der SEC bei Mängeln des Antrags sind die Vorschriften der Sec. 8 SA.[141] Allgemein kann zwanzig Tage nach der Einreichung des Berichts mit dem Vertrieb der Wertpapiere begonnen werden, sofern die SEC keine Berichtigungen oder Ergänzungen des Antrags anordnet.[142] Darüber hinaus ist die SEC ermächtigt, den Registrierungsbericht schon vor Ablauf der zwanzig Tage für wirksam zu erklären.[143]

Des Weiteren entspricht es dem US-Marktstandard, dass die Pflichtangaben des F-4 um bestimmte Angaben ergänzt werden, die nach erstmaliger Registrierung der Aktien von einem Foreign Private Issuer jährlich im sog. Form 20-F veröffentlicht werden müssen.[144]

---

[138] Hutter, in: von Rosen/Seifert, a.a.O., S. 115, 137; Hutter, in: Semler/Volhard, a.a.O., Bd. 1, § 23, Rdnr. 205.

[139] Vgl. Hülsebeck, DStR 2000, 894, 897f; Wilhelm, a.a.O., S. 47; Küting/Hayn, WPg 1993, 401, 406; Hutter, in: von Rosen/Seifert, a.a.O., S. 115, 121.

[140] Siehe EDGAR Filer Manual, erhältlich unter http://www.sec.gov/info/edgar/filermanual.html.; vgl. Strauch, in: Marsch-Barner/Schäfer, Handbuch börsennotierte AG, Aktien- und Kapitalmarktrecht, Köln 2005, § 10, Rz. 62; hierzu auch Hazen, a.a.O., § 9.3; Hutter, in: Semler/Volhard, a.a.O., Bd. 1, § 37, Rdnr. 166.

[141] Vgl. Wilhelm, a.a.O., S. 63; Werlen, in: Habersack/Mülbert/Schlitt, Unternehmensfinanzierung am Kapitalmarkt, Köln 2005, § 30, Rdnr. 35.

[142] Vgl. Sec. 8 (a) SA; Wilhelm, a.a.O., S. 63.

[143] Werlen, in: Habersack/Mülbert/Schlitt, a.a.O., § 30, Rdnr. 35; Wilhelm, a.a.O., S. 63 f.

[144] Vgl. Seibt/von Bonin/Isenberg, AG 2008, 565, 576; vgl. zum Formular 20-F die Ausführungen unter 4.3.1.

4.2.3 Anpassung der corporate governance der Gesellschaft und zukünftige Beachtung des US-Kapitalmarktrechts

Die NASDAQ stellt Mindestkriterien für die Notierung auf.[145] Dazu gehören auch bestimmte Offenlegungspflichten und corporate governance standards.[146] Die Satzung und die Geschäftsordnung für die Geschäftsleitung müssen bestimmten Anforderungen der NASDAQ genügen und daher häufig angepasst werden. Weitere Voraussetzungen für eine Zulassung an der NASDAQ sind u.a., dass die Gesellschaft Jahres- und Zwischenberichte an die Aktionäre verteilt, mehrheitlich unabhängige Mitglieder im board of directors (independent directors) hat (bei einer deutschen AG bezieht sich diese Vorschrift auf den Aufsichtsrat), einen Prüfungsausschuss (audit commitee) bildet, jährlich eine Hauptversammlung abhält, zu der sie die für die Stimmrechtsvergabe relevanten Unterlagen versendet, und Transaktionen mit nahe stehenden Personen zur Vermeidung von Interessenkonflikten durch den Prüfungsausschuss überprüfen lässt.[147] Darüber hinaus muss die Gesellschaft zahlreiche Dokumente und Informationen zur Verfügung stellen.[148]

4.3 Geltung von SEA und SEC-Regulations

4.3.1 Berichtspflichten

Neben den Zulassungsfolgepflichten der jeweiligen Börse bzw. der NASDAQ ergeben sich auch aus dem SEA und den hierzu von der SEC erlassenen Vorschriften weitere wertpapierrechtliche Folgepflichten. Sec. 15 (d) des SEA sieht eine fortlaufende Berichtspflicht für Gesellschaften vor, deren Wertpapiere unter dem SA registriert wurden.[149] Diese Pflicht umfasst unter anderem für Foreign Private Issuer eine jährliche Berichterstattung auf Formblatt 20-F sowie einen Bericht auf SEC-Formblatt 6-K.[150]

Die Form 20-F hat eine duale Funktion. Sie dient einerseits als Registrierungsantrag nach dem SEA im Zusammenhang mit der Notierung von Wertpapieren einer auslän-

---

[145] Vgl. hierzu Werlen, in: Habersack/Mülbert/Schlitt, a.a.O., § 30, Rdnr. 124.
[146] Vgl. NASDAQ Manual, Rules IM-4120-1 und 4350.
[147] Hutter, in: Semler/Volhard, a.a.O., Bd. 1, § 23, Rdnr. 251.
[148] Vgl. Hutter, in: Semler/Volhard, a.a.O., Bd. 1, § 23, Rdnr. 251.
[149] Vgl. Harrer/Fisher/Evans, RIW 2003, 81, 90.
[150] Vgl. Fraune, RIW 1994, 126, 129; Zachert, AG 1994, 207, 218; Harrer/Fisher/Evans, RIW 2003, 81, 90; Lane/Dudek, in: von Rosen/Seifert, a.a.O., S. 335, 358 ff.

dischen Gesellschaft an einer US-amerikanischen Börse, andererseits als Jahresbericht der Gesellschaft im Rahmen ihrer fortlaufenden Berichterstattungspflicht.[151] Form 20-F besteht aus drei Teilen.[152] Teil I einhält u. a. einen Überblick über die Finanzlage und Kapitalstruktur der Gesellschaft; eine Darstellung der mit einer Investition in Wertpapiere der Gesellschaft verbundenen Risiken; eine eingehende Beschreibung der Gesellschaft und ihrer Geschäftstätigkeit; eine Darstellung und Analyse des operativen Ergebnisses und der Finanzlage; Informationen über das Management (inklusive deren Vergütung und Beteiligung an der Gesellschaft); Informationen zu Transaktionen mit verbundenen Unternehmen und sonstigen nahe stehenden Personen (affiliates); quantitative und qualitative Aussagen über Risiken (z.B. Zinsrisiko, Wechselkursrisiko), denen die Gesellschaft in ihren Märkten ausgesetzt ist.[153] Die in Teil I von Form 20-F enthaltenen Informationen entsprechen grundsätzlich denen in Form F-1 nach dem SEA.[154] Teil II enthält bestimmte weitere Informationen, die in nur sehr seltenen Fällen auf eine Gesellschaft Anwendung finden (z.B. Offenlegung eventueller Säumnisse bei Dividendenzahlungen).[155] Teil III der Form 20-F beinhaltet den Finanzteil. Die periodische Berichterstattung gegenüber der SEC hat unter Inanspruchnahme des Formblatts 20-F zu erfolgen, welches Informationen über das Unternehmen und dessen Geschäftslage enthält und einem Jahresbericht gleichkommt.[156] Ausländische Gesellschaften müssen bei der SEC den Jahresbericht auf Formblatt 20-F nicht später als sechs Monate nach Schluss des jeweiligen Geschäftsjahres einreichen.[157]

Ferner müssen ausländische Emittenten der SEC während des Zeitraumes zwischen den Jahresberichten wesentliche Informationen auf Formblatt 6-K mitteilen, sofern diese im Heimatland der Gesellschaft veröffentlicht, einer Börse außerhalb der USA bekannt gegeben werden müssen oder den Aktionären zur Verfügung stehen.[158] Für deutsche Unternehmen bedeutet dies, dass sie innerhalb von zwei Monaten nach Ende des Berichtszeitraums einen Halbjahresbericht bei der SEC einreichen müssen, wenn ihre Aktien am regulierten Markt zugelassen sind.[159]

---

[151] Hutter, in: Semler/Volhard, a.a.O., Bd. 1, § 23, Rdnr. 206.
[152] Siehe General Instructions zu Form 20-F.
[153] Hutter, in: Semler/Volhard, a.a.O., Bd. 1, § 23, Rdnr. 207; Wilhelm, a.a.O., S. 174.
[154] Siehe Form F-1, Instruktion zu Item 4(a); Hutter, in: Semler/Volhard, a.a.O., Bd. 1, § 23, Rdnr. 208; Wilhelm, a.a.O., S. 176.
[155] Hutter, in: Semler/Volhard, a.a.O., Bd. 1, § 23, Rdnr. 208.
[156] Zachert, ZIP 1993, 1426, 1427.
[157] Vgl. § 13 (a) Securities Act i.V.m. Rule 13a-1, 17 C.F.R. § 240.13a-1; Fraune, RIW 1994, 126, 129; Lane/Dudek, in: von Rosen/Seifert, a.a.O., S. 335, 359.
[158] Fraune, RIW 1994, 126, 129; Zachert, ZIP 1993, 1426, 1427; Wilhelm, a.a.O., S. 190.
[159] Vgl. Wilhelm, a.a.O., S. 190.

Emittenten sind verpflichtet, bestimmte Informationen, die bedeutende Änderungen (material changes) ihrer finanziellen Situation oder Geschäfte enthalten, unverzüglich vorzulegen (sog. real time disclosure).[160] Regelmäßige Berichte (current reports) über wesentliche Vorkommnisse (material events) sind gemäß dem Formular 8-K einzureichen.[161]

4.3.2 Insiderregeln – SEC Rule 10b-5

Bei allen Wertpapierkäufen, registrierte Wertpapiere betreffend oder nicht, finden die allgemeinen Vorschriften der US-Bundeskapitalmarktgesetze gegen Betrug Anwendung.[162] Zu beachten sind insbesondere die bundesrechtlichen Regelungen zum insider trading in § 10 (b) des SEA und die dazu ergangene SEC Rule 10b-5, die eine Reihe von Tatbeständen enthalten, die betrügerisches Verhalten im Zusammenhang mit dem Aktienhandel verbieten.[163] Dies sind die zentralen Normen des amerikanischen Insiderrechts, die in ihrem sachlichen Anwendungsbereich weit über das Verbot der klassischen Insidergeschäfte hinausgehen.[164] Als „catch-all"-Betrugstatbestand sollten sie im weitesten Umfang das Betrugsrecht des Common Law ergänzen und über die interstate commerce-Klausel[165] bundesgesetzlicher Regelung zugänglich machen.[166] Sie finden auch Anwendung auf Betrugshandlungen außerhalb der USA, sofern diese wesentliche Auswirkungen auf den US-Markt haben.[167] Eine Verletzung von Rule 10b-5 des SEA kann u.a. zivilrechtliche Klagen zur Folge haben.[168] Nach inzwischen durchgängiger Auffassung steht einem Investor, der durch

---

[160] Sec. 409 SOA i.V.m. Sec. 13(1) SEA; vgl. Kamann/Simpkins, RIW 2003, 182, 186.
[161] Vgl. Kamann/Simpkins, RIW 2003, 182, 186.
[162] Fraune, RIW 1994, 126, 130; vgl. auch Gruson, WM 1995, 89, 96.
[163] Vgl. Wilhelm, a.a.O., S. 211; Merkt/Göthel, a.a.O., Rdnr. 982.
[164] Vgl. Schuster, a.a.O., S. 506; Merkt/Göthel, a.a.O., Rdnr. 983.
[165] Art. I, Sec. 8, § 3 der Amerikanischen Verfassung.
[166] Schuster, a.a.O., S. 506.
[167] Fraune, RIW 1994, 126, 130.
[168] Fraune, RIW 1994, 126, 130; vgl. hierzu Merkt/Göthel, a.a.O., Rdnr. 983, 985ff; Hutter, in: Semler/Volhard, a.a.O., § 23, Rdnr. 216; Gruson, WM 1995, 89, 96.

unzulässiges insider trading geschädigt wurde, ein Ersatzanspruch gegen den Insider zu.[169]

4.3.3 US-GAAP

Auch ein nicht US-amerikanischer Emittent hat grundsätzlich die notwendigen Finanzangaben, so wie US-amerikanische Unternehmen auch, nach US-GAAP (Generally Accepted Accounting Principles) zu erstellen.[170] Alternativ dürfen nicht US-amerikanische Gesellschaften die Finanzdaten auch nach den nationalen Rechnungslegungsgrundsätzen ermitteln und durch einen US-GAAP-Vergleich (US-GAAP reconciliation) ergänzen, in dem die sachlichen Unterschiede der beiden Rechnungslegungsgrundsätze sowie die zahlenmäßigen Auswirkungen bezüglich der letzten Abschlüsse beschreibend dargestellt werden.[171]

4.3.4 Sarbanes-Oxley-Act

Der Sarbanes-Oxley-Act (SOA) aus dem Jahre 2002 enthält strengere Regelungen bezüglich der corporate governance und der Pflichten hinsichtlich der Finanzberichterstattung ebenso wie strengere Vorschriften für Wirtschaftsprüfer, Rechtsanwälte, Analysten und Investmentbanken.[172] Der persönliche Anwendungsbereich ist im SOA nicht allgemein bestimmt, sondern richtet sich nach der jeweiligen SOA-Vorschrift.[173] Den Vorschriften des SOA unterliegen im Grundsatz deutsche Gesell-

---

[169] § 10 (b) und Rule 10b-5 sollten ursprünglich lediglich verhindern, dass Personen schlechte Nachrichten gezielt in Umlauf bringen, um die Kurse nach unten zu drücken. Daher regelten weder § 10 (b) noch Rule 10b-5 die Frage, ob und in welchem Umfang Investoren, die durch unzulässiges insider trading geschädigt wurden, einen einklagbaren Ausgleichsanspruch haben; vgl. Merkt/Göthel, a.a.O., Rdnr. 983; Ebke/Siegel, WM Sonderbeilage 2001, 3, 11. Die Voraussetzungen für eine Haftung nach Rule 10b-5 sind (i) unrichtige oder unvollständige Angaben über eine wesentliche Tatsache im Zusammenhang mit dem Kauf oder Verkauf von Wertpapieren, (ii) ein besonderes Maß an Vorsatz oder Rücksichtslosigkeit, (iii) Kausalität und (iv) Schaden, vgl. Werlen, in: Habersack/Mülbert/Schlitt, a.a.O., § 30, Rdnr. 140.

[170] Vgl. Rule 3-05 der Regulation S-X, 17 C.F.R. § 229.10-802; Harrer/Fisher/Evans, RIW 2003, 81, 89; Küting/Hayn, WPg 1993, 401, 408.

[171] Vgl. Items 17, 18 der Form 20-F; Harrer/Fisher/Evans, a.a.O., RIW 2003, 81, 89f; vgl. auch Junius, in: Semler/Volhard, a.a.O., § 36, Rdnr. 61; Schuster, a.a.O., S. 376; Lane/Dudek, in: von Rosen/Seifert, a.a.O., S. 335, 345f.

[172] Harrer/Fisher/Evans, RIW 2003, 81, 90. Durch den SOA unterliegen Emittenten umfangreicheren Pflichten bei der Erstattung von Geschäftsberichten auf dem Formular 20-F. Insbesondere müssen sie künftig alle sogenannten „off-balance sheet"-Transaktionen, Vereinbarungen und Verpflichtungen veröffentlichen, die Auswirkungen auf die finanzielle Situation des Emittenten haben können (Sec. 404 lit. a). Vgl. auch Kamann/Simpkins, RIW 2003, 182, 186.

schaften, die entweder an einer US-amerikanischen Börse notiert sind oder Berührung mit dem interstate commerce und 500 oder mehr Wertpapierinhaber haben (davon 300 oder mehr mit Sitz in den USA) oder die Wertpapiere öffentlich anbieten und deshalb registrierungspflichtig sind.[174] Dies betrifft auch die foreign private issuer, aus deutscher Sicht also vor allem diejenigen Unternehmen, deren Aktien einschließlich ADRs an der New York Stock Exchange oder der NASDAQ notiert sind.[175] Durch den Sarbanes-Oxley-Act werden diesen Unternehmen erhebliche zusätzliche regulatorische Belastungen aufgebürdet.[176] Der SOA und die dazu ergangenen SEC-Verordnungen schränken die Anwendung auf deutsche Gesellschaften aber zugleich ein, indem sie eine Reihe wichtiger Ausnahmen für foreign private issuers vorsehen.

Die zivilrechtliche Vorschrift Sec. 302 SOA in Verbindung mit § 13 Abs. (a) SEA und die strafrechtliche Vorschrift Sec. 906 SOA sehen vor, dass der Chief Executive Officer (CEO) und der Chief Financial Officer (CFO) des Emittenten jeweils die Jahres- und die Quartalsberichte (Officer Certification) zertifizieren, die der Emittent nach dem SEA einzureichen hat.[177] Foreign private issuers haben die Zertifizierung nach der SEC allerdings nur in Jahresberichten gemäß Form 20-F abgeben.[178] Die Zertifizierung ist gemäß den Rules des SEA als Anhang zum jeweiligen Bericht bei der SEC einzureichen.[179]

Der Emittent ist gem. Sec. 302 SOA verpflichtet, Offenlegungskontrollen und -verfahren (disclosure controls and procedures) einzurichten.[180] Das Management hat in Zusammenarbeit mit dem CEO und dem CFO die Funktionsfähigkeit der disclosure controls zum Ende des Geschäftsjahres zu überprüfen.[181] Über das Ergebnis der

---

[173] Block, BKR 2003, 774, 775.

[174] Block, BKR 2003, 774, 775; vgl. hierzu auch Regelin/Fisher, IStR 2003, 276.

[175] Vgl. Kamann/Simpkins, RIW 2003, 183, 184; Glaum/Thomaschewski/Weber, FB 2006, 182, 182.

[176] Vgl. Glaum/Thomaschewski/Weber, FB 2006, 182, 182. Mit dem SOA geht der US-amerikanische Bundesgesetzgeber über den traditionellen Anwendungsbereich des Kapitalmarktrecht hinaus und regelt nicht nur im Wesentlichen Veröffentlichungspflichten, sondern stellt auch Anforderungen an die innere Struktur börsennotierter Gesellschaften, vgl. hierzu Kersting, ZIP 2003, 2010.

[177] Vgl. Block, BKR 2003, 774, 775, 777; Regelin/Fisher, IStR 2003, 276f; Glaum/Thomaschewski/Weber, FB 2006, 182, 187.

[178] Vgl. hierzu Donald, WM 2003, 705, 707; Regelin/Fisher, IStR 2003, 276, 278; Block, BKR 2003, 774, 777.

[179] Vgl. Block, BKR 2003, 774, 777.

[180] SEA Rule 13a-15 (e), SEA Rule 15d-15(e).

[181] Vgl. § 302 (a) (4) (C) SOA und Rule 13a-15 (b) (1) zum SEA; vgl. Gruson/Kubicek, AG 2003, 393, 394.

Überprüfung der Funktionsfähigkeit der disclosure controls ist in dem jährlich bei der SEC einzureichenden Formblatt 20-F zu berichten.[182] Der CEO und der CFO eines ausländischen Unternehmens haben in Formblatt 20-F zu bestätigen, dass sie für die Einrichtung und Unterhaltung von disclosure controls verantwortlich sind[183], dass sie disclosure controls geschaffen haben, dass sie die Funktionsfähigkeit der disclosure controls überprüft haben und dass sie das Ergebnis der Überprüfung veröffentlicht haben.[184]

Der Emittent ist des Weiteren verpflichtet eine interne Kontrolle des Finanzberichtswesens (internal control over financial reporting) einzurichten.[185] Jeder bei der SEC einzureichende Jahresbericht eines Unternehmens muss einen Bericht über die financial controls enthalten (internal control report).[186] Ausländische Unternehmen haben den Bericht jährlich unter Formblatt 20-F einzureichen.[187]

4.4 Geltung von NASDAQ-Regeln

Parallel zu SEC/EDGAR sind nach den NASDAQ-Regeln weitere Berichtspflichten (z.B. bei Kapitalerhöhung, Satzungsänderungen und Strukturveränderungen) zu beachten, die der NASDAQ nicht später als 15 Tage nach dem eintretenden Ereignis mitzuteilen sind.[188] Der Emittent hat ferner die Zu- bzw. Abnahme in Höhe von 5 % der ausgegebenen Aktien innerhalb von 10 Tagen auf von der NASDAQ vorgegebenen Formblättern zu berichten.[189]

---

[182] Vgl. § 302 (a) (4) (D) SOA und Rule § 229307 (Item 307) Regulation S-K, Item 15 (a) der General Instruction zu Formblatt 20-F und Nr. 4 (c) der Bestätigung (certification) zu Formblatt 20-F; vgl. Gruson/Kubicek, AG 2003, 393, 394.

[183] Vgl. § 302 (a) (4) (A) SOA und Rule 13a-14 (a) zum SEA in Verbindung mit Item 15 (a) der General Instruction zu Formblatt 20-F und Nr. 4 der Bestätigung (certification) zu Formblatt 20-F; vgl. Gruson/Kubicek, AG 2003, 393, 394.

[184] Vgl. § 302 (a) (4) (B)-(D) SOA und Rule 13a-14 (a) zum SEA in Verbindung Nr. 4 (a) und (c) der Bestätigung (certification) zu Formblatt 20-F; vgl. Gruson/Kubicek, AG 2003, 393, 394.

[185] SEA Rule 13a-15 (e), SEA Rule 15d-15(e).

[186] § 404 (a) SOA und Rule § 229308 (a) (Item 308) Regulation S-K; vgl. Gruson/Kubicek, AG 2003, 393, 398.

[187] Vgl. Item 15 (b) zu Formblatt 20-F; vgl. Gruson/Kubicek, AG 2003, 393, 396.

[188] Vgl. NASDAQ Manual, Rule 4320 (e) (15).

[189] Vgl. NASDAQ Manual, Rule 4330 (e) (20).

4.5 Vorteile für foreign private issuers

4.5.1 Einzelne Ausnahmen vom Sarbanes-Oxley-Act

Wie bereits dargestellt, bestehen für einen foreign private issuer einzelne Ausnahmen vom SOA.[190]

4.5.2 Quartalsberichte nicht erforderlich

Ein foreign private issuer hat im Gegensatz zu einem US-amerikanischen Unternehmen, das gemäß SEC Form 10-K vierteljährlich einen Quartalsbericht einreichen muss, diese Pflicht nicht.[191]

4.5.3 Reduzierte Disclosure Regeln

Mit der Regulation FD (Fair Disclosure) hat die SEC im Jahre 2000 eine weitere Publizitätspflicht eingeführt.[192] Regulation FD soll die Gefahr abwenden, dass wichtige Informationen, wie kurzfristige Unternehmensaussichten, an Analysten, Wertpapierhändler und andere im Wertpapiergeschäft tätige Personen weitergeleitet werden, ohne diese Informationen zeitnah zu veröffentlichen und damit allgemein zugänglich zu machen, um sie zu benutzen und durch Aktiengeschäfte Gewinne zu machen oder Verluste zu vermeiden, bevor die Öffentlichkeit die Information erhält und der Markt entsprechend reagieren konnte. Nach der Regulation FD haben Unternehmen, die unveröffentlichte wesentliche (material) Informationen an bestimmte im Wertpapiergeschäft tätige Personen weitergeben, diese Informationen unter bestimmten Umständen zeitgleich oder unmittelbar anschließend zu veröffentlichen und damit dem allgemeinen Anlegerpublikum zugänglich zu machen.[193] Die Weitergabe von Informationen an Gesellschafter ist ebenfalls erfasst, wenn vorhersehbar ist, dass der Gesellschafter aufgrund dieser Informationen handeln wird.[194] Auch hier hat ein foreign private issuer lediglich reduzierte Disclosure-Regel zu beachten.

---

[190] Vgl. oben 4.3.4.
[191] Vgl. Lane/Dudek, in: von Rosen/Seifert, a.a.O., S. 335, 359, vgl. auch Merkt/Göthel, RIW 2003, 23, 26.
[192] Merkt/Göthel, a.a.O., Rdnr. 730.
[193] Vgl. Merkt/Göthel, a.a.O., Rdnr. 730.
[194] Merkt/Göthel, a.a.O., Rdnr. 730.

4.5.4 Nichtgeltung der US Proxy Rules

Die SEC hat ausländische Emittenten von den Publizitätspflichten bei der Einholung von Stimmrechtsvollmachten Sec. 14(a)-(c), (f) SEA und Regulation 14A[195] und 14C[196], den sog. Proxy Rules, freigestellt[197], wenn sie unter die Kategorie des foreign private issuers fallen.[198]

4.5.5 Kein Erfordernis der Einreichung beschleunigter Jahresabschlüsse

Nach einer Verordnung der SEC[199] müssen inländische Gesellschaften ihre Jahres- und Quartalsberichte beschleunigt veröffentlichen.[200] Sie müssen den Jahresbericht innerhalb von 90 Tagen nach Jahresende im ersten Jahr, innerhalb von 75 Tagen im zweiten Jahr und innerhalb von 60 Tagen im dritten Jahr[201] und die Quartalsberichte innerhalb von 45 Tagen nach Quartalsende im ersten Jahr, innerhalb von 40 Tagen im zweiten Jahr und innerhalb von 35 Tagen im dritten Jahr abgeben.[202] Diese Verordnung gilt nicht für ausländische Gesellschaften.[203]

---

[195] 17 C.F.R. § 240, 14a-1 bis 14a-14.

[196] 17 C.F.R. § 240, 14c-1 bis 14c-7.

[197] Vgl. Schuster, a.a.O., S. 430.

[198] Die im SEA enthaltenen Definition(Rule 3b-4) ist mit der Definition des SA (Rule 405) identisch zum Begriff des foreign private issuers; Wilhelm, a.a.O., S. 166. Anknüpfungspunkt für die proxy rules ist die Nutzung von means of interstate commerce, also regelmäßig der Postdienste, zur Versendung der Unterlagen in Bezug auf Wertpapiere, die nach Sec. 12 SEA registriert sind. Inhaltlich wird zwischen verschiedenen Formen der proxy solicitation unterschieden. Jeder Anleger, der über die Stimmrechtswerbung eine Position auf einer Hauptversammlung vertreten will, muss eine Reihe von Angaben nach Schedule 14 A oder in einer entsprechenden Registrierungserklärung machen, (Rule 14a-3(a), 17 C.F.R. § 240.14a-3(a)). Bei kapitalwirksamen Anträgen sind auch nach US GAAP erstellte Finanzdaten bekannt zu geben, vgl. Item 13, Schedule 14 A. Geht die Stimmrechtswerbung vom Emittenten aus, sollen also die Anträge der Geschäftsführung unterstützt werden, muss den Aktionären zusätzlich noch ein Geschäftsbericht, wiederum mit konsolidierten und geprüften Jahresabschlüssen nach US GAAP, zugesandt werden. Einzelheiten in Rule 14a-3(b), 17 C.F.R. § 240.14a-3-3(b); vgl. hierzu Schuster, a.a.O., S. 430.

[199] Final Rule: Acceleration of Periodic Report Dates and Disclosure Concerning Webside Access to Reports, SEC Release Nr. 33–8128; 34-46464, 67 Federal Register 58480 (16. Sept. 2002) („Beschleunigungs-Verordnung").

[200] Vgl. hierzu Donald, WM 2003, S. 705, 709.

[201] Vgl. 17 CFR § 240.13a-10 und 17 CFR § 240.15d-10.

[202] Vgl. hierzu Donald, WM 2003, S. 705, 709.

[203] Donald, WM 2003, S. 705, 709.

4.6 Zulassung in Deutschland

Als bereits börsennotierter Emittent war Evotec bei der Ausgabe neuer Aktien im Zusammenhang mit der Transaktion nach deutschem Recht grundsätzlich verpflichtet, einen Wertpapierprospekt zu veröffentlichen, um die neuen Aktien zuzulassen.

4.6.1 Zulassungspflicht, §§ 40 Abs. 1 BörsG, 69 BörsZulV

Nach § 40 Abs. 1 Börsengesetz (BörsG) ist der Emittent zugelassener Aktien verpflichtet, für später öffentlich ausgegebene Aktien derselben Gattung die Zulassung zum regulierten Markt zu beantragen.[204] Auf der Grundlage der Ermächtigung des § 40 Abs. 2 BörsG sind die Einzelheiten darüber, wann und unter welchen Voraussetzungen die Verpflichtung nach § 40 Abs. 1 BörsG eintritt, in § 69 Börsenzulassungsverordnung (BörsZulV) geregelt.[205] Gem. § 69 BörsZulV müssen neu ausgegebene Aktien einer am regulierten Markt zugelassenen Emittentin innerhalb eines Jahres zugelassen werden. Der Antrag auf Zulassung ist grundsätzlich spätestens ein Jahr nach der Ausgabe der zuzulassenden Aktien zu stellen (§ 69 Abs. 2 S. 1 BörsZulV).[206]

4.6.2 Zulassungsvoraussetzungen

Die Zulassung ist im Regelfall zu erteilen, wenn der Emittent und die zuzulassenden Wertpapiere den § 1–12 BörsZulV entsprechen und ein von der BaFin gebilligter oder bescheinigter Prospekt veröffentlicht worden ist (§ 32 Abs. 3 Nr. 2 BörsG).[207] Der Zulassungsantragsteller muss nach § 3 Abs. 3 WpPG grundsätzlich einen Prospekt veröffentlichen, wenn die Wertpapiere im Inland zum Handel an einem organisierten Markt zugelassen werden sollen[208], d.h. in Deutschland am regulierten Markt.

---

[204] Vgl. hierzu Groß, Kapitalmarktrecht, München 2006, § 39 BörsG (a.F.), Rdnr. 8; Grunewald/Schlitt, Einführung in das Kapitalmarktrecht, München 2007, § 15 I 2, S. 305.

[205] Vgl. Groß, a.a.O., Kapitalmarktrecht, § 39 BörsG (a.F.), Rdnr. 8; Grunewald/Schlitt, a.a.O., § 15 I 2, S. 305; Ekkenga/Maas, a.a.O., Rdnr. 158.

[206] Vgl. Ekkenga/Maas, a.a.O., Rdnr. 158.

[207] Vgl. hierzu Schlitt/Singhof/Schäfer, BKR 2005, 251, 255; Apfelbacher/Metzner, BKR 2006, 81, 84.

[208] Vgl. Ekkenga/Maas, a.a.O., Rdnr. 191; Schlitt/Schäfer, AG 2005, 498, 499; Weber, NZG 2004, 360, 361 zur Wertpapierprospektrichtlinie.

4.6.3 Ausnahme von der Prospektpflicht nach § 4 Abs. 2 WpPG

Die Pflicht zur Veröffentlichung des Prospektes gilt jedoch nicht bei Vorliegen einer in § 4 Abs. 2 WpPG geregelten Ausnahme für die Zulassung zum Handel an einem organisierten Markt. Für die vorliegende Transaktion kam insbesondere der Ausnahmetatbestand des § 4 Abs. 2 Nr. 3 WpPG in Betracht. Nach dieser Vorschrift gilt die Prospektbefreiung für Wertpapiere, „die anlässlich einer Übernahme im Wege eines Tauschangebots angeboten werden, sofern ein Dokument verfügbar ist, dessen Angaben denen des Prospekts gleichwertig sind".

Die Geschäftsführung der Börse, an der die Zulassung angestrebt wird, ist für die Prüfung des Prospektbefreiungstatbestandes nach § 4 Abs. 2 N. 3 WpPG zuständig. Die Geschäftsführung der Börse entscheidet im Rahmen der Entscheidung über die Zulassung der Aktien nach § 32 Abs. 3 Nr. 2 BörsG über die ipso iure eintretende Befreiung.[209]

4.6.4 Voraussetzungen des § 4 Abs. 2 Nr. 3 WpPG

Zunächst muss es sich um Wertpapiere handeln, die anlässlich einer Übernahme im Wege eines Tauschangebotes angeboten werden. Hiervon umfasst sind auch Tauschangebote zum Erwerb von Wertpapieren von Zielgesellschaften mit Sitz im nichteuropäischen Ausland.[210] Ein Dokument ist jedenfalls verfügbar i.S.d. § 4 Abs. 2 Nr. 3 WpPG, wenn es auf der Internetseite des Emittenten einsehbar ist (vgl. § 14 Abs. 2 Nr. 3 lit. a) WpPG).[211] Schließlich müssen die Angaben des Dokuments mit denen des Prospekts „gleichwertig" sein. Das Bundesministerium für Finanzen hat keinen Gebrauch von seiner Verordnungsermächtigung gem. § 4 Abs. 3 WpPG gemacht, um zu bestimmen, welche Voraussetzungen die Angaben in dem Dokument erfüllen müssen, damit Gleichwertigkeit in diesem Sinne vorliegt. Die Auslegung dieses unbestimmten Rechtsbegriffs ergibt, dass Gleichwertigkeit funktionsbezogen

---

[209] Nach einem Rundschreiben der FWB hat sich der Emittent durch eine Negativbescheinigung der BaFin das Vorliegen der Befreiungsvoraussetzungen bestätigen zu lassen und diese Erklärung im Zulassungsverfahren vorzulegen. Alternativ könne die Zulassungsstelle im Rahmen des Zulassungsverfahrens das Vorliegen der Befreiungsvoraussetzungen prüfen, was die Zuständigkeit der BaFin unberührt lässt, vgl. FWB, Rundschreiben Listing 01/ 2005 v. 2.6.2005; so auch Schanz, § 13, Rdnr. 16; Holzborn/Israel, WM 2005, 1669, 1670. In der Praxis sieht die BaFin jedoch als nicht zuständig an und erteilt auch keine Negativbescheinigungen.

[210] Vgl. Seibt/von Bonin/Isenberg, AG 2008, 565, 567 f.; Veil/Wundenberg, WM 2008, 1285, 1291f.

[211] Vgl. Veil/Wunderberg, WM 2008, 1285, 1287.

und inhaltsbezogen ermittelt werden kann.[212] Die Prüfung der inhaltlichen Gleichwertigkeit hat in einer Zwei-Stufenprüfung durch Vergleich der Informationspflichten im prospektersetzenden Dokument mit denen eines (hypothetischen)
Prospekts nach dem WpPG i.V.m. der ProspektVO zu erfolgen.[213] In einem ersten
Schritt ist eine Gesamtabwägung vorzunehmen, ob das prospektersetzende Dokument aus der Perspektive eines verständigen Anlegers sämtliche für seine Investitionsentscheidung wesentlichen Informationen enthält (abstrakt inhaltsbezogene
Gleichwertigkeit).[214] Wird die Gleichwertigkeit aufgrund des abstrakten Vergleichs
verneint, so ist in einem zweiten Schritt zu prüfen, ob freiwillig ergänzende Angaben
im konkreten Fall zur Gleichwertigkeit führen (konkret inhaltsbezogene Gleichwertigkeit).[215] Die funktionsbezogene Gleichwertigkeit liegt vor, wenn das prospektersetzende Dokument die gleichen Funktionen wie ein Prospekt nach WpPG hat.[216]
Entscheidend ist dabei eine hinreichende Vollständigkeits- und Richtigkeitsgewähr
durch institutionelle Sicherungsmechanismen.[217]

4.6.5 Gleichwertigkeit der Angaben des F-4

Die funktionsbezogene Gleichwertigkeit der Angaben des F-4 liegt vor. Die Einhaltung der Publizitätspflichten in den USA dient dem Anlegerinteresse und stellt für die
Registrierung der Aktien der Gesellschaft ein zwingend erforderliches Dokument
dar.[218] Es findet eine umfassende Information des Kapitalmarkts durch das F-4
statt.[219] Ferner bestehen die erforderlichen institutionellen Sicherungsmechanismen.
Der SA, der für das Registration Statement gewisse Mindestangaben vorsieht, bietet
eine hinreichende Vollständigkeits- und Richtigkeitsgewähr. Durch die SEC wird

---

[212] Vgl. zur Auslegung von § 4 Abs. 2 Nr. 3 WpPG die detaillierte Darstellung von Seibt/von
Bonin/Isenberg, AG 2008, 565, 568 ff. Nach der Wertung des § 19 Abs. 2 WpPG ist ein in
Englisch verfasstes Dokument auch ohne deutsche Zusammenfassung als gleichwertig
anzusehen, wenn die zuzulassenden Aktien lediglich einem nur im (nicht europäischen)
Ausland ansässigen Personenkreis zugeteilt werden sollen, siehe Seibt/von Bonin/Isenberg,
AG 2008, 565, 575.
[213] Seibt/von Bonin/Isenberg, AG 2008, 565, 568.
[214] Vgl. Seibt/von Bonin/Isenberg, AG 2008, 565, 568 und 573; Veil/Wundenberg, WM 2008,
1285, 1291. Maßstab für die Gesamtabwägung ist § 5 WpPG sowie die Prospektrichtlinie
und die IOSCO Standards für die Bestimmung der wesentlichen Angaben eines Prospekts,
vgl. hierzu Seibt/von Bonin/Isenberg, AG 2008, 565, 574f.
[215] Vgl. Seibt/von Bonin/Isenberg, AG 2008, 565, 568 und 573 f.; Veil/Wundenberg, WM
2008, 1285, 1289.
[216] Vgl. Seibt/von Bonin/Isenberg, AG 2008, 565, 568.
[217] Vgl. Seibt/von Bonin/Isenberg, AG 2008, 565, 577; Veil/Wundenberg, WM 2008, 1285,
1288f.
[218] Vgl. Sec. 5 und 6 SA; Seibt/von Bonin/Isenberg, AG 2008, 565, 576.
[219] Vgl. Sec. 5 und 6 SA; Seibt/von Bonin/Isenberg, AG 2008, 565, 576.

eine dem deutschem Recht gleichwertige Prüfung und Billigung des F-4 vorgenommen.[220] Der F-4 steht den Anlegern kostenlos zum Abruf im Internet über EDGAR, dem elektronischen Dokumentensystem der SEC, zur Verfügung. Das US-Kapitalmarktrecht sieht für den Anleger eine Prospekthaftung vor, wenn der F-4 nur unvollständig oder unrichtig Auskunft über die für die Investitionsentscheidung wesentlichen Umstände[221] gibt.

Auch die inhaltsbezogene Gleichwertigkeit der Angaben des F-4 ist erfüllt. Die Vorgaben nach Anhang I der ProspektVO sind auch im F-4 enthalten. Die zusätzliche Aufnahme der Angaben, die von einem Foreign Issuer nach der erstmaligen Registrierung in dem jährlich zu erstellenden 20-F aufzunehmen sind, führen zur Gleichwertigkeit des F-4 mit Anhang I.[222] Die Informationspflichten nach Anhang III der ProspektVO sind indes nicht im F-4 enthalten, aber bei dieser Fallkonstellation auch im Wertpapierprospekt nicht aufzunehmen und daher für die Prüfung der Gleichwertigkeit unbeachtlich.[223] Eine entsprechende Aufnahme der Angaben nach 20-F kann jedoch zur Gleichwertigkeit führen.[224] Gegebenenfalls hat eine Berücksichtigung der zusätzlich im F-4 aufgenommenen Angaben zu erfolgen.[225]

5 Zusammenfassung und Ausblick

Die vorliegende Arbeit zeigt die komplexen Herausforderungen von grenzüberschreitenden Transaktionen. Zwar ermöglicht und motiviert die zunehmende Globalisierung der Märkte Unternehmenszusammenschlüsse über Ländergrenzen hinweg.[226] Dieser Globalisierung stehen jedoch zahlreiche rechtliche Regelungen gegenüber, deren Nichtbeachtung die Möglichkeit und den Erfolg grenzüberschreitender Unternehmenszusammenschlüsse beeinträchtigen kann.[227] Insbesondere den typischen nationalen Gestaltungen stehen in gesellschaftsrechtlicher Hinsicht erhebliche Hindernisse entgegen. Daher erfordert die Ausgestaltung einer transatlantischen Übernahme Hilfslösungen. Die Besonderheit besteht darin, US-ameri-

---

[220] Vgl. Sec. 5 SA; Seibt/von Bonin/Isenberg, AG 2008, 565, 576.
[221] Vgl. Sec. 11, 12 und 17 SA; Seibt/von Bonin/Isenberg, AG 2008, 565, 576.
[222] Vgl. Seibt/von Bonin/Isenberg, AG 2008, 565, 576.
[223] Vgl. Seibt/von Bonin/Isenberg, AG 2008, 565, 576.
[224] Vgl. Seibt/von Bonin/Isenberg, AG 2008, 565, 576.
[225] Vgl. Seibt/von Bonin/Isenberg, AG 2008, 565, 576.
[226] Vgl. Böhringer/Budowsky/Ebers/Maurer, in: Wirtz, Handbuch Mergers & Acquisitions Management, Wiesbaden 2006, S. 133, 138.
[227] Vgl. Böhringer/Budowsky/Ebers/Maurer, in: Wirtz, a.a.O., S. 133, 138.

kanische und deutsche Normen des Gesellschafts- und Kapitalmarktrechts zu kombinieren. Die Rechtsfigur des reverse triangular merger nach US-amerikanischem Recht kann in modifizierter Form eine geeignete Hilfsmöglichkeit für grenzüberschreitende Transaktionen darstellen. Der reverse triangular merger wurde als Transaktionsstruktur geschaffen, um über einen zwar sehr komplexen, aber effizienten Weg 100 % der Anteile einer Zielgesellschaft durch die Erwerbergesellschaft einzusammeln, ohne das erhebliche Risiko einer Blockade des mergers durch Minderheitsaktionäre und ohne den Aktionären appraisal rights – also Bewertungsrügen – zu gewähren.[228] Der reverse triangular merger bedarf dabei einer Anpassung an das deutsche Recht, u.a. indem ein Treuhänder eingeschaltet wird, um den Unternehmenszusammenschluss oder -erwerb zu ermöglichen.

Die Börsennotierung der Erwerber- sowie der Zielgesellschaft fügt der Transaktion einen weiteren Grad an Komplexität hinzu. Auch wenn der Kapitalmarkt mit Sicherheit global ist, die Rechtsordnungen sind es nicht, was unter anderem die unterschiedlichen nationalen Börseneinführungsmodalitäten für Wertpapiere verdeutlichen.[229] Der Börsengang in den USA ist durch die zahlreichen Reglementierungen seitens der NASDAQ und der SEC wesentlich komplizierter und kostenintensiver als hierzulande.[230] Zwar erleichtert die Börsennotierung Unternehmenskäufe in den USA, da der Kauf steuereffizienter über einen Aktientausch erfolgen kann.[231] Außerdem bietet ein Zulassungsverfahren als foreign private issuer gewisse Erleichterungen. So bestehen zahlreiche Ausnahmen von dem Sarbanes-Oxley-Act, insbesondere in Bezug auf eine lediglich jährlich erforderliche Berichtspflicht auf dem Formblatt 20-F. Ein foreign private issuer unterliegt nicht der Pflicht der Erstellung von Quartalsberichten, der Einreichung beschleunigter Jahresabschlüsse, und er hat nur reduzierte Disclosure-Regeln zu beachten. Schließlich gelten für ihn die US-Proxy Rules nicht. Allerdings steht den genannten Vorteilen eines NASDAQ listings ein hoher finanzieller Aufwand gegenüber. Deutschen Gesellschaften entstehen erhebliche Zusatzkosten, vor allem durch den fremden Rechtsrahmen, denen sie sich bei einem NASDAQ listing unterwerfen.[232] Insbesondere die Haftungsverhältnisse weichen von der deutschen Gesetzgebung ab.[233] Eine Rechtsberatung mit amerikanischen Spezialisten ist unumgänglich.[234] Hinzu kommt die Pflicht zur Rechnungsle-

---

[228] Vgl. Decher, in: Horn, a.a.O., S. 105, 110.
[229] So bereits Zachert, ZIP 1993, 1426, 1426.
[230] Francioni/Böhnlein, in: von Rosen/Seifert, a.a.O., S. 255, 257.
[231] Francioni/Böhnlein, in: von Rosen/Seifert, a.a.O., S. 255, 257.
[232] Francioni/Böhnlein, in: von Rosen/Seifert, a.a.O., S. 255, 257.
[233] Francioni/Böhnlein, in: von Rosen/Seifert, a.a.O., S. 255, 258.
[234] Francioni/Böhnlein, in: von Rosen/Seifert, a.a.O., S. 255, 258.

gung nach den US-GAAP. Auch die umfangreichen Zulassungsfolgepflichten führen zu erheblichen laufenden Folgekosten eines NASDAQ listings.

Aus Sicht des deutschen Rechts stellte sich die Frage, ob bei der vorliegenden Konstellation zusätzlich zu dem US-amerikanischen Registrierungsformular F-4 auch ein Wertpapierprospekt nach dem WpPG zu erstellen war. Die Prüfung ergibt, dass die Prospektbefreiungsvorschrift des § 4 Abs. 2 Nr. 3 WpPG auch bei ausländischen Prospekten zur Vermeidung von ineffizienter und haftungserhöhender Doppelpublizität durch Sicherstellung der Gleichwertigkeit anwendbar ist, indem das prospektersetzende Dokument um diejenigen Angaben ergänzt wird, die nach dem WpPG i.V.m. der ProspektVO in einem Wertpapierprospekt enthalten sein müssen. Es ist im Lichte der Verflechtung eines internationalen Kapitalmarktrechts zu begrüßen, dass ein inländischer Emittent im Rahmen der vorliegenden Transaktion erstmalig von der Prospektpflicht aufgrund eines gleichwertigen Dokuments i.S.d. Formblatts F-4 befreit wurde.

Wünschenswert wäre indes eine Flexibilisierung des deutschen Gesellschaftsrechts durch Ergänzung der bestehenden Gestaltungsmöglichkeiten des Umwandlungsrechts und Deregulierung der Vorschriften über den Erwerb eigener Aktien sowie die Ausnutzung der Verordnungsermächtigung in § 4 Abs. 3 WpPG zur Konkretisierung der Gleichwertigkeit von Dokumenten.

Ökonomische Auswirkungen des „Private Equity-Gesetzes" (MoRaKG) auf deutsche Kapitalbeteiligungsgesellschaften

Christian Bichel

Abkürzungsverzeichnis

BaFin	Bundesanstalt für Finanzdienstleistungsaufsicht
BMF	Bundesministerium für Finanzen
BVCA	British Private Equity and Venture Capital Association
BVK	Bundesverband deutscher Kapitalbeteiligungsgesellschaften – German Private Equity and Venture Capital Association e.V
DIW	Deutsches Institut für Wirtschaftsförderung
EBITDA	Earnings before Interest,Taxes, Depreciation and Amortization
EK	Eigenkapital
EStG	Einkommensteuergesetz
EVCA	European Private Equity & Venture Capital Association
EWR	Europäischer Wirtschaftsraum
EZB	Europäische Zentralbank
FCPR	Fonds Commun de Placement à Risques
FK	Fremdkapital
GewStG	Gewerbesteuergesetz
InvG	Investmentgesetz
IPO	Initial Public Offering (Going Public/ Börsengang)
KAG	Kapitalanlagegesellschaft
KfW	Kreditanstalt für Wiederaufbau
KStG	Körperschaftsteuergesetz
KWG	Kreditwesengesetz
LBO	Leveraged Buyout
MBI	Management Buyin
MBO	Management Buyout
MoRaKG	Gesetz zur Modernisierung der Rahmenbedingungen für Kapitalbeteiligungen
OECD	Organisation for Economic Co-operation and Development
PE	Private Equity
S&P	Standard & Poors
SICAR	Société d'investissement en capital à risque

UBG	Unternehmensbeteiligungsgesellschaft
UBGG	Gesetz über Unternehmensbeteiligungsgesellschaften
UStG	Umsatzsteuergesetz
WKBG	Wagniskapitalbeteiligungsgesetz

1 Einleitung

Der ökonomische Stellenwert von Private Equity (PE)[1] in Deutschland ist in den letzten Jahren stark gewachsen. Sowohl das Transaktionsvolumen als auch die Anzahl an PE-Transaktionen unter Beteiligung deutscher Unternehmen haben bis 2008 stark zugenommen.

Die Bundesregierung hatte es sich im Rahmen Ihres Koalitionsvertrages zur Aufgabe gemacht, ein „Private Equity-Gesetz" zu schaffen, um einerseits eine einheitliche Regulierung des deutschen PE-Marktes zu erreichen und andererseits die Wettbewerbsfähigkeit des „Finanzplatzes Deutschland" zu stärken.[2] Im September 2007 hat die Bundesregierung den „Entwurf eines Gesetzes zur Modernisierung der Rahmenbedingungen für Kapitalbeteiligungen (MoRaKG)" vorgestellt. Das Gesetz wurde mit geringfügigen Änderungen am 27.06.2008 durch den Bundestag verabschiedet.

Dieser Beitrag beschäftigt sich mit der Fragestellung, ob das Gesetz der Zielsetzung gerecht wird. Dabei werden insbesondere die ökonomischen Implikationen für deutsche PE-Gesellschaften und Fonds erörtert.

2 Grundlegende ökonomische Struktur eines PE-Fonds

Potentielle Institutionelle und private Investoren, die sich im Rahmen Ihrer Asset Allocation für PE-Investitionen interessieren, werden in der Regel keine Direktinvestitionen vornehmen. Vielmehr werden sie ihre Investments einer PE-Gesellschaft (Initiatoren) für eine vereinbarte Laufzeit (typisch: 8–10 Jahre) zur Verfügung stellen, die geeignete Transaktionen identifiziert und durchführt.

---

[1] Im Rahmen dieses Beitrags wird PE – im Einklang mit der neueren Literatur – als Oberbegriff für alle Eigenkapitalinvestitionen verwendet.
[2] Vgl. CDU, CSU, SPD (2005), S.86

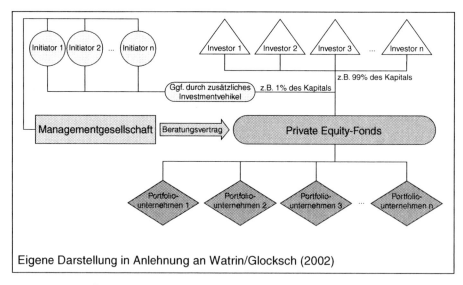

Eigene Darstellung in Anlehnung an Watrin/Glocksch (2002)

Abbildung 1: Ökonomische Grundstruktur eines PE-Fonds

Die Initiatoren strukturieren einen PE-Fonds, der durch die Einlagen der Investoren gespeist wird. Die Initiatoren sind – ggf. durch ein weiteres Investmentvehikel – typischer Weise ebenfalls zu einem geringen Anteil (z. B. 1–5%) am Fonds beteiligt.

Eine von den Initiatoren gegründete separate Managementgesellschaft übernimmt im Regelfall die Geschäftsführung sowie die Verwaltung des Fonds. Für Ihre Tätigkeit erhält die Management-Gesellschaft eine jährliche Management Fee (typisch: 2–5% des investierten Kapitals). Neben der Management Fee steht der initiierenden PE-Gesellschaft bzw. den Initiatoren meist als erfolgsabhängige Vergütung ein so genannter „Carried Interest" zu. Dabei handelt es sich um einen Gewinnanteil, dessen Auszahlung grundsätzlich erst nach Erreichen einer Mindestrendite (so genannte „Hurdle Rate") vorgenommen wird. Beispielhaft wäre eine Verteilung von 20% des über die Hurdle Rate herausgehenden Gewinns an die Managementgesellschaft und 80% an die Investoren.

Während der Laufzeit erwirbt der Fonds Beteiligungen an Portfoliounternehmen (synonym: Zielunternehmen) und veräußert sie bis zum Ende der Laufzeit wieder mit der Zielsetzung der Renditemaximierung über Unternehmenswertsteigerung.[3]

---

[3] Der Erwerb von Beteiligungen an Portfoliounternehmen erfolgt in der Regel nicht direkt sondern durch eine neu gegründete Erwerbsgesellschaft, die mit Eigenkapital (aus dem Fonds) und Fremdkapital ausgestattet wird.

3 Wesentliche steuerliche Fragestellungen für die Strukturierung von PE-Fonds

Im Rahmen der Strukturierung von PE-Fonds ergeben sich weitreichende steuerliche Fragestellungen, die einen erheblichen Einfluss auf die Nachsteuerrendite von Investoren und Initiatoren haben können.

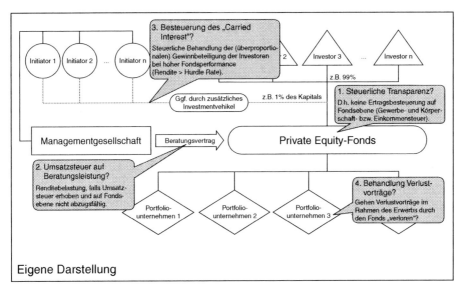

Abbildung 2: Wesentliche steuerliche Fragestellungen für die Strukturierung von PE-Fonds

Nachfolgend werden die wesentlichen steuerlichen Aspekte erörtert.

3.1 Steuerliche Transparenz des Fonds

In den meisten Fällen ist das Ziel einer Fondskonstruktion, eine steuerliche Transparenz zu erreichen. Damit ist gemeint, dass die anfallenden Erträge aus Zinsen, Ausschüttungen, Dividenden und Veräußerungsgewinnen nicht auf Ebene des PE-Fonds zu besteuern sind, sondern „transparent" anteilsmäßig den Investoren zugeordnet werden, die die Erträge nach ihrer individuellen steuerlichen Situation zu versteuern haben.

Eine doppelte Versteuerung auf Ebene des Fonds und auf Ebene des Investors soll vermieden werden.

3.2 Umsatzsteuer auf Beratungsleistungen der Managementgesellschaft

Im Rahmen der üblichen strukturellen Trennung (vgl. 2) stellt die Managementgesellschaft der Fondsgesellschaft ihre Beratungs- und Dienstleistung in Rechnung. Sind diese Leistungen umsatzsteuerpflichtig und auf Ebene des Fonds nicht abzugsfähig, führt dies zu einer Belastung der Fondsrendite. Insofern sind Initiatoren an einer Fondsstruktur interessiert, die diese Ertragsbelastung (idealer Weise) vollständig vermeidet.

3.3 Besteuerung des Carried Interest

Da der Carried Interest die wesentliche Erfolgskomponente für viele PE-Gesellschaften darstellt, soll eine hohe Besteuerung vermieden werden. Insofern werden Initiatoren bei der Wahl des Standortes für eine Fondskonstruktion ein besonderes Augenmerk auf die Besteuerung des Carried Interest legen.

3.4 Behandlung von Verlustvorträgen der Portfoliounternehmen

Im Bereich von Venture Capital und im Rahmen von Turnaround-Investments verfügen die Zielunternehmen häufig über aufgelaufene Verluste (Verlustvorträge). Ziel eines PE-Fonds ist es, dass die Verlustvorträge steuerlich erhalten bleiben können und künftige Gewinne zu einer geringeren Steuerbelastung auf Ebene des Portfoliounternehmens führen.

Grundsätzlich ist die steuerliche Behandlung von Verlustvorträgen im Rahmen eines Gesellschafterwechsels nicht durch die Fondsstruktur beeinflusst. Es gelten vielmehr die jeweiligen Regeln des Sitzlandes des Zielunternehmens. Für deutsche Zielgesellschaften gibt es jedoch eine Ausnahme bei Fondsstrukturierung als Wagniskapitalbeteiligungsgesellschaft (vgl. 5.5.2).

Exkurs: Verlustabzug bei deutschen Körperschaften (8c KStG)

Mit der Unternehmensteuerreform 2008 wurde die bisherige so genannte „Mantel-kaufregelung" des §8 (4) KStG durch eine neue Regelung des §8c KStG ersetzt. Maßgebliches Kriterium für die Verlustabzugsbeschränkung ist nunmehr ausschließlich ein „qualifizierter" Anteilseignerwechsel: Bei einem Erwerb (mittelbar oder unmittelbar) von über 50% durch einen neuen Anteilseigner entfällt der mögliche Verlustabzug vollständig. Bei Beteiligungen von mehr als 25% und von bis zu 50% entfallen steuerliche Verlustvorträge anteilig im Verhältnis zur Übertragungsquote.[4] Bei einem Erwerb einer 30%igen Beteiligung verbleiben beispielsweise 70% des Verlustvortrages zur Verrechnung für nachfolgende Perioden.

4 Gesellschafts- und steuerrechtliche Rahmenbedingungen für die Auflegung von PE-Fonds in Deutschland im Vergleich zu ausgewählten anderen europäischen Staaten

4.1 Rahmenbedingungen in Deutschland (vor MoRaKG)

In Deutschland existieren keine expliziten gesetzlichen Regelungen für PE-Gesellschaften bzw. PE-Fonds. Die Gründung einer deutschen PE-Gesellschaft benötigt somit grundsätzlich keine staatliche Genehmigung oder Lizenz. In dieser Hinsicht unterscheidet sich Deutschland von vielen europäischen Staaten.

Für die Strukturierung eines PE-Fonds in Deutschland kamen bis zur Verabschiedung von MoRaKG folgende Normen in Frage, die auch nach Einführung von Wagniskapitalbeteiligungsgesellschaften (vgl. 5.4) noch möglich sind:

- Unternehmensbeteiligungsgesellschaft (UBG)

- (Sondervermögen einer) Kapitalanlagegesellschaft (KAG)

---

[4] Für die Anwendung des §8c KStG sind nicht nur einmalige Anteilserwerbe relevant. Für die genannten Beteiligungsgrenzen zählen alle Erwerbe eines Käufers innerhalb eines Zeitraums von fünf Jahren.

- „Vermögensverwaltende" GmbH & Co. KG

- Gewerblicher PE-Fonds

Nachfolgend werden jeweils die wesentlichen gesellschafts- und steuerrechtlichen Merkmale in einer einheitlichen Form dargestellt und hinsichtlich ihrer Eignung für eine PE-Fondsstrukturierung untersucht.

4.1.1 Unternehmensbeteiligungsgesellschaft (UBG)

Unternehmensbeteiligungsgesellschaft (UBG)	
Regelungs-grundlage	Gesetz über Unternehmensbeteiligunggesellschaften (UBGG)
Mögliche Rechts-formen	AG, GmbH, KG, KGaA[5]
(Regulatorische) Anforderung	• Anerkennung durch Wirtschaftsministerium des Bundeslandes[6] • Grund- bzw. Stammkapital min. EUR 1 Mio.[7] • Inländischer Sitz und Geschäftsleitung[8]
Investitionsbe-schränkungen	• Ausschließlich Minderheitsbeteiligungen[9] • Einzelinvestition bis max. 30% der Bilanzsumme der UBG (ab 4. Jahr nach Anerkennung)[10] • Investition in börsennotierte Unternehmen nur bei Unternehmen mit Bilanzsumme < EUR 250 Mio.[11] • Investitionen in börsennotierte Unternehmen und Unternehmen außerhalb des Europäischen Wirtschaftsraumes (EWR) bis max. 30% der Bilanzsumme der UBG[12]

---

[5] §2 (1) UBGG
[6] §14 UBGG
[7] §2 (4) UBGG
[8] §2 (3) UBGG
[9] §4 (4) UBGG
[10] §4 (1) UBGG
[11] §4 (2) UBGG
[12] §4 (2) und §4 (5) UBGG

Unternehmensbeteiligungsgesellschaft (UBG)	
Steuerliche Aspekte	• Gewerbesteuerbefreiung[13]
	• Bei Ausgestaltung als Personengesellschaft einkommensteuerliche Transparenz erzielbar
	• Kein Vorsteuerabzug für Managementleistungen möglich[14]
	• Besteuerung von 50% des Carried Interest als „Einkünfte aus selbstständiger" Tätigkeit[15]

Abbildung 3: Gesellschafts- und steuerrechtliche Rahmenbedingungen einer Unternehmensbeteiligungsgesellschaft (UBG)

Die Gründung eines PE-Fonds in Form einer Unternehmensbeteiligungsgesellschaft hat einen relativ geringen Stellenwert in Deutschland eingenommen. So existierten in 2007 nur rd. 30 Gesellschaften, die sich als UBG haben anerkennen lassen.[16] Dabei haben sich speziell Kapitalbeteiligungsgesellschaften aus dem Banken- und Sparkassensektor dafür entschieden, sich dem UBGG zu unterstellen.[17] Wichtiger Punkt für die Entscheidung war bzw. ist das so genannte Zurechnungsprivileg, wonach die Regelungen des Eigenkapitalersatzrechtes nicht gelten wenn ein Gesellschafter einem Zielunternehmen ein Darlehen gewährt.[18]

Es ist anzunehmen, dass insbesondere die restriktiven Investitionsregeln PE-Initiatoren von einer stärkeren Nutzung des UBGG abhalten. So schließt beispielsweise die Beschränkung auf Minderheitsbeteiligungen Buyouts als typisches Spätphaseninvestment vollständig aus. Eine UBG bietet in steuerlicher Hinsicht keinen Vorteil gegenüber einer vermögensverwaltenden GmbH & Co. KG. (vgl. 4.1.3).

---

[13] §3 Nr.23 GewStG
[14] Da kein Unternehmer im Sinne des §2 UStG
[15] §18 (1) Nr.4 i.V.m §52 (4c) EStG für Fonds die vor dem 31.12.2007 gegründet wurden, für Fondsgründungen ab 2008 gilt eine Besteuerung von 60% des Carried Interest (vgl. 5.5.3).
[16] Vgl. BVK (2007), S.17
[17] Vgl. Kaserer/Achleitner/v. Einem/Schiereck (2007), S.54
[18] §24 UBGG

4.1.2 (Sondervermögen einer) Kapitalanlagegesellschaft (KAG)

(Sondervermögen einer) Kapitalanlagegesellschaft (KAG)	
Regelungs-grundlage	Investmentgesetz (InvG)
Mögliche Rechts-formen	AG, GmbH[19]
(Regulatorische) Anforderung	• Zulassung und Aufsicht durch BaFin inkl. Prüfung der Zuverlässigkeit und fachlichen Kompetenz der Geschäftsführung[20] • KAG untersteht den Regelungen des KWG[21] • Grund- bzw. Stammkapital der KAG mindestens EUR 0,3 Mio.[22]) • Genehmigung des Fonds durch BaFin (inkl. Verkaufsprospekt/ Europäischer Pass) • Tägliche Rücknahme von Investmentfondsanteilen bei offenen Fonds[23]
Investitionsbe-schränkungen	• Einzelinvestitionen in nicht börsennotierte Unternehmen maximal 10% des Sondervermögens[24]
Steuerliche Aspekte	• Sondervermögen sind einkommensteuerlich transparent und gewerbesteuerbefreit • KAG ist vorsteuerabzugsberechtigt keine Umsatzsteuerbelastung der Fondsperformance[25]

Abbildung 4: Gesellschafts- und steuerrechtliche Rahmenbedingungen für ein Sondervermögen einer Kapitalanlagegesellschaft (KAG)

---

[19] §6 (1) InvG

[20] §7 (1) InvG

[21] §6 (1) KWG

[22] §11 (1) InvG; steigt der Wert der Sondervermögen über EUR 1.125 Mio., erhöht sich die Mindestanforderung an die Eigenmittel um 0,02% des EUR 1.125 Mio. übersteigenden Betrages.

[23] §37 (1) InvG

[24] §52 InvG

[25] §2 UStG

Die Strukturierung eines PE-Fonds als Sondervermögens einer Kapitalanlage-gesellschaft stellt in der Praxis keine sinnvolle Alternative dar. Die Vorteile des Umsatzsteuerabzuges auf KAG-Ebene gleichen die Beschränkungen und erhöhten Anforderungen nicht aus.[26]

Die Anforderung, im Rahmen von offenen Fonds täglich Rücknahmepreise zu stellen, ist für PE-Fonds wegen der fehlenden täglichen Bewertung der, in der Regel nicht börsennotierten, Portfoliounternehmen kaum möglich. Auch die Vereinbarung von typischen Carried Interest-Regelungen (vgl. 2) sind für Investmentfonds unüblich.

4.1.3 „Vermögensverwaltende" GmbH und Co. KG

„Vermögensverwaltende" GmbH und Co. KG	
Regelungs-grundlage	BMF-Schreiben[27]
Mögliche Rechts-formen	GmbH & Co. KG
(Regulatorische) Anforderung	• Keine aufsichtsrechtliche Zulassung • Keine Qualifikationsanforderungen für das Management • Einhaltung von umfangreichen – teilweise auslegungs-bedürftigen – Abgrenzungskriterien zur Vermeidung einer gewerblichen Tätigkeit
Investitionsbe-schränkungen	• Keine Beschränkungen

---

[26] Vgl. Kaserer/Achleitner/v. Einem/Schiereck (2007), S.56
[27] Vgl. BMF (2003)

"Vermögensverwaltende" GmbH und Co. KG	
Steuerliche Aspekte	• Gewerbesteuerfreiheit und einkommensteuerliche Transparenz bei Einhaltung der Anforderungen • Umsatzsteuerbelastung von Managementleistungen, da kein Vorsteuerabzug möglich[28] • Besteuerung von 50% des Carried Interest als „Einkünfte aus selbstständiger" Tätigkeit[29]

Abbildung 5: Gesellschafts- und steuerrechtliche Rahmenbedingungen einer „vermögensverwaltenden" GmbH und Co. KG

Die vermögensverwaltende GmbH & Co. KG ist die gebräuchlichste Form der PE-Fondsstrukturierung.[30]

Die Geschäftsführung wird dabei von einer Komplementär-GmbH oder einer separaten Management-Gesellschaft (als Kommanditist mit Geschäftsführungsbefugnis) wahrgenommen. Investment- und Exit-Entscheidungen werden von einer weiteren GmbH und Co. KG getroffen. Die Initiatoren erhalten unmittelbar oder mittelbar über die Initiator-KG neben ihrem Gewinnanteil eine zusätzliche erfolgsabhängige Vergütung (Carried Interest).[31]

Ziel dieser Strukturierung ist die Erreichung eines „vermögensverwaltenden" Status, welcher zur gewünschten Gewerbesteuerbefreiung und einkommensteuerlichen Transparenz führt. Für die Anerkennung des vermögensverwaltenden Charakters existieren keine gesetzlichen Regeln, vielmehr wurden Abgrenzungskriterien zu einer gewerblichen Tätigkeit in einem BMF-Schreiben definiert.[32]

---

[28] Da kein Unternehmer im Sinne des §2 UStG
[29] §18 (1) Nr.4 i.V.m mit §52 (4c) EStG für Fonds die vor dem 31.12.2007 gegründet wurden, für Fondsgründungen ab 2008 gilt eine Besteuerung von 60% des Carried Interest (vgl. 5.5.3).
[30] Vgl. Kaserer/Achleitner/v. Einem/Schiereck (2007), S.56
[31] Vgl. BMF (2003), Tz.3
[32] Vgl. BMF (2003)

Kriterien einer gewerblichen Tätigkeit sind demnach:[33]

- Einsatz auch von Bankkrediten (auf Fondsebene) anstelle von ausschließlicher Nutzung von Eigenkapital,[34]

- Besicherung von Verbindlichkeiten eines Portfoliounternehmens durch den Fonds,

- Unterhaltung einer eigenen Organisation (Büroräume, Mitarbeiter etc.),[35]

- Ausnutzen eines Marktes unter Einsatz beruflicher Erfahrung,[36]

- Anbieten von Beteiligungen am Fonds gegenüber einer breiten Öffentlichkeit,

- kurzfristige Veräußerung von Beteiligungen,[37]

- Reinvestition von Veräußerungserlösen sowie

- Unternehmerisches Tätigwerden in Portfoliounternehmen.[38]

Bei einem Fonds darf es sich weiterhin nicht bereits um einen Gewerbebetrieb kraft Prägung bzw. kraft „Infektion" im Sinne des §15 (3) EStG handeln. Demnach sind PE-Fonds regelmäßig <u>nicht</u> gewerblich geprägt, weil (durch die o.g. Struktur) auch Personen zur Geschäftsführung befugt sind, die Kommanditisten des Fonds sind. Eine in vollem Umfang gewerbliche Tätigkeit des Fonds ist dagegen gegeben, wenn es Beteiligungen an gewerblich tätigen oder geprägten Personengesellschaften im Portfolio hält, da bei „doppelstöckigen" Personengesellschaften eine etwaige gewerbliche Tätigkeit der Untergesellschaft auf die Obergesellschaft abfärbt.[39]

---

[33] Vgl. BMW (2003), Tz.8–16
[34] Fremdkapitalfinanzierung auf Ebene einer Erwerbsgesellschaft gilt als unschädlich.
[35] Dienstleistungen einer durch Initiatoren geführten Managementgesellschaft gelten als unschädlich (vgl. 2)
[36] Das Nutzbarmachen einschlägiger beruflicher (Branchen-)Kenntnisse im Rahmen der Investitionsentscheidungen begründet keine Gewerblichkeit.
[37] Als kurzfristig im Sinne des BMF-Schreibens gilt eine Haltedauer von weniger als drei Jahren. Es ist aber das „Gesamtbild" maßgeblich, so führt eine einzelne vorzeitige Veräußerung nicht zur Gewerblichkeit des Fonds.
[38] Der Fonds darf sich nicht direkt oder mittelbar am aktiven Management der Portfoliounternehmen beteiligen. Die Wahrnehmung von Aufsichtsratsfunktionen ist grundsätzlich unschädlich, ebenso die Einräumung von Zustimmungsvorbehalten, so lange der Geschäftsführung der Portfoliounternehmen Spielraum für unternehmerische Entscheidungen bleibt.
[39] Vgl. BMF (2003), Tz.17

Die Abgrenzungskriterien bleiben trotz Definition im BMF-Schreiben auslegungsbe-dürftig. Für Fondsinitiatoren verbleibt somit eine nicht unerhebliche Rechtsunsicher-heit dahingehend, dass eine als vermögensverwaltend aufgesetzte Fondsstruktur nachträglich als gewerblich eingestuft wird.

Auch die Tatsache, dass die Regelungen „nur" im Rahmen eines BMF-Schreibens und nicht in Gesetzform formuliert wurden, beurteilen Initiatoren als zusätzliche Rechtsunsicherheit. Insofern haben in der Vergangenheit viele Initiatoren eine Struk-turierung im Ausland vorgezogen.[40]

4.1.4   „Gewerblicher" PE-Fonds

„Gewerblicher" PE-Fonds	
Regelungs-grundlage	Keine
Mögliche Rechts-formen	GmbH, AG, KG, KGaA
(Regulatorische) Anforderung	• Keine aufsichtsrechtliche Zulassung • Keine Qualifikationsanforderungen für das Management
Investitionsbe-schränkungen	• Keine Beschränkungen
Steuerliche Aspekte	• Belastung mit Gewerbesteuer • Keine einkommensteuerliche Transparenz • Vorsteuerabzug von Managementleistungen ist möglich • Besteuerung von 50% des Carried Interest als „Einkünfte aus selbstständiger" Tätigkeit[41]

Abbildung 6: Gesellschafts- und steuerrechtliche Rahmenbedingungen eines ge-werblichen PE-Fonds

Können oder sollen die in 4.1.4 genannten Kriterien einer „Vermögensverwaltung" nicht eingehalten werden, kommt für eine Strukturierung ein PE-Fonds mit gewerb-

---

[40] Vgl. BVK (2007), S.2
[41] §18 (1) Nr.4 i.V.m mit §52 (4c) EStG für Fonds die vor dem 31.12.2007 gegründet wurden, für Fondsgründungen ab 2008 gilt eine Besteuerung von 60% des Carried Interest (vgl. 5.5.3).

licher Prägung in Frage. Dies führt zu einer Belastung mit Gewerbesteuer und Ertragssteuer auf Fondsebene, was in der Regel zu einer Reduzierung der Nachsteuerrendite für die Investoren führt.[42]

Grundsätzlich vorteilhaft für einen gewerblichen Fonds ist die Tatsache, dass eine Unsicherheit bezüglich einer steuerlichen Anerkennung wie bei einem vermögensverwaltenden Fonds wegfällt. Weiterhin kann aufgrund der gewerblichen Tätigkeit ein Vorsteuerabzug geltend gemacht werden.

4.1.5   Zusammenfassung

In der Gesamtbetrachtung ist zu erkennen, dass man die Rahmenbedingungen für PE-Fonds in Deutschland – vor der Verabschiedung von MoRaKG – nicht als günstig bezeichnen kann. Eine Strukturierung als UBG oder Investmentfonds ist für viele Initiatoren aus praktischen Gründen unvorteilhaft, eine steuertransparente Fondsstruktur mit erheblichen Rechtsunsicherheiten belastet.

Bemerkenswert ist auch, dass der absolut überwiegende Anteil der in Deutschland aufgelegten PE-Fonds ohne regulatorische Anforderungen bzw. Kontrolle existiert.

4.2   Rahmenbedingungen im europäischen Umfeld

Initiatoren von PE-Fonds werden verständlicher Weise für die Strukturierung nicht vor Staatsgrenzen halt machen, sondern Staaten mit expliziten und vorteilhaften Regelungen bevorzugen, um Rechtssicherheit und Sicherheit hinsichtlich der fiskalischen Behandlung zu erzielen.

Daher werden nachfolgend mit Luxemburg und Frankreich exemplarisch zwei Regelwerke des europäischen Umfelds vorgestellt und mit den Rahmenbedingungen in Deutschland verglichen.

---

[42] Vgl. Richter & Partner (2008), komparative Besteuerungsergebnisse unterschiedlicher deutscher Fondskonstruktionen auf Investorenebene.

4.2.1 Luxemburg

Société d'investissement en capital à risque (SICAR)	
Regelungs-grundlage	Loi du 15 juin 2004 relative à la Société d'investissement en capital à risque (SICAR)
Mögliche Rechts-formen	GmbH, AG, KG, KGaA nach luxemburgischen Recht[43]
(Regulatorische) Anforderung	• Anerkennung und Aufsicht durch luxemburgische Finanzaufsicht[44] • Grund- bzw. Stammkapital EUR 1 Mio.[45] • Qualifikationsprüfung der Geschäftsleitung[46]
Investitionsbe-schränkungen	• Keine wesentlichen Beschränkungen
Steuerliche Aspekte	• Befreiung von der Gewerbesteuer[47] • Einkommensteuerliche Transparenz[48] • Keine Umsatzsteuer auf Managementleistung[49] • Besteuerung des Carried Interest als Kapitalgewinn mit max. 39,33%.[50] Keine Besteuerung, falls Anteile mindestens 6 Monate gehalten wurden und Anteil des veräußerten Portfoliounternehmens < 10% des Fondsvolumens

Abbildung 7: Gesellschafts- und steuerrechtliche Rahmenbedingungen einer Luxemburgischen SICAR

Es wird deutlich, dass eine Strukturierung als SICAR im Vergleich zu deutschen Regelungen aus Initiatorensicht als vorteilhaft zu beurteilen ist. Eine eindeutige gesetzliche Regelung hinsichtlich der Steuertransparenz sowie die vorteilhafte Umsatzsteuererfreiheit für Managementleistungen ohne wesentliche Investitionsbeschränkung lässt die SICAR zu einer liberalen PE-Gesetzgebung werden.

---

[43] Art.1 (1) SICAR
[44] Art.12 (1) SICAR
[45] Art.4 (1) SICAR
[46] Art.11 (3) SICAR
[47] Art.36 SICAR
[48] Art.34 SICAR
[49] Art.28 SICAR i.V.m Art.44 des luxemburgischen Umsatzsteuergesetzes
[50] Aktueller Höchstsatz der luxemburgischen Einkommensteuer

4.2.2 Frankreich

Fonds Commun de Placement à Risques (FCPR)	
Regelungs-grundlage	Art. L.214-37 des französischen Monetary and Financial Code
Mögliche Rechts-formen	FCPR als eigenständige Rechtsform (Sondervermögen)
(Regulatorische) Anforderung	• Zulassung durch französische Finanzaufsicht[51] • Mindestkapital EUR 0,4 Mio. • Qualifikationsprüfung der Geschäftsleitung[52] • Durch Finanzaufsicht lizenzierte Managementgesellschaft
Investitionsbe-schränkungen	• Keine wesentlichen Beschränkungen • Besondere Kriterien bei angestrebter Steuerfreiheit der Erträge für (französische) Investoren[53]
Steuerliche Aspekte	• Befreiung von der Gewerbesteuer und einkommen-steuerliche Transparenz[54] • Keine Umsatzsteuer auf Managementleistung[55] • Besteuerung des Carried Interest als Veräußerungsgewinn mit max. 27%[56]

Abbildung 8: Gesellschafts- und steuerrechtliche Rahmenbedingungen eines Fonds Commun de Placement à Risques (FCPR)

Auch in Frankreich ist eine rechtssichere steuertransparente Konstruktion durch gesetzliche Regelung möglich. Zusammen mit der Umsatzsteuerbefreiung für Managementleistungen ist im Vergleich zu den deutschen Rahmenbedingungen eine vorteilhafte Strukturierung möglich.

---

[51] Autorité des marchés financiers (AMF)
[52] Notwendig für eine „erweiterte" FCPR, die eine Befreiung von Anlagebegrenzungen ermöglicht
[53] Im Wesentlichen: mindestens 50% des Fondsvolumens an Minderheitsbeteiligungen innerhalb des EWR, maximal 10% des Fondsvolumens pro Investment
[54] Aufgrund des Charakters als Sondervermögen
[55] Art.261 Code Général de Impots
[56] Aktueller Höchstsatz der französischen Einkommensteuer

4.2.3 Zusammenfassung

Der Blick in das europäische Ausland zeigt, dass liberale und rechtsichere Strukturen für PE-Fonds in Europa bereits bestehen.

Ein relativer Standortnachteil für Deutschland wird auch von der European Private Equity & Venture Capital Association (EVCA) konstatiert. Im Vergleich der europäischen steuerlichen und rechtlichen Rahmenbedingungen für PE schneidet Deutschland mit dem 22. Platz (von 27) äußerst ungünstig ab, gefolgt nur noch von osteuropäischen Staaten. Die ersten drei Plätze belegen Irland, Frankreich und Großbritannien; Luxemburg rangiert auf Platz 8.[57]

5 Veränderungen der gesellschafts- und steuerrechtlichen Rahmenbedingungen für PE-Fonds durch MoRaKG

5.1 Einleitung

Im Koalitionsvertrag vom 11.11.2005 hatte sich die Bundesregierung in der Rubrik „Finanzmarktpolitik" zur Aufgabe gemacht, die Wettbewerbsfähigkeit des „Finanzplatzes Deutschland" – auch vor dem Hintergrund der Entwicklung der globalen Finanzmärkte – zu stärken. In diesem Zusammenhang sollte ein „Private Equity-Gesetz" im Wege der „Erweiterung des bestehenden Unternehmensbeteiligungsgesetzes" entstehen. [58]

Das Bundeskabinett hat am 15.08.2007 den Entwurf des Gesetzes zur Modernisierung der Rahmenbedingungen für Kapitalbeteiligungen (MoRaKG) beschlossen.[59] Das Gesetz wurde mit einigen Änderungen im Vergleich zum Entwurf am 27.06.2008 durch den Deutschen Bundestag verabschiedet.[60]

Nachfolgend werden die ökonomischen Auswirkungen erörtert, die auf Strukturierungsentscheidungen von PE-Fonds bzw. PE-Initiatoren Einfluss nehmen können.

---

[57] Vgl. EVCA (2008), S.13
[58] Vgl. CDU, CSU, SPD (2005), S.86
[59] Vgl. Deutscher Bundestag (2007a)
[60] Vgl. Deutscher Bundestag (2008)

5.2 MoRaKG im Überblick

Der Gesetzesentwurf sieht die Einführung eines Wagniskapitalbeteiligungsgesetzes (WKBG) sowie korrespondierende Änderungen des Gesetzes über Unternehmensbeteiligungsgesellschaften (UBGG), des Einkommensteuergesetzes, des Körperschaftsteuergesetzes, des Gewerbesteuergesetzes, des Kreditwesengesetzes und des Finanzdienstleistungsaufsichtsgesetzes vor.

5.3 Wirtschaftspolitische Ziele

In der Gesetzbegründung werden u.a. folgende wirtschaftspolitischen Ziele angeführt:[61]

- Junge und mittelständische Unternehmen haben häufig Probleme bei der klassischen (Fremd-)Kapitalbeschaffung (bei Banken), z.B. aufgrund fehlender Sicherheiten. So können in vielen Fällen notwendige Investitions- bzw. Expansionsstrategien finanzierungsbedingt nicht durchgeführt werden. Im Bereich der „Wagniskapitalfinanzierung" wird ein „partielles Marktversagen" konstatiert.

- Neben den bestehenden direkten Fördermöglichkeiten (u.a. durch die Kreditanstalt für Wiederaufbau) soll durch das Gesetz eine „Stärkung privater Eigenkapital- oder eigenkapitalnaher Finanzierung durch Wagniskapitalfonds" erreicht werden.

- Die Stärkung soll durch „auf junge Unternehmen zugeschnittene steuerliche Fördermaßnahmen" im Rahmen des Wagniskapitalbeteiligungsgesetzes erfolgen.

- Deutschland soll ein „attraktives Sitzland" für Wagniskapitalgesellschaften werden.

- Business Angels[62] sollen eine steuerliche Förderung erfahren.

---

[61] Vgl. Deutscher Bundestag (2007a), S.14–15

[62] Unter einem „Business Angel" versteht man einen Privatinvestor, der zusätzlich zu einer (Eigenkapital-)Beteiligung unternehmerisches und bzw. oder fachliches Handlungswissen (intellectual property) für junge Unternehmen zur Verfügung stellt.

Auffällig ist die Benutzung des Begriffes „Wagniskapital" durch das Gesetz. Grundsätzlich ist auch „Wagniskapital" nicht eindeutig definiert. Bereits aus der Begründung des Gesetzes wird jedoch klar, dass sich der Regelungsfokus des Gesetzes nicht auf den gesamten PE-Markt bezieht, sondern im Wesentlichen auf den Teil der Frühphasen-Finanzierung (Venture Capital).

5.4 Wagniskapitalbeteiligungsgesetz (WKBG)

Im Kern von MoRaKG steht die Einführung des „Gesetzes zur Förderung von Wagniskapitalbeteiligungen (Wagniskapitalbeteilgungsgesetz – WKBG).[63] Die wesentlichen Bestimmungen werden nachfolgend erörtert.

5.4.1 Klassifizierung als Wagniskapitalbeteiligungsgesellschaft

Wagniskapitalbeteiligungsgesellschaften entstehen durch Anerkennung[64] sowie der laufenden Beaufsichtigung[65] der Bundesanstalt für Finanzdienstleistungsaufsicht (BaFin). Voraussetzungen für die Anerkennung sind:

- Unternehmensgegenstand ist der Erwerb, das (begrenzte) Halten, die Verwaltung und die Veräußerungen von „Wagniskapitalbeteiligungen". Wagniskapitalbeteiligungen sind Eigenkapitalbeteiligungen an so genannten Zielgesellschaften mit definierten Voraussetzungen (vgl. 5.4.2).[66]

- Das Mindestkapital beträgt EUR 1 Mio. (25% Einzahlung vor Anerkennung, Restzahlung innerhalb von 12 Monaten nach Anerkennung).[67]

- Mindestens zwei Geschäftsleiter, die „zuverlässig" und „fachlich geeignet" sein müssen.[68]

- Sitz und Geschäftsleitung der Wagniskapitalbeteiligungsgesellschaft in Deutschland.[69]

---

[63] Vgl. Deutscher Bundestag (2007a), S.7–10
[64] §2 (1) WKBG
[65] §13 WKBG
[66] §4 WKBG
[67] §6 WKBG
[68] §7 WKBG
[69] §5 WKBG

Eine gleichzeitige Anerkennung als Wagniskapitalbeteiligungsgesellschaft und Unternehmensbeteiligungsgesellschaft (vgl. 4.1.1) ist ausgeschlossen.[70] Weiterhin darf an einer Wagniskapitalbeteiligungsgesellschaft spätestens nach fünf Jahren kein Gesellschafter mit mehr als 40% beteiligt sein bzw. über mehr als 40% der Stimmrechte verfügen ("Konzernfreiheit").[71]

Eine Verpflichtung für alle PE-Unternehmen, sich den Regeln für Wagniskapitalbeteiligungsgesellschaften zu unterstellen, besteht nicht. Vielmehr kommt zu den in Kapitel 4.1 genannten Strukturierungsmöglichkeiten für PE-Gesellschaften eine weitere Option hinzu. Es besteht somit weiterhin die Möglichkeit, einen PE-Fonds ohne staatliche Aufsicht zu konstruieren, während Unternehmensbeteiligungsgesellschaften und Wagniskapitalbeteiligungsgesellschaften einer Aufsicht unterliegen. Auffällig ist auch, dass eine unterschiedliche Zuständigkeit für die Aufsicht definiert wurde (Wagniskapitalbeteiligungsgesellschaften durch die BaFin, Unternehmensbeteiligungsgesellschaften durch die Wirtschaftsministerien der Länder).

Es ist also festzustellen, dass eine Vereinheitlichung der Regeln für alle PE-Gesellschaften nicht erreicht werden konnte. Vielmehr ist eher eine weitere Rechtszersplitterung entstanden.

5.4.2 Zielgesellschaften (im Sinne des Gesetzes)

Eine Zielgesellschaft im Sinne des Gesetzes hat folgende Voraussetzungen zu erfüllen:[72]

- Zielgesellschaft ist eine Kapitalgesellschaft.

- Sitz und Unternehmensleitung befinden sich im Europäischen Wirtschaftsraum.

- Das Eigenkapital der Zielgesellschaft beträgt vor der Wagniskapitalbeteiligung nicht mehr als EUR 20 Mio.

- Die Unternehmensgründung liegt nicht länger als 10 Jahre zurück.

- Die Zielgesellschaft darf nicht an einer Börse notiert sein.

---

[70] §2 (1) WKBG
[71] §10 WKBG
[72] §2 (3) WKBG

- Die Zielgesellschaft darf weder direkt oder indirekt Unternehmensbeteiligungen halten die älter sind als das Unternehmen selbst. Während der Dauer der Wagniskapitalbeteiligung ist ein Erwerb von Beteiligungen ausgeschlossen, die älter als die Zielgesellschaft sind.

- Die Zielgesellschaft darf nicht Organträger im Sinne des §14 Körperschaftsteuergesetz sein.

Wie bereits im Rahmen der Gesetzesbegründung zu erkennen ist, schränkt die Definition möglicher Zielgesellschaften im Gesetz die Nutzung der steuerlichen „Vorteile" (vgl. 5.5.2) einer Wagniskapitalbeteiligungsgesellschaft auf den Venture Capital-Bereich ein. Allerdings fallen auch Zielunternehmen aus dem Regelungsbereich, bei dem ein „Fördergedanke" durchaus naheliegend wäre, z.B. mittelständische Unternehmen in einer Wachstumsphase, deren Unternehmensgründung schon länger als 10 Jahre zurückliegt bzw. die über eine höhere Eigenkapitalausstattung als EUR 20 Mio. verfügen.

Typische Buyouts und andere Spätphaseninvestments sind durch die Größen- und Alterskriterien prinzipiell ausgegrenzt. Auch ein Going Private im Rahmen eines Buyouts ist durch die Beschränkung auf nicht börsennotierte Zielgesellschaften ausgeschlossen.

5.4.3 Investitionsbeschränkungen

Für Wagniskapitalbeteiligungsgesellschaften gelten folgende Investitionsbeschränkungen:[73]

- Wagniskapitalbeteiligungsgesellschaften müssen mindestens 70% des verwalteten Vermögens in Wagniskapitalbeteiligungen investieren.[74] Eine Unterschreitung innerhalb der ersten zwei Jahre nach Anerkennung ist zulässig.[75]

- Ein Unternehmen im Portfolio einer Wagniskapitalgesellschaft verliert den Status als Zielgesellschaft (im Sinne des Gesetzes) drei Jahre nach einem Börsengang.

---

[73] §9 WKBG
[74] Eine Unterschreitung durch Bewertungsschwankungen ist für bis zu 10 Werktage zulässig.
[75] §20 (2) WKBG

- Die Haltedauer einer Beteiligung an einer Zielgesellschaft ist auf 15 Jahre beschränkt.

- Die Beteiligung einer Wagniskapitalgesellschaft am Eigenkapital einer Zielgesellschaft darf 90% nicht übersteigen.

- Eine Wagniskapitalgesellschaft darf maximal 40% des verwaltenden Vermögens
  für die Beteiligung einer einzelnen Zielgesellschaft investieren.

Die Investitionsbeschränkungen konkretisieren den intendierten Ausschluss von
Buyout-Transaktionen, indem ein vollständiger Erwerb einer Zielgesellschaft ausgeschlossen wird.

Ein Problem ergibt sich in der typischen Deinvestitionsphase eines Fonds, bei der die
Mindestanlage von 70% des Vermögens in Portfoliounternehmen systematisch un-
terschritten wird.[76] Eine entsprechende Ergänzung wurde nicht in das Gesetz aufgenommen.

5.4.4 Zulässige Geschäfte und Tätigkeiten

Neben dem Erwerb von Wagniskapitalbeteiligungen sind für Wagniskapitalbeteiligungsgesellschaften weitere Geschäfte und Tätigkeiten zulässig. Die Zulässigkeit ist
danach zu unterscheiden, ob durch die Initiatoren eine „gewerbliche tätige" oder
„vermögensverwaltende" Wagniskapitalbeteiligungsgesellschaft angestrebt wird
(vgl. 4.1.3 bzw. 4.1.4).

Geschäfte bzw. Tätigkeit[77]	Gewerblich tätige Wagniskapital-beteiligungs-gesellchaft	Vermögensverwalten-de Wagniskapital-beteiligungs-gesellschaft
Beteiligungen an Zielgesellschaften, innerhalb des EWR bzw. in einem Vollmitgliedsstaat der OECD, die nicht den Kriterien des Gesetzes (vgl. 5.4.2) entsprechen[78]	zulässig	zulässig

---

[76] Vgl. BVK (2007), S.18

[77] §8 i. V. m. §19 WKBG

[78] Andere Beteiligungen als Wagniskapitalbeteiligungen sind somit grundsätzlich zulässig, die
Mindestinvestition von 70% des Vermögens in Wagniskapitalgesellschaften ist jedoch zu
beachten (vgl. 5.4.3).

Geschäfte bzw. Tätigkeit[77]	Gewerblich tätige Wagniskapitalbeteiligungsgesellschaft	Vermögensverwaltende Wagniskapitalbeteiligungsgesellschaft
Kurzfristige Veräußerung einer Beteiligung nach dem Erwerb[79]	zulässig	nicht zulässig
Erwerb und Veräußerung von Wertpapieren[80]	zulässig	nicht zulässig
Erwerb und Veräußerung von Investmentanteilen[81]	zulässig	nicht zulässig
Erwerb und Veräußerung von Geldmarktinstrumenten[82]	zulässig	nicht zulässig
Unterhalten von Bankguthaben und Geldmarktinstrumenten	zulässig	zulässig
Beratung von Zielgesellschaften	zulässig	nicht zulässig
Gewährung von Darlehen und Bürgschaften an Zielgesellschaften	zulässig	nicht zulässig
Kreditaufnahme und Ausgabe von Schuldverschreibungen (sowie Genussrechten)	zulässig	nicht zulässig
Erwerb von Grundstücken (zur Beschaffung von Geschäftsräumen)	zulässig	zulässig
Durchführung „sonstiger" Geschäfte, wenn sie mit dem Unternehmensgegenstand zusammenhängen	zulässig	nicht zulässig
Wiederanlage der Erlöse aus der Veräußerung von Beteiligungen	zulässig	nicht zulässig
„Ausnutzung eines Marktes unter Einsatz beruflicher Erfahrung"[83]	zulässig	nicht zulässig

Abbildung 9: Zulässige Geschäfte und Tätigkeiten einer Wagniskapitalbeteiligungsgesellschaft

Gemäß §19 Satz 4 WKBG dürfen die „nicht zulässigen" Tätigkeiten bzw. Geschäfte durch eine 100%ige Tochtergesellschaft der Wagniskapitalbeteiligungsgesellschaft

---

[79] Die „Kurzfristigkeit" wurde im Gesetz nicht definiert. Es ist davon auszugehen, dass eine Interpretation analog der Verlautbarungen des BMF-Schreibens vom 16.12.2003 zu erfolgen hat, vgl. 4.1.3).

[80] Nach der Definition des §47 des InvG

[81] Nach der Definition des §50 des InvG

[82] Nach der Definition des §48 des InvG

[83] Identische Formulierung des BMF-Schreibens vom 16.12.2003, insofern ist von entsprechender Interpretation auszugehen (vgl. 4.1.3)

durchgeführt werden, ohne dass der vermögensverwaltende Charakter verloren geht. Voraussetzung ist, dass die Tochtergesellschaft eine Kapitalgesellschaft ist.

Der Ausschluss von Fremdkapital-Überlassung und Bürgschaften im Rahmen einer steuertransparenten Konstruktion ist problematisch, da diese gerade im Rahmen von VC-Transaktionen häufig vorkommen und auch im Sinne des „Fördergedankens" nachvollziehbar sind.[84]

Weiterhin ist eine Fremdkapitalaufnahme auf Ebene der Wagniskapitalbeteiligungs-gesellschaft im Rahmen einer steuertransparenten Konstruktion ausgeschlossen. Gemäß den Regelungen des BMF-Schreibens vom 16.12.2003 war lediglich eine langfristige Finanzierung von Akquisitionen ausgeschlossen. Eine Finanzierung durch eine Tochtergesellschaft ist kaum realisierbar.[85]

In der Praxis ist eine Abgrenzung zwischen Beratung und Wahrnehmung von Gesellschaftsrechten nicht immer eindeutig. Für eine rechtssichere Konstruktion ist somit auch hier eine genaue Definition notwendig, die das Gesetz nicht liefert. Gleiches gilt für die Definition der „sonstigen" Geschäfte. Daher sollten auch in diesem Punkt die Ausführungen im BMF-Schreiben vom 16.12.2003 zur Anwendung kommen.

Letztlich bleibt unklar, warum für einen steuertransparenten Fonds nicht auch die Anlage freier Liquidität in Geldmarkttitel möglich sein kann.

5.5   Steuerliche Regelungen

5.5.1   Steuerliche Transparenz

In §19 Satz 1 WKBG wird erstmals die Möglichkeit einer vermögensverwaltenden und damit steuertransparenten Fonds-Konstruktionen in Gesetzesform definiert, sofern es sich um eine Wagniskapitalbeteiligungsgesellschaft in der Form einer Personengesellschaft handelt.

Diese Definition und die Detaillierung der zulässigen Geschäfte und Tätigkeiten (vgl. 5.4.4) können grundsätzlich zu einer erhöhten Rechtssicherheit aus Sicht der Ini-

---

[84] Vgl. BVK (2007), S.18
[85] Vgl. BVK (2007), S.23

tiatoren führen. Dies ist – wie bereits erörtert – allerdings nur für Initiatoren mit Venture Capital-Fokus sinnvoll nutzbar.

Allerdings sind nicht alle in der Praxis vorkommenden Fragestellungen und Abgrenzungen durch das Gesetz eindeutig geregelt. So ist das BMF-Schreiben vom 16.12.2003 hinsichtlich vieler Detailfragen klarer in der Abgrenzung.

Für eine erhöhte Rechtssicherheit wäre daher die Konkretisierung der relevanten Abgrenzungskriterien für Wagniskapitalbeteiligungsgesellschaften notwendig.

5.5.2 Behandlung von Verlustvorträgen bei Zielunternehmen

Durch die Unternehmensteuerreform 2008 wurde die Nutzung von Verlustvorträgen im Rahmen von Anteilsverkäufen stark eingeschränkt (vgl. 3.4).

Durch die im Rahmen von MoRaKG verabschiedete Änderung des §8c KStG wird eine Ausnahme für den Anteilserwerb von Wagniskapitalbeteiligungsgesellschaften an Zielunternehmen im Sinne des WKBG gewährt.[86]

Demnach verfällt der nutzbare Verlustvortrag nicht, soweit er auf „…stille Reserven des steuerpflichtigen inländischen Betriebsvermögens der Zielgesellschaft entfällt." Ebenso bei der anschließenden Veräußerung der Beteiligung einer Zielgesellschaft durch die Wagniskapitalbeteiligungsgesellschaft an einen Erwerber, der keine Wagniskapitalbeteiligungsgesellschaft ist, ist ein Erhalt des Verlustvortrages möglich, sofern das Eigenkapital der Zielgesellschaft weniger als EUR 20 Mio. beträgt.[87] Weitere Voraussetzung ist eine Haltedauer von mindestens 4 Jahren.

Im Gesetz nicht weiter erläutert ist die Definition der „stillen Reserven". Grundsätzlich versteht man unter einer stillen Reserve die positive Differenz zwischen Buchwert und Marktwert eines Wirtschaftsgutes.[88] Für die Praxis stellt sich die Frage, wie die Höhe der stillen Reserven zur Nutzung des Verlustvortrages nachgewiesen werden sollen. Für alle nicht an einer Börse gehandelten Wirtschaftsgüter ist ein Markt-

---

[86] Analog erfolgt die Änderung des GewStG
[87] Unschädlich ist ebenfalls ein Eigenkapital von weniger als EUR 100 Mio., sofern der EUR 20 Mio. übersteigende Betrag aus den Jahresüberschüssen der vorangegangen vier Geschäftsjahre resultiert.
[88] Vgl. Baetge/Kirsch/Thiele (2003), S.33

216

preis nicht eindeutig zu ermitteln. Gerade die Bewertung von immateriellen Vermögensgegenständen ist in der Praxis nicht einfach.

Bei vielen Venture Capital-Zielunternehmen liegen gerade im immateriellen Vermögensbereich (Patente, Forschungs- und Entwicklungsergebnisse, Markenrechte etc.) häufig schwer bewertbare stille Reserven.[89] Eine Vielzahl von Einzelgutachten ist aufgrund der entstehenden Kosten wohl kaum eine sinnvolle Lösung, da so ein etwaiger „Steuervorteil" minimiert bzw. gar egalisiert werden würde.

Weiterhin stellt sich die Frage, ob nicht auch die bei einem Zielunternehmen bilanzierten Firmenwerte ebenso zu den stillen Reserven zu zählen sind, da diese ökonomisch (ebenfalls) in der Differenz zwischen Kaufpreis (=Marktwert) der Beteiligung und dem erworbenen Nettovermögen (=Buchwert) begründet sind.

Insgesamt handelt es sich bei dieser Ausnahmeregelung für Wagniskapitalbeteiligungsgesellschaften um einen eindeutigen Vorteil im Vergleich zu den Regelungen für „normale" Anteilserwerbe. Für die konkrete Nutzbarkeit, wird die praktikable Umsetzbarkeit hinsichtlich des Nachweises der stillen Reserven eine wesentliche Rolle spielen.

5.5.3 Besteuerung des Carried Interest

Durch die in MoRaKG verabschiedete Änderung des §3 Nr.40a EStG erhöht sich der Anteil der zu versteuernden Veräußerungsgewinne für Initiatoren von 50% auf 60% (vgl. 3.3).

Dies gilt für alle in Deutschland ansässigen PE-Gesellschaften bzw. Fonds, unabhängig davon, ob sie als Wagniskapitalbeteiligungsgesellschaft zu qualifizieren sind. Die höhere Besteuerung des Carried Interest wird in der Gesetzesbegründung explizit als Beitrag zur Gegenfinanzierung der Steuervorteile aufgeführt.[90]

---

[89] Bis zur Verabschiedung des Bilanzrechtsmodernisierungsgesetzes (BilMoG) durften gemäß §248 (2) HGB selbst erstellte immaterielle Vermögensgegenstände nicht aktiviert werden (Buchwert Null). Die stille Reserve entsprach somit dem Marktwert. Im Rahmen von BilMoG, welches am 26.03.2009 beschlossen wurde, wurde diese Regelung abgeschafft. Vielmehr gilt nunmehr ein Ansatzwahlrecht (der Herstellungskosten). Es verbleibt bei der Bewertungsproblematik hinsichtlich des Unterschiedes zwischen Buchwert und Marktwert.

[90] Vgl. Deutscher Bundestag (2007a), S.6

Im Ergebnis erhöht sich die Steuerbelastung der Initiatoren auf den Carried Interest auf bis zu 28,5%.[91] Dies ist aus Sicht der Initiatoren im internationalen Vergleich eine ungünstig hohe Besteuerung (vgl. 4.2).

5.5.4 Steuervergünstigung für Business Angels

Business Angels kommt durch den §20 WKBG eine steuerliche Vergünstigung zu.

Business Angels, die sich an Unternehmen beteiligen, welche die Kriterien von Ziel-unternehmen des WKBG entsprechen (vgl. 5.4.2), erhalten unter bestimmten Bedingungen einen Freibetrag für den Veräußerungsgewinn. Der Freibetrag wird quotal zur Beteiligung am Zielunternehmen bezogen auf einen Betrag von EUR 200.000 (=100%) ermittelt.[92]

Die Voraussetzungen für den Freibetrag sind:

- Beteiligung durch eine natürliche Person,

- Beteiligung am Zielunternehmen zwischen 3% und 25% und

- Dauer der Beteiligung mindestens 5 und maximal 10 Jahre.

Eine besondere Qualifikation als Business Angel ist nicht notwendig.

Der maximale Freibetrag beträgt somit EUR 50.000 bei einer Beteiligung von 25%. Er wird uneingeschränkt bis zu einem anteiligen Veräußerungsgewinn bezogen auf einen Betrag von EUR 800.000 (=100%) gewährt. Darüber hinausgehende anteilige Veräußerungsgewinne minimieren den Freibetrag quotal. Somit werden für anteilige Veräußerungsgewinne bezogen auf einen Betrag von EUR 1 Mio. (=100%) und dar-über hinaus keine Freibeträge gewährt.[93]

---

[91] Unter Berücksichtigung Spitzensteuersatz der Einkommensteuer inkl. der so genannten Rei-chensteuer von 45%, Solidaritätszuschlag von 5,5% und ohne Kirchensteuer.

[92] Für eine Beteiligung eines Business Angels von z.B. 10% am Zielunternehmen, wird bei der Besteuerung des Veräußerungsgewinnes somit ein Freibetrag von EUR 20.000 gewährt.

[93] Für eine Beteiligung von z.B. 10% und einem Veräußerungsgewinn von EUR 95.000 ergibt sich somit ein reduzierter Freibetrag von EUR 5.000, da der EUR 80.000 (EUR 800.000 / 10%) übersteigende Veräußerungsgewinn zu einer Kappung des Freibetrags führt.

Der Steuervorteil steigert fraglos die Attraktivität des Geschäftsmodells für Business Angels in Deutschland.

5.6 Änderungen des UBGG

Der bisher für das UBGG zentrale Begriff der Wagniskapitalbeteiligung wird in Abgrenzung zum WKBG in „Unternehmensbeteiligung" umbenannt.

Weiterhin entfallen bisherige rechtsformabhängige Beschränkungen für die Investitionen von Unternehmensbeteiligungsgesellschaften. So sind nun auch Beteiligungen an Offenen Handelsgesellschaften und Gesellschaften des bürgerlichen Rechts möglich; Beteiligungen an Unternehmen in der Rechtsform der GmbH & Co. werden erleichtert.[94] Auch Beteiligungen an Gesellschaften mit europäischen oder ausländischen Rechtsformen, die den im Gesetz aufgeführten deutschen Rechtsformen vergleichbar sind, sind nun zulässig.[95] Eine UBG darf nun grundsätzlich Beteiligungen 15 Jahre halten (vorher 12 Jahre).[96]

Die Befreiung von Darlehen der Unternehmensbeteiligungsgesellschaften an Beteiligungsunternehmen von den Regeln über den Eigenkapitalersatz wurde mit Verweis auf §39 (1) Nr.5 der Insolvenzordnung präzisiert (vgl. 4.1.1).[97]

Die vorgenommenen Änderungen vergrößern das Spektrum möglicher Investitionen von Unternehmensbeteiligungsgesellschaften hinsichtlich der Rechtsform der Zielunternehmen. Die wesentlichen Investitionsbeschränkungen (vgl. 4.1.1) sind jedoch verblieben.

Zur grundlegenden Vereinfachung der Rahmenbedingungen für PE wäre eine Integration von UBGG und WKBG sicherlich eine günstigere Lösung gewesen.

---

[94] §4 (4) UBGG
[95] §1a (3) UBGG
[96] §4 (6) UBGG
[97] §24 UBGG

6 Kritische Würdigung der Ergebnisse

Private Equity ist auch in Deutschland zu einem wichtigen gesamtwirtschaftlichen Faktor geworden. Die „Heuschrecken"-Debatte hat jedoch eine Diskussion ausgelöst, inwiefern Finanzinvestoren (insbesondere bei Buyout-Transaktionen) aus einer wirtschaftsethischen Sicht einen „fairen" Anteil an der Wertschöpfung des Zielunternehmens erhalten. Bei objektiver Betrachtung verschwimmen die Interessenunterschiede, wenn man darauf abhebt, dass die langfristige Prosperität eines Unternehmens sowohl im Fokus des Investors als auch der übrigen Stakeholder liegt. Insbesondere in Deutschland mit einem vergleichsweise weitgehenden Schutz der Arbeitnehmerinteressen, klaren Regeln und kartellrechtlichen Bestimmungen für Unternehmensübernahmen, kann die Ausgewogenheit der Interessengruppen als gewährleistet betrachtet werden.

Grundsätzlich können auch positive gesamtwirtschaftliche Effekte von Private Equity auf Basis der bisherigen Forschungsergebnisse nicht bestritten werden. Insofern ist die im Koalitionsvertrag definierte Intention der Bundesregierung, kompetitive Rahmenbedingungen von PE in Deutschland zu schaffen, nachvollziehbar. Eine Veränderung der Rahmenbedingungen war auch geboten, da sich aufgrund der Rechtsunsicherheit für die Konstruktion von steuertransparenten Fonds viele Fondsinitiatoren für einen Standort außerhalb Deutschlands entschieden haben.

Können die Änderungen durch MoRaKG die Ziele des Reformbestrebens erreichen?

Als erster Kritikpunkt ist zunächst anzumerken, dass mit dem Kern von MoRaKG, dem Wagniskapitalbeteiligungsgesetz, lediglich der – gemessen am Transaktionsvolumen – kleinere Teilmarkt von Private Equity, der Venture Capital-Bereich, adressiert wird, während der Late Stage-Markt nicht tangiert wird. Die Fokussierung von MoRaKG auf Venture Capital (und Business Angels) ist implizit nur mit der ungünstigen Beurteilung der gesamtwirtschaftlichen Wirkung von Buyout-Transaktionen aus politischer Sicht zu erklären.

MoRaKG führt im Ergebnis nicht zu einer Vereinheitlichung von Rahmenbedingungen, sondern zu einer weiteren Rechtszersplitterung, da auch die bisherigen Regelungen auf Basis des BMF-Schreiben vom 16.12.2003 als alternative Strukturierungsgrundlage erhalten bleiben. Die parallele Anwendung von UBGG und WKBG sowie die unterschiedlichen regulatorischen Zuständigkeiten verdeutlichen ebenfalls die nunmehr erhöhte Komplexität der Rahmenbedingungen. Auch wird eine durchgängige Überwachung von PE-Fonds durch MoRaKG nicht erreicht.

Das Thema der Rechtssicherheit wird für steuertransparente PE-Fonds des VC-Bereichs mit der Wagniskapitalbeteiligungsgesellschaft zwar insofern verbessert, dass erstmalig eine gesetzliche Grundlage geschaffen wurde, jedoch werden nicht alle Fragestellungen und Abgrenzungsmerkmale im Gesetz behandelt.

Im Rahmen von MoRaKG sind zwei wesentliche steuerliche Förderungskomponenten enthalten. Zum einen ist die steuerliche Begünstigung von Veräußerungsgewinnen der Business Angels zu nennen, die die Attraktivität von tendenziell betragsmäßig kleinen Frühphasen-Investitionen begünstigen soll. Auf PE-Gesellschaften und -Fonds hat diese Förderung keine Auswirkung. Zum anderen wird eine Ausnahme zur weitgehenden Begrenzung der Nutzung von Verlustvorträgen bei Anteilserwerben von Zielunternehmen im Sinne des Gesetzes eingeräumt. Dies ist grundsätzlich aus Sicht von PE-Initiatoren des VC-Bereichs als vorteilhaft zu bewerten. Wie dargestellt, wird es sich in der Praxis zeigen, inwiefern und mit welchem Aufwand (Nachweis der stillen Reserven) dieses Privileg genutzt werden kann.

Buyout-Fonds und andere Late Stage-Fonds haben somit durch MoRaKG kein zusätzliches Argument für eine Strukturierung in Deutschland erhalten. Im direkten Vergleich bieten andere europäische Staaten nachwievor attraktivere Rahmenbedingungen. Neben der Rechtsunsicherheit verbleibt der Nachteil aus der Umsatzsteuerbelastung von Managementleistungen und der vergleichsweise hohen, durch MoRaKG nochmals erhöhten, Besteuerung des Carried Interest. Es ist also davon auszugehen, dass Initiatoren für Late Stage-Fonds künftig noch stärker das europäische Ausland als Sitzland wählen.

Nicht ganz so eindeutig fällt die Beurteilung für VC-Fonds aus, da eine Wagniskapitalbeteiligungsgesellschaft Vorteile bei der Nutzung von Verlustvorträgen der Zielunternehmen verspricht. Inwiefern diese Vorteile die geschilderten Anforderungen bei der Nutzung der Steuervorteile und die zusätzlichen Regularien (Anerkennung und Überwachung) und Einschränkungen (Definition Zielunternehmen und Investitionsbeschränkungen) überkompensieren, bleibt abzuwarten. In einer Umfrage des BVK haben jedoch lediglich rund 3% der Mitglieder angegeben, die Möglichkeit zu prüfen, sich den Regelungen des WKBG zu unterwerfen.[98] Per Ende Mai 2009 wurde

---

[98] Vgl. BVK (2008b), S.1

laut Auskunft der BaFin noch keine Registrierung einer Wagniskapitalbeteiligungsgesellschaft beantragt.

In der Gesamtbewertung muss man zum Ergebnis kommen, dass die verabschiedeten
Veränderungen im Rahmen von MoRaKG der Zielsetzung nicht gerecht werden.
Weder ein einheitliches „Private Equity"-Gesetz wurde geschaffen, noch kann man
von substanziellen Impulsen für die Attraktivität von Deutschland als Sitzland für PE
sprechen.

Auch wird aus PE-Sicht unabhängig vom Standort des Fonds das Investment in deutsche Zielunternehmen – im Sinne einer verbesserten (Eigen-) Kapitalversorgung –
nicht attraktiver. Zusätzlich wird die Rentabilität von PE-Transaktionen durch die im
Rahmen der Unternehmensteuerreform 2008 eingeführte „Zinsschranke"[99] in vielen
Fällen belastet.

MoRaKG soll nach Ablauf von zwei Jahren „validiert" werden.[100] Es bleibt abzuwarten, ob zu diesem Zeitpunkt eine veränderte politische Beurteilung von PE zu – aus
Sicht von Investoren – besseren Rahmendbedingungen kommen kann.

Im schwierigen konjunkturellen Umfeld seit Herbst 2008, einhergehend mit erschwerten Finanzierungsbedingungen für viele PE-finanzierte Unternehmen, wird
das Verhalten der Finanzinvestoren in Unternehmenskrisen sicherlich viel öffentliche und politische Aufmerksamkeit erfahren. Dies kann durchaus eine Chance sein,
durch besonnenes Verhalten, das angeschlagene Image der PE-Branche zu verbessern.

---

[99] Durch die Neuregelung des §8a KStG ist der Nettozinsaufwand (Zinsaufwand minus Zinsertrag) nur bis zur Höhe von 30% des EBITDA (steuerpflichtigen Gewinns vor Zinsertrag,
Zinsaufwand und Abschreibungen) voll steuerlich abzugsfähig.
[100] Vgl. Deutscher Bundestag (2007b), S.3

Literaturverzeichnis

Baetge, Jörg und Hans-Jürgen Kirsch und Stefan Thiele (2003): *Bilanzen*. 7. Auflage. Düsseldorf: IDW.

Bader, Hanspeter (1996): *Private Equity als Anlagekategorie: Theorie, Praxis und Portfoliomanagement für institutionelle Investoren*. 1. Auflage. Bern: Haupt.

Brettel, Malte und Cyril Jaugey und Cornelius Rost (2000): *Business Angels – Der informelle Beteiligungsmarkt in Deutschland*. 1. Auflage. Wiesbaden: Gabler.

British Private Equity and Venture Capital Association – BVCA (2008): *The Economic Impact of Private Equity in the UK*, [http://www.wir-investieren.de/wp-content/uploads/2008/03/eis_2007_summary _report. pdf, Zugriff: 15.06.08].

Bundesministerium der Finanzen (BMF) (2003): *Einkommensteuerliche Behandlung von Venture Capital und Private Equity Fonds; Abgrenzung der privaten Vermögensverwaltung vom Gewerbebetrieb* vom 16.12.2003. In: BStBL I 2004, S.40.

Bundesverband deutscher Kapitalbeteiligungsgesellschaften – German Private Equity and Venture Capital Association e. V. (BVK) (2007): *Stellungnahme des BVK zum Regierungsentwurf eines Gesetzes zur Modernisierung der Rahmenbedingungen für Kapitalbeteiligungen (MoRaKG)*, [http://www.jura.uni-augsburg.de/MoRaKG/moragk_pdf/04-Bundesverb__ Dt__Kapital__ .pdf, Zugriff: 15.06.08].

Bundesverband deutscher Kapitalbeteiligungsgesellschaften – German Private Equity and Venture Capital Association e. V. (BVK) (2008a): *BVK Statistik, Das Jahr 2007 in Zahlen*, [http://www.bvk-ev.de/media/file/163.BVK_Jahresstatistik_2007_final_210208.pdf, Zugriff: 15.06.08].

Bundesverband deutscher Kapitalbeteiligungsgesellschaften – German Private Equity and Venture Capital Association e. V. (BVK) (2008b): *MoRaKG kann nur ein erster Schritt sein*, [http://www.bvk-ev.de/media/file/174.20080627_PM_BVK_Verabschiedung_Morakg_final.pdf, Zugriff: 01.07.08].

Christlich Demokratische Union Deutschlands (CDU), Christlich-Soziale Union in Bayern e. V. (CSU), Sozialdemokratische Partei Deutschland (SPD) (2005): *Gemeinsam für Deutschland. Mit Mut und Menschlichkeit. Koalitionsvertrag von CDU, CSU und SPD*, [http://koalitions-vertrag.spd.de/servlet/PB/show/1645854/111105 _Koa-litionsvertrag.pdf, Zugriff: 15.06.08].

Deutscher Bundestag – 16. Wahlperiode (2007a): *Entwurf eines Gesetzes zur Moder-nisierung der Rahmenbedingungen für Kapitalbeteiligungen (MoRaKG)*, Drucksa-che 16/6311.

Deutscher Bundestag – 16. Wahlperiode (2007b): *Entwurf eines Gesetzes zur Moder-nisierung der Rahmenbedingungen für Kapitalbeteiligungen (MoRaKG) – Stellung-nahme des Bundesrates und Gegenäußerung der Bundesregierung,* Drucksache 16/6648.

Deutscher Bundestag – 16. Wahlperiode (2008): *Beschlussempfehlung des Finanz-ausschusses (7. Ausschuss),* Drucksache 16/9777.

Deutsches Institut für Wirtschaftsförderung (DIW) (2008): *Die Bedeutung von Buy-Outs/Ins für unternehmerische Effizienz, Effektivität und Corporate Gover-nance,* Politikberatung kompakt 38, Berlin: DIW.

European Private Equity & Venture Capital Association (EVCA) (2008): *Benchmar-king European Tax and Legal Environments*, [http://www.evca.eu/uploaded Files/a2_exec_summ_benchmark08.pdf, Zugriff: 15.12.08].

Europäische Zentralbank (2005): *Monatsbericht Oktober.*

Fenn, George W. und Nellie Liang und Stephan Prowse (1995): *The Economics of the Private Equity Market.* The board of Governors of the Federal Reserve System, Working Paper 168, [http://www.federalreserve.gov/pubs/staffstudies/168/ss168.pdf, Zugriff: 15.06.08].

Gröne, Thorsten (2005): *Private Equity in Germany.* 1. Auflage. Stuttgart: ibidem-Verlag.

Jesch, Thomas A. (2004): *Private-Equity-Beteiligungen.* 1. Auflage. Wiesbaden: Gabler.

Kaserer, Christoph und Ann-Kristin Achleitner und Christoph von Einem und Dirk Schiereck (2007): *Private Equity in Deutschland*, 1. Auflage, Norderstedt: Books on Demand.

Matz, Christoph (2002): Wettbewerbsentwicklung im deutschen Private-Equity-Markt. Strategieoptionen für Beteiligungskapital-Gesellschaften. 1. Auflage. Wiesbaden: Deutscher Universitätsverlag.

Meinecke, Reinhard und Philipp Meinecke (2005): Wichtige Check-List-Punkte von Finanzinvestoren, in Behrens, Wolfgang (Hrsg.): Unternehmensentwicklung mit Finanzinvestoren. Eigenkapitalstärkung, Wertsteigerung, Unternehmensverkauf, S.121–135, 1. Auflage, Stuttgart: Schäffer-Poeschel.

Meyer, Thomas (2006): Private Equity, spice for European economies, in Journal of Financial Transformation 18, S.61–69.

Meyer, Thomas (2008): Venture Capital: Brücke zwischen Idee und Innovation?, DB Research – Economics 65, Februar 2008 [http://www.innovationsanalysen.de/de/download/economics6d.pdf, Zugriff: 15.06.08].

Richter & Partner (2007): Information zu Besteuerung von Investments in Private-Equity-Fonds, [http://rp-richter.de/mandanten_info/docu ments/MI06062007.pdf, Zugriff: 15.06.08].

Rudolph, Bernd (2001): Venture Capital und Private Equity als Finanzierungs- und Anlageinstrumente, in D. Hummel et al. (Hrsg.): Handbuch Europäischer Kapital-markt, 1. Auflage. Wiesbaden: Gabler.

Suhl, Werner und Theo Weber (2005): Der Einfluss von Private Equity-Ge-sellschaften auf Portfoliounternehmen und die deutsche Wirtschaft, Price-waterhouseCoopers AG Wirtschaftsprüfungsgesellschaft und BVK, Oktober 2005, [http://www.bvk-ev.de/media/file/54.equity_portfolio.pdf, Zugriff: 15.06.08].

Watrin, Christoph und Sebastian Glocksch (2002): Problembereiche der Besteuerung inländischer Private Equity-Fonds. In: Der Betrieb, 55, S.341–346.

Rechtliche Aspekte einer Hypotheken-Anleihe

Dipl.-Kfm. Dipl.-Volksw. Dipl.-Jurist (Univ.) Dipl.-Inform. Johannes Alram, LL.M., Ass.jur.

1 Einleitung

Obgleich der Anteil von Unternehmensanleihen (engl. Corporate Bonds) (vgl. *Merkl*, 2002, S. 3.) nur 1 % der Gesamtemissionen im deutschen Rentenmarkt ausmacht (siehe *Hagen/Rasche*, 2003, S. 3), hat sich dieser Markt in den letzten Jahren rasant entwickelt (vgl. *Merkl*, 2002, S. 3.) und es wurden zuletzt im Februar 2008 Schuldverschreibungen von Unternehmen in Deutschland im Umfang von 1,2 Milliarden Euro begeben (vgl. *Deutsche Bundesbank*, 2008, Pressenotiz zu Netto-Tilgungen am Rentenmarkt im Februar 2008, S. 1, Stand 10.04.2008). Dabei ist der Anteil von grundpfandrechtlich besicherten Unternehmensanleihen in Deutschland verschwindend klein (vgl. *Merkl*, 2002, S. 3.). Ein Grund für die geringe Anzahl solcher Anleihen könnte in der rechtlich schwierigen und aufwendigen Konstruktion der Grundpfandrechtsbesicherung der Anleihe gesehen werden. Auch ergeben sich aus dem Einsatz von immobiliaren Sicherheiten gegenüber der unbesicherten Anleihe höhere Emissionskosten und Unterhaltungskosten während und am Ende der Laufzeit der Anleihe (vgl. *Hielscher/Laubscher*, 1998; *Jungnickel*, 2005, S. 34–36).

Das Rechtsthema der dinglichen Besicherung von Anleihen ist in der Literatur bislang noch nicht häufig aufgegriffen worden und dieser Sachverhalt ist unter rechtswissenschaftlichen Gesichtspunkten interessant, näher untersucht zu werden.

2 Begriffsbestimmungen und Struktur der Anleihe

Die Anleihe wird als Schuldverschreibung begeben, die auf den Inhaber lautet (Inhaberschuldverschreibung). Sie wird wegen der grundpfandrechtlichen Besicherung Hypothekenanleihe genannt. Die Schuldverschreibung ist mit einem bestimmten Gesamtnennbetrag ausgestattet. Der Gesamtnennbetrag ist eingeteilt in eine bestimmte Anzahl von Teilschuldverschreibungen (vgl. *Zöllner*, 1987, § 27, I Nr. 8), die die gleichen Teilbeträge aufweisen und in der Summe dem Gesamtnennbetrag entsprechen. Gegen Einzahlung von Anleihekapital erhält der Anleger in der entsprechenden Höhe der Teilschuldverschreibung Miteigentumsanteile an der Globalurkunde, die die gesamte Schuldverschreibung (sprich Gesamtnennbetrag) verbrieft. Zur Sicherung der Rückzahlungsforderungen aus der Schuldverschreibung dienen ein oder mehrere Sicherungshypotheken, wobei die Summe aller Hypothekensummen zusammen der Höhe der gezeichneten Nennbeträge entsprechen muss. Eine Sicherungshypothek wiederum kann auf einem oder mehreren inländischen Grundstücken bestellt werden (Vorliegen einer Gesamthypothek nach § 1132 BGB). Die Hypothekensumme je Hypothek darf einen bestimmten Anteil des Verkehrswertes des Grundstücks, auf die die Hypothek eingetragen werden soll, nicht überschreiten (Wertgrenze) und die Hypothek muss erstrangig sein.

Zur Hypothekenanleihe wird eine Globalurkunde erstellt, die die Ansprüche der Schuldverschreibungsgläubiger verbrieft. Die Hypotheken werden nach § 1185 BGB als Buchhypotheken bestellt und im betreffenden Grundbuchamt eingetragen und verbriefen das dingliche Recht der Anleger. Die Anleihebedingungen regeln das Rechtsverhältnis zwischen Anleger und Emittentin auf der einen Seite und der Emittentin und dem Vertreter bzw. dem Vertreter und den Anlegern andererseits. Die Anleihebedingungen enthalten die schuld- und sachenrechtlichen Bestimmungen der Hypothekenanleihe und die sachenrechtlichen Bestimmungen der Wertpapierhypotheken sowie die Regelungen zur Vertretung der Gläubiger durch den Vertreter. Die Anleihebedingungen sind in der Globalurkunde vollständig abgedruckt und die Globalurkunde wird von der Emittentin unterschrieben.

3 Recht der Hypothekenanleihe

In diesem Kapitel werden die schuld- und sachenrechtlichen Grundlagen und die wesentlichen Ausstattungsmerkmale zur Inhaberschuldverschreibung herausgearbeitet. Die Inhaberschuldverschreibung ist die Begebungsform der Hypothekenanleihe.

3.1 Grundlagen und Charakterisierung der Anleihe

Die Anleihe ist nach den verschiedenen in der Literatur gebrauchten Wertpapierbegriffen als Wertpapier zu qualifizieren (*Stamm*, 2006, S. 8; *Brox*, *2005*, § 27 4 c, § 44; *Zöllner*, 1978, § 27 I 1). Sie kommt am häufigsten in der Form der festverzinslichen Standardanleihe vor. Bei der Konstruktion der Anleihebedingungen zu einer Hypothekenanleihe ist zwischen den Standardausstattungsmerkmalen der Anleihe (Übertragung der Rechte, Laufzeit, Währung, Tilgung, Verzinsung, Verwaltung und Verwahrung, etc.) als solche und den speziellen Merkmalen, die die Hypothek und die Vertretungsregelungen der Gläubiger der Anleihe betreffen, zu differenzieren (vgl. *Wenzel/Rohrer*, 2004).

3.2 Schuldrechtliche Bestimmungen der Anleihe

3.2.1 Begriff, Einteilung und Schriftform der Hypothekenanleihe

Schuldverschreibungen auf den Inhaber sind im Bürgerlichen Gesetzbuch in den Paragrafen 793 bis 808 geregelt (vgl. *Zöllner*, 1978, § 27, I 1).

Die Hypothekenanleihe ist eine Sonderform der Anleihe, die wiederum ein Sammelbegriff für festverzinsliche Schuldverschreibungen ist. Grundsätzlich sind somit die §§ 793–806 BGB für eine zu begebende Hypothekenanleihe anzuwenden, sofern sich nicht aus Besonderheiten oder aus Abbedingung ein anderes ergibt. Die im Bürgerlichen Gesetzbuch normierten Tatbestände zur Inhaberschuldverschreibung enthalten keine abschließende Regelung der Rechtsverhältnisse der Inhaberschuld (vgl. *Palandt/Sprau*, Einführung vor § 793, Rdn. 6; *Brox*, 2005, § 44, I. 1). Sie normieren im Wesentlichen nur die Verbindlichkeiten des Ausstellers gegenüber den Schuldverschreibungsinhabern, die als solche als Mindestanforderung an die Ausstattung von Schuldverschreibungen zu stellen sind und folglich nicht abdingbar sind (vgl. *Palandt/Sprau*, Einführung vor § 793, Rdn. 6). Eine Legaldefinition der Schuldverschreibung auf den Inhaber enthält § 793 Abs. 1 BGB. Die Schuldverschreibung ist nach Satz 1 dieser Vorschrift eine auf den Inhaber lautende Urkunde, in der sich der Aussteller zu einer Leistung an den Urkundeninhaber verpflichtet (vgl. *Palandt/Sprau*, § 793, Rdn. 1) und eben nicht an eine bestimmte Person als Berechtigten. Der Inhaber des Papiers ist zur Geltendmachung des verbrieften Rechts aus der Wertpapierurkunde befugt. Wie bereits angeführt, gehört die Inhaberschuldverschreibung hinsichtlich der Einteilung der Wertpapiere nach der Person des Berechtigten zu den Inhaberpapieren (vgl. *Gursky*, 2007, S. 11). Der Inhalt der Urkunde enthält das Leistungsversprechen (vgl. *Palandt/Sprau*, § 793, Rdn. 2), die Klausel der Inhaberstellung und den Aussteller (vgl. *Palandt/Sprau*, § 793, Rdn. 4). Inhaberschuldverschreibungen werden regelmäßig in Teilbeträge einer Gesamtemission einer Anleihe ausgegeben (so genannte Stückelung) (vgl. *Gursky*, 2007, S. 110). Man spricht in diesem Zusammenhang von Teilschuldverschreibung (vgl. *Vollrath*, 2003, S. 1; *Zöllner*, 1987, § 27 I 8). Solche Teilschuldverschreibungen, d.h. Teilschuldverschreibungen mit der gleichen Stückezahl, sind untereinander gleichberechtigt (vgl. *Krumnow/Gramlich/Lange*, 2002, S. 551). Inhaberschuldverschreibungen sind regelmäßig auf Zahlung einer bestimmten Geldsumme gerichtet (vgl. *Palandt/Sprau*, § 793, Rdn. 2; *Gursky*, 2007, S. 110). Die Urkunde unterliegt nach § 126 Abs. 1 BGB der gesetzlichen Schriftform (vgl. *Palandt/Heinrichs*, § 126, Rdn. 1). Es genügt nach

§ 793 Abs. 2 Satz 2 BGB zur Unterzeichnung eine im Wege der mechanischen Vervielfältigung hergestellte Namensunterschrift (so genannte Faksimileunterschrift).

3.2.2 Gläubigerrechte und Einwendungen

Die Entstehung der Verpflichtung aus einer Inhaberschuldverschreibung ist in §§ 793 ff. BGB nicht abschließend geregelt, weshalb ein Rückgriff auf die Grundsätze über die Entstehung der Verpflichtung von Wertpapieren erforderlich ist (vgl. *Palandt/Sprau*, § 796, Rdn. 8; *Gursky*, 2007, S. 112). Zwar ist die Errichtung einer Urkunde nach § 793 Abs. 1 Satz 1, 1. Halbsatz BGB zur Entstehung der Verpflichtung dafür notwendig, aber nicht hinreichend (vgl. *Palandt/Sprau*, § 793, Rdn. 8). Vielmehr muss nach der so genannten Vertragstheorie ein Begebungsvertrag (vgl. *Palandt/Sprau*, § 796, Rdn. 1) mit dem ersten Nehmer (nähere Ausführungen zum ersten und zweiten Nehmer liest man in *Fikentscher*, 1997, Rdn. 1032) des Wertpapiers hinzukommen, was heute die herrschende Meinung ist (vgl. BGH NJW 73, 283; *Hueck/Canaris*, 1986, § 3 I 2). Der Begebungsvertrag hat eine schuld- und sachenrechtliche Doppelfunktion. Einerseits wird mit dem Übertrag der Urkunde von dem Aussteller der Urkunde auf den Erwerber nach §§ 929 ff. BGB das Eigentum an der Urkunde nach sachenrechtlichen Bestimmungen begründet. Andererseits wird die Einigung über die schuldrechtliche Begründung der verbrieften Forderung kontrahiert (vgl. *Palandt/Sprau*, § 793, Rdn. 8). Das Innehaben der Urkunde gilt als Legitimationswirkung (vgl. *Gursky*, 2007, S. 9, 11 f., 112; *Sedatis*, 1988, Rdn. 308). Man spricht dann von der formellen Berechtigung (vgl. *Palandt/Sprau*, § 794, Rdn. 10). Die Durchsetzbarkeit der verbrieften Rechte aus der Inhaberschuldverschreibung setzt das Innehaben der Urkunde voraus, da sich aus § 797 BGB eine Leistungspflicht des Ausstellers nur gegen Aushändigung der Urkunde durch den Aussteller ergibt (vgl. *Palandt/Sprau*, § 793, Rdn. 11, § 796 Rdn. 1). Der materiell Berechtigte kann aus § 985 BGB einen Anspruch auf Herausgabe der Urkunde herleiten (vgl. *Palandt/Sprau*, § 793, Rdn. 11). Da die Inhaberschuldverschreibung ihrem Zwecke nach zum Umlauf bestimmt ist (vgl. *Palandt/Sprau*, § 793, Rdn. 1; *Brox*, 2005, § 44 II 1 b), sind Einwendungen des Ausstellers im Interesse der Verkehrsfähigkeit der Inhaberschuldverschreibung nur beschränkt zulässig (vgl. *Palandt/Sprau*, § 796, Rdn. 1; *Baumbach/Hefermehl*, IV 2 D). Daraus ergeben sich die Schutzvorschriften des Erwerbers aus §§ 793 Abs. 1 Satz 1, 794, 796 BGB.

Durch das Schuldverschreibungsgesetz können Gläubiger von Teilschuldverschreibungen einen Interessensverbund bilden mit dem Ziel, bei Zahlungsproblemen des Schuldners gemeinsam durch entsprechende Maßnahmen die Rechte aus der Schuldverschreibung geltend zu machen. Die Organe dieses Gläubigerverbunds sind die Gläubigerversammlung und der Gläubigervertreter (vgl. *Palandt/Bassenge*, § 1187, Rdn. 1; *Gursky*, 2007, S. 113). Bei der Geltendmachung der Ansprüche aus der Schuldverschreibung ist die Vorlegungsfrist aus § 801 Abs. 1 Satz BGB und die Verjährungsfrist nach § 801 Abs. 1 Satz 2 BGB zu beachten (vgl. *Palandt/Sprau*, § 801, Rdn. 1, 5; *Gursky*, 2007, S. 114).

3.2.3 Verpflichtung aus der Inhaberschuldverschreibung

Zur Leistung aus der Inhaberschuldverschreibung ist der Aussteller der Urkunde als Schuldner dem materiell Berechtigten Inhaber verpflichtet (vgl. *Palandt/Sprau*, § 793, Rdn. 12). Der Schuldner wird durch die Leistung an den Inhaber der Schuldverschreibung frei und zwar auch dann, wenn der letztere Inhaber nicht der Eigentümer der Urkunde ist oder nicht verfügungsberechtigt ist. Dies folgt aus § 793 Abs. 1 Satz 2 BGB. Der Aussteller hat jedoch das Recht, die Verfügungsberechtigung des Inhabers nachzuprüfen (vgl. *Gursky*, 2007, S. 114) und er braucht nach § 797 Satz 1 BGB nur gegen Rückgabe der Schuldverschreibung zu bezahlen (vgl. *Gursky*, 2007, S. 115). Nicht schuldbefreiend im Sinne von § 793 Abs. 1 Satz BGB ist die Leistung des Ausstellers erbracht, wenn er die Nichtberechtigung des Inhabers positiv kannte, wobei grob fahrlässige Unkenntnis der positiven Kenntnis gleichgestellt ist (vgl. *Palandt/Sprau*, Einführung vor § 793, Rdn. 13; *MüKo/Hüffer*, Rdn. 24).

3.3 Sachenrecht der Inhaberschuldverschreibung

In §§ 793 ff. BGB selbst fehlen sachenrechtliche Regelungen, die die dinglichen Rechtsverhältnisse zur Wertpapierurkunde einer Inhaberschuldverschreibung regeln. Für Wertpapiere von Inhaberschuldverschreibungen sind im Wesentlichen im Sachenrecht §§ 929–935 BGB (Übertragung von Inhaberpapieren), §§ 1081–1084 BGB (Nießbrauch an Inhaberpapieren) und §§ 1293–1296 BGB (Pfandrecht an Inhaberpapieren) beachtlich. Der 22. Titel im Bürgerlichen Gesetzbuch wird durch die sachenrechtlichen Bestimmungen zu der Inhaberschuldverschreibung ergänzt (vgl. *Palandt/Sprau*, Einführung vor § 793, Rdn. 6).

3.3.1 Eigentum, Übertragung und Gutglaubensschutz

Das Eigentum an dem Papier richtet sich nach Sachenrecht. Die Übertragung des Rechts ist grundsätzlich nach sachenrechtlichen Grundsätzen durch Übereignung des Papiers zu beurteilen (vgl. *Gursky*, 2007, S. 112). Die Übereignung folgt nach den

§§ 929 ff. BGB durch Einigung und Übergabe der Urkunde. Nachfolgende Inhaber erwerben deshalb gegebenenfalls gutgläubig nach §§ 932 ff. 935 Abs. 2 BGB bzw. § 366 f. HGB (vgl. *Palandt/Sprau*, Einführung vor § 793, Rdn. 9, § 794, Rdn. 1, § 796, Rdn. 4), d.h. der gute Glaube des Erwerbers ist bei abhanden gekommenen Schuldverschreibungen nach § 935 Abs. 2 BGB geschützt. Bei der Schuldverschreibung ist auch eine Zession des verbrieften Rechts nach § 398 BGB möglich, wonach dem Zessionar nach § 952 Abs. 1 BGB das Eigentum an dem Papier zusteht (vgl. *Palandt/Sprau*, § 793, Rdn. 9, *MüKo/Hüffer* Rdn. 19; *Gursky*, 2007, S. 11 und S. 112). Soweit eine Inhaberschuldverschreibung mit einem Grundpfandrecht ausgestattet ist, bestimmt sich die Übertragung des Grundpfandrechts aufgrund der Akzessorietät der Hypothek an der Forderung nicht losgelöst von der Übertragung der Urkunde der Schuldverschreibung (vgl. *Weber*, 1997, § 12 IV).

3.3.2 Sachenrechtliche Besonderheiten bei der Girosammelverwahrung

Gemäß aufgestellter Prämisse sollen die Forderungsrechte der Anleger der Hypothekenanleihe in einer Sammelurkunde verbrieft werden (zur Girosammelverwahrung, siehe *Obst/Hinter*, 1993, S. 1257). Ausgeschlossen ist demnach, dass der Anleger für seine Anteile an der Hypothekenanleihe eine Einzelurkunde erhält. Vielmehr soll die Sammelurkunde girosammelverwahrt werden.

Ein Bankkunde selbst kann die Wertpapiere bei einer Wertpapiersammelbank nicht für sich selbst verwahren lassen, sondern lässt sie über die Bank, bei der er sein Depot führt (Depotbank), verwalten und verwahren. Soweit Urkunden der Hypothekenanleihe girosammelverwahrt werden, finden für die Eigentumsbegründung (vgl. *Düring*, 2008), die Übertragung (vgl. *Palandt/Sprau*, § 793, Rdn. 9 und § 676, Rdn. 2), die Verwaltung und Verwahrung spezialgesetzlich die Vorschriften des Depotgesetzes Anwendung. Insbesondere gelten §§ 1, 2, 5, 6, 9a, 17a, 18 ff., 24 Depotgesetz (DepotG), soweit die Hypothekenanleihe ein taugliches Wertpapier für die Sammelverwahrung ist.

Nach § 6 Abs. 1 Satz 1 DepotG hält der Schuldverschreibungsberechtigte an dem Sammelbestand des Verwahrers Miteigentum nach Bruchteilen an dem zum Sammelbestand gehörenden Wertpapieren derselben Gattung. Der Sammelbestand wird in einer Sammelurkunde verbrieft (auch Globalurkunde genannt siehe *Baumbach/Hopt*, (13), § 9a, Rdn. 1). Die Einbeziehung eines Wertpapiers in den Freiverkehr einer deutschen Börse setzt regelmäßig die Girosammelverwahrung voraus.

4 Gesetzliche Regelungen zur Wertpapierhypothek

Dieses Kapitel widmet sich dem Sachenrecht von Grundpfandrechten im Zusammenhang mit einer Inhaberschuldverschreibung. Der Anleihe steht zunächst nicht entgegen, sie durch Grundpfandrechte zu besichern. Es bestehen keine gesetzlichen Beschränkungen eine Anleihe durch Grundpfandrechte zu besichern.

4.1 Rechtliche Grundlagen zu Grundpfandrechten

Der Begriff Grundpfandrecht ist gesetzlich nicht normiert (siehe *Wieland*, 1994, S. 373; *Palandt/Bassenge*, Vorbemerkung § 1113, Rdn. 1). Im Bürgerlichen Gesetzbuch wird bei den Grundpfandrechten nach der Hypothek (§§ 1113 ff. BGB), der Grundschuld (§§ 1191 ff. BGB) und der Rentenschuld (§§ 1199 ff. BGB) differenziert und es wird im BGB bewusst der Gebrauch des Oberbegriffs Grundpfandrecht vermieden (vgl. *Palandt/Bassenge*, Vorbemerkung § 1113, Rdn. 1). Als Grundpfandrecht in dieser Arbeit wird ein solches verstanden, welches sich zur grundpfandrechtlichen Besicherung einer Standardanleihe eignet. Ungeachtet der Differenzierung zwischen Hypothek und Grundschuld handelt es sich in beiden Fällen bei dem Rechtsinhalt um ein beschränktes dingliches Grundstücksrecht, auf Grund dessen eine Geldsumme meist mit Nebenleistungen aus dem Grundstück zu zahlen ist (vgl. *Palandt/Bassenge*, § 1113, Rdn. 1, § 1191 Rdn. 1). Grundpfandrechte können gemäß dem Tatbestand des § 1113 BGB am Eigentum an einem Grundstück (vgl. *Palandt/Bassenge*, Überblick Rdn. 1 vor § 873), am Wohnungseigentum oder am Eigentum eines Gebäudes eingetragen werden (vgl. *Weber*, 1997, § 11 V). Belastungsgegenstand ist das Grundstück, reale Grundstücksteile, ein Miteigentumsanteil (§ 1114 BGB) (vgl. *Palandt/Bassenge*, § 1113, Rdn.1, § 1114, Rdn.1, § 1008, Rdn. 1), ein grundstücksgleiches Recht (vgl. grundstücksgleiche Rechte sind beschränkte dingliche Rechte, die gesetzlich dem Grundstück gleichgestellt sind z.B. das Erbbaurecht, nicht hingegen das Wohnungseigentum, (vgl. *Palandt/Bassenge*, Überblick Rdn. 3 vor § 873) oder der Bruchteilanteil an einem grundstücksgleichen Recht selbst (vgl. *Palandt/Bassenge*, § 1113, Rdn.8; *Weber*, 1997, § 11 V).

4.2 Taugliches Grundpfandrecht; Hypothek oder Grundschuld?

Es werden verschiedene Arten bzw. Sonderformen von Hypotheken unterschieden (vgl. *Palandt/Bassenge*, § 1113, Rdn.2; *Wieling*, 1994, § 31 I 1 3), die Besonderheiten aufweisen. Zwei Sonderformen von Hypotheken bilden die in § 1184 Abs. 1

BGB (vgl. *Palandt/Bassenge*, § 1184, *Westermann*, 1998, 92 IV) legal definierte Sicherungshypothek und die in § 1187 BGB (vgl. *Palandt/Bassenge*, § 1187; *Soergel*, 1989, § 1187) als Spezialform der Sicherungshypothek für Inhaber- und Orderpapiere normierte Sicherungshypothek, die im juristischen Sprachgebrauch auch Wertpapierhypothek genannt wird (vgl. *Palandt/Bassenge*, § 1187 Rdn. 1; *Westermann*, 1998, § 111 I) . Die Besonderheiten dieser Hypothekenformen werden in den nachfolgenden Abschnitten herausgearbeitet und ihre Eignung für die Hypothekenanleihe überprüft (siehe *Cohn*, 1904, der in seiner Dissertation die Besonderheiten der Sicherungshypothek nach § 1187 BGB herausgearbeitet hat).

4.2.1   Sicherungs- und Gesamthypothek

Die Sicherungshypothek ist gegenüber einer Verkehrshypothek ein minderes Recht, sie steht nicht neben der Verkehrshypothek. Die Sicherungshypothek ist nach § 1184 Abs. 1 BGB eine Hypothek, bei der das Recht des Gläubigers sich ausschließlich „nach der Forderung" bestimmt (vgl. *Palandt/Bassenge*, § 1184, Rdn. 3; *Wieling*, 1994, § 31 I 1 3) und der Gläubiger sich zum Beweise der Forderung nicht auf die Eintragung der Hypothek berufen kann (vgl. *Palandt/Bassenge*, § 1184, Rdn. 4; *Wieling*, 1994, § 31 I 1 3). Bei der Sicherungshypothek ist die Akzessorietät von Forderung und Grundpfandrecht besonders streng (vgl. *Wieling*, 1994, § 31 I 1 3). Die Strenge verwirklicht sich in der Vorschrift aus § 1185 Abs. 2 BGB, wonach der § 1138 BGB auf die Sicherungshypothek für nicht anwendbar erklärt wird (vgl. *Palandt/Bassenge*, § 1184, Rdn. 2; *Wolff/Raiser*, 1957, § 151) mit der Folge, dass die §§ 891–899 „in Ansehung der Forderung" und der Einreden des Eigentümers nach § 1137 BGB nicht gelten, jedoch für die Hypothek gelten (vgl. *Palandt/Bassenge*, § 1184, Rdn. 2; *Weber*, 1997, § 12 II). Damit besteht die Vermutung nach § 891 BGB nicht mehr und der Gläubiger muss seine Hypothekenforderung beweisen, sofern der Eigentümer ihr Bestehen bestreitet (vgl. *Weber*, 1997, § 12 II). Soweit die Forderung nicht oder nicht mehr besteht, steht die eingetragene Hypothek dem Gläubiger nicht zu (§§ 1138, 891 BGB) (vgl. *Palandt/Bassenge*, § 1184, Rdn. 2; Weber, 1997, § 12 II). Somit ist auch ein gutgläubiger Erwerb der Hypothek ausgeschlossen, weil die §§ 1138, 891 BGB bei der Sicherungshypothek nicht greifen (vgl. *Palandt/Bassenge*, § 1184, Rdn. 2; *Weber*, 1997, § 12 II). § 1138 BGB ist auch insoweit nicht anwendbar, als sich der Pragraf auf die Einreden aus dem persönlichen Schuldverhältnis des Eigentümers nach § 1185 Abs. 2 BGB bezieht (vgl. *Weber*, 1997, § 12 II). Neben dem Ausschluss von § 1138 BGB normiert § 1185 Abs. 2 BGB bei der Sicherungsgrundschuld auch die Nichtanwendbarkeit der §§ 1139, 1141, 1156 BGB (vgl. *Palandt/Bassenge*, § 1185, Rdn. 2; *Soergel*, § 1185).

Die so genannte *„exceptio non numeratae pecuniae"* in § 1139 BGB (vgl. *Wieling*, 1994, § 31 I 1 b) ist nicht erforderlich, weil wegen des Ausschlusses des gutgläubigen Erwerbs ein Eigentümerschutz entbehrlich ist. Entgegen § 1156 BGB kann sich der Eigentümer des Grundstücks auch dem gutgläubigen Erwerber gegenüber auf die Schutzvorschriften der §§ 406 bis 408 BGB stützen (vgl. *Palandt/Bassenge*, § 1185, Rdn. 2; *Soergel*, § 1185). In Unterscheidung zur Verkehrshypothek wird die Sicherungshypothek gemäß § 1185 Abs. 2 BGB bereits durch die Kündigung der Forderung gegenüber dem Schuldner fällig (vgl. *Weber*, 1997, § 12 II; *Wieling*, 1994, § 29 II b, § 31 I 1 b) und der Eigentümer/Schuldner kann mit Wirkung gegenüber dem Zessionar der Forderung an den Zedenten nach § 407 BGB leisten, wenn ihm die Hypothekenabtretung unbekannt war (vgl. *Palandt/Bassenge*, § 1185, Rdn. 3; *Weber*, 1997, § 12 II). Der Eigentümer kann diese Einreden dem gutgläubigen Zessionar auch dann entgegenhalten, wenn sie nicht im Grundbuch eingetragen sind (vgl. *Palandt/Bassenge*, § 1184, Rdn. 2; *Weber*, 1997, § 11 VI 5, § 12 II). Die strenge Akzessorität schützt den Eigentümer des mit der Hypothek belasteten Grundstücks vor gutgläubigem Erwerb bei Mängeln der Forderung, weshalb die Sicherungshypothek nicht zum Umlauf geeignet ist (vgl. *Palandt/Bassenge*, § 1184, Rdn. 1, § 1185 Rdn. 1; *Weber*, 1997, § 12 II). Nach einer BGH-Entscheidung (vgl. *BGH NJW* 1986, 53; 1960, 1348) muss der Gläubiger gegenüber dem Berechtigten des Grundstücks das Entstehen der gesicherten Forderung mit anderen Mitteln als der Hypothek beweisen (zur Beweislast, siehe auch *OLG Frankfurt, NJW-RR* 1988). Die Hypothek stellt wegen § 1184 Abs. 1 BGB kein taugliches Beweismittel dar. Nach § 1184 Abs. 2 BGB muss die Hypothek im Grundbuch als Sicherungshypothek bezeichnet werden (vgl. *Weber*, 1997, § 12 II). Da die Umlauffähigkeit der Sicherungshypothek nicht gewollt ist, ist sie gemäß § 1185 Abs. 1 BGB stets eine Buchhypothek mit der Folge des Ausschlusses eines Hypothekenbriefs (vgl. *Palandt/Bassenge*, § 1185, Rdn. 1; *Wieling*, 1994, § 31 I 1 a). Der Briefausschluss braucht in der Folge des §§ 1184 Abs. 2, 1190 Abs. 1 Satz 2 BGB im Grundbuch nicht eingetragen zu werden (vgl. *Palandt/Bassenge*, § 1185, Rdn. 1; *Wieling*, 1994, § 31 I 1 a). Auf die Sicherungshypothek finden mit Ausnahme der besonderen Regelungen alle Vorschriften der Verkehrshypothek Anwendung, im Besonderen auch die §§ 1163 Abs. 1, 1177 BGB zum Entstehen einer Eigentümerhypothek (vgl. *Weber*, 1997, § 12 II). Eine Sicherungshypothek kann nach § 1186 BGB in eine Verkehrshypothek umgewandelt werden und umgekehrt (vgl. *Palandt/Bassenge*, § 1186, Rdn. 1).

Wird eine Sicherungshypothek an mehreren Grundstücken zur Sicherung derselben Forderung eingetragen, haftet nach § 1132 Abs. 1 BGB jedes einzelne Grundstück für die Gesamtforderung. Man spricht in diesem Kontext von einer Gesamthypothek (vgl. *Palandt/Bassenge*, § 1187, Rdn. 1; *Baur/Stürner*, 2007, § 42 IV).

4.2.2 Wertpapierhypothek

§ 1187 Satz 1 Alt. 1 BGB stellt tatbestandsmäßig klar, dass für die Forderung aus einer Inhaberschuldverschreibung nach § 793 ff. BGB nur eine Sicherungshypothek nach § 1184 BGB bestellt werden kann. Das Tatbestandsmerkmal „nur" lässt keinen Ermessensspielraum zugunsten der Wahl einer Grundschuld nach § 1191 Abs. 1 BGB als taugliches Grundpfandrecht für eine Inhaberschuldverschreibung zu. Die Sicherungshypothek ist bei der Inhaberschuldschreibung gesetzlich fingiert. Die Sicherungshypothek für Inhaber- und Orderpapiere nach § 1187 BGB wird auch Wertpapierhypothek bezeichnet (vgl. *Palandt/Bassenge*, § 1187, Rdn. 1; *Weber*, 1997, § 12 IV). Nach § 1187 Satz 2 BGB ist die Hypothek stets eine Sicherungshypothek, unbeschadet, ob sie im Grundbuch so bezeichnet ist (vgl. *Palandt/Bassenge*, § 1187, Rdn. 1; *Wieling*,1994, § 31 I 3 a), wobei vorausgesetzt wird, dass die gesicherte Forderung aus den Inhaber- oder Orderpapieren als solche im Grundbuch bezeichnet sind. Dem Wesen nach wird bei § 1187 Satz 1 BGB dabei nicht auf Forderungen einzelner Wertpapiere abgestellt, sondern auf Hypotheken ganzer Anleihen (vgl. *Wieling*, 1994, § 31 I 3 a). Als Gläubiger werden nicht bestimmte Personen eingetragen, sondern die „Inhaber" bzw. die durch Indossament berechtigten Inhaber der Papiere. Bei einer Anleihe sind die Schuldverschreibungsinhaber aufgrund des Umlaufpapiers so gut wie nicht ermittelbar (vgl. *Wieling*, 1994, § 31 II 1 c). Die zu sichernde Forderung muss die Zahlung einer der Höhe nach bestimmten Geldsumme in der Regel mit Nebenleistungen zum Gegenstand haben (vgl. *Palandt/Bassenge*, § 1187, Rdn. 1; § 1113 Rdn. 17; *Westermann*, 1998, 109 I–III), wobei andere Leistungsgegenstände nicht durch eine Hypothek abzusichern sind. Eine Hypothek, die ausschließlich für die Sicherung von laufenden Zinsforderungen dient, ist unstatthaft, wohl aber für kapitalisierte Forderungen (vgl. *Palandt/Bassenge*, § 1187, Rdn. 1; § 1113 Rdn. 17; *LG* Bn Rechtspfleger 82, 75). Die sicherbare Forderung umfasst bei der Inhaberschuldverschreibung einerseits die Forderung aus der Rückzahlung der Anleihegelder und andererseits die Forderung aus den Zinszahlungen (vgl. *Palandt/ Bassenge*, § 1187, Rdn. 1; § 1113 Rdn. 17; *Westermann*, 1998, 109 I–III). Die Hypothek muss die Forderung aus dem Inhaberpapier unmittelbar sichern. Für die Hypothekenanleihe können die Kapitalrückzahlungs- und Zinszahlungsansprüche grundsätzlich hypothekarisch besichert werden. § 1187 BGB ist zwingend bei der grundpfandrechtlichen Besicherung einer Inhaberschuldverschreibung und ist nicht abdingbar (vgl. *Weber*, 1997, § 12 IV; *Bülow*, 1997, Rdn. 361). Für die Sicherungshypothek nach § 1187 BGB gelten die Vorschriften für die Sicherungshypothek nach §§ 1184 bis 1186 BGB. Demnach wird die Wertpapierhypothek als Buchhypothek nach § 1185 Abs. 1 BGB bestellt, woraus sich der Ausschluss der Hypothekenbrieferstellung ergibt (vgl. *Palandt/Bassenge*, § 1187, Rdn. 1; *Weber*, 1997, § 12 IV). Mit dem Ausschluss des Hypothekenbriefs soll ein Auseinanderlaufen von Hypothekenbrief (Anm.: der Hypothekenbrief gilt i.S.d. § 405 BGB nicht als Schuldurkunde, da mit ihm die dingliche Belastung und nicht die Schuld verbrieft wird; siehe *Weber*, 1997, § 11 IV 3) und Wertpapier verhindert werden (vgl. *Weber*, 1997, § 12 IV). Das war die gesetzgeberische Intention, denn der Umstand, dass zwei aus derselben Forderung berechtigende Urkunden im Umlauf befindlich sind, würde die Gefahr hervorrufen, dass der Nachweis der Gläubigerschaft dann faktisch unmöglich wäre, falls die zwei Papiere in die Hände von zwei verschiedenen Personen fallen würden (vgl. *Cohn*, 1904, S. 10). Das Gläubigerrecht wird einerseits durch die grundbuchrechtliche Verbriefung und andererseits durch die Wertpapierurkunde verkörpert und verlautbart (vgl. *Weber*, 1997, § 12 IV). Dies schlussfolgert aber die Vorlage des Wertpapiers als Eintragungsvoraussetzung einer Wertpapierhypothek ins Grundbuch (§§ 41, 43 GBO) (vgl. *Kuntze/Herrmann*, 2006, § 43; zum Grundbuchverfahren im Allgemeinen, siehe *Haegele/Schöner/Stöber*, 1993, *Cohn*, 1904, S. 16). In der Literatur wird die Wertpapierhypothek heute als praktisch bedeutungslos abgestuft (vgl. *Palandt/Bassenge*, § 1187 Rdn. 1; *Wieling*, 1994, § 31 I 3 a), da sie von der Sicherungsgrundschuld verdrängt wird (vgl. *Eickmann*, ZIP 1989, 137 ff.; *Weirich*, JuS 1980, 188 ff.; *Kollhoser*, JA 1979, 61, 63f). Das mag zwar im Bereich der fiduziarischen Sicherungsrechten insbesondere bei konventionellen Hypothekenkrediten im Bankensektor heutzutage üblich sein (vgl. *Bülow*, 2007, Rdn. 1; *Gernhuber*, BR §§ 20, 26–29; derselbe *JuS* 1988, 355 ff.; *Schreiber*, JR 1984, 485 ff.), obgleich die Gründe hierfür gegenüber den anderen Sicherungsrechten nicht ganz transparent sind (vgl. *Medicus*, 1993, § 21 I 1 b dd), § 1187 BGB ist jedoch auf die Grundschuld mit der Ausnahme nach § 1195 BGB nicht anwendbar, so dass auch bei der hier propagierten Hypothekenanleihe als Grundpfandrecht die Wertpapierhypothek nach § 1187 BGB gegenständlich ist (vgl. *Palandt/Bassenge*, § 1187, Rdn. 7, § 1195, Rdn. 1. Demnach kann eine Inhabergrundschuld in der Weise bestellt werden, dass der Grundschuldbrief auf den Inhaber ausgestellt ist. Nach § 1195 Satz 2 BGB sind die Vorschriften nach § 1187 ff. BGB anwendbar. Wesentlicher Unterschied zwischen der Sicherungsgrundschuld und der Sicherungshypothek ist, dass die Sicherungsgrundschuld nicht akzessorisch ist, sondern locker mit einer Forderung verknüpft ist.

4.2.3 Hypothekenbestellung und Eintragungsvoraussetzungen

Die Bestellung der Hypothek erfolgt nach § 873 BGB (vgl. *Palandt/Bassenge*, § 873, Rdn. 9–15) rechtsgeschäftlich durch Einigung und Eintragung, wobei bei der Inhaberschuldverschreibung wegen der unbekannten Gläubigervielzahl eine Eigentümererklärung gegenüber dem Grundbuchamt gemäß § 1188 Abs. 1 BGB (vgl. *Soergel*, § 1188; *Palandt/Bassenge*, § 1188, Rdn. 1) ausreichend ist und als Hypothekengläubiger der „Inhaber" aus der genauen Bezeichnung des Papiers der Inhaberschuldverschreibung eingetragen wird. Dies erfolgt regelmäßig aus den Angaben der Globalurkunde. Bei der Eintragung einer Hypothek für Teilschuldverschreibungen auf den Inhaber genügt es nach § 50 GBO, wenn der Gesamtbetrag der Hypothek unter Angabe der Stückeanzahl, des Betrags und der Bezeichnung der Teile eingetragen wird (vgl. *Palandt/Bassenge*, § 1115, Rdn. 1, 3; *Weber*, 1997, § 12 IV; Im Ergebnis muss aus der Eintragung der Geldbetrag der Forderung nach § 1113 Abs. 1 Halbsatz 2 BGB hervorgehen).

4.2.4 Übertragbarkeit der Hypothek und Gutglaubensschutz

Hinsichtlich der Übertragung spiegelt sich der Grundsatz der Akzessorietät der Hypothek wieder. Wegen des Ausschlusses von § 1154 Abs. 3 Satz 3 BGB in § 1187 Satz 3 BGB wird die Forderung ohne Grundbucheintrag nach den Bestimmungen übertragen, die für die Übertragung von Forderungen nach dem Wertpapierrecht gelten, bei Inhaberpapieren durch Einigung und Übergabe des Papiers nach §§ 929 ff. BGB (vgl. *Palandt/Bassenge*, § 929 ff.; *Wieling*, 1994, § 31 II 1 a). Einer Grundbuchberichtigung nach § 894 BGB bedarf es bei der Übertragung des Wertpapiers nicht, die Hypothek folgt nach § 1153 Abs. 1 BGB dem Wertpapier (vgl. *Palandt/Bassenge*, § 1153, § 1187, Rdn. 3; *Weber*, 1997, § 12 IV). Die Hypothek hängt bildlich gesprochen an der Forderung. Gegenüber dem Grundbuchamt ist nach § 29 Abs. 1 GBO die Legitimation durch den Besitz der Urkunde der Inhaberschuldverschreibung nachzuweisen, da der Inhaber der Wertpapiere ja nicht in das Grundbuch eingetragen wird (vgl. *Horber/Demharter*, § 29 1 ff.). Sachenrecht spielt für die Übertragung der Sicherungshypothek keine Rolle (vgl. *Wieling*, 1994, § 31 II 1 b).

Nach §§ 1185 Abs. 2, 1138 BGB wird der öffentliche Glaube des Grundbuchs bei der Forderung ausgeschlossen (vgl. *Weber*, 1997, § 12 IV). Der Schutz des guten Glaubens bei Übertragung des Papiers der Inhaberschuldverschreibung richtet sich dennoch nach § 935 Abs. 2 BGB, ein Abhandenkommen des Wertpapiers hindert den gutgläubigen Erwerb bei Redlichkeit nicht.

5 Rechtliche Aspekte zur Deckung der Hypotheken

Ein Problem im Kontext mit grundpfandrechtlich besicherten Anleihen ist die Regelung der Deckung der Anleihe. Es gilt festzulegen, welche Anforderungen an die Sicherungshypotheken zu stellen sind, um sich für die Hypothekenanleihe zu qualifizieren. Es fehlt die Normierung zur Deckung gesicherter Schuldverschreibungen.

5.1 Fehlende Normierung zur Deckung von Hypotheken

Zwar wird in §§ 793 ff. BGB und in §§ 1184, 1187 ff. BGB normiert (vgl. *Palandt/ Bassenge*, § 793, § 1184, § 1187), dass die dingliche Besicherung der Forderungen aus einer Inhaberschuldverschreibung mittels Sicherungshypothek zu erfolgen hat, jedoch hat die Legislative offen gelassen, wie die Sicherungshypothek qualitativ ausgestattet sein muss. Im dritten Buch, achter Abschnitt, 1. Titel im Bürgerlichen Gesetzbuch ist nur das „ob" der Hypothek und nicht das qualitative „wie" geregelt. Wie bereits dargetan, enthalten die §§ 793 ff. BGB keine abschließende Regelung zur Inhaberschuldverschreibung und §§ 1184 ff. BGB normiert nur das „ob" und nicht das „wie" (vgl. *Palandt/Bassenge*, Einführung vor § 793, Rdn. 6).

Zur Befriedigung wegen einer Forderung wird in § 1113 BGB ist in dem Tatbestandsmerkmal eine „bestimmte Geldsumme" normiert (vgl. *Palandt/Bassenge*, § 1113, Rdn. 17, § 1187, Rdn. 2). § 1113 BGB gilt auch für die Sicherungshypothek (vgl. Umkehrschluss von § 1185 Abs. 2 BGB und § 1187 Satz 3 und Satz 4 BGB, wo Vorschriften für die Verkehrshypothek nach § 1113 ff. BGB explizit ausgeschlossen werden, die übrigen Vorschriften zur Verkehrshypothek jedoch gelten; *Westermann*, 1998, 109 I III, 111 I III, *Weber*, 1997, § 12 II; In *Palandt/Bassenge* finden sich hierzu nur Anhaltspunkte in § 1185, Rdn. 1 und § 1187, Rdn. 1). Die zu sichernde Forderung muss dem Bestimmtheitsgrundsatz entsprechen.

Deckungsgrundsätze von Hypotheken sind in anderen Gesetzen außerhalb des BGB normiert, wenn auch mit unterschiedlichen Zweckrichtungen. So gibt es im Pfandbriefgesetz (PfandBG) (vgl. *Schimansky/Bunte/Lwowski*, 2007, S. 2690–2701) Regelungen zur Deckung von Hypotheken mit Verweisung in die Beleihungswertermittlungsverordnung (BelWertV) (vgl. *Ernst/Zinkahn/Dietrich*, § 194 Rdn. 24). Im Versicherungsaufsichtsgesetz (VAG) (vgl. *Prölss/Lipowsky*, 2005, nach § 54a, § 2 Abs. 1 Nr. 1 AnlV) wird auf die Deckungsgrundsätze des § 14 PfandBG verwiesen. Im Baugesetzbuch (BauGB) ist in § 192 ff. BauGB der Verkehrswert in § 194

BauGB legal definiert und die Verkehrswertermittlung in Verbindung mit den Wertermittlungsvorschriften (WertV) und der Wertermittlungsrichtlinie (WertR) im Zusammenhang mit Enteignungsentschädigungen gesetzlich normiert (vgl. *Battis/ Kratzberger/Löhr*, 2007, § 194; *Kleiber/Simon/Weyers/Schröter*,1991, § 194; *Kleiber/Simon/Weyers*, 2002, § 194; *Finkelnburg/Ortloff*, 1998, § 24 II; *Gaentzsch*, 1991, § 194 Rdn. 2). Im fiskalischen Bereich gibt es im Grunderwerbsteuergesetz (GrEstG) entsprechende Vorschriften zur Bewertung eines Grundstücks nach den Vorschriften des Bewertungsgesetzes (BewG). Ein Beispiel für einen Bewertungsanlass entsteht nach § 8 Abs. 2 GrEstG bei der Übertragung einer Gesellschaft, die Grundstücke hält und dieser Vorgang grunderwerbsteuerpflichtig ist (vgl. *Gottwald*, 2004, S. 100–102; zur Systematik der Bemessungsgrundlagen nach § 8 Abs. 2 GrEStG).

Eine Legaldefinition für den Verkehrswert und gesetzliche Regelungen für die Ermittlung des Verkehrswerts für Grundstücke, auf denen Sicherungshypotheken einer Inhaberschuldverschreibung lasten, fehlen. Ob der Gesetzgeber hier bewusst eine gesetzliche Regelungslücke wollte, kann in der Literatur nicht eindeutig ausgemacht werden. Beschäftigt man sich retrospektiv mit der Entwicklung der Entstehung des Paragrafen 1187 im Bürgerlichen Gesetzbuch, dann war in den damaligen Überlegungen zum Regelungsgehalt der §§ 1187 bis 1189 BGB primär die Differenzierung zur Verkehrshypothek und zur Umlauffähigkeit der Inhaberschuldverschreibung bzgl. dem zweckgerichteten Umgang mit den zwei Urkunden gegenständlich. Gesetzliche Annahmen zur qualitativen Anforderung an die Sicherungshypothek wurden nicht getroffen (vgl. *Palandt/Heinrichs*, § 1113, Rdn. 1; *Mugdan*, 1899, S. 876–883). Dieses Phänomen erstreckt sich auch auf die gewöhnliche Verkehrshypothek nach § 1113 BGB.

Der Verkehrswert ist im Baugesetzbuch (BauGB) im dritten Kapitel im ersten Teil „Wertermittlung" in § 194 gesetzlich im Zusammenhang mit §§ 192–199 BauGB normiert (vgl. *Finkelnburg/Ortloff*, 1994, S. 272–276). Sie gibt nach § 192 Abs. 1 BauGB Gutachterausschüssen, die nach den in § 192 Abs. 1 Satz 1 Nr. 1–4 enumarativ aufgeführten Tatbeständen Gutachten über den Verkehrswert von bebauten und unbebauten sowie Rechten an Grundstücken zu erstatten haben, einen gesetzlichen Rahmen zum Verkehrswert und dessen Ermittlung. Der Verkehrswert nach § 194 BGB ist ein stichtagbezogener Wert zum Bewertungszeitpunkt (vgl. *Bielenberg/ Krautzberger/Söfker*, 1994, Rdn. 494a). Seine Definition lautet in § 194 BauGB wie folgt: „Der Verkehrswert wird durch den Preis bestimmt, der zu dem Zeitpunkt, auf den sich die Ermittlung bezieht, im gewöhnlichen Geschäftsverkehr nach den rechtlichen Gegebenheiten und tatsächlichen Eigenschaften, der sonstigen Beschaffenheit und der Lage des Grundstücks oder des sonstigen Gegenstandes der Wertermittlung ohne Rücksicht auf ungewöhnliche oder persönliche Verhältnisse zu erzielen wäre". (vgl. *Mainczyk*, 1994, § 194, Rdn. 1, 3, 4; *Bielenberg/Krautzberger/Söfker*, 1994, Rdn. 493–494). Die Verkehrswertermittlung wird durch die Wertermittlungsvorschriften (WertV und WertR (vgl. *Heitzer/Oestreicher*,1973, II 1, S. 771 ff.)) ergänzt.

Ein Rückgriff auf die relevanten Normen zur Deckung von Pfandbriefen nach dem Pfandbriefgesetz scheidet aus. Der Pfandbrief und der Hypothekenpfandbrief unterliegen einem Bezeichnungsschutz nach § 41 PfandBG (vgl. *Boos/Goerke/Hoegen*, 2005, S. 8), so dass alleine zur Vermeidung einer Verwechslung der Hypothekenanleihe mit dem Pfandbrief zur Deckungsfrage der Anleihe weder direkt noch anlog auf die Begriffe und Bestimmungen des PfandBG zurückgegriffen werden sollte.

5.2 Wertgrenze und Grundbuchrang der Sicherungshypotheken

Zwar bestimmt das Gesetz in §§ 1184 Abs. 1, 1187 Abs. 1 Satz 1 Alt. 1 BGB, dass zur grundpfandrechtlichen Besicherung von Forderungen aus Inhaberschuldverschreibungen nur Sicherungshypotheken bestellt werden dürfen. Jedoch werden, wie bereits aufgezeigt, keine qualitativen Anforderungen an die Hypothek gestellt. Zu untersuchen ist, wie eine Sicherungshypothek bei einer Hypothekenanleihe als Sicherungsinstrument tatsächlich auszustatten ist, um dem dinglichen Anspruch auf Befriedung aus dem Grundstück aus den Forderungen der Anleihe gerecht zu werden. Eine Aussage darüber liefert die Werthaltigkeit der Hypothek im Hinblick darauf, ob bei der Zwangsversteigerung eine vollständige Befriedigung der Geldsumme der Hypothek wegen der Forderung aus der Anleihe zu erzielen ist.

Es geht also darum, zulässige Wertgrenzen bei der Sicherungshypothek in Relation zum Verkehrswert des zu belastenden Grundstücks und den Grundbuchrang der Hypothek mit der Maßgabe dieser Zielsetzung festzulegen. Für die Wertgrenze fehlt eine Legaldefinition.

Die Wertgrenze ist deshalb kautelarrechtlich in den Anleihebedingungen festzulegen. Aus Sicht der Gläubiger sollten keine Hypothekenwerte zulässig sein, die mit hoher Wahrscheinlichkeit im Rahmen der Zwangsversteigerung des belastenden Grundstücks nicht erlöst werden können. Die Grenze der Realsicherheiten liegt seit eher bei 3/5 des Verkehrswerts einer Immobilie, wovon in der Kreditwirtschaft ausgegangen wird, dass in der Zwangsversteigerung ein Versteigerungswert mindestens in dieser Höhe in der Regel erzielbar ist und dabei meist auch noch die Versteigerungskosten gedeckt sind (vgl. *Bellinger*, 1995, Rdn. § 11, § 18 f.).

5.3 Grundbuch- und Gläubigervertreter nach § 1189 BGB

Die Bestellung eines Grundbuchvertreters ist einmal nötig, um die Teilschuldverschreibungsinhaber, die gemeinsame Interessen vertreten, trotz ihrer großen Anzahl und Zersplitterung und Unbekanntheit untereinander mit ihren Ansprüchen in derselben Weise befriedigen zu können (vgl. *Cohn*, 1904, S. 26). Der Grundbuch- und Gläubigervertreter ist in § 1189 BGB normiert (vgl. *Palandt/Bassenge*, § 1187, Rdn. 4, § 1189 Rdn.1; *Westermann*, 1998, 111 IV 1 2). Zum Grundbuch- und Gläubigervertreter wird im Weiteren auf die Hauptarbeit und auf die Literatur verwiesen.

6 Anlagerestriktionen von institutionellen Anlegern

Die Hypothekenanleihe eignet sich auf der einen Seite nach den Bestimmungen der § 54 Abs. 2 Nr. 1, 2. Alt VAG i.V.m. § 2 Abs. 1 Nr. 8 AnlV bzw. nach § 2 Abs. 2 AnlV, § 3 Abs. 2 Buchstabe c AnlV zur Vermögensanlage durch Normadressaten des VAG (vgl. *Fahr/Kaulbach*, § 54, Rdn.1, 4; *Prössl/Lipowski*, § 54, Rdn. 22; *Schweberl*, 1991, S. 36 ff.; *Assmann/Assmann*, § 2, Rdn. 95 ff.; *Groß*, 2006, A Rdn. 6) , auf der anderen Seite für Kapitalanlagegesellschaften nach §§ 2 Abs. 2, 46, 52 Abs. 1 InvG (vgl. *Brinkhaus/Scherrer*, 2003; *Reuschle*, 2002, S. 208 ff., S. 255 ff.; *Kempf*, 2004, S. 23; *Kempf*, 2007, A. Kapitel 2 Abschnitt 3 3-8). Zu den Anlagerestriktionen wird im Weiteren auf die Hauptarbeit und auf die Literatur verwiesen.

7 Prospekt im Kontext der Hypothekenanleihe

Nach der Hypothese, dass die Hypothekenanleihe nicht privat platziert, sondern in Deutschland öffentlich angeboten und in den Freiverkehr einer Börse in Deutschland einbezogen werden soll, beschäftigt sich dieser Abschnitt damit, ob für die Hypothekenanleihe eine Prospektpflicht besteht und wenn ja, welche besonderen Anforderungen an die Erstellung eines Prospekts im Hinblick auf die hypothekarische Besicherung der Anleihe bestehen.

7.1 Prospektpflicht für die Hypothekenanleihe

Es ist zu prüfen, ob für die Hypothekenanleihe unter den getroffenen Annahmen eine Pflicht zum Erstellen eines Prospektes besteht, d.h. vor Aufnahme des öffentlichen Angebots bzw. der Einbeziehung der Anleihe in den Freiverkehr ein von der BaFin gebilligter Prospekt vorliegen muss.

1. Für die Erstellung, Billigung und Veröffentlichung von Prospekten ist das Wertpapierprospektgesetz (WpPG) nach § 1 Abs. 1 WpPG anzuwenden (vgl. *Just/Voß/ Zeising*, 2007; *Heidel/ Röhrborn/Rimbeck*, 2007, 15, vor § 1 WpPG, Rdn. 1, 2; § 1 WpPG, B), soweit nicht die Ausnahmetatbestände in § 1 Abs. 2 WpPG greifen. Das jetzige WpPG steht in Verbindung mit der Verordnung (EG) Nr. 809/2004 (kurz: VO (EG) 809/2004) vom 29. April 2004.

2. Zunächst müsste für die Hypothekenanleihe eine Pflicht zur Veröffentlichung eines Prospekts entweder nach § 3 Abs. 1 Satz 1 WpPG oder nach § 3 Abs. 3 WpPG bestehen, soweit nicht die Ausnahmetatbestände des Katalogs aus § 3 Abs. 2 WpPG oder § 4 Abs. 1 WpPG im ersten Fall bzw. die Ausnahmetatbestände in § 4 Abs. 2 WpPG im zweiten Fall einschlägig sind (vgl. *Heidel/Grosjean*, 2007, 15, § 3 WpPG, B. Ausnahmen, C. Ausnahmekatalog; § 4 WpPG, B. Ausnahmekatalog, Rdn. 2–11; § 4 WpPG, C. Rdn. 12–20 (Auf die Ausnahmen wird nicht eingegangen).

a) Nach § 3 Abs. 1 Satz 1 WpPG besteht für Wertpapiere, die im Inland öffentlich angeboten werden, eine Prospektpflicht. Die Hypothekenanleihe ist tatbestandsmäßig als Wertpapier zu qualifizieren. Der Begriff des Wertpapiers im Sinne des WpPG ist in § 2 Nr. 1 WpPG (vgl. *Hei-del/Röhrborn/Rimbeck*, 2007, 15, § 1 WpPG, A. Rdn. 1) legal definiert. Nach Satz 1 qualifizieren sich hierfür nur übertragbare Wertpapiergattungen, die auf dem Kapitalmarkt gehandelt werden können. Die Geeignetheit für den Markt setzt deren Vertretbarkeit, d.h. Fungibilität (vgl. *Groß*, 2006, § 2 WpPG, Rdn. 3) und Umlauffähigkeit voraus. Vertretbarkeit heißt dabei, dass die Wertpapiere dieselben Rechte verkörpern müssen. Als umlauffähig gelten Wertpapiere, die durch Einzel- oder Sammelurkunden verbrieft sind (vgl. *Heidel/Grosjean*, 2007, 15, § 2 WpPG, A. Rdn. 2).

Die Hypothekenanleihe wird gemäß den getroffenen Annahmen in einer Sammelurkunde verbrieft und ist aufgrund der Inhaberstellung übertragbar und damit der Fungibilität und Umlauffähigkeit grundsätzlich zugänglich. Die Hypothekenanleihe ist nach dem allgemeinen Wertpapierbegriff in § 2 Nr. 1 WpPG ein Wertpapier.

Wertpapiere nach § 2 Nr. 1 WpPG sind darüber hinaus die in a) bis c) aufgezählten speziellen Wertpapiere. Für die Hypothekenanleihe ist dabei als Wertpapier ein Schuldtitel nach Buchstabe b) zutreffend, da sie zu den Schuldverschreibungen nach §§ 793 ff. BGB zählt, welche von den Schuldtiteln nach Buchstabe b) tatbestandsmäßig mit erfasst sind.

Es liegt auch ein öffentliches Angebot vor, da gemäß aufgestellter Prämisse die Hypothekenanleihe zur Zeichnung an das öffentliche Publikum vorgesehen ist. Das Tatbestandsmerkmal öffentliches Angebot ist in § 2 Nr. 4 WpPG legal definiert. Demnach ist ein öffentliches Angebot „eine Mitteilung an das Publikum in jedweder Form und auf jedwede Art und Weise, die ausreichende Informationen über die Angebotsbedingungen und die anzubietenden Wertpapiere enthält, um einen Anleger in die Lage zu versetzen, über den Kauf oder die Zeichnung der Wertpapiere zu entscheiden" (vgl. *Heidel/Grosjean*, 2007,15, § 2 WpPG, C. I. Rdn. 9 (Legaldefinition zum öffentlichen Angebot. Tatbestandsmerkmal: öffentlich, *Groß*, 2006, § 2 WpPG, Rdn. 8, 16; Tatbestandsmerkmal: Angebot, *Groß*, 2006, § 2 WpPG, Rdn. 9).

Aus dem Wortlaut ergibt sich für ein öffentliches Angebot eine weit formulierte Definition. Eine Abgrenzung zur Privatplatzierung ist schwierig.

Soweit bei der Hypothekenanleihe eine derartig gerichtete Aussage gegenüber dem Publikum getroffen wird, liegt bei der Hypothekenanleihe ein öffentliches Angebot vor. Weder der Antrag für die Einbeziehung noch die börsenseitige Einbeziehung von Wertpapieren in den Freiverkehr werden als gezielt gerichtete Ansprache eines Publikums gewertet, so dass es bereits an dem Tatbestandsmerkmal Angebot scheitert (vgl. zum Freiverkehr; *Heidel/Grosjean*, 2007, 15, § 1 A. Rdn. 2; § 2 WpPG, C. V Rdn. 25). Anders ist der Fall zu beurteilen, wenn die Einbeziehung in den Freiverkehr von dem Anbieter gezielt mit Werbemaßnahmen begleitet wird und so genannte „essentialia negotii" der Hypothekenanleihe Preis gegeben werden, dann wird ein öffentliches Angebot bejaht (vgl. *Groß*, 2006, § 2 WpPG). Soweit dies unterbleibt, stellt die bloße Einbeziehung eines Wertpapiers in den Freiverkehr kein öffentliches Angebot dar. Nach § 3 Abs. 1 WpPG liegt eine Prospektpflicht vor.

In dieser Arbeit wird auf die Erstellung des Prospekts mit den zu beachtenden Besonderheiten der hypothekarischen Besicherung eingegangen (vgl. §§ 5–12 WpPG), wohingegen sich aus den Vorschriften zur Billigung des Prospekts durch die Bundesanstalt für Finanzdienstleistungsaufsicht (§ 2 Nr. 17 WpPG) (vgl. *Heidel/Grosjean*, 2007, 15, § 2 WpPG, O. Rdn. 44) und zur Veröffentlichung von Prospekten (§§ 13–

16 WpPG) (vgl. *Heidel/Rimbeck*, 2007, 15, § 13 WpPG (Billigung des Prospekts), § 14 WpPG (Hinterlegung und Veröffentlichung des Prospekts), § 15 WpPG (Werbung) und § 16 WpPG (Nachtrag)) bei der Hypothekenanleihe gegenüber Standardanleihen keine Besonderheiten ergeben. Die in § 19 WpPG getroffene Regelung betreffend die Prospektsprache ist auch für die Hypothekenanleihe von Bedeutung (vgl. *Heidel/Rimbeck*, 2007, 15, § 19 WpPG (Sprachenregelung), Rdn. 3–5 Herkunftsland Deutschland), weshalb auf sie noch eingegangen wird. Für die Erstellung des Prospekts sind die aus §§ 5–12 WpPG geregelten Vorschriften zu beachten. §§ 5–7 WpPG enthalten Vorschriften über den Aufbau des Prospekts und seine inhaltlichen Anforderungen (vgl. Heidel/Rimbeck, 2007, 15, § 5 WpPG (Prospekt), § 6 (Basisprospekt), § 7 (Mindestangaben)), § 5 WpPG ist die zentrale Norm, welche die Prospektgrundsätze enthält. Nach § 5 Abs. 1 WpPG muss der Prospektinhalt klar, wahr und aktuell sein, die sonstigen Tatbestandsmerkmale des Absatzes 1 aufweisen und er muss nach § 5 Abs. 2 WpPG eine Zusammenfassung enthalten. Darüber hinaus muss der Prospekt die in Absatz 3 und 4 genannten Voraussetzungen erfüllen (vgl. *Groß*, 2006, § 5 WpPG Rdn. 3–6).

7.2   Form des Prospekts und anwendbare Schemata

Die Emittentin hat die Wahl zwischen der Hinterlegung (vgl. Hinterlegung des Prospekts bei der BaFin nach der Billigung nach § 14 Abs. 1 WpPG; *Groß*, 2006, § 14 WpPG) eines einteiligen Prospekts oder eines dreiteiligen Prospekts (vgl. *Heidel/Röhrborn*, 2007, 15, § 12 WpPG, A. Rdn. 1–2, Anhang WpPG, Kapitel III, Artikel 25, Abs. 1 VO (EG) 809/2004) nach § 12 Abs. 1 Satz 2 WpPG i. V. m. Kapitel III, Artikel 25 Abs. 2 VO (EG) 809/2004. Der dreiteilige Prospekt besteht aus dem Registrierungsformular, aus der Wertpapierbeschreibung und aus der Zusammenfassung. Der Inhalt der Zusammenfassung richtet sich nach § 5 Abs. 2 WpPG i. V. m. Kapitel III, Artikel 25, Abs. 1, Nr. 2 VO (EG) 809/2004, der auf den Artikel 5 Abs. 2 der RL 2003/71/EG basiert (vgl. *Heidel/Rimbeck*, 2007, 15, § 5 WpPG, B. Rdn. 2–10). Regelmäßig fordert die BaFin darüber hinaus eine so genannte Überkreuz-Checkliste, selbst wenn der Prospekt nicht in Konformität zu den Anhängen der VO (EG) 809/2004 aufgebaut ist (vgl. *Heidel/Rimbeck*, 2007, 15, § 5 WpPG, B. Rdn. 2–15, Anhang WpPG, Kapitel III, Artikel 26, Abs. 3 VO (EG) 809/2004; (Prospektinhalt, Überkreuz-Checkliste)). Anhand der Überkreuz-Checkliste wird die Prüfung des Prospekts bei der BaFin wesentlich erleichtert und beschleunigt. Der Basisprospekt nach § 6 Abs. 1 WpPG (vgl. *Heidel/Röhrborn*, 2007, 15, § 6 WpPG, B. (Basisprospekt)) muss noch nicht alle endgültigen Angebotsbedingungen enthalten. Die Erstellung eines dreiteiligen Prospekts kommt bei Emittentinnen (vgl. der Begriff der Emittentin ist in § 2 Nr. 9 WpPG legal definiert, danach ist eine Emittentin eine Person oder ein Unternehmen, die Wertpapiere begibt oder die Begebung beabsichtigt; *Groß*, 2006, § 2 WpPG Rdn. 24; *Heidel/Grosjean*, 2007,15, § 2 WpPG, H. Rdn. 33) in Betracht, die nicht unter die Einlagenkreditinstitute (vgl. *Groß*, 2006, § 2 WpPG Rdn. 23; Einlagenkreditinstitute sind demnach Unternehmen im Sinne des § 1 Abs. 3 d Satz 1 KWG) fallen oder bei denen die Strukturvoraussetzungen bei den zu begebenden Wertpapieren für die Einreichung eines Basisprospekts fehlen.

Zur Billigung der Veröffentlichung des Prospekts nach § 13 Abs. 1 WpPG (vgl. *Groß*, 2006, § 13 WpPG Rdn. 3) kann die Emittentin den dreiteiligen Prospekt als Gesamtdokument oder in Form von Einzeldokumenten bei der BaFin vorlegen. Der Prospekt muss inhaltlich mindestens die geforderten Angaben nach § 7 WpPG (vgl. *Groß*, 2006, § 7 WpPG Rdn. 1–6) enthalten. Der Prospekt setzt sich aus den Schemata zusammen (vgl. *Heidel/Röhrborn*, 2007, 15, Anhang WpPG, Kapitel I, Artikel 2, Nr. 1 der VO (EG) 809/2004). Beim Schema handelt es sich um eine Liste von Mindestangaben, abhängig vom Emittenten und/oder vom zu begebenden Wertpapier. Da die Hypothekenanleihe, wie aufgezeigt, zu den Schuldtiteln zählt, sind die entsprechenden Schemata für das Registrierungsformular und für die Wertpapierbeschreibung von Schuldtiteln zur Prospekterstellung zu benutzen. Die EG-Verordnung stellt je nach Stückelung des Schuldtitels unterschiedliche Anforderungen an die Mindestinhalte, die sich in unterschiedlichen Merkmalen in den Schemata niederschlagen. Die nachfolgende Tabelle gibt hierzu einen Überblick.

Wertpapier	Anforderung	Norm	Mindest-inhalte	Schemata
Schuldtitel § 2 Nr. 1 b WpPG	Stückelung von weniger als 50.000 EUR	Artikel 7	Registrierungsformular	Anhang IV
		Artikel 8	Wertpapierbeschreibung	Anhang V
Schuldtitel § 2 Nr. 1 b WpPG	Mindeststückelung 50.000 EUR	Artikel 12	Registrierungsformular	Anhang IX

Tabelle 1: Relevante Normen nach der VO (EG) 809/2004

2) Stückelung ist die Unterteilung von hierfür geeigneten Wertpapieren in verschiedene Nominal- oder Nennwerte (vgl. *Heidel/Röhrborn*, 2007, 15, Anhang WpPG, Kapitel I, Artikel 2, 7, 8, 12, 16 und Anhänge IV, V, IX, XIII VO (EG) 809/2004).

Gemäß fachlicher Konsultierung der Kommission mit der CESR (vgl. der CESR wurde durch den Beschluss 2001/527/EG der Kommission vom 06.06.2001 eingesetzt, ABl. L 191 vom 13.7.2001, S. 43) „soll das Registrierungsformular für durch Vermögenswerte unterlegte Wertpapiere („asset backed securities"/ABS) nicht für hypothekarisch gesicherte Schuldverschreibungen „mortgage bonds" gemäß Artikel 5 Absatz 4 Buchstabe b der RL 2003/71/EG, und andere gedeckte Schuldverschreibungen gelten. Das Gleiche sollte für das zusätzliche Modul für ABS gelten, das mit der Wertpapierbeschreibung für Schuldtitel zu kombinieren ist" (vgl. *Heidel/Röhrborn*, 2007, 15, Anhang WpPG, Absatz 13 vor Kapitel 1 der VO (EG) 809/2004).

Demnach sind für eine hypothekarisch besicherte Anleihe zwingend die Schemata anzuwenden, die für Schuldtitel nach § 2 Nr. 1 b WpPG gelten. Anzumerken ist dabei, dass bezüglich der Mindestangaben zur hypothekarischen Besicherung in den Anhängen IV, V, IX, XIII explizit kein Wort darüber verloren wird. Zu prüfen ist deshalb, ob aufgrund der dort enthaltenen Mindestangaben für normale Anleihen sich eine implizite Darstellungspflicht aus der Grundpfandrechtsbesicherung und aus der Grundbuch-, Gläubiger- und Treuhandvertretung ergibt. Dieser Sachverhalt soll im Folgenden untersucht werden.

7.3 Schemata-Mindestangaben für die Hypothekenanleihe

Exemplarisch soll der Fall mit einer Stückelung von weniger als 50.000 EUR aufgezeigt werden, da hier im Schema für die Wertpapierbeschreibung Mindestangaben für den Fall des öffentlichen Angebots verlangt werden, wohingegen bei dem Schema ab einer Mindeststückelung von 50.000 EUR Mindestangaben bzgl. der zum Handel zuzulassenden Wertpapiere gefordert werden.

Das Registrierungsformular gemäß Schema der Anlage IV (vgl. *Heidel/Röhrborn*, 2007, 15, Anhang WpPG, Kapitel I, Artikel 7 und Anhang IV VO (EG) 809/2004) beschreibt Mindestanforderungen betreffend die Emittentin, die verantwortlichen Personen, den Abschlussprüfer, die ausgewählten Finanzinformationen, die Risikofaktoren, die Emittentinnen bezogenen Daten, den Geschäftsüberblick, die Organisationsstruktur, Trendinformationen, optional zu Gewinnprognosen oder -schätzungen, die Verwaltungs-, Geschäftsführungs- und Aufsichtsorgane, die Praktiken der Geschäftsführung, die Hauptaktionäre, die Finanzinformationen über die Vermögens-, Finanz- und Ertragslage der Emittentin, die zusätzlichen Angaben, zu wesentlichen Verträgen und zu Angaben von Seiten Dritter, die Erklärungen von Seiten Sachverständiger und die Interessenerklärungen sowie die einsehbaren Dokumente. Das

Schema V enthält die folgenden teilweise zum Registrierungsformular gewollten redundanten Mindestanforderungen für die Wertpapierbeschreibung. Demnach sind die verantwortlichen Personen, die Risikofaktoren, wichtige Angaben, Angaben über die anzubietenden bzw. zum Handel zuzulassenden Wertpapiere, die Bedingungen und Voraussetzungen für das Angebot, die Zulassung zum Handel und Handelsregeln und zusätzliche Angaben zu erbringen. Nach Artikel 24 der VO (EG) 809/2004 und § 5 Abs. 2 WpPG ist darüber hinaus eine Zusammenfassung zu erstellen (vgl. Heidel/Röhrborn, 2007, 15, Anhang WpPG, Kapitel III, Artikel 24 VO (EG) 809/2004). Diese ist mit Warn- und Risikohinweisen sowie der Merkmale zur Emittentin und zu den Wertpapieren zu versehen.

7.4 Risikofaktoren

Die Anforderung an die Offenlegung der Risikofaktoren ist in beiden Schemata an unterschiedliche Regelungsintentionen gerichtet. Der Begriff Risikofaktoren ist in der Verordnung definiert, siehe *Heidel/Röhrborn*, 2007, 15, Anhang WpPG, Kapitel I, Absatz 2, Nr. 3 VO (EG) 809/2004. Demnach handelt es sich um eine Liste von Risiken, die im Kontext der Emittentin und/oder dem Wertpapier spezifisch gegenständlich sind und die Entscheidung des Anlegers nachhaltig beeinflussen.

Während es bei dem Registrierungsformular um Risikofaktoren im Zusammenhang mit der Handelszulassung der Wertpapiere geht, sind bei der Wertpapierbeschreibung die Risikofaktoren offen zu legen, die die Fähigkeit der Emittentin beeinflussen können, ihren aus dem Wertpapier resultierenden Verpflichtungen gegenüber den Anlegern nachzukommen (vgl. 2.1., Abschnitt 2. Risikofaktoren, Anhang IV, VO (EG) 809/2004; siehe *Heidel/Röhrborn*, 2007, 15, Anhang WpPG, Anhang IV, Abschnitt 2.1 VO (EG) 809/2004). Demnach müssen auch alle Risikofaktoren transparent gemacht werden, die mit dem Ausfall der hypothekarischen Besicherung erwachsen können. Allgemein lassen sich die Risiken nach folgenden nicht abschließenden Kriterien klassifizieren (vgl. *Holzborn*, 2008).

Marktbezogene Risikofaktoren (Beschaffungsmärkte), Risikofaktoren betreffend die Emittentin, Risiken aus der Hypothekenanleihe (keine Mündelsicherheit, schwere Veräußerbarkeit der Anleihe bei fehlender Liquidität), Risiken aus der Wertpapierhypothek, Risiken aus der Gesetzgebung und steuerliche Risiken.

Im Folgenden werden die essentiellen Risiken aus der Wertpapierhypothek herauskristallisiert. Was sind die typischen Ausfallrisiken aus der Wertpapierhypothek?

Risiken aus dem Nichtbestehen eines Beweises der Forderung durch die Eintragung der Wertpapierhypothek. Risiken aus dem Gutglaubensschutz: Der Gutglaubensschutz der Sicherungshypothek richtet sich nach den Wertpapiervorschriften des § 796 BGB (vgl. *Palandt/Sprau*, § 796; *Weber*, 1997, § 12 IV; *Gursky*, 2007, A. II. 2. B; *Brox*, 2005, Rdn. 698). Risiken aus der Geltendmachung der Hypothekenrechte: Aufgrund der in den Anleihebedingung festgeschriebenen Gleichberechtigung der Anleihegläubiger untereinander kann ein einzelner Anleihegläubiger die Befriedigungsrechte (Einleitung der Zwangsversteigerung und/oder -verwaltung nach §§ 864 ff. ZPO) aus der Wertpapierhypothek nicht autark geltend machen, sondern nur gemeinsam mit allen übrigen Gläubigern derselben Globalurkunde. Damit ist es dem einzelnen Gläubiger versagt, die Rechte aus der Hypothek für sich alleine geltend zu machen. Risiken aus der Vertretung und aus der Gläubigerversammlung: Aus der Grundbuch-, Gläubiger- und Treuhandvertretung können Risiken entstehen. Risiken aus der Verwertung der Wertpapierhypothek: Bei der Verwertung der Wertpapierhypothek im Falle der Zwangsversteigerung kann es trotz der aufgestellten Wertgrenzen und der Erstrangigkeit der Sicherungshypothek zu keiner vollständigen Befriedigung der Ansprüche der Anleihegläubiger kommen, wenn ein Versteigerungserlös erzielt wird, der nicht alle Ansprüche im vollem Umfang abdeckt.

Im Rahmen der Darstellung der Zusammenfassung sind die Risikofaktoren aufzunehmen. Bei der Darstellung der Risikofaktoren gemäß Abschnitt 4. Risikofaktoren, Anhang V, VO (EG) 809/2004 sind explizit keine Mindestangaben zur Wertpapierhypothek gefordert. Im Weiteren soll überprüft werden, ob sich nicht dennoch eine Pflicht zur Angabe der Merkmale der Wertpapierhypothek in den Schemata ergibt.

7.4.1   Mindestangaben über die anzubietende Hypothekenanleihe

Nach Abschnitt 4, Angaben über die anzubietenden Wertpapiere, Anhang V, VO (EG) 809/2004 sind Mindestangaben in dem Schema zu machen, die auch die Wertpapierhypotheken betreffen (vgl. *Heidel/Röhrborn*, 2007, 15, Anhang WpPG, Anhang V, Abschnitt 4 VO (EG) 809/2004). Nach Nr. 4.2. müssen die Rechtsvorschriften, auf deren Grundlage die Wertpapiere geschaffen wurden, angegeben werden (vgl. *Heidel/Röhrborn*, 2007, 15, Anhang WpPG, Anhang V, Abschnitt 4, Merkmal 4.2. VO (EG) 809/2004). Bei der bloßen Inhaberschuldverschreibung kann hier auf §§ 793 ff. BGB verwiesen werden. Inwieweit auf die gesetzlichen Vorschriften zur Wertpapierhypothek einzugehen ist, lässt sich aus dem Wortlaut zur Nummer 4.2. nicht ohne weiteres bestimmen. Das hängt möglicherweise davon ab, ob die Schaffung der Inhaberschuldverschreibung von der Wertpapierhypothek abhängig ist. Der umgekehrte Fall ist bedeutungslos, da die Wertpapierhypothek kein Wertpapier im Sinne des § 2 Nr. 1 WpPG ist. Es scheitert bei der Wertpapierhypothek schon an der Übertragbarkeit und die Wertpapierhypothek wird für sich alleine nicht öffentlich angeboten. Aus § 1187 BGB ergibt sich, dass für die Forderung aus einer Inhaberschuldverschreibung nur eine Sicherungshypothek bestellt werden kann (vgl. *Palandt/Bassenge*, § 1187 Rdn. 1). Bei einer grundpfandrechtlich besicherten Schuldverschreibung ist wegen der Akzessorietät von Forderung und Hypothek die Schuldverschreibung mit der Sicherungshypothek untrennbar verknüpft. Zur Schaffung der typischen Hypothekenanleihe sind neben dem Zitieren der §§ 793 ff. BGB die Rechtsvorschriften nach §§ 1184–1189 BGB in dem Schema aufzunehmen.

Nach Nummer 4.5 ist der Rang der angebotenen Wertpapiere anzugeben. In diesem Kontext ist nicht klar ersichtlich, ob damit auch eine Angabe zum Rang der zu bestellenden Wertpapierhypotheken gemeint ist (vgl. *Heidel/Röhrborn*, 2007, 15, Anhang WpPG, Anhang V, Abschnitt 4, Merkmal 4.5. VO (EG) 809/2004). Im Zweifelsfalle nimmt aber der Rang der Wertpapierhypotheken Einfluss auf den Rang der Wertpapiere, wonach im Insolvenzfall der Emittentin den Anleihegläubigern ein Absonderungsrecht der Wertpapierhypotheken zusteht Die Angabe der Rangverhältnisse (Erstrangigkeit) bei der Wertpapierhypothek und die Implikationen auf die Schuldverschreibung sind hier zu erläutern.

Nach Nr. 4.6 sind die Rechte, die an die Wertpapiere gebunden sind und etwaige Beschränkungen dieser Rechte und das Verfahren zur Rechtsausübung zu beschreiben (vgl. *Heidel/Röhrborn*, 2007, 15, Anhang WpPG, Anhang V, Abschnitt 4, Merkmal 4.6. VO (EG) 809/2004). Die dinglichen Rechte aus der Wertpapierhypothek (Befriedigungsrecht gemäß den Anleihebedingungen und den gesetzlichen Bestimmungen) sind unter diesem Punkt aufzunehmen. Die Geltendmachung der Ansprüche aus den Wertpapierhypotheken (ZVG, SchVerschrG, Gläubigerrechte aus den Anleihebedingungen) ist verfahrenstechnisch darzustellen.

Nach Nr. 4.10 ist „die Vertretung von Schuldtitelinhabern unter Angabe der die Anleger vertretenden Organisation und der auf die Vertretung anwendbaren Bestimmungen und der Ort, an dem die Öffentlichkeit die Verträge einsehen kann, die die Vertretung regeln, anzugeben" (vgl. *Heidel/Röhrborn*, 2007, 15, Anhang WpPG, Anhang V, Abschnitt 4, Merkmal 4.10. VO (EG) 809/2004). Unter diesen Punkt müssen alle relevanten Bestimmungen aus den Anleihebedingungen und den Vorschriften des SchVerschrG subsummiert werden, die die Vertretung der Anleihegläubiger aus der Grundbuch- und Gläubigervertretung, aber auch aus der Treuhandschaft des

Rechtsanwalts regeln. Der Vertretervertrag ist Bestandteil der Anleihebedingungen und ist in dem Prospekt abzudrucken, es sollte angegeben werden, ob der Vertrag in der Rechtsanwaltskanzlei eingesehen werden kann, was in den Anleihebedingungen festzuhalten ist.

7.4.2 Mindestangaben über wesentliche Verträge

Nach Abschnitt 15 (Wesentliche Verträge) ist eine „kurze Zusammenfassung aller abgeschlossenen wesentlichen Verträge, die nicht im Rahmen der gewöhnlichen Geschäftstätigkeit abgeschlossen wurden und die dazu führen könnten, dass jedwedes Mitglied der Gruppe eine Verpflichtung oder ein Recht erlangt, die bzw. das für die Fähigkeit des Emittenten, seinen Verpflichtungen gegenüber den Wertpapierinhabern in Bezug auf die ausgegebenen Wertpapiere nachzukommen, von wesentlicher Bedeutung ist", zu erstellen (vgl. *Heidel/Röhrborn*, 2007, 15, Anhang WpPG, Anhang IV, Abschnitt 15 VO (EG) 809/2004). Zweifelsohne zählt der Vertretervertrag zwischen Emittentin und Vertreter zu einem wesentlichen Vertrag, der nicht im Rahmen der gewöhnlichen Geschäftstätigkeit geschlossen wird. Die essentiellen Inhalte dieses Vertrags wirken sich unmittelbar auf die Wahrung und Durchsetzung der Rechte der Anleihegläubiger aus und müssen mindestens in dem Schema unter dem Punkt 15 angegeben werden. Dies impliziert, dass der Vertrag vor der Einreichung des Prospekts bei der BaFin zur Billigung unterzeichnet ist. Aus diesem Vertrag ergeben sich auf Seiten der Emittentin insbesondere im Hinblick auf den Umgang mit den Wertpapierhypotheken (z. B. Löschungsanspruch) Pflichten, die für die Fähigkeit der Emittentin zur Erfüllung ihrer Pflichten aus der Hypothekenanleihe von entscheidender Bedeutung sind.

7.4.3 Haftungsgesichtspunkte im Kontext mit der Hypothekenanleihe

Ungeachtet des Fehlens von konkreten Mindestanforderungen in den aufgezeigten Schemata zu den Wertpapierhypotheken sind diese Sachverhalte unter dem Gesichtspunkt der Prospekthaftung zu beurteilen (vgl. zur Prospekthaftung, *Schwark/KMRK*, § 44, 45 BörsG). Die vollständige und richtige Wiedergabe der Angaben über die Wertpapierhypothek in den beiden Schemata und in der Zusammenfassung beim dreiteiligen Prospekt ist aus Haftungsgründen unerlässlich. Für Wertpapiere richtet sich die Haftung nach § 13 VerkProspG, allerdings richtet sich der Prospektinhalt nach dem WpPG und die hierzu ergangenen EU-Richtlinien, was aus § 7 WpPG folgt (vgl. die Prospekthaftung ist nach Einführung des WpPG nicht in diesem geregelt, sondern weiterhin in § 13 VerkProspG). §§ 45 bis 47 BörsG regeln Haftungsaus-schluss, Verjährung und unwirksame Haftungsausschlüsse.

Darüber hinaus kann sich ein Haftungstatbestand bei dem Vertreter aus seiner Ver-tretungstätigkeit ergeben. Nach Auffassung des Bundesgerichtshofs (BGH) ist der Vertreter in der Funktion des Treuhänders verpflichtet, die Interessen seiner Treu-händer wahrzunehmen (vgl. *BGH NJW* 2002, 888).

7.4.4   Aspekte im Zusammenhang mit dem Billigungsverfahren

Die Mindestangaben zur Wertpapierhypothek sind auch unter dem Gesichtspunkt der Vollständigkeits-, Verständlichkeits- und Kohärenzprüfung (vgl. Kohärenz liegt dann nicht vor, wenn die im Prospekt enthaltenen Angaben in sich widersprüchlich sind (innere Widerspruchsfreiheit)) der BaFin im Rahmen des Billigungsverfahren nach §§ 13 ff. WpPG zu würdigen (vgl. *Heidel/Rimbeck*, 15 § 13 ff. WpPG).

Der Umfang der Prospektprüfung im Rahmen des Billigungsverfahrens durch die BaFin richtet sich nach § 13 Abs. 1 WpPG (vgl. *Heidel/Rimbeck*, 15 § 13 WpPG D. Rdn. 4–5 (Prüfungsumfang der BaFin)). Ob die oben aufgezeigten Angaben über die Sicherungshypotheken tatsächlich Mindestangaben darstellen, kann nicht abschlie-ßend beantwortet werden. Die einschlägige Praxis der BaFin hierzu kann nicht aus-gemacht werden. Aufgrund weniger öffentlicher Angebote im Bereich der Hypothe-kenanleihe liegen keine weiteren Erkenntnisse vor, wie die BaFin in diesen Fällen im Billigungsverfahren umgegangen ist, insbesondere welche Anforderungen an die Mindestangaben zur Sicherungshypothek seitens der BaFin gesteckt worden sind. Je-doch kann konstatiert werden, dass die BaFin im Rahmen der Kohärenzprüfung die Angaben zur Wertpapierhypothek hinsichtlich der inneren Widerspruchsfreiheit zu überprüfen hat (ein Prospekt ist dann inhaltlich kohärent, wenn die darin enthaltenen Angaben sich nicht widersprechen). Der Prüfungsumfang dürfte sich auf die hypo-thekarische Rechtskonstruktion im Kontext der Inhaberschuldverschreibung er-strecken, d.h. in der Prüfung ist zu berücksichtigen, ob die Rechtskonstruktion zur Wertpapierhypothek vollständig ist und nicht im Widerspruch zu den Angaben zur Inhaberschuldverschreibung steht.

8 Kritische Würdigung

Die hier behandelte Hypothekenanleihe ist unter rechtswissenschaftlichen Gesichtspunkten interessant und herausfordernd, nicht zuletzt, weil hier ein Gesetz greift, welches seine Wurzeln im vorletzten Jahrhundert hat und bis zum heutigen Tage seine Gültigkeit nicht verloren hat, obgleich es nur einen sehr eingeschränkten Anwendungskreis erfährt. Die rechtliche Konstruktion der Hypothekenanleihe ist sehr aufwändig, tangiert Rechtsgebiete, die unerschlossen sind bzw. juristisches Neuland begründen. Die kautelarrechtliche Konstruktion gilt in Deutschland als nicht erprobt, es liegen so gut wie keine juristischen Erfahrungen im Bereich der Hypothekenanleihe vor. Die Praktikabilität des Verfahrens gilt es kritisch zu hinterfragen. Dies gilt insbesondere bei den in die Anleihebedingungen einbezogenen Schutzmechanismen zugunsten der Anleihegläubiger, die sich auf die Geschäftstätigkeit der Emittentin nachhaltig durchschlagen. Auch sind die im Zusammenhang mit der Konstruktion und dem Unterhalt der Anleihe während ihrer Laufzeit entstehenden Kosten deutlich höher als bei einer Standardanleihe. Die Hypothekenanleihe stellt indes keine Alternative zum Hypothekenpfandbrief dar, freilich ist sie auch mit Grundpfandrechten ausgestattet, aber wegen der höheren Wertgrenzen nicht realkreditfähig.

Weiterhin ist kritisch anzumerken, dass der Anleihemarkt in Deutschland für solche grundpfandrechtlich besicherten Anleihen verschwindend klein ist. Eine Liquidität und Fungibilität, im Sinne der Marktnachfrage, ist nicht feststellbar. Die Anzahl möglicher Emissionen für eine Hypothekenanleihe ist in Deutschland als gering anzusehen, zumal es nur wenige taugliche Emittentinnen gibt, die belastbare Immobilien vorhalten. Aufgrund der vielen Negativmerkmale gilt es aber auch die Vorzüge der Hypothekenanleihe zu beleuchten. Im Kreise der gedeckten Anleihen ist die Hypothekenanleihe ein attraktives Kapitalmarktinstrument, da ihre Ausfallwahrscheinlichkeit als gering gilt.

9 Literaturverzeichnis (Schrifttum)

Kommentare und Lexika

Assmann/Schneider (Hrsg.), Wertpapierhandelsgesetz, 2. Auflage, Köln, 1999 (zitiert mit *Assmann* und dem Nachnamen des jeweiligen Bearbeiters).

Battis/Krautzberger/Löhr, BauGB, Baugesetzbuch, Kommentar, 9. Auflage 2007

Baumbach/Hefermehl, Wechselgesetz und Scheckgesetz, Kommentar, 19. Auflage, München 1995.

Baumbach/Hopt, Handelsgesetzbuch/Nebengesetze, 33. Auflage München 2008

Bellinger, Dieter, Kommentar zum Hypothekenbankgesetz, München 1995.

Bellinger/Kerl, Hypothekenbankgesetz, Kommentar, 4. Auflage, München 1995.

Bielenberg/Krautzberger/Söfker, Baugesetzbuch mit BauGB-MaßnahmenG und BauNVO – vergleichende Gegenüberstellung von neuem und altem Recht, Leitfaden und Kommentar, 4. Auflage, München 1994.

Boos/Fischer/Schulte-Mattler, Kreditwesengesetz, Kommentar, 3. Auflage, München 2008 (zitiert mit *BFS-KWG* und dem Nachnamen des Bearbeiters).

Ernst/Zinkahn, Baugesetzbuch, Band IV, begründet von Bielenberg, W., fortgeführt von Krautzberger, M., München, Stand Dezember 2007.

Fahr/Kaulbach/Bähr, VAG – Versicherungsaufsichtsgesetz, Kommentar, 4. Auflage München 2007.

Gaentzsch, G., Baugesetzbuch – BauGB, Kommentar 33, 1991.

Groß, W., Kapitalmarktrecht, Kommentar zum Börsengesetz, zur Börsenzulassungs-Verordnung, zum Wertpapierprospektgesetz und zum Verkaufsprospekt, 3. Auflage, München 2006.

Heitzer/Oestreicher, Bundesbaugesetz und Städtebauförderungsgesetz, 5. Auflage, Berlin New York 1973.

Holzborn, T. (Hrsg.), WpPG, Wertpapierprospektgesetz mit EU-Prospektverordnung und weiterführende Vorschriften, Kommentar, 1. Auflage, Berlin 2008.

Horber/Demharter, GBO, Grundbuchordnung, Kommentar, 18. Auflage 1989

Just/Voß/Zeising, Wertpapierprospektgesetz (WpPG), Kommentar, München 12/2007.

Kleiber/Simon/Weyers, Verkehrswertermittlung von Grundstücken Kommentar und Handbuch zur Ermittlung von Verkehrs-, Beleihungs-, Versicherungs- u. Unternehmenswerten unter Berücksichtigung von WertV und BauGB, Bundesanzeiger Verlagsgesellschaft mbH, Köln Neuauflage 2002.

Kleiber/Simon/Weyers/Schröter, Verkehrswertermittlung von Grundstücken, Kommentar und Handbuch zur Ermittlung von Verkehrs-, Versicherungs- und Beleihungswerten unter Berücksichtigung von WertV und BelWertV, 5. Auflage, Bundesanzeiger Verlagsgesellschaft, Köln 1991.

Mainczyk, Baugesetzbuch, Taschenkommentar, 2. Auflage, 1994.

MüKo, Münchner Kommentar zum Bürgerlichen Gesetzbuch, 4. Auflage 2000 ff. (zitiert mit *MüKo* und dem Nachnamen des jeweiligen Bearbeiters).

Pahlke/Franz, GrErwStG, Grunderwerbsteuergesetz, Kommentar, München 1995.

Palandt, Bürgerliches Gesetzbuch, Kommentar, 67. Auflage München 2008 (zitiert mit *Palandt* und dem Nachnamen des jeweiligen Bearbeiters).

Planck, Kommentar zum BGB nebst Einführungsgesetz, Band 4/2, 6, 5. Auflage 1933-38 (zitiert mit *Planck* und dem Nachnamen des jeweiligen Bearbeiters).

Prölss, in: *Kollhasser, Helmut* (Hrsg.), Versicherungsaufsichtsgesetz, Kommentar, 12. Auflage München 2005 (zitiert mit *Prölss* und dem Bearbeiter-Nachnamen).

Schwark, E., Börsengesetz, Kommentar, 2. Auflage, München, 1994.

Schwark, E. (Hrsg.), Kapitalmarktrechts-Kommentar, BörsenG, VerkaufsprospektG, WertpapierhandelsG, Wertpapiererwerbs- und -übernahmeG, 3. Auflage, München 2004 (zitiert mit *Schwark/KMRK*).

Thomas/Putzo, ZPO, Kommentar, 23. Auflage, München 2001.

Lehrbücher, Aufsätze und Zeitschriften

Baur/Stürner, Lehrbuch des Sachenrechts, 18. Auflage, München 2007.

Boos/Goerke/Hoegen, Das neue Pfandbriefgesetz – Stärkung des Finanzplatzes Deutschland, Bundesverband Öffentl. Banken Deutschlands/Allen&Overy, 2005.

Brinkhaus/Scherer, KAGG AuslInvestmentG, München 2003.

Brox, H., Handels- und Wertpapierrecht, 18. Auflage, Münster 2005.

Bülow, Recht der Kreditsicherheiten, 7. Auflage Heidelberg, München, Landsberg, Berlin 2007.

Cohn, W., Die Besonderheiten der im § 1187 B.G.B. bezeichneten Sicherungshypothek, Heidelberg 1904.

Deutsche Bundesbank, Neue rechtliche und regulatorische Rahmenbedingungen für den deutschen Verbriefungs- und Pfandbriefmarkt, Monatsbericht März 2006.

Düring, A., Eigentumsübergang an depotverwahrten Wertpapieren, Hamburg 2008.

Eickmann, D., Zwangsversteigerungs- und Zwangsverwaltungsrecht, Berlin 1990.

Finkelnburg/Ortloff, Öffentliches Baurecht, Band I: Bauplanungsrecht, 5. Auflage, München 1988.

Gottwald, S., Grunderwerbssteuerliche Bemessungsgrundlage bei Grundstücksübertragungen zwischen Gesellschaft und Gesellschafter, in: MittBayNot, Mitteilungen des Bayerischen Notarvereins und der Landesnotarkammer Bayerns, Landesnotarkammer Bayern, München (Hrsg.), Ausgabe 2, März/April 2004.

Haegele/Schöner/Stöber, Grundbuchrecht, 11. Auflage, 1997.

Hagen/Rasche, in: EU-Monitor – Finanzmarkt Spezial, Nr. 7 vom 21.10.2003, Deutsche Bank Research, Frankfurt am Main 2003.

Hanisch, M., Die börsengesetzliche Prospekthaftung, Seminararbeit zum Seminar Kapitalmarktrecht, FernUniversität Hagen, 2007.

Heidel, T. (Hrsg.), Aktienrecht und Kapitalmarktrecht, Kommentar, 2. Auflage, 2007 (zitiert mit *Heidel* und dem Nachnamen des Bearbeiters).

Hielscher/Laubscher, Finanzierungskosten, 2. Aufl., Frankfurt/Main 1989.

Holzhammer, R., Allgemeines Handelsrecht und Wertpapierrecht, 8. verbesserte Auflage, Wien und New York 1998.

Hueck/Canaris, Recht der Wertpapiere, 12. Auflage München 1986.

Jungnickel, N., Pfandbriefe versus Mortgage Backed Securities: Eine vergleichende Betrachtung aus betriebswirtschaftlicher Sicht, Grin Verlag für akademische Texte, München und Ravensburg 2005.

Kempf, A., (PriceWaterhouseCoopers), Die Novellierung des Investmentrechts 2004 nach dem Investmentmodernisierungsgesetz, Frankfurt am Main 2004.

Kempf, A., (PriceWaterhouseCoopers), Die Novellierung des Investmentrechts 2007, Ein Praxishandbuch, 1. Auflage, Frankfurt am Main 2007.

Krumnow/Gramlich/Lange und andere (Hrsg.), Bank Lexikon, 2002.

Locher, E., Das Recht der Wertpapiere, Tübingen, 1947.

Medicus, D., Bürgerliches Recht, 17. Auflage, Köln 1996.

Merkl, C., Vermeidung von Kreditrisiken durch Corporate Bonds, Grin Verlag für akademische Texte, München und Ravensburg 2002.

Mugdan, B., Die gesamten Materialien zum B.G.B., III Band 1899.B., Die gesamten Materialien zum B.G.B., III Band 1899.

Obst/Hinter, in: Geld-, Bank- und Börsenwesen, (Hrsg.) Kloten, N., von Stein, J.H., 39. Auflage, Stuttgart 1993.

Reichling/Bietke/Henne, Praxishandbuch Risikomanagement und Rating, 2. überarbeitete und erweiterte Auflage, Wiesbaden 2007.

Reuschle, F., Viertes Finanzmarktförderungsgesetz, München 2002.

Schwebler, R., Vermögensanlage und Anlagevorschriften der Versicherungsunternehmen, in: Schwebler: (Hrsg.), Vermögensanlagepraxis in der Versicherungswirtschaft, 2. Auflage, Karlsruhe, 1991.

Sedatis, L., Einführung in das Wertpapierrecht, Berlin New York 1988.

Soergel, H.-Th., Bürgerliches Gesetzbuch, 12. Auflage, Stuttgart, Berlin, Köln, Mainz ab 1989 (zitiert mit *Soergel* und dem Nachnamen des jeweiligen Bearbeiters und Sachenrecht).

Soergel, H.-Th., Bürgerliches Gesetzbuch, Sachenrecht §§ 854–1296 BGB, Band 6, 13. Auflage, Stuttgart, Berlin, Köln, Mainz 1989.

Stamm, J., Geldanlageformen – Wertpapiere, Börse, Altersvorsorge, Grin Verlag für akademische Texte, München und Ravensburg 2006.

Turnau/Förster, Das Liegenschaftsrecht, I. Band, 1902.

Ulmer, E., Das Recht der Wertpapiere, 1938.

Vollrath, H., Indizierte Anleihe, Grin Verlag für akademische Texte, München und Ravensburg 2003.

Weber, H., (Hrsg.), Kreditsicherheiten – Recht der Sicherungsgeschäfte, 5. Auflage, München 1997.

Wenzel/Rohrer, Bewertungskriterien von Anleihen, Aktien und Investmentfonds, Grin Verlag für akademische Texte, München und Ravensburg 2004.

Westermann, H., Sachenrecht, begründet von H. Westermann, fortgeführt von Harm P. Westermann, 7. Auflage, Heidelberg 1998.

Wieacker, F., Bodenrecht, Hamburg 1938.

Wieling, H.-J., Sachenrecht, 2. korrigierte und ergänzte Auflage Berlin 1994.

Wolf, E., Lehrbuch des Sachenrechts, 2. Auflage, Köln, Berlin, München 1979.

Wolff/Raiser, Sachenrecht, 10. Auflage, Tübingen 1957.

Zöllner, W./*Rehfeldt*, B. (Begründer), Wertpapierrecht, 12. Auflage, München 1978.

Zöllner, W., Wertpapierrecht, 14. Auflage München 1987.

Deutsche Gesetze, Verordnungen und Rundschreiben

AnlV	Anlageverordnung
AuslInvG	Auslandsinvestment-Gesetz
BauGB	Baugesetzbuch
BelWertV	Beleihungswertermittlungsverordnung
BewG	Bewertungsgesetz, ohne nähere Konkretisierung
BGB	Bürgerliches Gesetzbuch
BörsG	Börsengesetz
DepotG	Depotgesetz
GBO	Grundbuchordnung
GrEStG	Grunderwerbsteuergesetz
HGB	Handelsgesetzbuch
InvG	Investmentgesetz
KAGG	Gesetz über Kapitalanlagegesellschaften
KWG	Kreditwesengesetz
PfandBG	Pfandbriefgesetz
SchG	Scheckgesetz
SchVerschrG	Schuldverschreibungsgesetz
VAG	Versicherungsaufsichtsgesetz
VerkProspektG	Verkaufsprospektgesetz
WertR	Wertermittlungsrichtlinien 2006
WertV	Wertermittlungsverordnung
WG	Wechselgesetz
WpHG	Wertpapierhandelsgesetz
WpPG	Wertpapierprospektgesetz

ZPO   Zivilprozessordnung

ZVG   Zwangsversteigerungsgesetz

RS 15/2005 (VA) Rundschreiben 15/2005 (VA) der Bundesanstalt für Finanzdienstleistungsaufsicht mit A. Hinweise zur Anlage des gebundenen Vermögens von Versicherungsunternehmen (§ 54 VAG, §§ 1 ff. Anlageverordnung), B. Anordnung
betreffend die Darlegungspflichten

Europäische Richtlinien und Verordnungen

RL 93/22/EWG; EG-Wertpapierdienstleistungsrichtlinie (93/22/EWG).

RL 85/611/EWG; Richtlinie zur Koordinierung der Rechts- und Verwaltungsvor-
schriften betreffend bestimmte Organismen für gemeinsame Anlagen in Wertpapieren (OGAW).

RL 2003/71/EG; Richtline betreffend den Prospekt, der beim öffentlichen Angebot
von Wertpapieren oder bei deren Zulassung zum Handel zu veröffentlichen ist.

RL 2004/39/EG; Wertpapierdienstleistungsrichtlinie über Märkte für Finanzinstrumente.

RL 2007/16/EG; Richtlinie zur Koordinierung der Rechts- und Verwaltungsvor-
schriften betreffend bestimmte Organismen für gemeinsame Anlagen in Wertpapieren (OGAW) im Hinblick auf die Erläuterung gewisser Definitionen.

VO (EG) 809/2004; Verordnung betreffend die in Prospekten enthaltenen Angaben
sowie die Aufmachung, die Aufnahme von Angaben in Form eines Verweises und
die Veröffentlichung solcher Prospekte sowie die Verbreitung von Werbung.

Produkte zur Risikodiversifikation im Rahmen des Kreditportfoliomanagements unter besonderer Berücksichtigung des Kredithandels über die Börse

Sebastian Rudolph

1 Einleitung

In den 1980er und 1990er Jahren wurde in Wissenschaft und Praxis ein großes Augenmerk auf die Messung und Eingrenzung von Marktrisiken gelegt. Anschließend wurde in den vergangenen Jahren den Kreditrisiken, die ausgehend vom Volumen in den Bankbilanzen den größten Posten bilden, eine größere Aufmerksamkeit zuteil.[1] Neben der Messung und Quantifizierung der Kreditrisiken durch Anlehnung an Modelle der Marktrisiken (Value-at-Risk) ist vor allem die Diversifikation von Kreditrisiken in den Mittelpunkt gerückt.[2]

So wird in einer Studie aus dem Jahre 2007[3] festgestellt, dass in einer Vielzahl der deutschen Bankengruppen ein klarer Trend zur Diversifikation der Kreditportfolien zu erkennen ist. Ob dieses das Ergebnis einer aktiven Kreditportfoliosteuerung ist, kann zwar nicht belegt werden, aber es lässt sich zeigen, dass vor allem die Großbanken ein sehr gut diversifiziertes Portfolio aufweisen. Dabei spielt die starke Bedeutung von (nationalen und internationalen) Großbanken auf dem Markt für Kreditrisikotransferinstrumente eine wichtige Rolle.[4] Es ist aber zu beachten, dass die Funktion der Diversifikation des Kreditportfolios mittels Risikotransfer für internationale Großbanken bei den aktuellen Produkten (Derivaten, Verbriefungen) von nachrangiger Bedeutung ist und vielmehr die Generierung von zusätzlichen Erträgen aus der Strukturierung und dem Handel das Ziel vorgibt.[5]

Für die deutschen Regional- und Spezialbanken ist es hingegen oftmals schwierig, ihre an klein- und mittelständische Unternehmen ausgereichten Kredite zu verteilen. Da der Markt für Kreditderivate vornehmlich öffentlichen Unternehmen, die möglichst noch ein Rating aufweisen, offen steht, ist es für die zuvor genannten Banken nicht möglich, kurzfristig ein Darlehen bzw. die Kreditrisiken abzusichern. Dieses ist häufig nur verbundsintern, wie bei Sparkassen, oder durch die gleichzeitige Weitergabe mehrerer Darlehen in einem granularen Pool möglich (Verbriefungen), wobei ein entsprechend großer Pool erst generiert werden muss.

---

[1] Vgl. Burghof, H.-P./Paul, S./Rudolph, B., Kreditrisiken und Kreditmärkte, Stuttgart, 2005, S. 3.
[2] Vgl. Riegler, J. J., Kreditportfolio-Management als strategische Ressource, 2005, S. 1248.
[3] Vgl. Kamp, A./Pfingsten, A./ Liebig, T., Diversifikation oder Spezialisierung, Eine Branchenanalyse der Kreditportfolios der Banken in Deutschland, Düsseldorf, 2007.
[4] Vgl. Deutsche Bundesbank, Instrumente zum Kreditrisikotransfer: Einsatz bei deutschen Banken und Aspekte der Finanzstabilität, 2004.
[5] Vgl. Eichhorn, M./Eichhorn-Schurig, M., Kreditderivate: Konzentration von Kontrahenten und Underlyings, 2007, S. 175.

Im Folgenden erfolgt ausgehend von den klassischen Instrumenten eine tiefergehende Beschreibung der aktuellen „modernen" Instrumente des Kreditrisikotransfers sowie deren Abgleich anhand definierter Anforderungen, welche an die Instrumente gestellt werden. Ein Beispiel, wie die Problematik des Transfers von Kreditrisiken bei deutschen Regional- und Spezialbanken gelöst werden könnte, bietet ein neues Instrument in Form der „Kreditbörse". Dieses wird im 3. Kapitel näher erläutert und abschließend mit den modernen Instrumenten des Kreditrisikotransfers verglichen.

2 Produkte zur Steuerung des Kreditausfallrisikos

Für den Übergang von einem passiven zu einem aktiven Management eines Kredit(risiko)portfolios steht den Banken heutzutage eine Vielzahl von Möglichkeiten zur Verfügung. Diese Instrumente lassen sich wie folgt in traditionelle und kapitalmarktorientierte Produkte aufteilen:

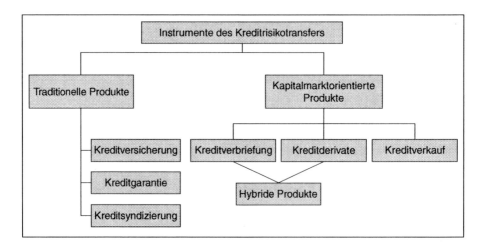

Abbildung 1: Produkte des Kreditrisikotransfers[6]

Dabei sollen zunächst Anforderungen formuliert werden, die Instrumente des Kreditrisikotransfers aufweisen müssen, um im Anschluss die modernen Instrumente des Risikotransfers an diesen Anforderungen zu messen.

---

[6] Vgl. Burghof, H.-P./Henke, S., Alternative Produkte des Kreditrisikotransfers, Stuttgart, 2005, S. 106.

2.1 Anforderungen an Instrumente des Kreditrisikotransfers

Entscheidender Faktor, ob ein Transfer von Kreditrisiken stattfindet, ist ein positives Verhältnis zwischen den Aufwendungen für den Transfer und den Erleichterungen bzw. Erträgen.[7] Dieses Verhältnis muss für einen funktionierenden Markt sowohl auf Seiten der Sicherungsgeber als auch der Sicherungsnehmer erfüllt sein, um einen Mehrwert für beide Seiten zu generieren.[8] Folglich gilt es also, die (Transaktions-) Kosten für Kreditrisikotransferinstrumente zu minimieren, um die Erträge bei nach dem Risikotransfer oder der Risikoübernahme bestehenden Risiken zu maximieren. Die Anforderungen an Instrumente des Kreditrisikotransfers werden auf diese Kostenreduzierung, welche auch aus Sicht des in der Portfoliotheorie unterstellten, vollkommenen Kapitalmarktes positiv zu bewerten ist[9], ausgerichtet und stellen sich wie folgt dar:

Effektivität

Zunächst ist zu klären, wie effektiv der Transfer des Kreditrisikos ist. So kann zwar durch Trennung von Kreditrisiko und Finanzierung die Abhängigkeit von Einzelkreditrisiken (eines Darlehensnehmers, einer Branche oder Bonitätsklasse) verringert werden, es besteht jedoch für den Sicherungsnehmer die Gefahr, dass er in andere Risiken[10] eintritt und das ausplatzierte Risiko im Schadensfall wieder auf ihn zurückfällt. Diese „neuen" Risiken müssten dann gegebenenfalls wieder mit ökonomischem oder regulatorischem Eigenkapital unterlegt werden und es würden Kosten entstehen. Beispielhaft sei hier das Kontrahentenrisiko genannt, welches ebenfalls ein Adressausfallrisiko beinhaltet und dementsprechend mit Eigenkapital zu unterlegen

---

[7] Vgl. Hartmann-Wendels, T./Pfingsten, A./Weber, M., Bankbetriebslehre, Berlin, Heidelberg, New York, 2007, S. 533.

[8] Vgl. Franke, G., Transformation nicht-gehandelter in handelbare Kreditrisiken, Tübingen, 2005, S. 159.

[9] Vgl. Rudolph, B., Kreditrisikotransfer-Abbau alter gegen Aufbau neuer Risiken?, 2007, S. 3f.

[10] Kontrahentenrisiko, Basisrisiko, Rechtsrisiko, operationelles Risiko, Reputationsrisiko, vgl. Deutsche Bundesbank, Instrumente zum Kreditrisikotransfer: Einsatz bei deutschen Banken und Aspekte der Finanzstabilität, 2004, S. 38, vgl. auch Wagner, W./Marsh, I. W., Credit Risk Transfer and Financial Sector Performance, 2004, S. 24, die darauf hinweisen, dass regulierende Stellen für einen effektiven Risikotransfer eintreten sollten.

ist.[11] Etwaige Ineffektivitäten sollten durch eine hohe Qualität des Transferprozesses verhindert werden, um eine neuerliche Risikokonzentration zu vermeiden.[12]

Liquidität

Als nächste Anforderung sei hier die Liquidität aufgeführt, welche nicht nur für den Primärmarkt, also die Absicherung und den Verkauf des Kreditrisikos, sondern auch auf dem Sekundärmarkt, also den Handel mit den Kreditrisiken, eine schnelle Änderung der Risikoposition gewährleisten sollte.[13] Durch die schnelle Änderung der Risikoposition wird insbesondere die Steuerung des Volumens der Risikoaktiva wesentlich vereinfacht und es kann eine Entlastung des Eigenkapitals und folglich der Kosten für dessen Vorhaltung erfolgen.[14] Weiterhin führt eine hohe Liquidität eines Produktes dazu, dass effiziente Preise mit geringen Bid-Ask-Spreads und folglich geringen Preisschwankungen gestellt werden können.[15]

Standardisierungsgrad

Für die Handelbarkeit eines Kreditrisikos ist ein hohes Maß an Standardisierung unvermeidlich.[16] So konnte das enorme Wachstum des Verbriefungsmarktes der USA im letzten Jahrzehnt vor allem aufgrund der Standardisierung in der Vertrags- und Reportinggestaltung erreicht werden.[17] Auch wenn ein hoher Standardisierungsgrad ein wichtiger Faktor für eine gesteigerte Liquidität ist,[18] geht hiermit Flexibilität verloren, die von den Anwendern der Instrumente gerne gesehen wird.[19]

---

[11] Zur Unterlegung mit ökonomischem und regulatorischem Eigenkapital vgl. Schierenbeck, H., Ertragsorientiertes Bankmanagement, Band 2: Risiko-Controlling und integrierte Rendite-/Risikosteuerung, Wiesbaden, 2003, S. 21 und S. 235f.

[12] Vgl. Deutsche Bundesbank, Finanzstabilitätsbericht 2007, S. 8f.

[13] Vgl. Franke, G., Transformation nicht-gehandelter in handelbare Kreditrisiken, Tübingen, 2005, S. 159.

[14] Vgl. Deutsche Bundesbank, Instrumente zum Kreditrisikotransfer: Einsatz bei deutschen Banken und Aspekte der Finanzstabilität, 2004, S. 37.

[15] Vgl. Beck, H./Seitz, J., Kapitalmarkt und Börse, Wiesbaden, 2001, S. 39.

[16] Vgl. Deutsche Bundesbank, Instrumente zum Kreditrisikotransfer: Einsatz bei deutschen Banken und Aspekte der Finanzstabilität, 2004, S. 28.

[17] Vgl. Hahlbrock, B./Jansen, D./Schmidt, C., Rückbesinnung auf alte Werte – eine öffentliche Börse als gesunde Basis für Verbriefungen, 2008, S. 6.

[18] Vgl. Rudolph, B., Kreditrisikotransfer-Abbau alter gegen Aufbau neuer Risiken?, 2007, S. 4.

[19] Vgl. Burghof, H.-P./Henke, S., Alternative Produkte des Kreditrisikotransfers, Stuttgart, 2005, S. 117.

Transparenz

Gerade durch die jüngsten Verwerfungen an den Finanzmärkten („Subprimekrise") wird deutlich, wie wichtig Transparenz im Segment des Kreditrisikotransfers ist.[20] Neben der folgenden Informationseffizienz ist Transparenz vor allem im Hinblick auf die Risikopositionen der Marktteilnehmer, die Preisbildung für Kreditrisiken sowie das Produkt selbst wünschenswert. Eine effektive Einschätzung der Kreditrisiken der Marktteilnehmer führt zu einer Erhöhung der Marktdisziplin, da diese bei sehr aggressivem Vorgehen durch z.B. erschwerte Refinanzierungsbedingungen „bestraft" werden könnten.[21] Weiterhin fördert Transparenz die Qualität der Preisbildung für die Kreditrisiken, da eine größere Anzahl an Marktteilnehmern ihre Einschätzung abgibt.[22] Aus einem effizienten Preis für das Risiko lässt sich ein sehr guter Indikator für den zusätzlichen Ertrag im Hinblick auf das Portfolio ableiten.[23] Letztendlich sind adäquate Transferprodukte wünschenswert, deren Risiko und Wertentwicklung vernünftig einschätzbar sind.[24]

Informationseffizienz

Um die zu transferierenden Risiken richtig einschätzen und somit einer marktgerechten Bewertung unterziehen zu können, ist eine effiziente Informationsbereitstellung zwingend notwendig[25], so dass eine Reduzierung der Kosten für die Informationsbeschaffung sowie von Misstrauensprämien erreicht werden kann.[26] Dabei wird unter Informationen die Beobachtung sämtlicher Zustände, die die Zahlungsanwartschaft betreffen könnten, durch Sicherungsnehmer und -geber, Informationen über die bewertungsrelevanten Merkmale sowie eine hohe Wahrscheinlichkeit für exogenes

---

[20] Vgl. Hofmann, A., Verbriefung – Viele Stolpersteine auf dem Weg zur Reife, 2008, S. 4.

[21] Vgl. Deutsche Bundesbank, Instrumente zum Kreditrisikotransfer: Einsatz bei deutschen Banken und Aspekte der Finanzstabilität, 2004, S. 44 und vgl. Krahnen, J. P. Finanzplatzgespräch, „In den nächsten 18 Monaten werden wir tragfähige Konzepte zur Neustrukturierung der deutschen Bankenlandschaft sehen", 2008.

[22] Vgl. Deutsche Bundesbank, Instrumente zum Kreditrisikotransfer: Einsatz bei deutschen Banken und Aspekte der Finanzstabilität, 2004, S. 37 und vgl. Rudolph, B., Kreditrisikotransfer-Abbau alter gegen Aufbau neuer Risiken?, 2007, S. 4.

[23] Vgl. Deutsche Bundesbank, Instrumente zum Kreditrisikotransfer: Einsatz bei deutschen Banken und Aspekte der Finanzstabilität, 2004, S. 29.

[24] Vgl. Deutsche Bundesbank, Finanzstabilitätsbericht 2007, S. 14.

[25] Vgl. Rudolph, B., Kreditrisikotransfer-Abbau alter gegen Aufbau neuer Risiken?, 2007, S. 4.

[26] Vgl. Burghof, H.-P./Henke, S., Alternative Produkte des Kreditrisikotransfers, Stuttgart, 2005, S. 117.

Eintreten von Zuständen verstanden.[27] Misstrauensprämien entstehen hauptsächlich durch den Verdacht des Sicherungsgebers auf Adverse Selection (Negativauslese) und Moral Hazard (Tendenz zum abnehmenden Monitoring).[28] Durch eine effiziente Informationsbereitstellung kann jedoch eine ordnungsgemäße Risikobeurteilung durch den Sicherungsgeber und eine marktgerechte Preisgestaltung für Ausfall- und Risikoprämien erfolgen.[29]

Kosteneffizienz

Einleitend wurde bereits auf die Bedeutung von Kosteneffizienz bezüglich der Instrumente des Kreditrisikotransfers hingewiesen. Die vorgenannten Anforderungen stellen somit die Anpassungsmechanismen dar, die je nach Ausgestaltung positive oder negative Auswirkungen auf die folgenden Kosten haben[30]:

- Kosten für Ausfall- und Risikoprämie

- Kosten für Eigenkapital und Insolvenzkosten[31]

- Prämien für Adverse Selection und Moral Hazard

Weiterhin gilt es die Transaktionskosten, die sowohl in rechtlicher Sicht (z. B. Vertragsgestaltung) sowie in abwicklungstechnischer Sicht (z. B. Kosten für die Handelsplattform[32]) entstehen, zu minimieren und die Kosten der Informationsbeschaffung für den Sicherungsgeber zu reduzieren.[33]

---

[27] Vgl. Hartmann-Wendels, T., Bedingungen für die Handelbarkeit von Buchkrediten, Stuttgart, 2005, S. 488 ff.

[28] Vgl. Franke, G., Risikomanagement mit Kreditderivaten, Stuttgart, 2005, S. 315 ff.

[29] Vgl. Hartmann-Wendels, T., Bedingungen für die Handelbarkeit von Buchkrediten, Stuttgart, 2005, S. 490f. und vgl. Franke, G., Risikomanagement mit Kreditderivaten, Stuttgart, 2005, S. 314f.

[30] Vgl. Franke, G., Risikomanagement mit Kreditderivaten, Stuttgart, 2005, S. 314f.

[31] Maßgeblich für die Insolvenzkosten sind zum einen die Korrelationen des zu übertragenden Risikos mit der Gesamtrisikoposition von Risikokäufer bzw. Verkäufer und zum anderen die Relation der Gesamtrisikoposition zum Eigenkapital bei beiden Vertragspartnern. Hartmann-Wendels, T./Pfingsten, A./Weber, M., Bankbetriebslehre, Berlin, Heidelberg, New York, 2007, S. 534.

[32] Vgl. Franke, G., Transformation nicht-gehandelter in handelbare Kreditrisiken, Tübingen, 2005, S. 159.

[33] Vgl. Burghof, H.-P./Henke, S., Alternative Produkte des Kreditrisikotransfers, Stuttgart, 2005, S. 117.

2.2 Traditionelle Methoden des Kreditrisikotransfers

Bevor die „modernen" Instrumente des Kreditrisikotransfers dargestellt werden, soll hier kurz eine Darstellung der „traditionellen" Instrumente des Kreditrisikotransfers erfolgen. Neben der Kreditversicherung, die besonders im Exportgeschäft eine wichtige Rolle spielt,[34] werden im Kreditgeschäft oftmals die Syndizierung und der Verkauf von Krediten angewendet.

Unter Kreditsyndizierung wird allgemein die Aufteilung eines Kredites auf mehrere Kreditgeber verstanden, bei der ein oder mehrere Kreditgeber in die Rolle des Konsortialführers eintreten, um zentral die Betreuung des Kredites von der Informationsbeschaffung bis zur Abwicklung des Darlehens zu übernehmen.[35] Durch die Syndizierung wird es einem Kreditgeber ermöglicht, Darlehen zu vergeben, die eine zu starke Beanspruchung des regulatorischen oder ökonomischen Eigenkapitals bedeuten würde oder die Großkreditvorschriften (§ 13 KWG) verletzen.[36]

Neben der Steuerung des Risikos im Kreditportfolio durch syndizierte Kredite erhoffen sich die beteiligten Banken, das Know-how anderer Konsorten zu nutzen sowie gleichzeitig die Basis für eigene Syndizierungen zu legen.[37] Rechtlich erfolgt die Syndizierung oftmals durch eine Unterbeteiligung, wobei die Rechte und Pflichten aus dem Darlehensverhältnis beim bisherigen Gläubiger verbleiben und lediglich das wirtschaftliche Risiko übertragen wird.[38]

Dahingegen wird von einem Kreditverkauf (Loan Sale) gesprochen, wenn die Bank akquirierte Darlehen mit oder ohne Rückgriffshaftung (Recourse) auf den Originator komplett veräußert. Beim öfter auftretenden „Non-Recourse" erfolgt neben der Bilanzverkürzung eine Reduzierung des Ausfall- und Bonitätsrisikos, welches durch

---

[34] Hier übernimmt vor allem die Euler & Hermes S.A. Bürgschaften und Garantien sowie Forderungen aus Warenlieferungen und Dienstleistungen, vgl. Burghof, H.-P./Henke, S., Alternative Produkte des Kreditrisikotransfers, Stuttgart, 2005, S. 107f.

[35] Vgl. Burghof, H.-P./Henke, S., Alternative Produkte des Kreditrisikotransfers, Stuttgart, 2005, S. 109.

[36] Vgl. Rudolph, B. et al., Kreditrisikotransfer, Moderne Instrumente und Methoden, Berlin, Heidelberg, New York, 2007, S. 16.

[37] Vgl. Rudolph, B. et al., Kreditrisikotransfer, Moderne Instrumente und Methoden, Berlin, Heidelberg, New York, 2007, S. 14.

[38] Vgl. Froitzheim, R. et al., Non Performing Loans (NPL) in Deutschland, Praxisrelevante Aspekte, Instrumente zur Abgabe von notleidenden Krediten und Bedeutung für die Banksteuerung, Köln, 2006, S. 124 und vgl. Schilmar, B./Breitenreicher, J./Wiedenhofer, M., Veräußerung notleidender Kredite – Aktuelle rechtliche Aspekte bei Transaktionen von Non-Performing Loans, 2005, S. 1369.

den Käufer übernommen wird[39] und der Verkäufer kann dementsprechend sein Eigenkapital entlasten. Bei den verkauften Darlehen handelt es sich neben großen Einzelengagements oftmals um Kreditportfolien, die nicht das Kerngeschäft des Originators abbilden. Hierzu zählen in letzter Zeit vor allem die Problemkredite (Non-Performing-Loans, Distressed Loans),[40] so dass sich die veräußernde Bank nach Verkauf verstärkt auf ihr Kerngeschäft, z. B. die Akquisition neuer Darlehen, konzentrieren kann.

Die rechtliche Übertragung vom Verkäufer auf den Käufer hängt bei einem „Loan Sale" „von der jeweiligen Rechtsordnung ab".[41] In Deutschland erfolgt in diesem Rahmen, neben der zuvor genannten Unterbeteiligung, die Zession (Rechte des Darlehensverhältnisses gehen über) und die Vertragsübernahme (Rechte und Pflichten des Darlehensverhältnisses gehen über).[42] Neben der direkten Übertragung der Darlehensforderung gibt es auch die Möglichkeit, diese durch Einbringung in eine (Zweck-) Gesellschaft oder Ausgliederung eines Unternehmensteils zu vollziehen.[43]

2.3   Moderne Instrumente des Kreditrisikotransfers

2.3.1   Risikoübertragung durch Kreditderivate

Bei einem Kreditderivat handelt es sich um ein Finanzinstrument, dessen Auszahlung von dem (Kredit-) Risiko eines Referenzwertes (Underlying oder Basiswert) abhängig ist. Auslösende Elemente können Wertveränderungen des Underlyings, negative Kreditereignisse, Spread- oder Ratingänderungen sein.[44] Im Folgenden sollen die Pa-

---

[39] Vgl. Burghof, H.-P./Henke, S., Alternative Produkte des Kreditrisikotransfers, Stuttgart, 2005, S. 113 und vgl. Saunders, A., Financial Institutions Management, A Modern Perspective, New York, 2000, S. 650.

[40] Vgl. Rudolph, B. et al., Kreditrisikotransfer, Moderne Instrumente und Methoden, Berlin, Heidelberg, New York, 2007, S. 18f.

[41] Vgl. Ricken, S., Kreditrisikotransfer europäischer Banken, Theoretische Begründungsansätze und ihre kapitalmarktempirische Überprüfung anhand von Verbriefungstransaktionen, Frankfurt am Main, 2007, S. 15.

[42] Vgl. Schilmar, B./Breitenreicher, J./Wiedenhofer, M., Veräußerung notleidender Kredite – Aktuelle rechtliche Aspekte bei Transaktionen von Non-Performing Loans, 2005, S. 1369.

[43] Vgl. Froitzheim, R. et al., Non Performing Loans (NPL) in Deutschland, Praxisrelevante Aspekte, Instrumente zur Abgabe von notleidenden Krediten und Bedeutung für die Banksteuerung, Köln, 2006, S. 113 und vgl. Schilmar, B./Breitenreicher, J./Wiedenhofer, M., Veräußerung notleidender Kredite – Aktuelle rechtliche Aspekte bei Transaktionen von Non-Performing Loans, 2005, S. 1369.

[44] Vgl. Burghof, H.-P./Henke, S. Entwicklungslinien des Marktes für Kreditderivate, Stuttgart, 2005, S. 33.

rameter von Kreditderivaten sowie ihre Grundformen beschrieben werden, um anschließend eine Bewertung dieses Kreditrisikotransferinstruments vorzunehmen.

2.3.1.1 Grundparameter eines Kreditderivats

Auch wenn der Markt für Kreditderivate eine „hohe Gestaltungsvielfalt und Innovationskraft"[45] besitzt, sind den Produkten die nachfolgenden Grundparameter gemein:

1. Bei einem Kreditderivat stehen sich zunächst der *Sicherungsnehmer* (Protection Buyer) und der *Sicherungsgeber* (Protection Seller) gegenüber. Der Sicherungsgeber nimmt dabei dem Sicherungsnehmer gegen die Zahlung einer Prämie (ausgedrückt in Basispunkten[46]) das gewünschte Kreditrisiko ab.[47]

2. Weiterhin liegt allen Kreditderivaten das bereits eingangs erwähnte *Referenzaktivum* zugrunde. Dieses können sowohl Einzelkredite, Kreditportfolien, Teilportfolien, aber auch synthetisch gebildete Indizes sein.[48] Die Wertermittlung soll dann anhand der Bonität des Kreditnehmers (Wertentwicklung der Indizes) erfolgen.[49]

3. Die Definition der Zahlungsverpflichtung des Sicherungsgebers folgt aus dem bei Vertragsabschluss zu definierenden *Credit Event*. Dieses wird in den Standardverträgen der ISDA (International Swaps and Derivatives Association) wie folgt definiert:[50]

   - *Insolvenz* (Bankruptcy): Die Insolvenz des Referenzschuldners wird u. a. definiert als Zahlungsunfähigkeit, Überschuldung oder Beginn der Liquidation des Referenzaktivums.

---

[45] Burghof, H.-P./Henke, S., Entwicklungslinien des Marktes für Kreditderivate, Stuttgart, 2005, S. 33.

[46] Schierenbeck, H., Ertragsorientiertes Bankmanagement, Band 2: Risiko-Controlling und integrierte Rendite-/Risikosteuerung, Wiesbaden, 2003, S. 223.

[47] Vgl. Rudolph, B. et al., Kreditrisikotransfer, Moderne Instrumente und Methoden, Berlin, Heidelberg, New York, 2007, S. 64 oder vgl. Neske, C., Grundformen von Kreditderivaten, Stuttgart, 2005, S. 56.

[48] Vgl. Rudolph, B. et al., Kreditrisikotransfer, Moderne Instrumente und Methoden, Berlin, Heidelberg, New York, 2007, S. 64.

[49] Vgl. Schierenbeck, H., Ertragsorientiertes Bankmanagement, Band 2: Risiko-Controlling und integrierte Rendite-/Risikosteuerung, Wiesbaden, 2003, S. 221.

[50] Vgl. ISDA Credit Derivatives Definitions, New York, 2003, S. 30 ff., zur Übersetzung siehe auch Rudolph, B. et al., Kreditrisikotransfer, Moderne Instrumente und Methoden, Berlin, Heidelberg, New York, 2007, S. 65.

- *Vorzeitige Fälligkeit* (Obligation Acceleration): Der vordefinierte Schwellenbetrag wird aufgrund eines vorher definierten Ereignisses vorzeitig fällig.

- *Verbindlichkeitsverzug* (Obligation Default): Der vordefinierte Schwellenbetrag gerät aufgrund eines vorher definierten Ereignisses (z.B. Ausfall eines anderen Darlehens des Referenzschuldners) ohne Fälligstellung in Verzug.

- *Nichtzahlung* (Failure to Pay): Der Referenzschuldner zahlt nicht zum Fälligkeitstag oder am Ende einer verlängerten Zahlungsfrist.

- *Nichtanerkennung / Zahlungseinstellung* (Repudiation/Moratorium): Verbindlichkeiten in Höhe des Schwellenbetrages werden vom (staatlichen) Referenzschuldner für unwirksam erklärt oder die Zahlung der Verbindlichkeiten wird eingestellt.

- *Restrukturierung* (Restructuring): Es werden Vereinbarungen mit dem Referenzschuldner getroffen die z.B. eine Reduzierung/Stundung der Zins- und Tilgungszahlungen oder Rangrücktritte vorsehen. Aufgrund der rechtlich schwierigen Definition der Restrukturierung wird auf diese immer öfter verzichtet.[51]

2.3.1.2 Ausgestaltungsformen von Kreditderivaten

Grundsätzlich lassen sich alle strukturierten Kreditderivate auf die Grundformen Credit Default Swap (CDS), Total Return Swap (TRS) und Credit Option aufteilen.[52] Dabei ist die beliebteste und verbreitetste Form des Kreditderivates der „Credit Default Swap",[53] auf den die Eingangs des Kapitels 2.3.1 gegebene Definition am nächsten zutrifft. Wie der folgenden Abbildung zu entnehmen ist, erhält der Sicherungsgeber für die Übernahme des Kreditrisikos eine Prämie und muss im Falle eines „Credit Events" eine Ausgleichszahlung an den Sicherungsnehmer leisten:

---

[51] Vgl. Felsenheimer, J./Gisdakis, P./Zaiser, M., Active Credit Portfolio Management, A Practical Guide to Credit Risk Management Strategies, Weinheim, 2006, S. 57.

[52] Vgl. Neske, C., Grundformen von Kreditderivaten, Stuttgart, 2005, S. 56.

[53] Vgl. Deutsche Bundesbank, Credit Default Swaps – Funktionen, Bedeutung und Informationsgehalt, 2004, S. 44 und vgl. Hull, J. C., Optionen, Futures und andere Derivate, München, 2006, S. 602.

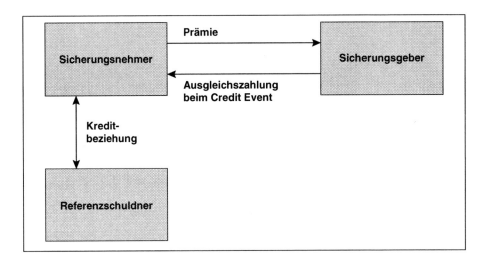

Abbildung 2: Credit Default Swap[54]

Die (Ausgleichs-) Zahlung kann entweder in Form eines „Cash Settlement" erfolgen, bei dem die Ausgleichszahlung durch die Differenz zwischen dem zu Beginn festgelegten Kurs der Anleihe (oder des Kredits) und anhand des durch Umfrage bei mehreren Banken nach Eintreten des „Credit Events" ermittelten Kurses bestimmt wird. Andererseits ist eine physische Lieferung möglich, bei der der Sicherungsgeber im Falle eines „Credit Events" die Referenzanleihe erhält und somit größeren Einfluss im Falle einer Zwangsverwertung o.ä. hat.[55]

Eine weitere Grundform des Kreditderivats ist der „Total Return Swap" (TRS). Bei diesem Instrument wird der gesamte ökonomische Ertrag (und nicht nur das Ausfallrisiko)[56] aus einem Referenzaktivum sowie seine Marktwertveränderungen ausgetauscht. Wie in Abb. 3 dargestellt erhält der Sicherungsnehmer im Gegenzug eine variable Verzinsung:

---

[54] In Anlehnung an Deutsche Bundesbank, Instrumente zum Kreditrisikotransfer: Einsatz bei deutschen Banken und Aspekte der Finanzstabilität, 2004, S. 30.
[55] Vgl. Neske, C., Grundformen von Kreditderivaten, Stuttgart, 2005, S. 58.
[56] Vgl. Neske, C., Grundformen von Kreditderivaten, Stuttgart, 2005, S. 61.

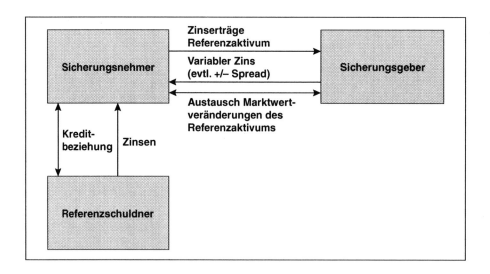

Abbildung 3: Total Return Swap[57]

Um eine unmittelbare Verfügbarkeit von Marktpreisen sicherzustellen, werden als Referenzaktivum meistens liquide Aktiva und Marktindizes ausgewählt.[58] Der Austausch der Zahlungsströme kann wie beim CDS entweder durch Cash Settlement oder am Ende der Laufzeit des TRS durch physische Lieferung des Referenzaktivums erfolgen.[59]

Als abschließende Grundform seien hier noch kurz die Credit Options genannt, welche komplexere Sicherungs- und Spekulationsgeschäfte ermöglichen.[60] Credit Options in Form von Call- und Put-Optionen können entweder auf Floater (bzw. Kredite mit variabler Verzinsung) oder auf Asset Swap-Strukturen[61] abgeschlossen werden.[62]

---

[57] In Anlehnung an Deutsche Bundesbank, Credit Default Swaps – Funktionen, Bedeutung und Informationsgehalt, 2004, S. 30.

[58] Vgl. Deutsche Bundesbank, Instrumente zum Kreditrisikotransfer: Einsatz bei deutschen Banken und Aspekte der Finanzstabilität, 2004, S. 30.

[59] Vgl. Neske, C., Grundformen von Kreditderivaten, Stuttgart, 2005, S. 61f.

[60] Vgl. Felsenheimer, J./Gisdakis, P./Zaiser, M., Active Credit Portfolio Management, A Practical Guide to Credit Risk Management Strategies, Weinheim, 2006, S. 68.

[61] Option auf Übertragung bzw. Lieferung eines Referenzaktivums mit gleichzeitigem Swap-Geschäft über Zinszahlungen, vgl. Neske, C., Grundformen von Kreditderivaten, Stuttgart, 2005, S. 64f.

[62] Vgl. Neske, C., Grundformen von Kreditderivaten, Stuttgart, 2005, S. 64.

2.3.1.3 Kritische Beurteilung von Kreditderivaten

Die Bewertung der Kreditderivate als Instrument des Kreditrisikotransfers folgt anhand der unter Kapitel 2.1 definierten Anforderungen:

Effektivität

Bei Kreditderivaten entsteht grundsätzlich ein Kontrahentenrisiko auf Seiten des Sicherungsnehmers (CDS, TRS, Credit Option) und ggf. auf Seiten des Sicherungsgebers (TRS).[63] Auch wenn das Kontrahentenrisiko durch die Stellung von Sicherheiten und Nettingvereinbarungen reduziert werden kann, sehen viele Banken dieses als einen Hauptrisikofaktor von Kreditderivaten an.[64]

Tritt das Kreditderivat zur Absicherung von Einzelgeschäften[65] auf, ist eine exakte Absicherung des jeweiligen Kreditrisikos möglich. Erfolgt jedoch die Absicherung eines Kreditrisikos z. B. mangels Rating oder Größe des Schuldners[66] auf Basis eines Indizes, ist trotz möglicher hoher Korrelation der Referenzaktiva keine vollständig effiziente Deckungsgleichheit gegeben (definiert als Basisrisiko).[67]

Liquidität

Der Markt für Kreditderivate hat bis Ende 2006 ein erhebliches Volumen von ca. USD 300 Billionen erreicht.[68] Dabei ist jedoch zu beachten, dass zehn der führenden Kontrahenten 85 % bis 90 % dieses Volumens abbilden. Somit entsteht aufgrund von hohen Umsätzen und einer stetigen Preisentwicklung eine Liquiditätsillusion und es

---

[63] Vgl. Schierenbeck, H., Ertragsorientiertes Bankmanagement, Band 2: Risiko-Controlling und integrierte Rendite-/Risikosteuerung, Wiesbaden, 2003, S. 24 ff. und vgl. Landry, S./ Radeke, O., Kreditderivate in der Praxis, Stuttgart, 1999, S. 564.

[64] Vgl. Europäische Zentralbank, Credit Risk Transfers by EU Banks: Activities, Risks and Risk Management, 2004, S. 26.

[65] Zur Thematik der Absicherung von Einzelgeschäften und Portfolien vgl. z.B. Schierenbeck, H., Ertragsorientiertes Bankmanagement, Band 2: Risiko-Controlling und integrierte Rendite-/Risikosteuerung, Wiesbaden, 2003, S. 218 ff.

[66] Als Referenzschuldner (-aktiva) dienen oftmals Unternehmen des Finanzsektors, Industrieunternehmen des Investment- und Sub-Investment Grade Bereichs, halbstaatliche Unternehmen und schließlich Staaten selber. Spieler, C., Kreditderivate – Eine Einführung, Stuttgart, 1999, S. 210.

[67] Vgl. Deutsche Bundesbank, Instrumente zum Kreditrisikotransfer: Einsatz bei deutschen Banken und Aspekte der Finanzstabilität, 2004, S. 38.

[68] Vgl. Frankfurter Allgemeine Zeitung, Kreditderivate lassen Derivatemarkt explodieren, 2007.

kann bei einem Rückzug eines dominierenden Marktpartners zumindest kurzfristig zu Liquiditätsrisiken kommen.[69]

Standardisierungsgrad

Die bereits erwähnte ISDA trägt mit ihren Musterrahmenverträgen einen wichtigen Faktor zur Marktfähigkeit und Standardisierung bei.[70] Diese Verträge geben den Marktteilnehmern genaue Dokumentationen über die Parameter verschiedener Kreditderivategeschäfte, so dass eine Spezifizierung bereits vorab erfüllt wird.[71] Ein Abschluss ohne ISDA-Dokumente erfolgt nur in Ausnahmefällen bei sehr komplizierten Transaktionen.[72]

Transparenz

Aufgrund einer relativen Transparenz im Markt der Kreditderivate gelten z.B. Prämien für CDS als Indikator für die Kreditqualität von Unternehmen und können als Vorabindikator für Änderungen von Bonitätseinstufungen (Ratings) dienen.[73] Dabei muss jedoch stets beachtet werden, dass Kreditderivate in der Regel „Over-the-counter" (OTC) gehandelt werden, wodurch nur eine eingeschränkt effiziente Preisbildung erfolgen kann.

Informationseffizienz

Der Handel von Kreditderivaten erfolgt, wie bereits angedeutet, oftmals auf Basis von großen und bekannten Schuldnern, die ein Rating aufweisen oder durch börsengehandelte Titel darstellbar sind.[74] Soweit es sich jedoch um kleinere und mittlere

---

[69] Vgl. Deutsche Bundesbank, Instrumente zum Kreditrisikotransfer: Einsatz bei deutschen Banken und Aspekte der Finanzstabilität, 2004, S. 40.

[70] Vgl. Deutsche Bundesbank, Instrumente zum Kreditrisikotransfer: Einsatz bei deutschen Banken und Aspekte der Finanzstabilität, 2004, S. 28, vgl. Neske, C., Grundformen von Kreditderivaten, Stuttgart, 2005, S. 57 und vgl. Rudolph, B. et al., Kreditrisikotransfer, Moderne Instrumente und Methoden, Berlin, Heidelberg, New York, 2007, S. 170.

[71] Vgl. Landry, S./Radeke, O., Kreditderivate in der Praxis, Stuttgart, 1999, S. 567.

[72] Vgl. Nelles, M./Senft, C., Basel II und der Einsatz von Kreditderivaten, 2004, S. 397.

[73] Vgl. Deutsche Bundesbank, Instrumente zum Kreditrisikotransfer: Einsatz bei deutschen Banken und Aspekte der Finanzstabilität, 2004, S. 37 und vgl. Deutsche Bundesbank, Credit Default Swaps – Funktionen, Bedeutung und Informationsgehalt, 2004, S. 53.

[74] Vgl. auch Franke, G., Transformation nicht-gehandelter in handelbare Kreditrisiken, Tübingen, 2005, S. 163.

Schuldner (Unternehmen) handelt, wird es für den Sicherungsgeber schwierig, diese einzuschätzen. Lösungsmöglichkeiten können sowohl die Bildung von Kreditkörben zur Diversifikation des Einzelrisikos oder lediglich die Weitergabe des unsystematischen Risikos sein.[75]

Kosteneffizienz

Soweit Kreditderivate als Referenzaktivum lediglich große, bekannte Schuldner aufweisen und somit Informationen in Form von Ratings, Analystenmeinungen o. ä. vorliegen, sind Kosten (Prämien) für mögliche Adverse Selection oder Moral Hazard gering zu halten.[76] Auch eine Reduzierung der Transaktionskosten kann durch die ISDA-Standardisierung erfolgen,[77] wobei eine umfassende Rechtssicherheit nicht geboten ist.[78] Aufgrund des OTC-Handels liegt jedoch auf Seiten der adäquaten Risikobepreisung[79] und folglich der Kalkulation von Eigenkapitalkosten keine vollständige Effizienz vor.

2.3.2   Risikoübertragung durch Kreditverbriefung

Neben den Kreditderivaten hat sich als zweite Grundform die Verbriefung von Krediten als Asset-Backed Securities (ABS) zum Kreditrisikotransfer etabliert. Dabei wird unter Kreditverbriefung die Schaffung liquider Wertpapiere verstanden, die auf Basis illiquider Darlehensforderungen beruhen.[80] Dafür werden die ABS in ihrer Grundform je nach dem Underlying wie folgt aufgeteilt:[81]

---

[75] Vgl. Rudolph, B. et al., Kreditrisikotransfer, Moderne Instrumente und Methoden, Berlin, Heidelberg, New York, 2007, S. 71 ff. und vgl. Hartmann-Wendels, T., Bedingungen für die Handelbarkeit von Buchkrediten, Stuttgart, 2005, S 503.

[76] Vgl. Franke, G., Transformation nicht-gehandelter in handelbare Kreditrisiken, Tübingen, 2005, S. 163.

[77] Vgl. Rudolph, B. et al., Kreditrisikotransfer, Moderne Instrumente und Methoden, Berlin, Heidelberg, New York, 2007, S. 170.

[78] Vgl. Redak, V./Weiss, E., Innovative Kreditrisikotransfer-Instrumente und Finanzmarktstabilität in Österreich, 2004, S. 77.

[79] Vgl. Brockmann, M./Hommel, U., Kredithandel über die Börse als Ausweg aus der Kreditklemme, 2007, S. 719.

[80] Vgl. Rudolph, B. et al., Kreditrisikotransfer, Moderne Instrumente und Methoden, Berlin, Heidelberg, New York, 2007, S. 37.

[81] ABS i. e. S. basieren z. B. auf Autofinanzierungen, Collateralised Loan Obligations auf Unternehmensdarlehen, ABS CDOs sind Collateralised Debt Obligations auf Basis von ABS und CDO CDOs basieren auf anderen CDO-Strukturen.

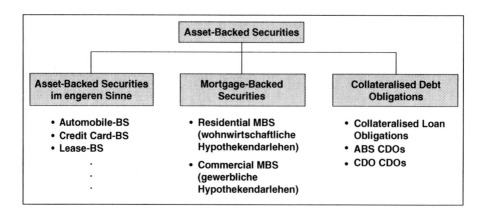

Abbildung 4: ABS Strukturen[82]

In der folgenden Darstellung werden zunächst die grundlegenden Elemente einer Kreditverbriefung beschrieben und im Anschluss die Grundstruktur einer ABS vorgestellt.

2.3.2.1 Grundparameter der Kreditverbriefung

Trotz ihrer oft sehr individuellen Struktur und Anpassung an die speziellen Bedürfnisse der beteiligten Parteien, die durch eine Vielfalt von Verträgen dargestellt wird,[83] sind den ABS gewisse Parameter gemein, welche hier kurz erläutert werden sollen:

Special Purpose Vehicle (SPV)

Das SPV bildet das Kernelement einer Verbriefungsstruktur. Die Aufgabe des SPV ist der Kauf der zu verbriefenden Darlehen und die Finanzierung der für den Ankauf nötigen Gelder durch Emission von Wertpapieren.[84] Um eine insolvenzfeste Übertragung der Darlehen zu erreichen, sind eine komplette Eigentumsübertragung sowie der Ausschluss einer möglichen Konsolidierung und Haftung mit dem Originator

---

[82] In Anlehnung an Rudolph, B. et al., Kreditrisikotransfer, Moderne Instrumente und Methoden, Berlin, Heidelberg, New York, 2007, S. 40.

[83] Vgl. Bär, H.-P., Asset Securitisation: Die Verbriefung von Finanzaktiven als innovative Finanzierungstechnik und neue Herausforderung für Banken, Bern, Stuttgart, Wien, 1997, S. 86f.

[84] Vgl. Barth, A./Klein, J., Die Grundstruktur von Asset-Backed-Securities-Transaktionen, 2002, S. 3.

280

notwendig, so dass bei Insolvenz des Originators keine Zugriffsmöglichkeiten auf die Darlehen bestehen.[85] Zur Kostenentlastung des SPVs werden die wirtschaftlichen Aufgaben (z.B. Einzug der Zins- und Tilgungszahlungen, Erstellung der Vertragsdokumentation) an die weiteren beteiligten Parteien verteilt. Zur steuerlichen Entlastung erfolgt die Gründung des SPVs in der Regel in einem Offshore-Gebiet (niedrige Ertragsbesteuerung, geringe Bankenaufsicht).[86]

Originator

Der Originator ist das Kreditinstitut, welches die zu verbriefenden Darlehen durch Akquisition oder Zukauf bilanziell erfasst hat und diese an das SPV zur Steuerung seines Kreditrisikos veräußert.[87]

Credit Enhancement

Über das Credit Enhancement, die Kreditbesicherung, soll eine Steigerung der Kreditwürdigkeit und Zahlungsfähigkeit der Assets erreicht werden, um somit eine Attraktivitätssteigerung der Wertpapiere für die Investoren zu generieren.[88] Dabei lassen sich (1) eine Kreditbesicherung aus dem Zahlungsstrom der Forderungen (z.B. Füllung eines Reserve-Accounts mit überschüssigen Zinszahlungen), (2) eine Kreditbesicherung durch den Originator (z.B. Übernahme des First-Loss-Piece[89] durch den Originator) und (3) eine Kreditbesicherung, die durch Dritte gestellt wird (z.B. durch eine Garantie) unterscheiden.[90]

---

[85] Vgl. Rudolph, B. et al., Kreditrisikotransfer, Moderne Instrumente und Methoden, Berlin, Heidelberg, New York, 2007, S. 44.

[86] Vgl. Bär, H.-P., Asset Securitisation: Die Verbriefung von Finanzaktiven als innovative Finanzierungstechnik und neue Herausforderung für Banken, Bern, Stuttgart, Wien, 1997, S. 104f.

[87] Vgl. Bär, H.-P., Asset Securitisation: Die Verbriefung von Finanzaktiven als innovative Finanzierungstechnik und neue Herausforderung für Banken, Bern, Stuttgart, Wien, 1997, S. 90 und vgl. Barth, A./Klein, J., Die Grundstruktur von Asset-Backed-Securities-Transaktionen, 2002, S. 2.

[88] Vgl. Bär, H.-P., Asset Securitisation: Die Verbriefung von Finanzaktiven als innovative Finanzierungstechnik und neue Herausforderung für Banken, Bern, Stuttgart, Wien, 1997, S. 207.

[89] Tranche, die den ersten Verlust zu tragen hat, vgl. z.B. Bär, H.-P., Asset Securitisation: Die Verbriefung von Finanzaktiven als innovative Finanzierungstechnik und neue Herausforderung für Banken, Bern, Stuttgart, Wien, 1997, S. 212 oder vgl. Fender, I./Mitchell, J., Strukturierte Finanzierungen: Komplexität, Risiken und die Rolle von Ratings, 2005, S. 80.

[90] Vgl. Langner, S., Asset Backed Securities, 2002, S. 661 ff.

Ratingagentur

Fundamentaler Bestandteil der Platzierung von Kreditverbriefungen am Kapitalmarkt ist das Rating. Da es sich bei den Verbriefungen oftmals um sehr komplexe Produkte handelt, wären sie ohne ein Rating nicht so erfolgreich, zumindest bis zum Sommer 2007, zu vermarkten gewesen.[91]

Um den Investoren ein „vertrautes" Gefühl zu schaffen, basieren die Ratings auf den Skalen der traditionellen Anleihen.[92] Durch die Veröffentlichung der Ratingmethodik der Ratingagenturen ist es den Strukturierern der Verbriefungstransaktionen möglich, ein „Zielrating" zu erreichen.[93]

Arrangeur, Service Agent, Trustee (Treuhänder)

Der Arrangeur ist in der Regel für die Strukturierung der Gesamttransaktion verantwortlich und wirkt bei der Gründung des SPV sowie der anschließenden Platzierung der ABS mit.[94] Die Funktion des Service Agent, also der Einzug von Zins und Tilgung, Verwaltung und Mahnwesen, übernimmt oft der Originator gegen eine Gebühr (Service Fee). Der Trustee (unabhängige Wirtschaftsprüfungsgesellschaft oder Rechtsanwaltskanzlei) überwacht die Tätigkeit des Service Agents[95] und übernimmt im Insolvenzfall die Forderungen sowie die Verwertung der Sicherheiten.[96]

2.3.2.2 Strukturen von Kreditverbriefungen

Nachdem zunächst eine Erläuterung der Elemente einer Kreditverbriefung erfolgte, sollen nun die zwei Grundstrukturen vorgestellt werden, die sich in „True Sale"-Pro-

---

[91] Vgl. Bär, H.-P., Asset Securtisation: Die Verbriefung von Finanzaktiven als innovative Finanzierungstechnik und neue Herausforderung für Banken, Bern, Stuttgart, Wien, 1997, S. 229.

[92] Vgl. Fender, I./Mitchell, J., Strukturierte Finanzierungen: Komplexität, Risiken und die Rolle von Ratings, 2005, S. 78.

[93] Vgl. Fender, I./Mitchell, J., Strukturierte Finanzierungen: Komplexität, Risiken und die Rolle von Ratings, 2005, S. 84.

[94] Vgl. Barth, A./Klein, J., Die Grundstruktur von Asset-Backed-Securities-Transaktionen, 2002, S. 4.

[95] Vgl. Rudolph, B. et al., Kreditrisikotransfer, Moderne Instrumente und Methoden, Berlin, Heidelberg, New York, 2007, S. 43.

[96] Vgl. Barth, A./Klein, J., Die Grundstruktur von Asset-Backed-Securities-Transaktionen, 2002, S. 4.

dukte, also die tatsächliche Veräußerung der Kredite und „synthetische" Produkte, bei denen lediglich das Kreditausfallrisiko übertragen wird, unterteilen lassen.[97]

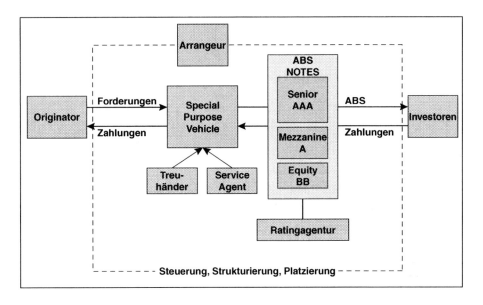

Abbildung 5: Asset-Backed Security: True Sale-Struktur[98]

Bei einer „True Sale"-Transaktion (siehe Abb. 5) erfolgt der wie in Kapitel 2.3.2.1 beschriebene tatsächliche Verkauf der Darlehen durch den Originator an das SPV, die Kredite gehen also auf das SPV über.[99] Nachdem die Strukturierung, Dokumentation und Bewertung erfolgt ist, wird der Kauf der Darlehen durch die Emission von kurz-, mittel- oder langfristigen Anleihen refinanziert.

Diese, auch als Notes bezeichneten, Anleihen werden oftmals in verschiedene Tranchen eingeteilt, um unterschiedliche Investoren anzusprechen.[100] Die Tranchen las-

---

[97] Vgl. z.B. Boston Consulting Group, Optimale staatliche Rahmenbedingungen für einen Kreditrisikomarkt/Verbriefungsmarkt für Kreditforderungen und -risiken in Deutschland, 2004, S. 11, Heimann, R./Kramer, E. M., Grundsätzliches zu synthetischen ABS, 2002, S. 6 oder Rudolph, B. et al., Kreditrisikotransfer, Moderne Instrumente und Methoden, Berlin, Heidelberg, New York, 2007, S. 77.

[98] Eigene Darstellung nach Rudolph, B. et al., Kreditrisikotransfer, Moderne Instrumente und Methoden, Berlin, Heidelberg, New York, 2007, S. 43.

[99] Zu einer ausführlichen Beschreibung des Verbriefungsprozesses siehe z.B. Bär, H.-P., Asset Securitisation: Die Verbriefung von Finanzaktiven als innovative Finanzierungstechnik und neue Herausforderung für Banken, Bern, Stuttgart, Wien, 1997, S. 144 ff.

[100] Vgl. Bessis, J., Risk Management in Banking, West Sussex, 2002, S. 747.

sen sich wie in Abb. 5 dargestellt unterscheiden in „Senior" (Hauptinvestoren: Regional- und Investmentbanken), „Mezzanine" (Hauptinvestoren: Versicherungen und Asset Manager) sowie „Equity" (Hauptinvestoren: Asset Manager, Spekulanten [Hedge Fonds] und andere institutionelle Investoren).[101] Als Ergebnis haben die Investoren der „Equity"-Tranche, welche die historischen „erwarteten" Verluste abbildet[102], Zins- und Tilgungsausfälle zuerst zu tragen[103] und es ergibt sich für die „Senior"-Tranchen ein gegenüber der Durchschnittsqualität des Kreditpools verringertes Risiko.[104]

Bei synthetischen Verbriefungen liegt der entscheidende Unterschied zum „True Sale" in der Übertragung des Kreditrisikos. Es erfolgt keine Übertragung der Kredite an das SPV, sondern es wird lediglich das Kreditausfallrisiko mittels eines CDS (auch möglich: Bürgschaft, Garantie[105]) transferiert.[106] Aufgrund des Risikotransfers durch einen CDS wird auch von einem „hybriden Transferinstrument" gesprochen:[107]

---

[101] Vgl. Basel Committee on Banking Supervision, Credit Risk Transfer, Developments from 2005 to 2007, 2008, S. 9 ff.

[102] Vgl. Bär, H.-P., Asset Securitisation: Die Verbriefung von Finanzaktiven als innovative Finanzierungstechnik und neue Herausforderung für Banken, Bern, Stuttgart, Wien, 1997, S. 200 ff.

[103] Die Zahlungen der ABS folgen gemäß der Tranche einem „Wasserfall". Somit werden zuerst die Senior-Tranchen gefolgt von den Mezzanine- und abschließend den Equity-Tranchen mit Zins- und Tilgungsleistungen bedient.

[104] Vgl. Rudolph, B. et al., Kreditrisikotransfer, Moderne Instrumente und Methoden, Berlin, Heidelberg, New York, 2007, S. 51.

[105] Vgl. Bayern LB, ABS Handbuch, Einführung in Asset-Backed Securities, 2006, S. 8.

[106] Vgl. Heimann, R./Kramer, E. M., Grundsätzliches zu synthetischen ABS, 2002, S. 6.

[107] Vgl. Burghof, H.-P./Henke, S., Alternative Produkte des Kreditrisikotransfers, Stuttgart, 2005, S. 106. Bei einer synthetischen Struktur finden auch die in Abb. 5 dargestellten Beteiligten wie Treuhänder, Ratingagentur etc. Anwendung. Sie werden aufgrund der Übersichtlichkeit in der Abb. 6 jedoch nicht aufgeführt, sondern es ist lediglich der Transfer des Kreditrisikos dargestellt.

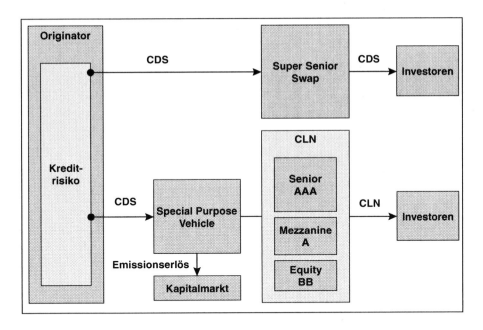

Abbildung 6: Credit Linked Note: Synthetische Struktur[108]

Das SPV emittiert im Anschluss an die Übertragung des Kreditrisikos eine sogenannte „Credit Linked Note" (CLN). Wie in Abb. 6 dargestellt, wird das gesamte zu transferierende Kreditrisiko nicht nur über die CLN übertragen, sondern aus Kostengründen erfolgt oftmals ein Teil des Transfers über den sogenannten „Super Senior Swap", welcher an institutionelle Investoren veräußert wird.[109]

Die Gelder aus der Zeichnung der CLN werden am Kapitalmarkt in Wertpapieren mit der höchsten Bonitätsstufe angelegt.[110] Für den Sicherungsnehmer führt die Zahlung der Investoren an das SPV zu einer Art Barunterlegung des Kreditrisikos[111] und er vermeidet somit das bei CDS bekannte Kontrahentenrisiko.[112]

---

[108] Eigene Darstellung in Anlehnung an Deutsche Bundesbank, Instrumente zum Kreditrisikotransfer: Einsatz bei deutschen Banken und Aspekte der Finanzstabilität, 2004, S. 31.

[109] Vgl. Deutsche Bundesbank, Instrumente zum Kreditrisikotransfer: Einsatz bei deutschen Banken und Aspekte der Finanzstabilität, 2004, S. 30 und vgl. Rudolph, B. et al., Kreditrisikotransfer, Moderne Instrumente und Methoden, Berlin, Heidelberg, New York, 2007, S. 78.

[110] Vgl. z.b. Bayern LB, ABS Handbuch, Einführung in Asset-Backed Securities, 2006, S. 8 oder Deutsche Bundesbank, Instrumente zum Kreditrisikotransfer: Einsatz bei deutschen Banken und Aspekte der Finanzstabilität, 2004, S. 31.

[111] Vgl. Neske, C., Grundformen von Kreditderivaten, Stuttgart, 2005, S. 61.

[112] Vgl. Heimann, R./Kramer, E. M., Grundsätzliches zu synthetischen ABS, 2002, S. 6.

Bei Darlehensrückzahlungen der Referenzschuldner werden Teile der durch die Emissionsgelder gezeichneten Wertpapiere verkauft und die Erlöse an die CLN-Investoren ausgezahlt. Ein möglicher „Credit Event", der den zwischen Originator und SPV geschlossenen CDS in Anspruch nehmen würde, führt, entsprechend dem oben erläuterten Wasserfallprinzip, erst am Ende der Laufzeit der CLN zu einer verringerten Rückzahlung an die Investoren.[113]

2.3.2.3 Kritische Beurteilung von Kreditverbriefungen

Anhand der in Kapitel 2.1 definierten Parameter erfolgt nun eine Untersuchung der Vorteilhaftigkeit von Verbriefungen. Dabei hat insbesondere die Entwicklung seit dem Sommer 2007 die Schwachstellen in diesem Kreditrisikotransferinstrument aufgezeigt.

Effektivität

In der Grundform ist es einem Originator im Falle einer „True Sale"-Transaktion möglich, sich wie beim unter Kapitel 2.2 beschriebenen Kreditverkauf von sämtlichen Risiken der zu veräußernden Darlehen zu lösen, so dass eine hohe Effektivität hinsichtlich des Risikotransfers besteht. Gleichfalls kann sich der Originator gemäß Kapitel 2.3.2.2 bei einer „synthetischen" Verbriefung durch eine CLN zumindest eines Teils des Kontrahentenrisikos entledigen (bei dem Super Senior Swap besteht es natürlich weiterhin[114]).

Problematisch ist jedoch, dass die „Equity"-Tranche (das First-Loss-Piece) oftmals vom Originator getragen werden muss. Da die „Equity"-Tranche die „erwarteten" Verluste abdeckt, kann nur ein begrenzter Risikotransfer erfolgen.[115] Grundlage für die Übernahme durch den Originator bildet die Tatsache, dass diese Tranche oftmals kein Rating erhält und mögliche Investoren daher einen gesteigerten Informationsbe-

---

[113] Vgl. Bayern LB, ABS Handbuch, Einführung in Asset-Backed Securities, 2006, S. 9.

[114] Vgl. Rudolph, B. et al., Kreditrisikotransfer, Moderne Instrumente und Methoden, Berlin, Heidelberg, New York, 2007, S. 79.

[115] Vgl. Franke, G./Krahnen, J. P., Default risk sharing between banks and markets: the contribution of collateralized debt obligations, 2005, S. 2.

darf haben werden.[116] Bleibt die Befriedigung dieses erhöhten Informationsbedarfs aus, würden somit die den Investoren zu zahlenden Informationsprämien steigen.[117]

Liquidität

Durch die Entstehung von Marktindizes[118] (z. B. ABX oder CMBX[119]) sowie eine allgemeine (also auch auf andere Asset-Klassen bezogene) hohe Marktliquidität[120] folgte ein enormes Wachstum des weltweiten Verbriefungsmarktes und es konnte ein scheinbar sehr liquider Markt für Kreditverbriefungen geschaffen werden. Somit gingen die Marktteilnehmer davon aus, dass es auch sehr komplexe Strukturen der Kreditverbriefung wie z. B. Collateralised Debt Obligations (CDOs)[121] bei nur geringen Preisunterschieden schnell transferierbar seien.[122] Aufgrund der Marktverwerfungen sind jedoch seit dem Sommer 2007 selbst fundamental gute Anlagen (z. B. niederländische RMBS) nicht mehr zu einem dem Ausfallrisiko angemessenen Marktpreis handelbar und der gesamte Verbriefungsmarkt ist äußerst illiquide.[123]

Standardisierungsgrad

Auch wenn sich in den USA bereits ein gewisser Standardisierungsgrad hinsichtlich der Kreditverbriefung etabliert hat, konnte dies in Europa noch nicht gelingen.[124]

---

[116] Vgl. Hartmann-Wendels, T., Bedingungen für die Handelbarkeit von Buchkrediten, Stuttgart, 2005, S. 491 und vgl. Rudolph, B. et al., Kreditrisikotransfer, Moderne Instrumente und Methoden, Berlin, Heidelberg, New York, 2007, S. 79.

[117] Vgl. Franke, G., Risikomanagement mit Kreditderivaten, Stuttgart, 2005, S. 315f.

[118] Vgl. Basel Committee on Banking Supervision, Credit Risk Transfer, Developments from 2005 to 2007, 2008, S. 1.

[119] Der jeweilige ABX-Index setzt sich aus RMBS des Wohnungsbaumarktes der USA zusammen und spiegelt deren Wertentwicklung wieder. Der CMBX besteht im Gegenzug aus CMBS, also gewerblichen Hypothekendarlehen aus den USA. Vgl. Markit, Index Methodology for the ABX.HE Index for the Sub-Prime Home Equity Sector („ABX.HE Index Rules"), 2008 und vgl. Markit, Rules of the CMBX Indices (the „CMBX Rules"), 2008.

[120] Vgl. Deutsche Bundesbank, Finanzstabilitätsbericht 2007, S. 23.

[121] Die CDOs traten in den vergangenen Jahren oftmals als Käufer von ABS, insbesondere US RMBS auf und förderten somit das Wachstum. Zur Komplexität und Ausgestaltung von CDOs siehe Basel Committee on Banking Supervision, Credit Risk Transfer, Developments from 2005 to 2007, 2008, S. 4 ff. und S. 46 ff. und Fender, I./Mitchell, J., Strukturierte Finanzierungen: Komplexität, Risiken und die Rolle von Ratings, 2005.

[122] Vgl. Deutsche Bundesbank, Finanzstabilitätsbericht 2007, S. 23.

[123] Vgl. Bayern LB, Quo Vadis Subprime Krise?, 2008, S. 11 und vgl. Deutsche Bundesbank, Finanzstabilitätsbericht 2007, S. 9.

[124] Vgl. Hahlbrock, B./Jansen, D./Schmidt, C., Rückbesinnung auf alte Werte – eine öffentliche Börse als gesunde Basis für Verbriefungen, 2008, S. 6.

Durch fehlende gesetzliche Rahmenbedingungen ist die Dokumentation und Durchführung einer Verbriefung oftmals sehr individuell gestaltet. Daher erfolgen unter einem „Markennamen" oft mehrere Transaktionen, um die Fixkosten für Strukturierung, Anwälte u. ä. zu reduzieren und die Bewertung der Transaktionen durch den Investor zu beschleunigen.[125]

Transparenz

Auch wenn es Stimmen gibt, die die aktuellen Probleme im Verbriefungsmarkt nicht als Folge mangelnder Transparenz verstehen, sondern eher als eine Art Realitätsverlust im amerikanischen Retail-Markt definieren,[126] bleibt die Frage nach zukünftigen Vorgehensweisen. So wurden die im Rahmen des Booms entwickelten Produkte wie CDOs, die einen Großteil der Investments in die einfach strukturierten ABS ausmachen, immer komplexer und die Investoren konnten die Risikoeigenschaften der Produkte nur noch schwer durchschauen.[127] Als Folge orientierten sich die Investoren verstärkt an den Ratings, welche jedoch bei strukturierten Produkten im Vergleich zu normalen Anleihen eine höhere Risikosensitivität aufweisen.[128]

Informationseffizienz

Da bei Kreditverbriefungen oftmals ein Pool von Forderungen in Form einer ABS an die Investoren weitergereicht wird und diese in der Regel nur anonymisierte Informationen über die Forderungen bzw. die Kreditnehmer erhalten,[129] liegt zunächst eine hohe asymmetrische Informationsverteilung zwischen Originator und Investoren vor.

Um dieser Informationsasymmetrie entgegenzuwirken, werden oftmals nur homogene Forderungen (im Rahmen von z. B. Collateralised Debt Obligations aber auch

---

[125] Vgl. Bayern LB, ABS Handbuch, Einführung in Asset-Backed Securities, 2006, S. 51.
[126] Vgl. Altenburg, M., Die Systemkrise der Disintermediation – zu den Herausforderungen eines Paradigmenwechsels, 2008, S. 170.
[127] Vgl. Deutsche Bundesbank, Finanzstabilitätsbericht 2007, S. 14.
[128] Vgl. Fender, I./Mitchell, J., Strukturierte Finanzierungen: Komplexität, Risiken und die Rolle von Ratings, 2005, S. 78.
[129] Vgl. Rudolph, B. et al., Kreditrisikotransfer, Moderne Instrumente und Methoden, Berlin, Heidelberg, New York, 2007, S. 41.

heterogene Darlehen[130]) zu einem Pool zusammengefasst.[131] Beispielhaft ist somit die Entwicklung einer spanischen RMBS vom Preisverlauf des spanischen Häusermarktes abhängig und die Investoren können somit anhand einer „exogenen" Größe[132] die Wertentwicklung ihres Assets bestimmen. Weiterhin tritt der Originator wie beschrieben häufig als Käufer des First-Loss-Piece in Erscheinung, um die Problempunkte „Adverse Selection" und „Moral Hazard" abzumildern.

Kosteneffizienz

Aufgrund der recht hohen Transaktionskosten für Vertragsgestaltung u.ä. sowie der vielen beteiligten Parteien ist eine Verbriefungstransaktion grundsätzlich erst ab einem dreistelligen Millionenbetrag wirtschaftlich sinnvoll.[133] Es lässt sich jedoch insbesondere durch die Aufteilung einer ABS in unterschiedliche Tranchen eine für den Originator und den jeweiligen Investor kosteneffiziente Struktur schaffen. Investoren, die nur begrenzte Informationen über die einer Verbriefung zugrunde gelegten Forderungen haben, werden zwar zunächst höhere Risikoprämien oder Kosten für die Eigenkapitalunterlegung unterstellen, welche jedoch durch ein Investment in eine erstrangige Senior-Tranche (siehe Kapitel 2.3.2.2, Qualität besser als der Durchschnitt des Pools) relativiert und gegebenenfalls überkompensiert wird. Besser informierte Investoren (insbesondere der Originator) können im Gegenzug Misstrauensprämien einsparen und an den höheren Margen der Mezzanine- und Equity-Tranchen verdienen.[134]

2.4   Motive für die Schaffung einer Kreditbörse

Bei den bisher dargestellten modernen Instrumenten des Kreditrisikotransfers handelt es sich jeweils um Sicherungsinstrumente, die vorrangig OTC, also außerbör-

---

[130] Vgl. Rudolph, B. et al., Kreditrisikotransfer, Moderne Instrumente und Methoden, Berlin, Heidelberg, New York, 2007, S. 41.

[131] Vgl. z.B. Langner, S., Asset Backed Securities, 2002, S. 659.

[132] Vgl. hierzu auch Hartmann-Wendels, T., Bedingungen für die Handelbarkeit von Buchkrediten, Stuttgart, 2005, S. 494 ff. und S. 503.

[133] Vgl. Bär, H.-P., Asset Securitisation: Die Verbriefung von Finanzaktiven als innovative Finanzierungstechnik und neue Herausforderung für Banken, Bern, Stuttgart, Wien, 1997, S. 179, vgl. Franke, G., Risikomanagement mit Kreditderivaten, Stuttgart, 2005, S. 327 oder vgl. Hartmann-Wendels, T./Pfingsten, A./Weber, M., Bankbetriebslehre, Berlin, Heidelberg, New York, 2007, S. 306.

[134] Vgl. Fender, I./Mitchell, J., Strukturierte Finanzierungen: Komplexität, Risiken und die Rolle von Ratings, 2005, S. 80f.

slich, gehandelt werden. Diese OTC-Märkte zeichnen sich oft durch intransparente Preisbildung aus und sind zum Teil Großbanken und spekulativen Finanzinvestoren vorbehalten.[135]

Als Gegenentwurf zum OTC-Markt könnte die Börse als ein Platz gelten, an dem bereits jetzt Unternehmensschulden in Form von Anleihen gehandelt werden. Mit einer öffentlich kontrollierten Börse, deren Ziel es u. a. ist, „Vertragsabschlüsse nach einheitlichen Geschäftsbedingungen"[136] abzuschließen, könnten nicht nur Ineffizienzen bei der Bepreisung von Risiken reduziert, sondern auch die gewünschte zusätzliche Transparenz und Standardisierung geschaffen werden.[137]

2.4.1   Vertriebs-, Produktions- und Portfoliobank

Das Kreditportfoliomanagement hat in den vergangenen Jahren für die Banken weltweit immer mehr an Bedeutung gewonnen. So sind die Kreditkunden nicht bereit, erhöhte Margen zu zahlen, die das Ergebnis einer unzulänglichen Risikodiversifikation im Rahmen des Kreditportfoliomanagements sind.[138]

Folglich wird von den Banken eine Abkehr von dem seit langem praktizierten „buy and hold"-Ansatz hinsichtlich der Kreditrisiken gefordert, um die Erkenntnisse der Kapitalmarkttheorie zu nutzen und effiziente Kreditportfolien zu schaffen.[139] Insbesondere die mit dem deutschen Mittelstand im direkten „Vertrieb" stehenden kleineren Sparkassen, Genossenschafts- und Privatbanken haben jedoch aufgrund der Größe ihres Kreditbuches Probleme, attraktive, kosteneffiziente Transferinstrumente zu finden,[140] so dass der Kreditrisikotransfer innerhalb des Verbundes oder über die Landesbanken erfolgen muss.[141] Diese „interne" Weitergabe von Kreditrisiken an

---

[135] Vgl. Brockmann, M./Hommel, U., Kredithandel über die Börse als Ausweg aus der Kreditklemme, 2007, S. 719.

[136] Beck, H./Seitz, J., Kapitalmarkt und Börse, Wiesbaden, 2001, S. 38.

[137] Vgl. Brockmann, M./Hommel, U., Kredithandel über die Börse als Ausweg aus der Kreditklemme, 2007, S. 719, vgl. Hahlbrock, B./Jansen, D./Schmidt, C., Rückbesinnung auf alte Werte – eine öffentliche Börse als gesunde Basis für Verbriefungen, 2008, S. 6f. und vgl. Deutsche Bundesbank, Finanzstabilitätsbericht 2007, S. 14f.

[138] Vgl. Bluhm, C./Mussil, W., Entwicklungen im Kreditportfoliomanagement, Düsseldorf, 2007, S. 3f. und vgl. Gann, P./Hoffmann, B., Die Bedeutung des Kreditrisikohandels für spezialisierte Kreditinstitute, 2005, S. 475.

[139] Vgl. Flesch, J. R., Kredite über die Börse handeln, 2006, S. 228.

[140] Vgl. Litten, R./Reininger N., Der Kredithandel der RMX geht an den Start, 2008.

[141] Hierzu vgl. z. B. Oriwol, D./Weghorn, R., Kreditbasket III – erhöhte Flexibilität im Rahmen eines aktiven Kreditportfolio-Managements, 2006, S. 1144 ff., vgl. Flesch, J. R., Kredite über die Börse handeln, 2006, S. 229 und vgl. Geilmann-Ebbert, A./Heine, S., Kreditrisikotransfer im genossenschaftlichen Finanzverbund, 2006, S. 1147 ff.

eine Art „Portfoliobank" führt zwar zu keiner effektiven Risikoprämienbildung,[142] zeigt jedoch die Notwendigkeit eines aktiven Portfoliomanagements. Nur durch eine aktive Diversifikation des Kreditportfolios ist es gerade für sehr spezialisierte Institute (wie z.B. den regionalbeschränkten Sparkassen) möglich, neue Darlehen zu günstigen Konditionen an einen gleichbleibenden Kundenstamm zu gewähren.[143]

Um „Preisunterschiede für gleiche Risikoprofile"[144] wirklich zu vermeiden, wäre es jedoch notwendig, diese über die Zentralinstitute hinaus an „externe" Investoren weiterzureichen. Hierfür würde sich eine öffentlich-rechtliche Börse anbieten, welche eine transparente Preisstellung ermöglichen und die Abhängigkeit von bisherigen Sicherungsgebern (Investmentbanken, Monoline-Versicherungen) verringern würde.[145] Folglich könnte eine solche Börse zu einer Aufgabenteilung und einer Spezialisierung der Banken in die bereits genannten „Vertriebs"- und „Portfolio"-Banken sowie in einem weiteren Schritt in „Produktions"-Banken zur Geschäftsabwicklung führen.[146]

2.4.2   Problembereiche bei Kreditderivaten und -verbriefungen

Ausgehend von den in Kapitel 2.3.1.3 und 2.3.2.3 bereits aufgeführten Kritikpunkten der beiden modernen Instrumente zum Kreditrisikotransfer sollen hier die Problembereiche der aktuellen Instrumente näher erläutert werden.

Wie eingangs dieses Kapitels erwähnt, handelt es sich bei den aktuellen Kreditrisikotransferinstrumenten um Produkte, die vornehmlich über außerbörsliche Märkte gehandelt werden und folglich keine effiziente Preisbildung ermöglichen.

Ein weiteres gemeinsames Problem von Derivaten und Verbriefungen ist, dass die Weitergabe von Kreditrisiken für mittlere und kleine Schuldner ohne externes Rating

---

[142] Vgl. Flesch, J. R., Kredite über die Börse handeln, 2006, S. 230.

[143] Vgl. Bessis, J., Risk Management in Banking, West Sussex, 2002, S. 63 und vgl. Gann, P./ Hoffmann, B., Die Bedeutung des Kreditrisikohandels für spezialisierte Kreditinstitute, 2005, S. 475.

[144] Rudolph, B., Kreditrisikotransfer-Abbau alter gegen Aufbau neuer Risiken?, 2007, S. 4.

[145] Vgl. Flesch, J. R., Kredite über die Börse handeln, 2006, S. 230.

[146] Vgl. Flesch, J. R., Kredite über die Börse handeln, 2006, S. 230 sowie zur Aufteilung in eine „Drei-Banken"-Struktur vgl. Flesch, J. R., Die Zukunft der deutschen Kreditwirtschaft – von der Drei-Säulen- zur „Drei-Banken"-Struktur, 2005.

oder emittierte Anleihen[147] lediglich begrenzt möglich ist, z.B. über Basket-Default-Swaps oder hochgranulare Verbriefungen.

Bei Kreditderivaten erweist sich vor allem das Kontrahentenrisiko als problematisch,[148] da hierfür weitere Risikokosten anfallen, welche durch die Konzentration auf nur wenige Sicherungsgeber weiter steigen.[149]

Für Kreditverbriefungen ergibt sich zwar weniger die Problematik des Kontrahentenrisikos, aber der Einbehalt des hoch risikobehafteten First-Loss-Piece stellt sich als wenig effektiv dar.[150] Weiterhin ist der mangelnde Standardisierungsgrad im Verbriefungsgeschäft und die mangelnde Transparenz anzumerken, deren Bedeutung insbesondere in der aktuellen Krise bei komplexen Transaktionen wie CDOs offengelegt wurde[151] und in einem illiquiden Markt mündete.

3 Konzept zum Kreditrisikotransfer über eine Kreditbörse

Seit Beginn des Jahres 2008 besteht über die RMX Risk Management Exchange AG (RMX AG)[152] in Hannover die Möglichkeit, im Segment Creparts (Credit Partizipations) Kredite über eine öffentlich-rechtliche Börse zu handeln.[153] Mit diesem Projekt wird versucht, den aktuellen Rufen nach mehr Transparenz und Standardisierung im Kreditrisikotransfer Rechnung zu tragen[154] und eine in öffentlichen Märkten erreich-

---

[147] Vgl. Europäische Zentralbank, Credit Risk Transfers by EU Banks: Activities, Risks and Risk Management, 2004, S. 24.

[148] Vgl. Europäische Zentralbank, Credit Risk Transfers by EU Banks: Activities, Risks and Risk Management, 2004, S. 26.

[149] Vgl. Deutsche Bundesbank, Instrumente zum Kreditrisikotransfer: Einsatz bei deutschen Banken und Aspekte der Finanzstabilität, 2004, S. 40.

[150] Vgl. Deutsche Bundesbank, Instrumente zum Kreditrisikotransfer: Einsatz bei deutschen Banken und Aspekte der Finanzstabilität, 2004, S. 36 und vgl. Franke, G./Krahnen, J. P., Default risk sharing between banks and markets: the contribution of collateralized debt obligations, 2005, S. 2.

[151] Vgl. Basel Committee on Banking Supervision, Credit Risk Transfer, Developments from 2005 to 2007, 2008, S. 19f. und vgl. Deutsche Bundesbank, Instrumente zum Kreditrisikotransfer: Einsatz bei deutschen Banken und Aspekte der Finanzstabilität, 2004, S. 14 ff.

[152] Die RMX AG bietet sowohl das Segment Creparts für Kredite als auch das Segment Commodities für bestimmte landwirtschaftliche Erzeugnisse an.

[153] Vgl. RMX Risk Management Exchange AG, Kredithandel über eine öffentliche Börse, Einführung in das Segment Kredithandel, 2008.

[154] Vgl. Hahlbrock, B./Jansen, D./Schmidt, C., Rückbesinnung auf alte Werte – eine öffentliche Börse als gesunde Basis für Verbriefungen, 2008, S. 7.

bare, effizientere Preisstellung für Kreditrisiken zu erreichen.[155] Im Folgenden soll zunächst die Funktionsweise der RMX AG erläutert sowie die Anforderungen an einen börslichen Handel mit Krediten dargestellt werden. Im Kapitel 4 erfolgt eine kritische Beurteilung dieses neuen Instruments im Vergleich zu den bereits bestehenden Transfermöglichkeiten von Derivaten und Verbriefungen.

3.1 Grundlagen einer öffentlich-rechtlichen Kreditbörse

3.1.1 Funktionselemente einer (Kredit-) Börse

Der Begriff Börse lässt sich grundsätzlich definieren als „regelmäßig stattfindende Märkte für standardisierte Handelsobjekte mit staatlicher Genehmigung und streng regulierten Vertragsbedingungen".[156]

Bei der RMX AG handelt es sich um eine öffentlich-rechtliche Börse, deren Anteil zu mehr als 50 Prozent dem Land Niedersachsen und öffentlich-rechtlichen Institutionen gehört[157] und vom niedersächsischen Wirtschaftsministerium genehmigt wurde.[158] Die Anforderungen an die Darlehen sind in eigenen, auf der allgemeinen Börsenordnung aufbauenden Handelsbedingungen für das Segment Creparts[159] definiert.

Gemäß § 1 BörsenO der RMX AG ist diese eine Warenbörse.[160] Neben der Standardisierung (der Darlehen) müssen für gehandelte Waren eine Einheitsqualität, die bei der RMX AG durch eine einheitliche Risikobewertung sichergestellt wird, sowie feste Kontrakteinheiten[161] ausgewiesen werden.[162]

---

[155] Vgl. Flesch, J. R., Kredite über die Börse handeln, 2006, S. 230.
[156] Häuser, K./Rosenstock, A., Börse und Kapitalmarkt, Frankfurt am Main, 1997, S. 134.
[157] Vgl. Benders, R., Handelsplattform für Kredite startet, 2008.
[158] Vgl. Hahlbrock, B./Jansen, D./Schmidt, C., Rückbesinnung auf alte Werte – eine öffentliche Börse als gesunde Basis für Verbriefungen, 2008, S. 10.
[159] Vgl. RMX Risk Management Exchange AG, Bedingungen für den Handel im Segment Creparts, 2008. Die Handelsbedingungen sind über die Internetseite der RMX AG -www.rmx.eu- abrufbar.
[160] siehe RMX Risk Management Exchange AG, Börsenordnung, 2007. Die Börsenordnung ist über die Internetseite der RMX AG -www.rmx.eu- abrufbar.
[161] § 3 III der Bedingungen für den Handel im Segment Creparts (siehe FN 160).
[162] Vgl. Jahrmann, F.-U., Außenhandel, Ludwigshafen (Rhein), 1998, S. 291.

Abschließend lassen sich, ableitend von einer Wertpapierbörse, die wesentlichen Funktionen einer (Kredit-) Warenbörse wie folgt definieren:[163]

- *Marktfunktion:* Zusammenführung von Angebot und Nachfrage für Kredite

- *Mobilisationsfunktion:* Erschaffung von Nachfrage (Investitionen) in Kredite

- *Substitutionsfunktion:* vergleichsweise schnelle Änderung einer Kreditrisikoposition, ohne das der jeweilige Darlehensnehmer bzw. Originator davon berührt wird

- *Bewertungsfunktion:* aktuelle Preise bzw. Marktbewertungen für Kredite

3.1.2 Handelbare Kreditforderungen und Produktmerkmale der Kreditbörse RMX AG

Die zu handelnden Kreditforderungen müssen gemäß Anhang 1 1. Teil § 1 I der Bedingungen für den Handel im Segment Creparts Darlehen „an bilanzierende Unternehmen oder juristische Personen"[164] vergeben sein. Die Bilanzierung hat dabei nach dem Handelsgesetzbuch oder internationalen Rechnungslegungsstandards zu erfolgen.[165] Die Darlehen müssen durch den Erstverkäufer („Emittenten") vergeben sein, eine mindestens 14 monatige Restlaufzeit aufweisen und die Abtretbarkeit der Darlehensforderung muss gegeben sein.[166] Weiterhin kann es sich bei den Darlehen um besicherte oder unbesicherte Kredite handeln[167] und es dürfen aktuell lediglich „performende" Darlehen zum Handel zugelassen werden.[168] Bei der Übertragung der Darlehensforderung handelt es sich um einen „True Sale",[169] wobei die Darlehensanteile durch einen Teilabtretungsvertrag auf den Käufer übergehen.[170]

---

[163] Vgl. Büschgen, H. E., Bankbetriebslehre: Bankgeschäft und Bankmanagement, Wiesbaden, 1998, S. 198f.

[164] RMX Risk Management Exchange AG, Bedingungen für den Handel im Segment Creparts, 2008.

[165] Vgl. Anhang 1 § 1 I der Bedingungen für den Handel im Segment Creparts (siehe FN 160).

[166] Vgl. Anhang 1 § 2 I und II der Bedingungen für den Handel im Segment Creparts (siehe FN 160).

[167] Vgl. Anhang 1 § 2 III der Bedingungen für den Handel im Segment Creparts (siehe FN 160).

[168] Vgl. Anhang 1 § 1 II der Bedingungen für den Handel im Segment Creparts (siehe FN 160) sowie vgl. Börsenzeitung, Hannoversche RMX Kreditbörse geht in Testbetrieb, 2007.

[169] Vgl. Litten, R./Reininger N., Der Kredithandel der RMX geht an den Start, 2008.

[170] Vgl. § 41 II a.) der Bedingungen für den Handel im Segment Creparts (siehe FN 160).

Nach Eingabe der Darlehensdaten (siehe Kapitel 3.2.1) durch den Erstverkäufer erhalten die Darlehen (Basisforderungen) eine Geschäftsnummer in Form der „Crepart Identifier Number" (CIN)[171] und werden nach Standardisierung und Zulassung durch die RMX AG als „Creparts" gehandelt. „Ein Crepart entspricht einem Anteil von einem Prozent des aktuellen Basisforderungsbetrages"[172] und die kleinste handelbare Einheit ist ein Zehntel eines Crepart. Der Erstverkäufer verpflichtet sich gemäß § 10 II der Bedingungen für den Handel im Segment Creparts grundsätzlich zu einem Selbstbehalt von mindestens 25 % (25 Creparts) der Basisforderung und muss sich durch eine Servicingvereinbarung zur weiteren Betreuung des Darlehens bereit erklären.[173]

3.1.3 Börsenteilnehmer

Um die Verlässlichkeit der Börsenteilnehmer zu garantieren, müssen sich diese gemäß § 6 BörsenO der RMX AG einer Zulassungsprüfung unterziehen. Weiterhin werden nur Unternehmen zum Handel zugelassen, die sich der Bundesanstalt für Finanzdienstleistungsaufsicht (BaFin) oder im Ausland einer vergleichbaren Kontrolle unterziehen. Somit ergibt sich folgende dreistufige Aufgliederung hinsichtlich der Börsenteilnehmer.[174] Die Betätigungsfelder der Börsenteilnehmer lassen sich dabei in den Handel der Creparts, das Auftreten als Erstverkäufer von Kreditanteilen sowie das Servicing trennen:[175]

	Handel	Erstverkäufer (Originator)	Servicing
National			
Kreditinstitute	X	X	X
Finanzdienstleistungsinstitute			
– ohne Servicespezialisierung	X		
– mit Servicespezialisierung	X		X

---

[171] Vgl. § 12 III der Bedingungen für den Handel im Segment Creparts (siehe FN 160).
[172] § 3 III der Bedingungen für den Handel im Segment Creparts (siehe FN 160).
[173] Vgl. § 11 I der Bedingungen für den Handel im Segment Creparts (siehe FN 160).
[174] Vgl. RMX Risk Management Exchange AG, Kredithandel über eine öffentliche Börse, Einführung in das Segment Kredithandel, 2008, S. 4.
[175] Vgl. § 14 BörsenO der RMX AG, vgl. § 10, § 14 und § 58 der Bedingungen für den Handel im Segment Creparts (siehe FN 160).

	Handel	Erstverkäufer (Originator)	Servicing
Finanzunternehmen	X		
KfW	X	X	X
Europäische Union/Europäischer Wirtschaftsraum			
Kreditinstitute im Sinne der Richtlinie 2000/12/EG	X	X	X
Finanzunternehmen im Sinne der Richtlinie 2000/12/EG	X		
Wertpapierfirmen im Sinne der Finanzmarktrichtlinie (MiFiD)	X		
International			
Unternehmen, die einer der inländischen Aufsicht vergleichbaren Aufsicht über Kreditinstitute, Finanzdienstleistungsinstitute und Finanzunternehmen unterliegen	**im Einzelfall zu entscheiden**		

Tabelle 1: Börsenteilnehmer[176]

3.2 Leistungsanforderungen an eine Kreditbörse

Die Grundlage der Kreditbörse der RMX AG bildet ein webbasiertes Handels-Front-End. Über dieses werden den Börsenteilnehmern die Börsenkurse sowie Informationen zu den Creparts präsentiert, es können Order aufgegeben werden und es erfolgt das Matching sowie die Handelsüberwachung und -steuerung (HÜST/HAST) der Orderaufträge.[177] Bei der Platzierung von Creparts hat der Erstverkäufer die Wahl, ob diese in einer (geschlossenen) Startauktion (Festlegung Mindestplatzie-

---

[176] Eigene Darstellung.

[177] Vgl. Interview I mit Herrn Dr. B. Hahlbrock, 2008 und vgl. Hahlbrock, B./Jansen, D./ Schmidt, C., Rückbesinnung auf alte Werte – eine öffentliche Börse als gesunde Basis für Verbriefungen, 2008, S. 7.

rungsvolumen und -verkaufspreis)[178] oder im laufenden Handel erfolgen soll.[179] Weiterhin kann der Erstverkäufer bestimmen, ob alle Marktteilnehmer oder nur eine bestimmte Gruppe die zu veräußernden Creparts kaufen und die Informationen hierzu betrachten dürfen.[180] Dem Creparts-Käufer stehen über ein mehrstufiges „Drill-Down" die Informationen zur entsprechenden Basisforderung von eher allgemeinen Informationen bis hin zu sämtlichen relevanten Details der Darlehen (z.B. Unterlagen nach § 18 KWG)[181] zur Verfügung.[182]

Wie der nachfolgenden Abb. 7 zu entnehmen ist, bietet die RMX AG einen deutlich über die bisher beschriebenen Schwerpunkte einer elektronischen Wertpapierbörse[183] hinausgehenden Leistungsapparat an, der im Folgenden erläutert wird:

---

[178] Vgl. § 22 I der Bedingungen für den Handel im Segment Creparts (siehe FN 160).

[179] Vgl. § 37 der Bedingungen für den Handel im Segment Creparts (siehe FN 160).

[180] Vgl. Hahlbrock, B./Jansen, D./Schmidt, C., Rückbesinnung auf alte Werte – eine öffentliche Börse als gesunde Basis für Verbriefungen, 2008, S. 7.

[181] Siehe hierzu Anhang 3 § 4 II der Bedingungen für den Handel im Segment Creparts (siehe FN 160).

[182] Vgl. Hahlbrock, B./Jansen, D./Schmidt, C., Rückbesinnung auf alte Werte – eine öffentliche Börse als gesunde Basis für Verbriefungen, 2008, S. 7.

[183] Vgl. Interview I mit Herrn Dr. B. Hahlbrock, 2008.

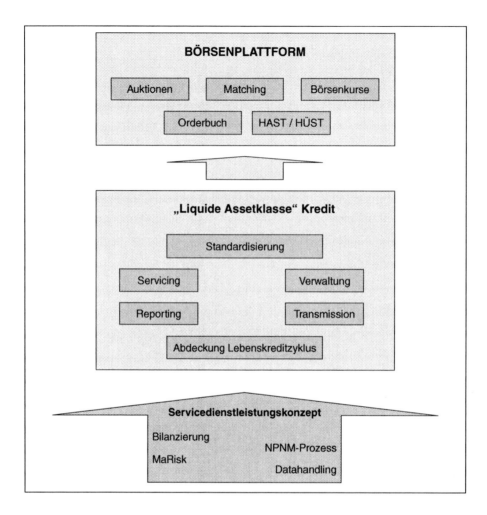

Abbildung 7: Leistungen der Kreditbörse der RMX AG[184]

3.2.1 Standardisierung im engeren Sinne

Um eine Vergleichbarkeit der Darlehen untereinander herbeizuführen, wird eine Normierung der Darstellung der Darlehen unter Sicherstellung der Einhaltung bestimmter Mindestanforderungen (siehe Kapitel 3.1.3) vorgenommen,[185] so dass zunächst sämtliche bewertungsrelevanten Darlehensnehmerdaten in Form von Unter-

---

[184] Eigene Darstellung in Anlehnung an RMX Risk Management Exchange AG, Kredithandel über eine öffentliche Börse, Einführung in das Segment Kredithandel, 2008, S. 5.
[185] Vgl. Interview I mit Herrn Dr. B. Hahlbrock, 2008.

nehmens-, Finanz-, Basisforderungs- und Sicherheitendaten in das System der RMX AG eingegeben werden.[186]

Nach Freigabe der Daten durch den Erstverkäufer[187] erfolgt in der Regel die durch eine Ratingagentur vorgenommene, standardisierte Risikobewertung des Darlehens, wobei die Bewertung der Sicherheiten durch die Hausbank erfolgt.[188] Zur Standardisierung werden die PD und der LGD von der Ratingagentur ermittelt, so dass der Käufer des jeweiligen Creparts den erwarteten Verlust ermitteln kann. Bei Änderungen relevanter Bereiche der zur Verfügung gestellten Darlehensnehmerdaten erfolgt eine sofortige Neubewertung der Parameter. Weiterhin erhält das Crepart ein speziell für die RMX AG erstelltes Rating, welches auf den ermittelten Werten beruht. Als zusätzliche Information kann der Käufer noch auf die nach dem Hausbankverfahren des Erstverkäufers ermittelte PD und, soweit vorhanden, den LGD zugreifen.

3.2.2 Weitere Leistungsmerkmale der RMX AG

Für die Käufer der Creparts wird es von entscheidender Bedeutung sein, neben den durch die Ratingagentur ermittelten Parametern weiterhin auf dem aktuellen Stand hinsichtlich der wirtschaftlichen Entwicklung der Basisforderung zu bleiben. Daher ist der Verkäufer zu umfassenden Reportingleistungen verpflichtet. Hierzu zählen u. a. die jährliche Bereitstellung und Auswertung von § 18 KWG Unterlagen, vierteljährliche Aussagen über eine mögliche Risikoänderung sowie eine Ad-hoc-Meldepflicht.[189]

Auch wenn zunächst nur „Performing Loans" im Segment Creparts gehandelt werden sollen, ist die Kreditbörse jedoch auf den gesamten „Lebenszyklus" eines Darlehens ausgelegt und sieht im Falle eines Kreditausfalls eine Übergabe des Servicing auf einen anderen Inhaber der entsprechenden Creparts vor.[190]

---

[186] Vgl. Anhang 3 § 1 I der Bedingungen für den Handel im Segment Creparts (siehe FN 160).

[187] Vgl. § 13 I der Bedingungen für den Handel im Segment Creparts (siehe FN 160).

[188] Vgl. RMX Risk Management Exchange AG, Risikosteuerungsbörse für Commodities und Kredite, 2007, S. 14 auch im Folgenden.

[189] Vgl. Anhang 2 § 6 und § 7 der Bedingungen für den Handel im Segment Creparts (siehe FN 160).

[190] Vgl. § 15 V der Bedingungen für den Handel im Segment Creparts (siehe FN 160) und RMX Risk Management Exchange AG, Kredithandel über eine öffentliche Börse, Einführung in das Segment Kredithandel, 2008, S. 5.

Für den Fall, dass der Erstverkäufer (und somit Servicer) einer regulären Basisforderung nicht mehr in der Lage ist, seinen Servicingverpflichtungen beispielsweise durch eigene Insolvenz nachzukommen, kann von den übrigen Crepart-Inhabern ein Servicer benannt oder der bei Erstverkauf ernannte Auffang-Servicer eingesetzt werden.[191] Zukünftig ist für die Servicer eine eigene Bewertung durch eine Ratingagentur und ein entsprechendes Ranking vorgesehen.[192]

Neben der Transmission (Clearing), also der Weiterleitung der Zahlungsströme aus (Ver-)Kauf der Creparts, Zins und Tilgung[193] sowie der Verwaltung von Orderaufträgen, Limiten u. ä. bestehen zur Implementierung des Produktes Kreditbörse noch weitere Kooperationen für die Börsenteilnehmer in einem Servicedienstleistungskonzept[194] vereint (siehe Abb. 7).[195] So sind mit den „Big Four" bereits Abstimmungen über Bilanzierungen erfolgt und durch einen „Letter of Intent" bestätigt. Eine Genehmigung durch die BaFin liegt vor und es bestehen Erfahrungen bei der erfolgreichen Einführung (einschließlich NPNM- [Neue Produkte/Neue Märkte-] Prozess) unter Einhaltung und Einbindung in den MaRisk-Prozess.[196] Weiterhin erfolgt eine Unterstützung durch die RMX AG hinsichtlich der Datenverarbeitung bei den Börsenteilnehmern.

4 Die Kreditbörse im Kontext der Kreditrisikotransferinstrumente

Als neues Instrument des Kreditrisikotransfers muss sich die Kreditbörse der RMX AG erst etablieren und ein entsprechendes Handelsvolumen aufbauen. Trotzdem lässt sich zumindest theoretisch bereits eine Analyse der möglichen Vor- und Nachteile einer Kreditbörse erarbeiten, diese an den definierten Anforderungen messen und ein Vergleich mit den bestehenden (modernen) Instrumenten des Kreditrisikotransfers schaffen.

---

[191] Vgl. § 10 V und Anhang 2 § 22 der Bedingungen für den Handel im Segment Creparts (siehe FN 160).

[192] Vgl. RMX Risk Management Exchange AG, Kreditforderungen als Börsen- und Refinanzierungsprodukt, Perspektiven durch ein koordiniertes Vorgehen von BuBank und RMX im Kontext des einheitlichen europäischen Refinanzierungsmarktes, 2007, S. 21.

[193] Vgl. § 52 ff. und Anhang 2 § 22 der Bedingungen für den Handel im Segment Creparts (siehe FN 160).

[194] Vgl. Interview I mit Herrn Dr. B. Hahlbrock, 2008.

[195] Vgl. RMX Risk Management Exchange AG, Risikosteuerungsbörse für Commodities und Kredite, 2007, S. 9.

[196] Vgl. Interview I mit Herrn Dr. B. Hahlbrock, 2008.

4.1 Möglichkeiten und Grenzen der Kreditbörse

4.1.1 Effektivität im Kreditrisikotransfer

Für den Erstverkäufer der Darlehen ergibt sich insofern ein effektiver Risikotransfer, als dass die anteiligen Risiken der Basisforderung mittels eines „True Sale" abgegeben werden und folglich zunächst keine Abhängigkeit vom Käufer besteht.[197] Durch den „True Sale" erfährt der Erstverkäufer weiterhin eine als positiv einzustufende, sofortige Entlastung des Eigenkapitals,[198] so dass ein Basisrisiko nicht entstehen kann. Dennoch ist zu bedenken, dass der Erstverkäufer mit mindestens 25 % am veräußerten Kredit beteiligt bleibt und somit ein erheblicher Risikoanteil bei ihm zu bilanzieren ist. Zudem können für den Erstverkäufer mögliche Reputationsrisiken als Folge der geplanten Qualitätsbeurteilung seiner Servicerqualität durch eine Ratingagentur entstehen, wobei sich wiederum aber auch die Chance eines positiven Aufbaus von Reputation ergeben kann.[199]

Für den Käufer ergibt sich insbesondere durch die Regularien der RMX AG ein deutlich reduziertes Kontrahentenrisiko.[200] Durch die spätere Bildung von Indizes erhofft man sich in einem nächsten Schritt, auch passgenaue Short-Positionen zur Sicherung von erworbenen Creparts den Börsenteilnehmern anbieten zu können.[201]

Mögliche Rechtsrisiken werden durch die einheitlichen Regularien und insbesondere durch die öffentlich-rechtliche Börse reduziert.[202] So wird der Käufer entsprechend den Bedingungen für den Handel im Segment Creparts Teilgläubiger gemäß § 420 BGB und hat somit Anspruch auf Zins- und Tilgungsleistungen gegenüber dem Basisforderungsschuldner, nicht jedoch gegenüber dem Crepart-Verkäufer bzw. Erstverkäufer.[203]

---

[197] Vgl. Kapitel 2.2

[198] Vgl. Brockmann, M./Hommel, U., Kredithandel über die Börse als Ausweg aus der Kreditklemme, 2007, S. 719.

[199] Vgl. RMX Risk Management Exchange AG, Kreditforderungen als Börsen- und Refinanzierungsprodukt, Perspektiven durch ein koordiniertes Vorgehen von BuBank und RMX im Kontext des einheitlichen europäischen Refinanzierungsmarktes, 2007, S. 21.

[200] Vgl. Flesch, J. R., Kredite über die Börse handeln, 2006, S. 230.

[201] Vgl. Interview II mit Herrn Dr. B. Hahlbrock, 2008.

[202] Vgl. Flesch, J. R., RMX – Innovative Börsenidee aus dem Norden, 2006 und vgl. Interview II mit Herrn Dr. B. Hahlbrock, 2008.

[203] Vgl. § 41 IV der Bedingungen für den Handel im Segment Creparts (siehe FN 160).

Operationelle Risiken sollten durch eine sorgfältig erstellte Technik der Börsenplattform reduziert werden und insbesondere Risiken durch „nicht simultane Bestätigun-
gen des Kontraktabschlusses"[204] vermieden werden.[205]

4.1.2 Neue Liquiditätsqualität bei Kreditrisiken

Vorrangiges Ziel der RMX AG ist es, einen liquiden Markt für Kreditrisiken zu
schaffen[206] und dabei zunächst insbesondere solche Risiken zu diversifizieren, welche nicht zeitnah über einen CDS ausgelagert werden können. Die Fokussierung
eines breiten Marktes auf einen Marktplatz soll dabei zur Schaffung der nötigen Liquidität führen und durch ein hohes Maß an Transparenz und Standardisierung unterstützt werden. Liquidität sei in diesem Fall nicht unbedingt mit dem auf Wertpapier-
märkten erreichten Maß durch z.B. Intradaytrading definiert, sondern eher mit einer
schnelleren als bisher erfahrenen Fungibilität im Sekundärmarkt für Kredite zu beschreiben, um z.B. zügig auf Bonitätsänderungen des Darlehensnehmers oder Stra-
tegieänderungen beim Kreditgeber reagieren zu können.[207]

Im Hinblick auf die Börsenteilnehmer ist Transparenz insoweit gewährleistet, als
dass jederzeit klare Aussagen über die Eigentumsverhältnisse hinsichtlich der Creparts sowie genaue Bewertungen der gehaltenen Risiken (in Form von PD und LGD)
durch die RMX AG erfolgen können.[208] Des Weiteren gibt die Börsenplattform für
alle Marktteilnehmer ersichtliche Preise an, so dass ein transparenter Preisstellungs-
mechanismus für die Kreditrisiken entsteht.[209]

Ermöglicht wird die nötige Transparenz durch Standardisierung der Regularien
(Börsenordnung, Bedingungen für den Handel im Segment Creparts), der Abläufe
(z.B. regelmäßige Reportingpflichten der Börsenteilnehmer) und der Risikobewertung,[210] so dass eine hohe Datenqualität gesichert wird.[211] Auch wenn die Bereitstel-

---

[204] Deutsche Bundesbank, Instrumente zum Kreditrisikotransfer: Einsatz bei deutschen Banken und Aspekte der Finanzstabilität, 2004, S. 38.
[205] Vgl. Hahlbrock, B./Jansen, D./Schmidt, C., Rückbesinnung auf alte Werte – eine öffentliche Börse als gesunde Basis für Verbriefungen, 2008, S. 7.
[206] Vgl. RMX Risk Management Exchange AG, Kredithandel über eine öffentliche Börse, Einführung in das Segment Kredithandel, 2008, S. 12.
[207] Vgl. Interview II mit Herrn Dr. B. Hahlbrock, 2008.
[208] Vgl. Hahlbrock, B./Jansen, D./Schmidt, C., Rückbesinnung auf alte Werte – eine öffentliche Börse als gesunde Basis für Verbriefungen, 2008, S. 8.
[209] Vgl. Flesch, J. R., Kredite über die Börse handeln, 2006, S. 230.
[210] Vgl. Brockmann, M./Hommel, U., Kredithandel über die Börse als Ausweg aus der Kreditklemme, 2007, S. 719.

lung sämtlicher Darlehensnehmerinformationen zu einem komplexen Auswahlprozess beim Käufer führen kann,[212] führt dies zu einer enormen Informationseffizienz. Somit kann durch die Vorlage sämtlicher Informationen die Gefahr, dass ein Käufer „die Höhe des Ausfallrisikos zu niedrig einschätzt"[213], deutlich reduziert werden.

Ebenfalls vermindert sich durch die Beteiligung des Erstverkäufers von mindestens 25 % die Gefahr von Moral Hazard.[214] Schließlich ist die durch Standardisierung erreichte relative Homogenität des Produktes[215] und die einheitliche Risikobewertung durch eine unabhängige Ratingagentur[216] im Hinblick auf die Informationseffizienz als positiv zu bewerten.

4.1.3   Kreditbörse als Wertschöpfungsinstrument

Grundlegende Frage ist, wie bei den bereits betrachteten Derivaten und Verbriefungen, ob sich das Produkt „Kreditbörse" kosteneffizient gestalten lässt und somit einen Mehrwert innerhalb der Kette von Kreditvergabe bis zum Transfer der Risiken leisten kann.

Bereits angesprochen wurde, dass die bisherigen Instrumente, insbesondere für die deutschen kleinen und mittleren Unternehmen, Kreditrisiken aufgrund hoher Informationsasymmetrien lediglich über Basket-Produkte (Derivate) oder granulare Pools (Verbriefungen) weitergegeben werden können.[217] Über die Kreditbörse wird es diesen Unternehmen nun erstmals möglich, direkt von Eigenkapitalentlastungen bei ihrer (regionalen) Hausbank durch die Weiterreichung der Kreditrisiken zu profitieren.[218]

Auf Seiten der Banken als Erstverkäufer ergeben sich durch den anteiligen Verkauf keine neuerlichen Ausfallprämien für Kontrahentenrisiken (siehe Kapitel 4.1.1) und

---

[211] Vgl. Hahlbrock, B./Jansen, D./Schmidt, C., Rückbesinnung auf alte Werte – eine öffentliche Börse als gesunde Basis für Verbriefungen, 2008, S. 8.

[212] Vgl. Hofmann, A., Verbriefung – Viele Stolpersteine auf dem Weg zur Reife, 2008, S. 4.

[213] Vgl. Franke, G., Risikomanagement mit Kreditderivaten, Stuttgart, 2005, S. 315.

[214] Vgl. Franke, G., Risikomanagement mit Kreditderivaten, Stuttgart, 2005, S. 317.

[215] Vgl. Flesch, J. R., Kredite über die Börse handeln, 2006, S. 230.

[216] Gemäß Interview II mit Herrn Dr. B. Hahlbrock, 2008 geht der Interviewpartner davon aus, dass eine reine Betrachtung des Ratings durch die Käufer aufgrund der jüngsten Erfahrungen während der „Subprime"-Krise nicht erfolgen wird.

[217] Vgl. Rudolph, B. et al., Kreditrisikotransfer, Moderne Instrumente und Methoden, Berlin, Heidelberg, New York, 2007, S. 73 ff.

[218] Vgl. Interview II mit Herrn Dr. B. Hahlbrock, 2008.

die Transaktionskosten können durch den hohen Standardisierungsgrad der Börsen-Regularien sowie die elektronische Börsenplattform (bei entsprechenden Volumina) gesenkt werden.[219] Der anteilige „True Sale" führt weiterhin zu einer sofortigen Ent-lastung der Eigenkapitalkosten[220] und es ist den Banken möglich, ihr kalkuliertes, op-timales Risiko im Kreditportfolio beim Verkauf von Krediten beizubehalten, da um-gehend der Zukauf eines anderen Darlehens der gleichen Risikoklasse möglich ist. Somit kann eine Portfoliodiversifikation bei identischem Risiko erfolgen[221] und den-noch eine Reduzierung der Insolvenzkosten durch eine verringerte Korrelation der Kreditrisiken untereinander erreicht werden.[222]

Seitens der investierenden bzw. kaufenden Banken ergeben sich durch die umfas-sende Informationsbereitstellung (PD, LGD, Rating, fundamentale Informationen zur Basisforderung) reduzierte Kosten für die Informationsbeschaffung und es ist da-von auszugehen, dass geringere Prämien für Adverse Selection- und Moral Hazard-Phänomene verlangt werden können.

Ebenfalls lassen sich im Rahmen von bestehenden Transferinstrumenten Werte durch die Kreditbörse generieren. So ist es bei Verbriefungstransaktionen möglich, granulare Portfolien mit unterschiedlichen Originatoren zu konstruieren,[223] was bis-her eher nur über CDO-Strukturen möglich gewesen ist. Ebenfalls können durch die Möglichkeit der Begrenzung des Börsenteilnehmerkreises je Basisforderung (Pref-ferred-Trade Handel[224]) Syndizierungen effizienter abgeschlossen werden.[225]

4.2   Abgleich der Kreditbörse mit bestehenden Instrumenten des Kreditrisikotransfers

Im Gegensatz zu den bestehenden modernen Instrumenten des Kreditrisikotransfers weist die vorgestellte Form des Transfers über eine Börse deutliche Unterschiede im Rahmen der Effektivität auf. So kann im Vergleich zu einem CDS zwar nicht das ge-

---

[219] Vgl. Flesch, J. R., Kredite über die Börse handeln, 2006, S. 230 und vgl. Litten, R./Reinin-ger N., Der Kredithandel der RMX geht an den Start, 2008.

[220] Vgl. Brockmann, M./Hommel, U., Kredithandel über die Börse als Ausweg aus der Kredit-klemme, 2007, S. 719.

[221] Vgl. Interview II mit Herrn Dr. B. Hahlbrock, 2008.

[222] Vgl. Kapitel 2.1 Punkt Kosteneffizienz.

[223] Vgl. Interview II mit Herrn Dr. B. Hahlbrock, 2008.

[224] Vgl. § 26 ff. der Bedingungen für den Handel im Segment Creparts (siehe FN 160).

[225] Vgl. Hahlbrock, B./Jansen, D./Schmidt, C., Rückbesinnung auf alte Werte – eine öffent-liche Börse als gesunde Basis für Verbriefungen, 2008, S. 7.

samte Risiko für einen Kredit weitergereicht werden. Es besteht jedoch insbesondere durch das reduzierte Kontrahentenrisiko[226] (sowohl auf Seiten des Verkäufers als auch auf Seiten des Käufers) eine deutliche Risikominimierung. Gleichzeitig lassen sich Prämienforderungen von Seiten der Käufer für Adverse Selection oder Moral Hazard, wie sie bei einer kompletten Risikoübertragung anfallen könnten, reduzieren.[227] Bei Verbriefungen erfolgt oftmals ein überproportionaler Einbehalt von Kreditrisiken im Vergleich zum Nominalbetrag im Portfolio der Bank,[228] wohingegen im Zuge des „True Sale" über die Börse bis zu Dreiviertel dieser Risiken eines Kredites übertragen werden können.

Aus Sicht der Liquidität scheint insbesondere die Konzentration auf wenige Marktteilnehmer[229] sowie die aktuelle Liquiditätskrise im Verbriefungsmarkt gegen diese Instrumente zu sprechen. Dass eine Kreditbörse einen Beitrag zu einem liquiden Kreditrisikomarkt leisten kann[230], wurde bereits gezeigt. So bleibt zwar vor allem auf der Käuferseite die Gefahr, dass es zu einer Konzentration von Großbanken kommt, die im Anschluss die gekauften Creparts über Verbriefungen weiterreichen. Es wird jedoch damit gerechnet, dass die als primäre Zielgruppe angesehenen Regional- und Spezialbanken ihre Erlöse aus verkauften Darlehen zur Diversifikation wieder in andere Creparts anlegen und folglich auch in erheblichem Volumen kaufen werden. Weiterhin wird von einem nur geringen Informationsvorsprung von Großbanken im Kreditgeschäft von kleinen und mittelständischen Unternehmen ausgegangen.[231] Es bleibt jedoch abzuwarten, ob das Produkt der Kreditbörse vom Markt angenommen und somit der Aufbau von Liquidität ermöglicht wird.

Hinsichtlich der Standardisierung weist die Kreditbörse zumindest gegenüber den eher wenig standardisierten Kreditverbriefungen einen Vorsprung auf, da die CDS durch die einheitlichen Regularien der ISDA (zumindest für den begrenzten Bereich an bekannten Kreditnehmern) in diesem Bereich bereits recht gut aufgestellt sind. Dahingegen kann die Kreditbörse im Rahmen der Transparenz einen enormen Mehrwert schaffen. Während bei Derivaten und Verbriefungen bereits 2004 eine größere Transparenz hinsichtlich der durch einzelne Marktteilnehmer übernommenen Ri-

---

[226] Vgl. Kapitel 2.3.1.3.
[227] Vgl. Franke, G., Risikomanagement mit Kreditderivaten, Stuttgart, 2005, S. 315.
[228] Vgl. Kapitel 2.3.2.3 und vgl. Rudolph, B., Kreditrisikotransfer-Abbau alter gegen Aufbau neuer Risiken?, 2007, S. 8.
[229] Vgl. Kapitel 2.3.1.3.
[230] Vgl. Brockmann, M./Hommel, U., Kredithandel über die Börse als Ausweg aus der Kreditklemme, 2007, S. 719.
[231] Vgl. Interview II mit Herrn Dr. B. Hahlbrock, 2008.

siken gewünscht wurde,[232] kann die Kreditbörse, wie in Kapitel 4.1.2 dargestellt, hier einen deutlichen Vorteil aufweisen. Insbesondere die Preisstellung an einer öffentlichen Börse wird zu adäquateren Preisen führen, als dies über doch relativ intransparente OTC-Märkte möglich ist.[233] Letztendlich ermöglichen zwar die transparenten und standardisierten Informationen über die zugrunde liegenden Basisforderungen bei der Kreditbörse zumindest für nicht-öffentliche Unternehmen deutlich genauere Kenntnisse der Darlehensnehmer, für Investoren, die auf ein granulares Investment setzen, bleibt jedoch noch Entwicklungspotenzial.[234]

5 Abschließende Betrachtung

Einleitend wurde erwähnt, dass die Bestimmung und Verteilung von Kreditrisiken in den vergangenen Jahren deutlich an Bedeutung gewonnen hat. Für die Messung von Kreditrisiken ist es insbesondere notwendig, dass es sich hierbei um wirkliche Risiken und folglich um Entscheidungen handelt, deren Ergebnis eine Eintrittswahrscheinlichkeit zuzuordnen ist.

Sofern diese Anforderung erfüllt ist, kann im Rahmen eines Kreditrisikomanagements eine Bestimmung der Risiken durch Kreditportfoliomodelle erfolgen. Dabei stellt besonders die Bestimmung des unerwarteten Verlustes anhand des Credit Value-at-Risk als Basis des vorzuhaltenden (teuren) Eigenkapitals eine Herausforderung dar. Durch Anwendung der aus der Portfoliotheorie bekannten Diversifikationseffekte kann jedoch im Rahmen eines aktiven Kreditportfoliomanagements eine Reduzierung dieses „Unexpected Loss"[235] erfolgen und es ist eine Reduzierung des vorzuhaltenden Eigenkapitals je Kreditgeschäft möglich.

Für ein aktives Kreditportfoliomanagement ist auch im Hinblick auf die Anwendung der Portfoliotheorie für Kredite und ihre Adressausfallrisiken ein möglichst schneller, kostengünstiger und transparenter Risikotransfer nötig, um die Annäherung an

---

[232] Vgl. Deutsche Bundesbank, Instrumente zum Kreditrisikotransfer: Einsatz bei deutschen Banken und Aspekte der Finanzstabilität, 2004, S. 45.

[233] Vgl. Brockmann, M./Hommel, U., Kredithandel über die Börse als Ausweg aus der Kreditklemme, 2007, S. 719 und vgl. Flesch, J. R., Kredite über die Börse handeln, 2006, S. 230.

[234] Eine Ausdehnung auf den Handel von Kreditpools ist zumindest geplant, vgl. RMX Risk Management Exchange AG, Kredithandel über eine öffentliche Börse, Einführung in das Segment Kredithandel, 2008, S. 9.

[235] Schierenbeck, H., Ertragsorientiertes Bankmanagement, Band 2: Risiko-Controlling und integrierte Rendite-/Risikosteuerung, Wiesbaden, 2003, S. 207.

einen „vollkommenen" Markt für Kreditrisiken zu erreichen.[236] Dabei lassen die traditionellen Instrumente des Kreditrisikotransfers wie der Kreditverkauf nur ein sehr begrenztes aktives Management zu und zielen eher auf eine „buy and hold"-Politik ab.[237]

Einen wertvollen Beitrag können hingegen die „modernen" Transferinstrumente (Derivate und Verbriefungen) leisten. Mit Kreditderivaten ist, zumindest für öffentliche und mit einem Rating versehene Unternehmen, eine relativ schnelle Übertragung des Kreditrisikos möglich. Auch die Darlehen an kleine und mittlere Unternehmen lassen sich im Rahmen von Verbriefungen transferieren. Zudem ist die Risikoübertragung von Retail-Krediten durch Bündelung in einem Pool möglich.

Neben den Schwächen des Transfers durch Kreditderivate und Verbriefungen,[238] die sich insbesondere in der Finanzkrise seit dem Sommer 2007 aufgezeigt haben, ist es für die deutschen kleinen und mittleren Bankinstitute mit ihren oftmals mittelständisch geprägten und auf Hausbankbeziehungen beruhenden Kreditkunden schwierig, kurzfristig und effizient ihr Kreditportfolio zu steuern.

Das im Rahmen dieser Arbeit vorgestellte Projekt einer „Kreditbörse" könnte dabei einen Mehrwert im Handel von Kreditrisiken dieser Kreditklientel schaffen und den betroffenen Kreditinstituten eine neue Möglichkeit der Kreditportfoliooptimierung bieten. Dabei würde die Kreditbörse neben dem Kreditrisikotransfer auch die Realisierung von Marktwertsteigerungen fördern und einen Beitrag zur Entwicklung von Kreditrisiken zu einer symmetrischen Rendite-Risiko-Struktur, wie sie bei Marktrisiken vorhanden ist, leisten. Den Anforderungen nach mehr Transparenz und Standardisierung und einer klaren Verteilung der Kreditrisiken[239] kann die Kreditbörse durch ihre „öffentlich-rechtliche" Konstruktion sowie ihren klaren Regularien in Form von Börsenordnung und Handelsbedingungen nachkommen und somit auch bei der Strukturierung anderer Kreditrisikotransferinstrumente (Verbriefungen)[240] helfen.

---

[236] Rudolph, B., Kreditrisikotransfer-Abbau alter gegen Aufbau neuer Risiken?, 2007, S. 3f.

[237] Rudolph, B. et al., Kreditrisikotransfer, Moderne Instrumente und Methoden, Berlin, Heidelberg, New York, 2007, S. 21.

[238] Siehe Kapitel 2.3.1.3, 2.3.2.3 und 2.4.2.

[239] Vgl. Deutsche Bundesbank, Finanzstabilitätsbericht 2007, S. 13 ff.

[240] Vgl. Brockmann, M./Hommel, U., Kredithandel über die Börse als Ausweg aus der Kreditklemme, 2007, S. 720.

Als Ergebnis ist festzuhalten, dass eine Kreditbörse ein ergänzendes Instrument im Markt des Kreditrisikotransfers sein kann, wobei für die Etablierung des Transferinstrumentes Kreditbörse die Schaffung eines liquiden Marktes, wie er zumindest teilweise für Kreditderivate und Verbriefungen bis zum Sommer 2007 bereits erreicht werden konnte, zwingend erforderlich ist.

Seller's liability for representations, warranties and indemnities subject to Share Purchase Agreements under English law from a German perspective

Diplom-Wirtschaftsjuristin (FH) Julia Topor, LL.M.

1 Introduction

This Master Thesis intends to give an overview over the main elements of the seller's liability subject to share purchase agreements under English law, meaning representations, warranties and indemnities, their purpose and their legal consequences. Although conditions and intermediate terms are not mentioned in the heading of this work, it also explains their meaning to provide a better understanding in particular of warranties. This overview is given from a German law perspective and is targeted at readers who are practitioners experienced with share purchase agreements having knowledge of the German law but who have not analysed the legally conceptual differences between such agreements under German and English law, yet. Due to the absence of a special statute covering company acquisitions according to German law the general provisions on the purchase are applicable.

2 English law

In the common law principally the purchaser bears the risk that the Target is defective (See Merkt, H. (1995), pp. 1041, 1042). Under English law the legal principle of caveat emptor, let the buyer beware, applies on share sales. Since the purchaser of a Target has almost no statutory protection (See Thorne, J. (Editor) et al (2007), para. 5.127) he seeks to obtain protection under the share purchase agreement.

2.1 Pre-contractual statements „representations"

A misrepresentation is a misleading statement which induces a party to enter into an agreement. It is a claim in tort other than a contractual claim. Since the Misrepresentation Act of 1967 is in force „misrepresentation" can be made in advance of an agreement as pre-contractual statement or as a contractual term in the agreement (See Beale, H. G. (2004), para. 6-002).

2.1.1 Requirements of misrepresentation

2.1.1.1 Statements

A misrepresentation is a representation which is false. Only misrepresentations which are statements of existing facts or which are statements of law give any rights

to the representee (See Peel, E. (2007), para. 9-001-9-002). Mere puffs are too impre-
cise as to be a representation (See Peel, E. (2007), para. 9-003). A statement of opinion which is not based on specific information is not a representation. If a person who
states an opinion has special information about the facts, pretends to have special information (See Peel, E. (2007), para. 9-004) or does not control the facts his opinion
refers to but would be able to do so without difficulty his opinion would be a representation (See Brown v Raphael [1958] Ch. 636). Statements as to the future mostly
are no representations except for the case the other party reasonably relied on such
statement subject to the special situation; regularly the other party should know that
he should not rely on the statement as to the future and should base his decision to
enter into the agreement on his own opinion (See Beale, H. G. (2004), para. 6-010).
The decisions Kleinwort Benson Ltd v Lincoln City Council ([1999] 2 A.C. 349; see
also Brennen v Bolt Burden [2005] Q.B. 303, CA; Deutsche Morgan Grenfell Group
v Inland Revenue [2006] UKHL 49, [2006] 3 W.L.R. 781) and Pankhania v Hackney
LBC ([2002] EWHC 2442 (Ch) at [57]) overruled the former legal principle that
statements of law could not be a misrepresentation. Since then, also statements of law
can entitle the representee under a misrepresentation. The same principles as to the
classification whether a statement of opinion or fact is given apply to the determination of statements of law (See Peel, E. (2007), para. 9-010 and Beale, H. G. (2004),
para. 6-011).

2.1.1.2 Inducement

The person requesting relief has to give evidence that he is a representee, meaning
that the person shows that the intention was that this person was induced to act on the
representation. Thus the representation was aimed at him or at the class of persons he
belongs to or was aimed to be forwarded to him (See Beale, H. G. (2004), para. 6-
027).

The representor has the onus of proof to demonstrate that the other party or the agent
of the other party knew the truth and thus the other party could not be deceived by
the misrepresentation (See Vigers v Pike (1842) 8 Cl. & F. 562, 650). It is not necessary that the misrepresentation was the only inducement to enter into the agreement
(See Western Bank of Scotland v Addie (1867) L.R. 1 Sc. & Div. 145, 158; Geest plc
v Fyffes plc [1999] 1 All E.R. (Comm) 672). If the representee was not induced by
the misrepresentation as he knew the incorrectness of the statement (See Cooper v
Tamms [1988] 1 E.G.L.R. 257), he was unaware of the statement (See Horsfall v
Thomas (1982) 1 H. & C. 90) or he decided independently of the misrepresentation

(See Smith v Chadwick (1884) 9 App.Cas. 187; Jennings v Broughton (1853) 5 De G.M. & G. 126), he has no remedy. However, if he could have discovered that the representation was untrue by applying reasonable care, but did not discover the incorrectness, the representor remains liable due to the misrepresentation (See Dyer v Hargrave (1805) 10 Ves. 505; Dobell v Stevens (1825) 3 B. & C. 623; Reynell v Sprye (1852) 1 De G.M. & G. 660; Redgrave v Hurd (1881) 20 Ch.D. 1; Laurence v Lexcourt Holdings Ltd [1977] 1 W.L.R. 1128). But it would be sufficient to demonstrate that the agent of the other party was deliberately informed about the facts by the representor (See Strover v Harrington [1988] Ch. 390). In case the representor proves that the representee had concluded the agreement in any event the representee would not be entitled to repudiate the agreement (See Beale, H. G. (General Editor) et al. (2004), para. 6-034) except in case the misrepresentation was made fraudulently (See Re Leeds Bank (1887) 56 L.J.Ch. 321).

2.1.1.3 Materiality

A misrepresentation has to be material to give the representee relief (See Peel, E. (2007), para. 9-013, 9-016). A misrepresentation is material if it influences the sense of a reasonable man in deciding whether – or on what terms – to conclude an agreement (See Trail v Baring (1846) 4 D.J. & S. 318 at 326; Dimmock v Hallett (1866) L.R. 2 Ch. App. 21 at 29, 30). The conflicting opinion in the literature states that the materiality is not an extra legal requirement but a question whether the representor or representee bears the onus of proof. In case a reasonable person's mind had been influenced the burden of proof that the contrary is the case is borne by the representor. In case the misrepresentation is not material, the representee bears the onus of proof to show that he was actually induced by it although it would not have induced a reasonable person to conclude the agreement. The successful proof leads to entitlement to remedies. Thus, this opinion considers materiality as to be part of the legal requirement inducement (See Beale, H. G. (General Editor) et al. (2004), para. 6-036 with reference to Museprime Properties Ltd. v Adhill Properties Ltd [1990] 2 E.G.L.R. 196). Another opinion stating materiality as a separate legal requirement mentions two situations in which materiality does not need to be proved: Materiality is not required in case the misrepresentation was made fraudulently (See Smith v Kay (1859) 7 H.L.C. 750) and in case the representation becomes a term of the agreement determined as material term (See Andersen v Fitzgerald (1853) 4 H.L.C. 484; London Assurance v Mansel (1879) 11 Ch. D. 363, 368). If the misrepresentation is a contractual term, beside the liability subject to tort the representor can also be liable subject breach of contract (see below 2.2.1.4.).

2.1.1.4 Unambiguity

The misrepresentation must be unambiguous (See Smith v Chadwick (1884) 9 App.Cas. 187). In case the representation is ambiguous, the representor can only be liable provided his aim was the representation to be understood false. If the representee understands the statement in a different way as the representee which is incorrect, but the representor believes in the correctness of the statement as he understands it, the representee does not act fraudulently (See Akerhielm v De Mare [1959] A.C. 789).

2.1.1.5 Non-disclosure

Under the English law before the consummation of the agreement no general duty of disclosure of material facts exist (See Ward v Hobbs (1878) 4 App.Cas. 13, p. 26; Clarion Ltd. v National Provident Institution [2000] 1 W.L.R. 1888 p. 1905). Thus, non-disclosure regularly cannot be a misrepresentation. Even „the failure to disclose a material fact which might affect the mind of a prudent contractor does not give the right to avoid the contract." (Bell v Lever Brothers Ltd [1932] A.C. 161, 227 per Lord Atkin) „The justification for [this] common law rule is said to be the need to give people an incentive to invest in the acquisition of skill and knowledge and consequently to allow ´good deals` to the more intelligent or the hard-working" (Beatson, J. (2002), p. 263). A duty of disclosure can exist subject to statute, e.g. under the Financial Services and Markets Act 2000 persons who apply for an official listing of securities on the stock exchange or persons issuing a prospectus inviting subscribers, or in case of contracts uberrimae fidei (meaning „utmost good faith" (Marine Insurance Act 1906, S. 17)), e.g. contracts of insurance, relevant for relationships of trust and confidence or dependence. Share purchase agreements are not relationships of that kind. Seller and purchaser have a pure arms length relationship. However, a misrepresentation can also be the partial or incomplete disclosure of facts (See Dimmock v Hallett (1866-67) L.R. 2 Ch. App. 21; Curtis v Chemical Cleaning and Dyeing Co Ltd. [1951] 1 K.B. 805). Further a statement which originally was true can become false before the conclusion of the agreement. In case the representor has knowledge of such change, he has to inform the representee prior to entering into the agreement to avoid a misrepresentation (See With v Flanagan [1936] 1 All ER 727). In case the representor did not know that his statement was false but later – before the agreement is concluded – gets knowledge of the fact that the statement is false, his originally innocent misrepresentation turns into a fraudulent misrepresentation unless he informs the representee about the incorrectness of the statement (See Davies v London Provincial Marine Insurance Co (1878) 8 Ch.D. 469).

2.1.2 Categories of misrepresentation and remedies

Upon one decision of the House of Lords (Hedley Byrne & Co Ltd v Heller and Partners Ltd [1964] A.C. 465) in the year 1963 and the coming into force of the Misrepresentation Act of 1967 there are three types of misrepresentation: negligent, fraudulent and innocent misrepresentation.

Basically in case of misrepresentation two remedies are available for the representee contingent on the type of misrepresentation: damages and/or rescission.

If the misrepresentation became a term of the agreement, the representor's liability subject to tort is not excluded although the misrepresentation is incorporated into the agreement. The Misrepresentation Act 1967, S. 1 expressly determines that the representee has free choice of claims: „Where a person has entered into a contract after a misrepresentation has been made to him, and – (a) the misrepresentation has become a term of the contract; or (b) the contract has been performed; or both, then, if otherwise he would be entitled to rescind the contract without alleging fraud, he shall be so entitled, subject to the provisions of this Act, notwithstanding the matters mentioned in paragraphs (a) and (b) of this section."

2.1.2.1 Fraudulent misrepresentation

Fraudulent misrepresentation is a tortious act and leads to liability under common law.

Fraud

In the case Derry v Peek ((1889) 14 App.Cas. 337) Lord Herschell defined fraud as follows: „Fraud is proved when it is shewn that a false representation has been made (1) knowingly, or (2) without belief in its truth, or (3) recklessly, careless whether it be true or false. Although I have treated the second and third as distinct cases, I think the third is but an instance of the second, for one who makes a statement under such circumstances can have no real belief in the truth of what he states." If the representor is aware of the fact that his statement could be false, without examining the correctness or without knowing that the correctness cannot be examined, the representor acts fraudulently (See Reese Silver Mining Co v Smith (1869) L.R. 4 H.L. 64, 79-80 per Lord Cairns; Derry v Peek (1889) 14 App.Cas. 337, 376 per Lord Herschell). If a representation is based on the representor's knowledge that the statement is not definitely correct but the representor excessively believes that the lack of correctness is only „in the bag [or that it is] a mere formality" (Grubb, A. (Series editor)/Furmston, M. (General editor) (2007), para. 4.61) this does not amount to fraud.

Remedies

Fraudulent misrepresentation entitles the representee to rescind the agreement and to recover damages.

Damages in tort entitle the representee to be put into the position which he would have had if there had not been the representation, meaning he had not contracted at all. He is not entitled to the loss of bargain though (See Peel, E. (2007), para. 9-056). The representee is entitled to all direct losses due to the fraud including without limitation the direct losses which were reasonably not foreseeable (See Doyle v Olby (Ironmongers) Ltd [1969] 2 Q.B. 158, 167 per Lord Denning M.R.; East v Maurer [1991] 1 W.L.R. 461; Smith New Court Securities Ltd v Scrimgeours Vickers Ltd [1997] A.C. 254, 267, 279), the lost profit opportunity of alternative deals (See East v Maurer [1991] 1 W.L.R. 461; Clef Aquitaine Sarl v Laporte Materials (Barrow) Ltd [2001] Q.B. 488) and futile expenditures made in trusting on the agreement (See Beale, H. G. (2004), para. 6-049). „In case of share purchase agreements basically this is the difference between the price paid for the shares and their value at the time of the tort" (Thorne, J. (Editor) et al (2007), para. 5.137). The mislead representee is only obliged to mitigate the losses upon discovering the fraud (See Smith New Court Securities Ltd v Scrimgeours Vickers Ltd [1997] A.C. 254, 266) but the onus of proof that the representee did not mitigate the losses bears the representor (See Standard Chartered Bank v Pakistan National Shipping Corporation and others [2001] 1 All E.R. (Comm.) 822). Generally the „date of transaction" (Smith New Court Securities Ltd v Scrimgeours Vickers Ltd [1997] A.C. 254 at 267, 283, 284) rule applies, meaning the damages amount to the difference between the price and the actual value of the object at the time of its acquisition (See McConnel v Wright [1903] 1 Ch. 546). This rule is based on the assumption that a later reduction of value of the object is not attributable to the misrepresentor or the representee did not reasonably mitigate such further loss (See Peel, E. (2007), para. 9-064) and according to case law this rule is not applicable in the following situations: (a) the representee is „locked into" (Smith New Court Securities Ltd v Scrimgeours Vickers Ltd [1997] A.C. 254, 267; Standard

Chartered Bank v Pakistan National Shipping Corporation and others [2001] 1 All E.R. (Comm) 822 at [37]) the acquisition due to the fraud; (b) the value decreases before the representee becomes aware of the incorrectness of the misrepresentation and thereby the representee is acted to hold the object (See Man Nutzfahrzeuge AG v Freightliner Ltd [2005] EWHC 2347; Smith New Court Securities Ltd v Scrimgeours Vickers Ltd [1997] A.C. 254, 267). In such exceptional situations the damages amount to the difference between the purchase price and the sales revenue (See Smith New Court Securities Ltd v Scrimgeours Vickers Ltd [1997] A.C. 254) or the sales revenue which the representee would have obtained if he reasonably had sold the object before (See Downs v Chappell [1997] 1 W.L.R. 426). Contributory negligence of the purchaser is no defence for the seller (See Standard Chartered Bank v Pakistan National Shipping Corporation and others [2001] 1 All E.R. (Comm.) 822).

Subject to the case law there has no definitive rule established yet whether in case of fraudulent misrepresentation the representee is entitled to exemplary damages, which are damages exceeding the actually suffered damages (See Beale, H. G. (2004), para. 6-062 with references to case law). However, the right for exemplary damages is excluded if due to this fraud the misrepresentor has already been sentenced and jailed (See Archer v Brown [1985] Q.B. 401).

2.1.2.2 Negligent misrepresentation

A negligent misrepresentation can be subject to common law or subject to statute – even concurrently (See Henderson v Merrett Syndicates Ltd [1995] 2 A.C. 145).

Common law

Under common law a misrepresentation can only be negligent provided the representor is under a duty of care towards the representee. According to the case Derry v Peek ((1889) 14 App.Cas. 337) the duty of care concerning statements could solely emerge from an agreement. This restrictive opinion was overruled by two cases. The Nocton v Ashburton case ([1914] A.C. 932) stated that origin of such duty can also be a fiduciary relationship. The Hedley Byrne & Co Ltd v Heller and Partners Ltd case ([1964] A.C. 465) ruled that a lot of „special relationships" can lead to such a duty of care. Such special relationship can arise if the representor was aware or should reasonably have been aware that the representee was probably to be induced by his representation (See Beale, H. G. (2004), para. 6-080). Generally it can also arise in case the parties cancel their negotiations and do not conclude an agreement

(See Box v Midland Bank Ltd [1979] 2 Lloyd's Rep. 391, on appeal (only concerning costs) [1981] 1 Lloyd's Rep. 434). A disclaimer of the representor towards the representee could prevent the accrual of the duty of care provided the disclaimer is reasonable under SS. 2 (2), 11 (5) and 13 Unfair Contract Terms Act 1977. However, the representor cannot trust on the disclaimer in case he is aware that the representee is likely to act on the representation despite the disclaimer (See Smith v Eric S. Bush [1990] 1 A.C. 831, 852, 865). The representee bears the onus of proof that the representor acted negligently (See Beatson, J. (2002), p. 247).

Identical to fraudulent misrepresentation, the representee who entered into an agreement due to a negligent misrepresentation has the right to rescind (See Beatson, J. (2002), p. 247). Since the case Hedley Byrne & Co Ltd v Heller and Partners Ltd ([1964] A.C. 465) damages are also available due to negligent misrepresentation in tort. Such damages are measured similar to the damages for fraudulent misrepresentation in tort (See Beale, H. G. (2004), para. 6-088 and Peel, E. (2007), para. 9-066) with the exception that only reasonably foreseeable losses are recoverable and damages may be reduced to the extent they are due to the claimant's contributory negligence (See Gran Gelato Ltd v Richcliff (Group) Ltd [1992] Ch. 560).

Misrepresentation Act 1967

Under the Misrepresentation Act 1967 the representee may claim rescission as well as damages (E.g. in F. & H. Entertainments Ltd v Leisure Enterprises Ltd (1976) 120 S.J. 331 both remedies were allowed). Subject to the wording of S. 2 (1) Misrepresentation Act 1967 the measure of damages subject to a negligent misrepresentation is the same as in case of fraud. This was confirmed by the Court of Appeal in Royscot Trust Ltd v Rogerson ([1991] 2 Q.B. 297). In subsequent statements concerning this question the House of Lords carefully omitted to confirm this opinion (See Smith New Court Securities Ltd v Scrimgeours Vickers Ltd [1997] A.C. 254, 283, 267; South Australia Asset Management Corp v York Montague Ltd [1997] A.C. 191, 216). One judgement held that damages under this Section may be reduced under the Law Reform (Contributory Negligence) Act 1945 if to some extent the loss is due to the fault of the representee (See Gran Gelato Ltd v Richcliff (Group) Ltd [1992] Ch. 560, 574).

The three main differences between claims subject to misrepresentation under common law and S. 2 Misrepresentation Act 1967 is (a) that the latter requires that the representee has entered into an agreement subsequently to the misrepresentation, (b) that the representor and representee are both parties to such agreement and (c) that no special relationship between the parties and no duty of care of the representor towards the representee is required (See Beale, H. G. (2004), para. 6-067). However, the general rules of agency remain applicable, meaning that statements of an agent of a party to the agreement are attributable to such party (See Gosling v Anderson [1972] C.L.Y. 492). S. 2 (1) Misrepresentation Act 1967 lays the unconditional obligation on the representee not to make false statements „unless he proves that he had reasonable ground to believe and did believe up to time the contract was made the facts represented were true" (S. 2 (1) Misrepresentation Act 1967). In contrast to negligence under common law the representor bears the onus of proof that he did not act negligently in terms of the statute (See Beatson, J. (2002), p. 249).

S. 2 (1) Misrepresentation Act 1967 does not lead to a liability for non-disclosure even if essential facts have not been disclosed (See Banque Keyser Ullman SA v Skandia (UK) Insurance Co Ltd [1990] 1 Q.B. 665, 787-789, approved by the House of Loards [1991] 2 A.C. 249, 268, 280, 181).

In case of negligent misrepresentation the representee's right for rescission depends on the judicial discretion under S. 2 (2) Misrepresentation Act 1967. The court may decide to refuse the representor's right for rescission and to allow damages in lieu of rescission except in case of fraud. In doing so the court has to take into consideration the nature of the misrepresentation – negligence or innocence –, the potential loss due to the subsisting agreement and the potential loss of the representor in case of rescission. Thus, possibly such damages permitted are below damages which would have been allowed in case of fraudulent misrepresentation but this is dependent on the discretion of the court (See Beale, H. G. (2004), para. 6-097). If a party aims the application of S. 2 (2) Misrepresentation Act 1967 he has to convince the court accordingly (See Beale, H. G. (2004), para. 6-101). Damages under that Section will probably not be awarded if the right to rescind has been lost due to the bars to rescission (mentioned under 2.1.2.4.) and therefore rescission is no alternative for the court (See Government of Zansibar v British Aerospace (Lancaster House) Ltd 2000 1 W.L.R. 2333. Contrasting decision e. g. Thomas Witter Ltd v TBP Industries Ltd [1996] 2 All E.R. 573, 574, 590).

2.1.2.3   Innocent misrepresentation

Innocent misrepresentation means misrepresentation which is neither negligent nor fraudulent.

No right to damages

Prior to the commencement of the Misrepresentation Act 1967 innocent misrepresentation did not entitle the representee to damages but only to rescission. Under S. 2 (2) Misrepresentation Act 1967 damages in lieu of rescission are also available in case of innocent misrepresentation but the representee has no right to damages beside rescission (See Beatson, J. (2002), p. 251; Beale, H. G. (2004), para. 6-095) or beside an indemnity arising out of rescission (See Beatson, J. (2002), p. 259).

Indemnity

If the representee rescinds the agreement he has to be put into the position he had occupied before entering into the agreement. Thus he is entitled to the restoration of all performances and redemption of burdens which have been transferred or caused by the agreement. This leads to the obligation of the representor to indemnify the representee against all liabilities which arose or will arise out of the agreement (See Beale, H. G. (2004), para. 6-118; Beatson, J. (2002), p. 252). In the case Newbigging v Adam ((1886) 34 Ch. D. 582) it was stated that the representee is entitled to an indemnity against all obligations resulting from the agreement which were necessarily and reasonably expectable by the contractual parties at the time they entered into the agreement (See Newbigging v Adam (1886) 34 Ch. D. 582, per Fry L.J. at 596 and per Cotton L.J. at 589). As this meant that the representee was entitled to an indemnity equal to damages, Bowen L.J. interpreted the scope of indemnity more restrictively as follows: the representee „is not to be replaced in exactly the same position in all respects, otherwise he would be entitled to recover damages, but he is to be replaced in his position so far as regards the rights and obligations which have been created by the contract into which he has been induced to enter (Newbigging v Adam (1886) 34 Ch. D. 582, 593)." This narrower interpretation of indemnity was applied in the case Whitting v Seale-Hayne ((1990) 82 L.T. 49) in which the representee was only entitled to recover losses necessarily incurred from the agreement.

2.1.2.4 Rescission

The right for rescission means that the mislead representee may choose between the affirmation of the agreement and the treatment of the agreement as void (See Beatson, J. (2002), p. 253) ab initio (See Johnson v Agnew [1980] A.C. 367).

Rescission leads to setting the agreement aside for all purposes, meaning to restore as far as possible the situation as to the status prior to the agreement (See Peel, E. (2007), para. 9-079). It is a „giving back and a taking back on both sides." (See Newbigging v Adam (1886) 34 Ch. D. 582, 595 per Bowen LJ, CA.)

The right for rescission can be barred in certain situations due to the following reasons: (a) affirmation of the agreement – whether by express explanation or by conduct - by the representee after he perceives the misrepresentation (See Long v Lloyd [1958] 1 W.L.R. 753. Examples for lit (a) are that a shareholder who bought shares continues to run the business the shares belong to (see Seddon v North Eastern Salt Co [1905] 1 Ch. 326) or attempts to sell the shares (see Hop and Malt Exchange and Warehouse Co Ex p. Briggs, Re (1866) L.R. 1 Eq. 483)); (b) considerable lapse of time after becoming aware of the misrepresentation (See Allen v Robles [1969] 1 W.L.R. 1193) (the discovery of the misrepresentation is not required in case of innocent misrepresentation – the considerable lapse of time is sufficient) (See Leaf v International Galleries [1959] 2 K.B. 86); (c) a third party bona fide acquired rights in the subject-matter of the agreement (See White v Garden (1851) 10 C.B. 919; Babcock v Lawson (1880) 5 Q.B.D. 284) and paid consideration (See Scholefield v Templer (1859) 4 De G. & J. 429, 433, 434); and (d) impossibility to restore the parties into their state prior to the agreement (See Clarke v Dickson (1858) E.B. & E. 148, per Crompton J. at 154) or a comparable state (The courts have not defined any strict rules of the limitation according to lit. (d), yet. It is not sufficient that the subject matter of the agreement, e.g. the company, becomes worthless prior to perceiving the misrepresentation by the representee (see Armstrong v Jackson [1917] 2 K.B. 822; Lagunas Nitrate Co. v Lagunas Syndicate [1899] 2 Ch. 392; Adam v Newbigging (1888) 13 App.Cas. 308).

Since commencement of the Misrepresentation Act 1967 under S. 1 of that Act the right to rescind survives in case „(a) the misrepresentation has become a term of the contract; or (b) the contract has performed" irrespective of the nature of misrepresentation (In case of fraudulent misrepresentation rescission was already possible in such circumstances prior to commencement of the Misrepresentation Act 1967 (see Peel, E. (2007), para. 9-092, fn. 439). The right to rescind the agreement according to S. 1 (a) Misrepresentation Act 1967 can exist in parallel to the representee's right to terminate the agreement subject to a breach of the representation which is a term of the agreement (See Beale, H. G. (2004), para. 6-103). It is questionable whether damages for breach of contract are still available in case the purchaser rescinds the agreement due to the argument that rescission for misrepresentation nullifies the total agreement including all outstanding duties and any right to claim for damages for breach of the agreement (See Peel, E. (2007), para. 9-089 and Beatson, J. (2002), p. 260). In case of lit (b) the court will apply S. 2 (2) Misrepresentation Act 1967 with a higher probability as it would before execution of the agreement. However, the bars to rescission mentioned in the paragraph above remain unaffected (See Beatson, J. (2002), p. 260).

In case of share purchase agreements rescission is rarely possible. Regularly the purchaser affirms the agreement after detecting the misrepresentation by pursuing the business of the Target or after completion of the share purchase agreement it is impossible to restore the parties into their state prior to the agreement (See Thompson, R. (Editor) (2005), para.3-04).

2.1.2.5 Limitation periods

The limitation periods of the misrepresentee's actions for damages subject to tort are governed by the Limitation Act 1980. According to S. 2 of that Act, basically „actions founded on tort [different to actions due to personal injuries (See S. 11 Limitation Act 1980)] shall not be brought after the expiration of six years from the date on which the cause of action accrued."

For actions for damages based on negligent misrepresentation in tort S. 14A (1) and (4) Limitation Act 1980 define the special time limit of „(a) six years from the date on which the cause of action accrued; or (b) three years from the starting date …, if that period expires later than the period" under (a). Such starting date „is the earliest date on which the plaintiff or any person in whom the cause of action was vested before him first had both, the knowledge required for bringing an action for damages in respect of the relevant damage and a right to bring such action" (S. 14A (5) Limitation Act 1980). S. 14A (6) to (10) Limitation Act 1980 determines the meaning of such knowledge precisely. According to S. 14A (10) Limitation Act 1980 the misrepresentor is deemed to have such knowledge if he „reasonably have been expected to acquire (a) from facts observable or ascertainable by him; or (b) from facts ascertainable by him with the help of appropriate expert advice which it is reasonable for him to seek." This definition of knowledge is further qualified by that Section. In case of share purchase agreements this could lead to the purchaser's obligation to perform a post acquisition due diligence to ensure that he does not lose his rights. He bears the onus of proof that that the period subject to S. 14A (4) (b) Limitation Act 1980 has not started and the period subject to S. 14A (4) (a) of that Act is not applicable (See Nash v Eli Lilly and Co [1993] 1 W.L.R. 782, 796). However, according to S. 14B

Limitation Act 1980 the limitation period of actions for damages based on negligent misrepresentation in tort expires latest after fifteen years upon the negligent act or omission the damage imputable in whole or in part.

S. 32 (1) Limitation Act 1980 states that the limitation period for actions for damages subject to fraud does not start before the claimant has knowledge of the fraud or could have knowledge by applying reasonable diligence.

Actions subject to contract such as actions for damages under S. 2 (1) Misrepresention Act 1967 are ruled by S. 5 Limitation Act 1980.

Rescission subject to a pre-contractual misrepresentation is a remedy in equity. According to S. 36 (1) Limitation Act 1980 that Act is not applicable to equitable relief except as far as the courts apply the time limits under that Act accordingly.

2.1.2.6 Exclusion of liability for misrepresentation

The liability for misrepresentations may be excluded or restricted by agreement provided the parties observe the common law rules and S. 3 Misrepresentation Act 1967 (As amended by S. 8 Unfair Contract Terms Act 1977) by drafting the exemption clause.

Common law

Under common law the liability for fraud may not be excluded by a person for his own fraud. Notwithstanding, although the case law has not defined a clear rule yet, probably the liability for fraud of such person's employees (See John Carter (Fine Worsteds) Ltd v Hanson Haulage (Leeds) Ltd [1965] 2 Q.B. 495) or agents can be excluded provided the general rules of construction are observed, meaning that the wording of the limitation clause has to be clear and unambiguous (See HIH Casualty & General Ins v Chase Manhattan Bank [2003] UKHL 6; Shipskreditforeningen v Emperor Nagivgation [1998] 1 Lloyd's Rep. 67 at 76).

Misrepresentation Act 1967

S. 3 Misrepresentation Act 1967 (As amended by S. 8 Unfair Contract Terms Act 1977) says the following: „If a contract contains a term which would exclude or restrict – (a) any liability to which a party to a contract may be subject by reason of any misrepresentation made by him before the contract was made; or (b) any remedy available to another party to the contract by reason of such a misrepresentation, that term shall be of no effect except in so far as it satisfies the requirement of reasonableness as stated in S. 11(1) of the Unfair Contract Terms Act 1977; and it is for those claiming that the term satisfies that requirement to show that it does."

This Section covers exemption clauses excluding or limiting the liability of one of the contractual parties (See Peel, E. (2007), para. 9-115) and equivalents arising out of misrepresentations. In particular this can be the agreement on a shorter limitation period, the exclusion of only a single remedy, e.g. solely rescission, damages or set-off, by remaining the other remedies unaffected, or the exclusion of the right to use misrepresentation as defence. This Section is not applicable to valid agreed damages clauses, as they widen or limit the liability dependent on the individual situation (See Peel, E. (2007), para. 9-113).

S. 3 Misrepresentation Act 1967 requests that the exemption clause has to be reasonable according to S. 11 (1) Unfair Contract Terms Act 1977 which also leads to the application of S. 11 (2) and (4) Unfair Contract Terms Act 1977 (S. 11 (4) Unfair Contract Terms Act 1977 applies „where … the question arises (under this or any other Act) whether the term … satisfies the requirement of reasonableness"; S. 11 (2); see Peel, E. (2007), para. 9-120. Unfair Contract Terms Act 1977 applies subject the reference in S. 11 (4) Unfair Contract Terms Act 1977). According to S. 11 (1) of that Act the requirements of reasonableness have to be fulfilled at the moment the parties conclude the agreement. S. 11 (4) of that Act takes into consideration „(a) the resources which [the party limiting his liability] could expect to be available to him for the purpose of meeting the [potential] liability; and (b) how far it was open to him to cover himself by insurance." As the insurance market specialised on M&A transactions including without limitation seller-side policies has grown during the last years (E.g. see Global Legal Group Ltd (Editor) (2007), page 13; Thompson, R. (Editor) (2005), para. 3-31), it can be assumed that such increasing possibilities of adequate insurances available to the sellers have an impact on the reasonableness considered under S. 11 (4) Unfair Contract Terms Act 1977. Beside these criteria S. 11 (2) of that Act refers to the „Guidelines" for application of reasonableness test attached to that Act as Schedule 2. These guidelines consider (a) the bargaining position of the contractual parties and alternative possibilities to fulfil the needs of the customer; (b) whether the customer was induced to conclude the agreement or had another possibility to conclude a comparable agreement without such term; (c) whether the customer had knowledge or should reasonably have had knowledge of the term and the extent of limitation of liability of such term; (d) in case of an exemption clause if the relevant condition is not fulfilled, whether the fulfilment of such condition was reasonably expectable at the date of the agreement; (e) whether the goods were a manufactured, processed or adapted to a special order. As these guidelines are generally applied on contracts, not only contracts on the sale of goods (See Monarch Airlines Ltd v London Luton Airport Ltd [1998] 1 Lloyd's Rep. 403, 411, 412; Schenkers Ltd v Overland Shoes Ltd [1998] 1 Lloyd's Rep. 498, 499) they are also applicable to share purchase agreements. The criteria mentioned in S. 11 (2) and (4) of that Act are not exhaustive (As stated by the wording of both Sections „in particular" and concerning the guidelines according to Schedule 2 of that Act see Smith v Eric S. Bush [1990] 1 A.C. 831, 858) and the reasonableness is dependent on the individual circumstances of the respective case (See Walker v Boyle [1982] 1 All ER 634).

Severability

Principally under S. 3 Misrepresentation Act 1967 the complete term which does not pass the reasonableness test is ineffective. The court will not adapt the term as far as necessary to make it reasonable (See George Mitchell (Chesterhall) Ltd v Finney Lock Seeds Ltd [1983] 2 A.C. 803 at 816; Esso Petroleum Ltd v Milton [1997] 1 W.L.R. 938; Stewart Gill Ltd v Horatio Myer & Co. Ltd [1992] Q.B. 600; Skipskreditforeningen v Emperor Navigation [1998] 1 Lloyd's Rep. 67 at 75). Based on the reason that the Section states that the „term [accentuation added] shall be of no effect except in so far as [accentuation added] it satisfies the requirement of reasonableness" (S. 3 Misrepresentation Act 1967 as amended by S. 8 Unfair Contract Terms Act 1977) the court can decide that only the unreasonable part of a term becomes ineffective and the reasonable part remains effective provided the term can be split into two disconnected and severable terms (See Peel, E. (2007), para. 7-073).

As explained above the liability for fraudulent misrepresentation may not be excluded. A term excluding such liability would not pass the test of reasonableness and would not be enforceable in total (See Thomas Witter v TBP Industries Ltd [1996] 2 All E.R. 573 at 598; South West Water Services Ltd v International Computers Ltd [1999] B.L.R. 420). A new point view contradictory to this conclusion was confirmed in the case Six Continents Hotels Inc v Event Hotels GmbH ([2006] EWHC 2317). As it is not possible to exclude liability for fraudulent misrepresentation the misrepresentee cannot rely on the contractual exclusion of his liability for fraudulent misrepresentation in case the exclusion clause only refers to misrepresentation and does not make an exemption for fraud provided the parties are of equal bargaining power relying on the commercial certainty given by the express agreement and the agreed price reflecting such risks.

2.2   Categories of contractual terms

Contractual terms are of different nature and different importance for the purpose of the agreement. The main categories of contractual terms to be considered are conditions, warranties, intermediate terms and indemnities.

2.2.1   Contractual terms and breach of contract

Unlike representations which only induce the purchaser to conclude the agreement and which are no integral part of the agreement, the seller's deviation from a term incorporated into the agreement, meaning an inaccurate fulfilment of such term, leads to his liability for breach of contract (See Beatson, J. (2002), p. 490). The rights resulting out of breach of contract are dependent on the importance and nature of the relevant contractual term (namely classified as condition, warranty, intermediate term or representation) but also on the individual circumstances (See Beatson, J. (2002), p. 134).

2.2.1.1   Conditions

Usually „condition" has the technical meaning to be a fundamental or material provision of an agreement which a party guarantees to be true or undertakes to fulfil. If the seller breaches such provision the purchaser may chose to terminate the agreement ex nunc – even he has not suffered any prejudice by the breach – and to assert his right to damages he suffered by the breach. In particular the classification of a stipulation as condition of the technical meaning can be subject to (a) an express agreement on the classification of the term as condition by the parties (See e.g. Dawson's Ltd v Bonnin [1922] 2 A.C. 413), (b) the fact that the parties to an agreement determined in the agreement that the breach of the stipulation entitles the non-breaching party to terminate the agreement (See Harling v Eddy [1951] 2 K.B. 739; George Hunt Cranes Ltd. v Scottish Boiler & General Ins Ltd [2001] EWCA Civ 1964; [2002] 1 All E.R. (Comm) 366), (c) express determination by statute (See Peel, E. (2007), para. 18-044), (d) determination by case law, (e) the nature of the agreement or the individual situation around the agreement compulsorily imply that the contractual parties' object was that the non-breaching party shall be entitled to treat himself as discharged from further fulfilment of the agreement in case the stipulation was not perfectly performed (See Peel, E. (2007), para. 18-039 and Beale, H. G. (2004), para. 12-040).

2.2.1.2 Warranties

A warranty is a promise by a party in an agreement which is only collateral and not material for the principal purpose of the agreement (See Dawsons Ltd v Bonnin [1922] 2 A.C. 413, per Lord Haldane at 422). In contradiction to a condition, a breach of a warranty entitles the innocent party to the agreement to assert damages only, but not to terminate the agreement (See Beale, H. G. (2004), para. 12-031). The categorisation of a contractual term as condition or warranty determines the legal consequences arising out of the breach of such term (See Beatson, J. (2002), p. 134).

A warranty can be a contractual statement about the actual facts, but in contradiction to representations a warranty can also be a promise concerning the future. Thus, if the wording of the share purchase agreement would provide a „representation" as to the future, such clause would be considered as warranty (See Stamp, M./Dawson J./Elliott, M. (2004), p. 551, para. 18.2.1).

The main purpose of warranties is the risk allocation between the contractual parties. As far as the seller gives warranties in the share purchase agreement he bears the risk for the warranted circumstances. As far as the seller refuses to give warranties, qualifies them or discloses facts against them, the purchaser bears the risk (See Thompson, R. (Editor) (2005), para. 1-03).

As far as the seller fairly disclosed facts against a warranty, subject to such warranty no rights of the purchaser arise (See Stamp, M./Dawson J./Elliott, M. (2004), p. 563, para. 18.4.1.3). The case of Prentice v Scottish Power PLC ([1997] 2 BCLC 264) helps to interpret the meaning of fair disclosure as follows: „fair disclosure of facts and circumstances sufficient in detail to identify the nature and scope of the matter disclosed and to enable the buyer to form a view." In the case Daniel Reeds Ltd v EM ESS Chemists Ltd ([1995] CLC 1405) concerning an acquisition agreement it was held that the positive disclosure of only the existing licenses of the Target does not lead to a fair disclosure of the not existing licenses. That means the possible reverse conclusion, that licenses not disclosed as existing do not exist, is not sufficient as fair disclosure. Considering the cases New Hearts v Cosmopolitan Investments ([1997] BCLC 249) and Infiniteland Ltd v Artisan Contracting Ltd ((2004) EWHC 955 (first instance); [2006] 1 BCLC 632 (appeal)) the disclosures and documents the seller makes reference to should be definitely identifiable to be valid as fair disclosure. The Court of Appeal in Eurocopy plc v Teesdale ([1992] BCLC 1067) discussed the problem but did not decide that a purchaser having knowledge of facts breaching a warranty of the seller although the seller did not disclose such facts, should not receive the same amount of damages as a purchaser without such knowledge would receive.

In share purchase agreements the parties normally incorporate clauses expressly ruling the effect of the purchaser's actual knowledge on disclosures with regard to warranty claims: (a) In case the parties agree that no further information the purchaser is aware of has any impact on purchaser's warranty claims, in the light of Eurocopy plc v Teesdale and Infiniteland Ltd v Artisan Contracting Ltd such clause probably is effective but the actual knowledge by the purchaser could influence the measure of damage; (b) A clause stating that every knowledge of the purchaser prevents him to claim under the relevant warranty probably is unproblematic and fully effective (This was confirmed by Infiniteland Ltd v Artisan Contracting Ltd, see ibidem). A rest of uncertainty remains as such clauses are subject to court decisions interpreting the intention of the parties (See Thorne, J. (Editor) et al (2007), para. 5.140).

One important function of incorporating certain warranties into the share purchase agreement is to force the seller to disclose all circumstances related to such warranties. This enables the purchaser to perform a comprehensive due diligence according to the standard list of warranties (See Anderson, M. and Warner, V. (2006), p. 497; Stamp, M./Dawson J./Elliott, M. (2004), pp. 551–553, table 18.3). However, this does not mean that sellers normally accept the warranties proposed in the draft share purchase agreement and react with adequate disclosures. Dependent on the seller's bargaining power, he could also reject the warranties (See Thompson, R. (Editor) (2005), para. 1-03 to 1-04) or qualify them. Another important function of warranties is the purchase price adjustment in case of breach of warranty (See Mitchell, P. (Contributor) (2007), para. A3511) as the purchaser would be entitled to damages.

The intentional non-disclosure against warranties by the seller „would amount to fraudulent misrepresentation rather than an innocent or negligent one" (Thorne, J. (Editor) et al (2007), para. 5.182-5190).

2.2.1.3 Intermediate terms

"Intermediate" terms, also called „innominate" terms, are terms which cannot clearly be classified as warranty or condition. The reason for the development of „intermediate" terms as a new classification is that every breach of a condition entitles the innocent party to terminate the agreement, irrespective of the seriousness or importance of the breach or the resulting effects thereof. Even if the innocent party has not experienced any damage due to the breach of a condition it is entitled to terminate the agreement. In contradiction to such definitive classification legal consequences of „intermediate" terms are not categorised ab initio; the legal consequences are contingent on the character and of the breach and its consequences (See Hongkong Fir Shipping Co v Kawasaki Kisen Kaisha [1962] 2 Q.B. 26 at 70). The „intermediate" terms strengthen the implementation of the agreement since the breach of „intermediate" terms give the innocent party to an agreement the right to terminate only in case (a) the defaulting party has thereby renounced his obligations under the agreement, (b) the defaulting party disabled himself from the fulfilment of his obligations under the agreement in material aspects or (c) the effects of the breach are so extreme as to deprive the party not in default of essentially the total benefit which he wanted to obtain from the agreement (See Beale, H. G. (2004), para. 12-034 and Hongkong Fir Shipping Co v Kawasaki Kisen Kaisha [1962] 2 Q.B. 26; Cehave N.V. v Bremer Handelsgesellschaft m.b.H. The Hansa Nord [1976] Q.B. 44).

2.2.1.4 Contractual representation

A representation can also be incorporated as term into the agreement. The breach of such incorporated representation by the seller due to the incorrectness of the representation (as it is a misrepresentation) can entitle the purchaser for damages and/or termination – dependent on the character of such contractual term – but the purchaser's rights subject to tort remain unaffected. In case the purchaser is subject to the breach of the incorporated misrepresentation only entitled to damages, the purchaser may waive his right for rescission and assert damages for breach of contract. The English law bears a loophole in case the purchaser executes his right to rescind according to S. 1 (b) Misrepresentation Act 1967 as it is legally open whether the purchaser remains entitled to damages (See Peel, E. (2007), para. 9-089).

It is difficult to determine whether a misrepresentation has become a contractual term and has to be considered individually. The following aspects have to be taken into account: (a) Would have the purchaser concluded the agreement without that statement of the seller? (See Bannermann v White (1861) 10 C.B. (n.s.) 844) (b) How much time has passed since the misrepresentation and the agreement? (See Mahon v Ainscough [1952] 1 All E.R. 337) (c) Was it easier for the seller to verify the correctness of the statement compared to the purchaser? (See Esso Petroleum Co Ltd v Mardon [1976] Q.B. 801. Dissenting: Heilbut, Symons & Co v Buckleton [1913] A.C. 30) (d) Can the statement be proved by a written agreement? (See Heilbut, Symons & Co v Buckleton [1913] A.C. 30) The most important question is whether „evidence of an intention by one or both parties that there should be contractual liability in respect of the accuracy of the statement" (Heilbut, Symons & Co v Buckleton [1913] A.C. 30 at 51) is given.

If the representation is only given orally during the negotiations and not expressed in writing as part of the agreement, the „parol evidence rule" (The „parol evidence rule"(„Zeugenbeweis") says „it is firmly established as a rule of law that parol evidence cannot be admitted to add to, vary or contradict a deed or other written instrument" (Jacobs v Batavia and General Plantations Trust [1924] 1 Ch. 287, at p. 295.; Adams v. British Airways plc [1995] I.R.L.R. 577, at p. 583)) could prevent that the representation could be considered as contractual term. However, the tendency of the courts is to accept oral statements as „collateral contract" („Nebenvertrag") to the main agreement more often (See Beatson, J. (2002), p. 131; Beale, H. G. (2004), para. 12-005). In particular such acceptance requires that one party is only prepared to conclude the main agreement if the other party makes that representation.

2.2.1.5 Legal consequences of breach of contract

As shown above dependent on the contractual term and the individual circumstances breach of contract by the seller can entitle the purchaser for one or more of the following remedies.

Damages

In contradiction to the right of the purchaser to be put into the position which he would have had without having concluded the contract as in case of misrepresentation, subject to breach of contract the purchaser is entitled to be put into the position in which he would have been without breach of contract, meaning the purchaser is entitled to obtain the loss of bargain (See Beatson, J. (2002), p. 246). Basically in case of share purchase agreements this is the diminution in value of the shares due to the breach (See Thorne, J. (Editor) et al (2007), para. 5.137). In contrast to damages in fraud, „in contract, the damages are limited to what may reasonably be supposed to have been in the contemplation of the parties" (Doyle v Olby (Ironmongers) Ltd [1969] 2 Q.B. 158, 167 per Lord Denning M.R.; Smith New Court Securities Ltd v Scrimgeours Vickers Ltd [1997] A.C. 254). The test for remoteness of damage in contract is stricter than in tort. The non-breaching „party is only entitled to recover such part of the loss actually foreseeable as liable to result from the breach" (Beatson, J. (2002), p. 592. See Hadley v Baxendale (1854) 9 Exch. 341; Victoria Laundry (Windsor) Ltd. v Newman Industries Ltd [1949] 2 K.B. 528). Damages the claimant can recover are reduced as far as the claimant has not mitigated the loss. This means that the claimant has to take reasonable actions to decrease his loss as far as possible and to refrain from unreasonably increasing his loss. Generally such responsibility only emerges when the claimant has knowledge of the breach (Peel, E. (2007), para. 20-098). In case the seller is only liable for damages in contract – irrespective whether subject to breach of a strict duty or a duty to take care – the contributory negligence of the purchaser is no defence for the seller. The contributory negligence of the purchaser is only a defence of the seller, in case the seller's liability in contract is the same as the seller's liability due his negligence in tort (See Forsikrings Vesta v Butcher [1989] A.C. 852).

Damages are measured irrespective of the reason of the breach, meaning they are not an instrument of penalty (See Beatson, J. (2002), p. 592). Penalties („Vertragsstrafen") are not allowed (See Beatson, J. (2002), p. 624) and not actionable (See Beatson, J. (2002), p. 625). The parties may agree on liquidated damages („vertraglich vereinbarter Schadensersatz") but the courts only award them as far as they are a realistic appraisal of damages at the date of the agreement (See Dunlop Pneumatic Tyre Co. Ltd v New Garage and Motor Co Ltd [1915] A.C. 79; Phillips Hong Kong Ltd v Att.-Gen. of Hong Kong (1993) 61 Build. L.R. 41 (P.C)) or if the parties' intent was to limit the expected damages due to such breach (See Cellulose Acetate Silk Co Ltd v Widnes Foundry (1925) Ltd [1933] A.C. 20).

The measure of damages is always dependent on the facts of the case. In case of breach of contract in particular share purchase agreements most common are commercial (financial) losses.

In Eastgate Group Ltd v Lindsey Morden Group Inc and Smith and Williamson (a firm) ([2001] 2 All ER (Comm) 1050) Lord Justice Longmore stated that the seller as defendant may argue against the claim of the purchaser to pay the difference in value between the purchase price of the Target and the actual value of the Target reduced

331

subject to the breach of warranty, that the purchaser had made a bad bargain. This would reduce the damages.

In case the seller warranted that the profit forecast of the Target was prepared with reasonable care but did not give a warranty as to certain profits, the damages would be the difference between the agreed purchase price based on the forecast prepared without reasonable care and the probable purchase price which would have been agreed if the forecast would have been prepared with reasonable care. But in case the actual profits of the Target are the same as actually forecasted (without reasonable care) and the seller proves that the profits reasonably forecasted would exceed the actual profits, the purchaser is not entitled to the price in terms of the amount overvalued (See Lion Nathan Ltd v CC Bottlers [1996] 1 W.L.R. 1438).

If it is reasonably possible that the broken contractual term could be performed by a third party (See Keeley v Guy McDonald (1984) 134 New L.J. 522) the purchaser would be entitled to the „cost of cure" instead (Jones v Herxheimer [1950] 2 K.B. 106; East Ham Cpn v Bernard Sunley & Sons Ltd [1966] A.C. 406, at 434; Tito v Waddell (No.2) [1977] Ch. 106, at p. 329; Ruxley Electronics & Constructions Ltd v Forsyth [1996] 1 A.C. 344). If such costs are out of all proportion to the achieved benefit the payment of the cost of cure are no alternative to the payment of the difference in value (See Ruxley Electronics & Constructions Ltd v Forsyth [1996] 1 A.C. 344).

Termination

The right to terminate the agreement gives the non-breaching party the option to terminate the agreement or to affirm it and to demand further fulfilment of the agreement (See Peel, E. (2007), para. 18-005).

In contrast to rescission with effect ab initio (See Beatson, J. (2002), p. 581), termination has no effect to the past; all obligations of the parties having accrued prior to termination remain in force (See Bow Cedar [2004] EWHC 2929; [2005] 1 Lloyd's Rep. 275 at [34]-[35]) and still have to be fulfilled. Rights and obligations emerging from the imperfect performance of the agreement and claims arising from the breach survive (See McDonald v Dennys Lascelles Ltd (1933) 48 C.L.R. 457, per Dixon J. at p. 476). Thus the damages related to the breach of contract remain unaffected by the termination of the agreement (See Peel, E. (2007), para. 18-017). The parties are free to deviate from these principles by agreement (See Peel, E. (2007), para. 18-013).

In case all obligations arising out of a share purchase agreement have already been fulfilled by the parties, e.g. after closing provided there are no post-completion duties, termination would not have any effect as there is no obligation to be performed.

Specific performance

"Specific performance" is a remedy in equity to force the contractual partner to fulfil a contractual duty (See Beale, H. G. (2004), para. 27-004). Such remedy may not be excluded by agreement (See Quadrant Visual Communications Ltd v Hutchison Telephone (UK) Ltd [1993] BCLC 442).

The historical view under the common law system was that specific performance was not available in case damages were an "adequate" relief (See Co-operative Insurance Society Ltd v Argyll Stores (Holdings) Ltd [1998] A.C. 1, 11; Bankers Trust Co v P.T. Jakarta International Hotels Development [1999] 1 Lloyd's Rep. 910 at 911). Today specific performance is already obtainable if it "do[es] more perfect an complete justice than an award of damages" (Tito v Waddell (No.2) [1977] Ch. 106, p. 322; See also Beswick v Beswick [1968] A.C. 58, 77, 83, 88; The Stena Nautica (No.2) [1982] 2 Lloyd's Rep. 336, at 346-347; Rainbow Estates Ltd v Tokenhold Ltd [1999] Ch. 64, 72-73). Damages are an adequate relief if the non-breaching party can obtain a substitute of the subject matter of contract from a third party, e.g. shares offered at the market would not justify specific performance as the damages (remaining amount between agreed purchase price and market price) would be an adequate remedy (See Re Schwabacher (1908) 98 L.T. 127, 128; Chinn v Hochstrasser [1979] Ch. 447, [1981] A.C. 533) but shares not available at the market would justify specific performance (See Duncuft v Albrecht (1841) 12 Sim. 189; Cheale v Kenward (1858) 3 De G. & J. 27; Langen & Wind Ltd v Bell [1972] Ch. 685; Jobson v Johnson [1989] 1 W.L.R. 1026.; Grant v Cigman [1996] 2 BCLC 24).

Specific performance is a discretionary remedy (See Scott v Alvarez [1895] 2 Ch. 603, 612; Stickney v Keeble [1915] A.C. 386, 419). However, the court has to take into account certain rules and must not decide indiscriminately (See Co-operative Insurance Society Ltd v Argyll Stores (Holdings) Ltd [1998] A.C. 1, 16). In particular the court may consider the behaviour of the defendant, (See Sang Lee Investment Co. v Wing Kwai Investment Co. (1983) 127 S.J. 410) e.g. whether he acted in an unfair and surprising way (See Walters v Morgan (1861) 3 De G.F. & J. 718; Sang Lee Investment Co. v Wing Kwai Investment Co. (1983) 127 S.J. 410), but also the conduct of the claimant, e.g. whether the claimant exploited the error of the defendant (See

Webster v Cecil (1861) 30 Beav. 62). Further the court may refuse specific perform-ance if the consideration is inadequate (See Mortlock v Buller (1804) 10 Ves. 292), such remedy would „cause severe hardship to the defendant" (Beale, H. G. (2004), para. 27-030; see also Denne v Light (1857) 8 De G.M. & G. 774; Tito v Waddell (No.2) [1977] Ch. 106, at p. 326) or the defendant was induced to enter into the agree-ment by the claimant's misrepresentation (See Lamare v Dixon (1873) L.R. 6 H.L. 414).

2.2.2   Indemnities

An indemnity as regularly used in agreements is an undertaking by one contractual party to the other to reimburse the other party for any loss or damage suffered by the other party, arising out of a particular type of liability in certain circumstances. Thus one difference to warranties is that indemnities are express obligations and warranties only entitle for damages in case the contractual promise has been broken. Another difference is that a third party, e.g. the Target, can benefit from an indemnity al-though the beneficial party, e.g. the Target, is no contractual partner of the share pur-chase agreement. In relation to share purchase agreements the origin of indemnities are tax liabilities of the Target as the Target cannot recover the tax from another party subject to law and the tax liabilities due to the past when the Target was under the seller's control should be the responsibility of the seller. Nowadays, all tax liabilities of the Target are normally subject matter of indemnities (See Thompson, R. (Editor) (2005), para. 1-06 to 1-07). Normally, such tax indemnities are bundled in a separate document, denoted tax deed (See Thompson, R. (Editor) (2005), para. 1-09). Another typical scope of indemnities is in particular open litigation proceedings (See Stamp, M./Dawson J./Elliott, M. (2004), p. 555, para. 18.2.3).

The scope of indemnification is to be defined by the nature and terms of the agree-ment and the individual situation (See Marsh, C. (Editor) et al (2004), p. 223, para. 345 and p. 229, para. 352). The parties can agree on an indemnification identical to the amount of loss actually suffered but also on a bigger or lower indemnification. Unless otherwise expressly agreed, the indemnity does not cover damages resulting out of the negligence of the party to be indemnified. Principally the indemnity entitles the party to be indemnified to obtain the amount he is liable for due to the individual circumstances which are the subject matter of the indemnity (e.g. a judicial decision or a proper settlement) all reasonable costs due to the defence of the legal actions in-cluding without limitation the own costs of the party to be indemnified (See Marsh, C. (Editor) et al (2004), p. 229, para. 352; p. 231, para. 353).

Principally, the rules of remoteness and mitigation of loss are not applicable to indemnities. This means that the party to be indemnified does not need to give evidence that the loss was expectable or that the parties have been aware of it (See Stamp, M./ Dawson J./Elliott, M. (2004), p. 555, para. 18.2.3). However, since a decision of the Court of Appeal in 1998 (Total Transport Corporation v Arcadia Petroleum Ltd [1998] 1 Lloyd's Rep 351; See Christou, R. (2005), p. 115) the rule of remoteness and the obligation to mitigate the loss could also be applied to indemnities. Thus, the purchaser who seeks an indemnity should request an express wording in the indemnity clause, which states that the common law rules of remoteness of damage and the obligation to mitigate the loss do not apply.

Unless otherwise agreed, normally the purchaser who is to be indemnified does not need to give evidence that the liability covered by the indemnity consequentially leads to a loss of value of the Target. Indemnities are one instrument of allocating the risks between the contractual parties (See Anderson, M. and Warner, V. (2006), p. 287). The purchaser frequently requests the seller to give an indemnity in case he discovers a certain risk of the Target which should be borne by the seller. In comparison to warranties indemnities bear the advantage on behalf of the purchaser, that his awareness of facts related to the indemnity does not affect his rights subject to the indemnity. In case the seller has disclosed certain facts against a warranty the purchaser still has the possibility to request the seller to give an indemnity with respect to the same circumstances to secure his interests (See Thompson, R. (Editor) (2005), para. 1-08).

2.2.3   Limitation periods

As the above terms are all incorporated into the share purchase agreement S. 5 Limitation Act 1980 is applicable. It states that „an action founded on simple contract shall not be brought after the expiration of six years from the date on which the cause of action accrued". The dates on which the causes of action related to the various contractual terms accrue differ. Generally the limitation period starts to run at the time of the respective breach of contract, e.g. the breach of condition, warranty or intermediate term. In this context the moment the damage resulting out of such breach arises is irrelevant (See Marsh, C. (Editor) et al (2004), para. 864). A special rule determines the start of the limitation period for indemnities, which starts from the time the purchaser sustains the loss (See Marsh, C. (Editor) et al (2004), para. 873).

Subject to S. 8 (1) Limitation Act 1980 „an action upon a specialty shall not be brought after the expiration of twelve years from the date on which the cause of action accrued." „Action on specialities include causes of action brought in respect of contracts executed as deeds" (Her Majesty's Stationary Office (1998), p. 26). A deed is an instrument which „makes it clear on its face that it is intended to be a deed by the person making it or, as the case may be, by the parties to it (whether by describing itself as a deed or expressing itself to be executed or signed as a deed or otherwise); and ... is validly executed as a deed by that person or, as the case may be, one or more of those parties" (S. 1 (2) Law of Property (Miscellaneous Provisions) Act 1989 implementing Law Com. No. 163, Deeds and Escrows (1987). S. 1 applies to all deeds and not only deeds concerning land, made on or after 31 July 1990; S. I 1990 No. 1175). Regularly tax indemnities are incorporated into „tax deeds" as a separate document.

Often the parties reduce the statutory limitation periods under simple contract and under deed as follows: non-taxation claims are limited to two or three years so that the purchaser has the possibility to perform two audits of the Target to discover potential defects of the Target; tax claims are limited to six or seven years as HM Revenue & Customs is empowered to review tax affairs of companies until expiration of six years (except for fraud or non-disclosure where the limitation period is 12 years (See Thorne, J. (Editor) et al (2007), para. 5.162)) after the end of the accounting period the tax event arose (See S. 34 Tax Management Act 1970). However, the contractual limitation periods are always subject to the bargaining power of the parties and can also differ between the subject matters of the contractual terms (See Thompson, R. (Editor) (2005), para. 3-18).

2.2.4   Exemption clauses

Exemption clauses exclude or restrict liability of one of the contractual parties. The validity of such clauses depends on the kind of agreement and the liability to be excluded subject to certain requirements. In share purchase agreements which are business transactions exemption clauses are only valid if they fulfil the following:

(a) The exemption clause has to be an incorporated part of the agreement. If the purchaser signs the Share purchase agreement, he is bound by the contractual terms including without limitation the exemption clause, which is normally part of the agreement (See L'Estrange v F. Graucob Ltd [1934] 2 K.B. 394; Levison v Patent Steam Carpet Cleaning Co Ltd [1978] Q.B. 69).

(b) The wording of the exemption clause has to be clear and unequivocal. According to the „contra proferentem" rule, unclear or ambiguity meaning of the exemption clause has to be interpreted against the party desiring to exclude or limit its liability (See Beatson, J. (2002), p. 170; Lee (John) & Son (Granatham) Ltd v Railway Executive [1949] 2 All E.R. 581; Tor Line A.B. v Alltrans Group of Canada Ltd [1984] 1 W.L.R. 48). As the wording is construed strictly the exemption clause has to clearly define each remedy and/or liability to be excluded or limited separately (See Wallis, Son & Wells v Pratt & Haynes [1911] A.C. 394). It was held that the „contra proferentem" rule is not to be applied as strictly to clauses merely limiting liability as to clauses excluding liability because the party entitled subject to the exemption clause would probably rather agree on a limitation than on a total exclusion of liability (See Ailsa Craig Fishing Co Ltd v Malvern Fishing Co Ltd and Securicor (Scotland) Ltd [1983] 1 W.L.R. 964 (H.L.)). In particular this principle is applicable to the liability for negligence. The greater the burden of the exemption effects is, the more clearly and unambiguously the exemption clause has to be drafted (See BHP Petroleum Ltd and Others v British Steel plc and Dalmine SpA [2000] 2 Lloyd's Rep 277).

"Fundamental breach" was never clearly defined, but in the past, an exemption clause had only effect to the benefit of the breaching party „when [such party was] carrying out [its] contract, not when [it was] deviating from it or [was] guilty of a breach which goes to the root of it" (Spurling (J.) Ltd v Bradshaw [1956] 1 W.L.R. 461, per Denning L.J. at 465). In contrast to the past (See Smeaton Hanscomb & Co Ltd v Sassoon I. Setty, Son & Co [1953] 1 W.L.R. 1468, at 1470; Chanter v Hopkins (1838) 4 M. & W. 399, at 404; Bowes v Shand (1877) 2 App. Cas. 455, at 480), today exemption clauses relating to „fundamental breaches" are not subject to a special rule. They have to be construed under the general rules explained above and consequently have to be worded sufficiently clear (See Beatson, J. (2002), p. 177).

As explained above the liability for fraudulent misrepresentation of the seller cannot be exempted. However, the „contra proferentem" rule also applies to the exemption of liability for misrepresentation.

It is not possible to exclude the liability for any kind of misrepresentation (innocent/negligent/fraudulent) in relation the content or impact of an exemption clause for such misrepresentation (See Curtis v Chemical Cleaning and Dyeing Co Ltd. [1951] 1 K.B. 805).

Typical exemption clauses in share purchase agreements under English law similar to share purchase agreements under German law are e. g. terms defining a minimum and a maximum level of the seller's liability. The reduction of limitation periods for contractual claims are also covered by the rules for exemption clauses.

2.3   Entire agreement clause

The aim of the „entire agreement clause" is to give the contractual parties the security that the terms and provisions of the agreement including all remedies arising out of them are exhaustively covered by the share purchase agreement and the related documents as far as determined in the agreement and no further remedy exists (See Stamp, M./Dawson J./Elliott, M. (2004), p. 565, para. 18.4.4). In particular, it shall exclude the existence of any collateral warranty and any pre-contractual representation other than incorporated into the share purchase agreement (See Beale, H. G. (2004), para. 12-104). Due to such excluding character the clause has to comply with the requirements of the relevant exclusions and limitations as considered above (See 2.1.2.6. Exclusion of liability for misrepresentation and 2.2.4. Exemption clauses). In Thomas Witter Limited v TBP Industries Limited ([1996] 2 All E.R. 573) the court held that the „entire agreement clause" of a business sales agreement was ineffective because the clause did not pass the test of reasonableness under S. 3 Misrepresentation Act 1967 and S. 11 (1) Unfair Contract Terms Act 1977 as it excluded liability for misrepresentation in general, not differentiating between fraudulent misrepresentation and other types of misrepresentation, although exclusion of liability for fraudulent misrepresentation is impossible. As already shown above in recent cases (See Grimstead & Son Limited v McGarrigan [1999] unreported 27 October 1999; Six Continents Hotels Inc v Event Hotels GmbH [2006] EWHC 2317) such undifferentiated references to all types of misrepresentations have not led to the invalidity of the exclusion provided the parties are of equal bargaining power relying on the commercial certainty given by the express agreement and the agreed price reflecting such risks. However, considering such case law nowadays the standard practise is to precisely draft exclusion clauses including the „entire agreement clause" in particular by separately referring to fraud to avoid any insecurity (See Thorne, J. (Editor) et al (2007), para. 5.140).

3 Summary

The seller's liability for representations, warranties and indemnities subject to share purchase agreements under English law bears many differences compared to German law. The main difference is the fact that the English law does not provide statutory warranty provisions whereas such exist under German law even though they are not adequate in many respects and not completely or definitely applicable to every share deal. Representations, warranties and indemnities are elements of the English general law of contract and cannot be compared one-to-one to elements of the German law.

Misrepresentations under English law, i.e. misleading statements inducing a party to conclude an agreement, correspond only approximately to the seller's liability for breach of duty prior to contract (§§ 311 (2), 241 (2), 280 (1) 1 BGB) and for fraudulent misrepresentation (§ 123 BGB) as far pre-contractual representations are concerned under German law. In contradiction to German law, under English law the seller can also be liable in case of innocent misrepresentation. As far as the German statutory warranty provisions concerning legal or material defects of the target are applicable, the seller is not liable for breach of duty prior to contract under German law whereas under English law the seller's liability for pre-contractual misrepresentation is not excluded in case the misrepresentation becomes a contractual term. This means that the seller remains liable subject to tort even though the misrepresentation is incorporated into the share purchase agreement. In contrast to English law the seller can only be liable for breach of duty prior to contract (§§ 311 (2), 241 (2), 280 (1) 1 BGB) if such pre-contractual misrepresentation has not become a contractual term the statutory warranty provisions would be applicable on. One consistency of German and English law is that the liability for fraudulent misrepresentation may not be excluded under none of those laws and can exist in parallel to any other claim. Before entering into the share purchase agreement under German law, the seller is obliged to inform the prospective purchaser about circumstances which could frustrate the purpose the purchaser intends by the agreement and thereby could be essential for his decision to acquire the target, provided this would be expected by applying generally accepted standards. This obligation even applies in case the purchaser does not ask for such information. Such duty to disclose is not applicable to the parties of share purchase agreements under English law as the principle „caveat emptor" applies.

The remedy of misrepresentation is contingent on the type of misrepresentation: fraudulent and negligent misrepresentation entitle for damages and rescission, innocent misrepresentation for rescission and indemnification by the seller (the court may refuse rescission in case of innocent and negligent misrepresentation). Also the measure of damages depends on the type of misrepresentation.

In case of breach of contract under English law specific performance is only a remedy supplementary to damages whereas under German law (and other civil law systems) (See Beatson, J. (2002), pp. 632–633) basically specific performance is the non-breaching party's primary recourse. The remedies available to the purchaser in case of breach of contract under English law are damages and/or termination – dependent on the contractual term breached and the individual circumstances: In case of breach of a condition by the seller the purchaser is entitled to damages and termination as a condition is a fundamental term of the agreement, in case of breach of a warranty by the seller the purchaser is only entitled to damages as warranties are not material for the purpose of the agreement. The existence of intermediate terms shows that the categorisation into conditions and warranties is less strict and needs to be considered individually dependent on the respective circumstances. The development of intermediate terms leads to an uncertainty at the date of the agreement to already precisely determine at that date the legal consequences which would arise from a breach of certain contractual terms later. The German statutory provisions as far as applicable define the legal consequences clearly.

The purchaser's actual knowledge of defects of the Target is relevant for the legal consequences of contractual terms under German law as well as under English law. Under German law basically the seller is not liable for defects known by the purchaser or not known due to the purchaser's gross negligence. Under **English law the purchaser has** no rights subject to a warranty if the seller fairly disclosed facts against such warranty. Regularly share purchase agreements under German and English law both incorporate a disclosure letter precisely defining the scope of **knowledge the purchaser shall** be deemed to have with respect to facts and circumstances related to contractual terms and restrict the purchaser's scope of knowledge to this disclosure letter. Under both laws the contractual parties cannot fully rely on the terms of the agreement **if the purchaser has** actual knowledge of additional facts not mentioned in the disclosure letter.

In contradiction to warranties, indemnities are express duties which oblige the seller to reimburse **the purchaser for** any loss or damage suffered under certain circumstances defined by the relevant indemnity provision. Indemnities do not require any breach of contract and can also entitle a third party, e.g. the Target, which is not party to the share purchase agreement. A big advantage of indemnities compared to warranties is that the purchaser's rights under indemnities remain unaffected by the purchaser's actual knowledge of related circumstances.

Although German statutory liability provisions exist the parties to a share purchase agreement under German law exclude them as far as legally possible and agree on a separate warranty and liability system independent of the statutory provisions. Thus, regularly share purchase agreements under German law have an extensive text length, too , and similar elements as share purchase agreements under English law. Under both legal systems the contractual parties precisely define the liability of the seller in the agreement instead of referring to statutory provisions. The difference is that under English law this is the general rule whereas under German law this is an exception from the statutory provisions which are excluded by agreement as far as possible.

4   Table of literature and official papers

Anderson, M./Warner, V. (2006): *A–Z Guide to Boilerplate and Commercial Clauses.* 2[cd] Edition. Haywards Heath: Tottel Publishing.

Barnert, T. (2003): Mängelhaftung beim Unternehmenskauf im neuen Schuldrecht, in: *Zeitschrift für Wirtschafts- und Bankrecht,* book 9, pp. 416–425.

Beale, H. G. (General Editor) et al. (2004): *Chitty on contracts, Volume I, General Principles.* 29th Edition. London: Sweet & Maxwell.

Beatson, J. (2002): *Anson's law of contracts.* 28th Edition. Oxford, New York: Oxford University Press.

Christou, R. (2005): *Boilerplate: Practical Clauses.* 4th Edition. London: Sweet & Maxwell.

Global Legal Group Ltd (Editor) (2007): *The International Comparative Legal Guide to: Mergers & Acquisitions 2007,* London.

Grubb, A. (Series editor)/Furmston, M. (General editor) (2007): *Butterworths Common Law Series, The Law of Contract.* 3rd Editon. Place not stated: LexisNexis Butterworths.

Her Majesty's Stationary Office (1998): Law Commission Consultation Paper No. 15: Limitation of Actions. London.

Marsh, C. (Editor) et al (2004): *Halsbury's Laws of England.* 4th Edition. London, Edinburgh: LexisNexis.

Merkt, H. (1995): Due Diligence und Gewährleistung beim Unternehmenskauf, in: *Betriebs-Berater,* book 21, pp. 1041–1048.

Peel, E. (2007): *Treitel, The law of contract.* 12th Edition. London: Sweet & Maxwell.

Shears, P./Stephenson, G. (1996): *James' Introduction to English Law.* 13th Edition. London, Dublin, Edinburgh: Butterworths.

Stamp, M./Dawson, J./Elliott, M. (2004): *Practical company law and corporate transactions.* Place not stated: City & Financial Publishing.

Thompson, R. (Editor) (2005): *Sinclair on Warranties and Indemnities on Share and Asset Sales.* 6th Edition. London: Sweet & Maxwell.

Thorne, J. (Editor) et al (2007): *Butterworths Corporate Law Service, Corporate Transactions, Part A Share and business sales.* London: LexisNexis Butterworths.